后 记

　　本书是在我的博士学位论文基础上编撰而成的。回望这段岁月，有过喜悦，有过沮丧，正是入学的初心才能让我坚持坚守，度过这漫漫的学海无涯。也有太多的人和事值得记忆，铭刻在心。首先，感谢我的恩师罗玲玲教授对我的谆谆教导和无微不至的关怀。从论文选题、研究计划制订及实施，到最后完成，无不浸透着老师的心血，倾注了恩师对我的厚爱。也正是老师的把脉定向、鼓励帮助才有了本书的完成。老师宏观而前沿的学术视野，深刻而广博的学术造诣，严谨求是的治学风格，从容、豁达、以身立行的做人风格，全方位地影响了我的人生格局。借此机会向老师表示我最诚挚的谢意！

　　其次，要感谢东北大学哲学系的全体老师，包括陈凡教授、郑文范教授、陈红兵教授、包国光教授、王健教授、秦书生教授、文成伟教授、毛牧然教授、朱春艳教授、马会端副教授等很多老师的教诲和支持。在攻读博士学位期间，能够在课堂上倾听他们的传道授业，荣幸之至。

　　感谢我的家人，在我论文写作期间给予我的理解和帮助，他们是我的精神力量的源泉，是他们的宽容和支持陪伴我完成博士论文。

　　还要感谢我的同门张晶在我博士论文写作过程中所提供的帮助；难以忘怀的还有与我一同砥砺前行的同窗好友王义、郭嘉、苏娜、王磊，以及我的同门于淼、王峰、邓明、武青、李大鹏、张慧等，从不同角度给予我帮助。

　　最后，感谢所有引文的作者为我完成论文提供的帮助，前人的研究是我成文的基础。感谢所有给予我支持和帮助的人！

马德勇

2022 年 7 月

汉字文明研究·书系之二

本书为教育部人文社科规划基金项目"俗字在域外的传播研究"（12YJA740020）资助成果，
国家社科基金一般项目"汉字文化圈俗字比较研究"（12BYY069）、
国家社科基金重大项目"越南汉字资源整理及相关专题研究"（17ZDA308）、"汉字发展通史"（11&ZD126）的相关成果。

俗字在域外的传播研究

何华珍等 ◎ 著

中国社会科学出版社

图书在版编目（CIP）数据

俗字在域外的传播研究 / 何华珍等著. —北京：中国社会科学出版社，2018.5
（2019.9 重印）
ISBN 978-7-5203-2572-1

Ⅰ.①俗… Ⅱ.①何… Ⅲ.①汉字–文化传播–国际交流–研究 Ⅳ.①H1-05

中国版本图书馆 CIP 数据核字（2018）第 107480 号

出 版 人	赵剑英
责任编辑	任 明
责任校对	王佳玉
责任印制	李寡寡

出 版	中国社会科学出版社
社 址	北京鼓楼西大街甲 158 号
邮 编	100720
网 址	http://www.csspw.cn
发 行 部	010-84083685
门 市 部	010-84029450
经 销	新华书店及其他书店

印刷装订	北京君升印刷有限公司
版 次	2018 年 5 月第 1 版
印 次	2019 年 9 月第 2 次印刷

开 本	710×1000 1/16
印 张	23.75
插 页	2
字 数	426 千字
定 价	98.00 元

"汉字文明研究"成果系列出版前言

东汉时河南人许慎说："盖文字者，经艺之本，王政之始，前人所以垂后，后人所以识古。"这里的"文字"后来称"汉字"。汉字是传承发展到当代的中华优秀文化之一。作为内涵丰富的符号系统，汉字承载着数千年的历史文化、民族智慧；作为交流思想信息的重要工具，汉字也是国家管理和社会生活必不可少的。中央号召发扬传统优秀文化，实施文化强国战略，汉字举足轻重。

河南是汉字的发源地，有着丰富的原始材料和悠久的研究传统。可以说，第一批汉字材料，第一部汉字学著作，第一本汉字教科书，第一位汉字学家，第一位书法家，第一位汉字教育家，第一位汉字规范专家，都出自河南。汉字作为中华文明的重要标志，极具创造性和影响力，应该成为河南得天独厚的优势品牌。"汉字文明"的传承发扬需要"许慎文化园""中国文字博物馆"之类的物质工程，也需要学术研究及学术成果，还需要汉字教育和传播。郑州大学作为河南的最高学府，责无旁贷应该承担起传承和发展汉字文明的历史使命。该校领导眼光宏大，志向高远，批准成立了"汉字文明研究中心"，并在规划和实施"中原历史文化"一流学科建设中，把"汉字文明"定为研究方向之一。

汉字文明研究中心自 2016 年 9 月成立以来，在学校领导和学界同人的支持鼓励下发展顺利。现已由专职和兼职（客座）人员共同组建起研究团队，并已陆续产生成果。为了及时推出中心成员取得的研究成果，本中心拟陆续编辑出版"汉字文明研究"成果系列。"汉字文明研究"范围极广，包括而不限于汉字本体（形体、结构、职用）的理论研究，汉字史研究，汉字学术史研究，汉字与汉语的关系研究，汉字与民族国家的关系研究，汉字与泛文化关系研究，跨文化汉字研究（汉字传播、域外汉字、外来文化对汉字系统的影响、汉字与异文字比较等），汉字教学与汉字规范研究等。这么多五花八门的成果如果按照内容分类编辑出版，命名将十分繁杂，且不易各自延续。因此，拟采用最简单的形式分类法，论文集编为一个系列，包括本中心主办的会议论文集、本中心成员（含兼职）个人或集体论文集、本中心组编的专题论文集等，统一按照"汉字文明研究·文集之 N +

本集专名"顺序出版；著作和书册编为一个系列，包括本中心成员（含兼职）的专著、合著、资料整理、工具书、主题丛书、教材等，统一按照"汉字文明研究·书系之 N ＋本书专名"顺序出版。

　　"汉字文明研究"成果系列由中心主任李运富教授主编，编辑委员会负责推荐和审定。各文集和书系的作者或编者皆独立署名，封面出现"汉字文明研究·文集之 N"或"汉字文明研究·书系之 N"字样，扉页印编辑委员会名单。"文集"与"书系"设计风格大体一致。

　　希望本中心"汉字文明研究"硕果累累。

汉字文明研究中心　李运富

目　录

越南篇

绪论：国际俗字与国别俗字

一 引言

本文所谓"域外"，是指汉字文化圈的"域外"，即指历史上受中国影响而使用汉字的朝鲜半岛（以下或称"朝—韩"）、日本、越南等地区。近年，国内外学者在汉字圈俗字研究方面，汇集整理资料，探讨俗字变异，不断推进域外俗字的整理与研究。

1. 汉语俗字研究方兴未艾。与汉字文化圈俗字比较研究紧密关联的汉语俗字研究，主要表现在以下五个方面。一是敦煌俗字研究，蒋礼鸿《敦煌变文字义通释》（1959），潘重规《敦煌俗字谱》（1978），张涌泉《汉语俗字研究》（1995/2010）、《敦煌俗字研究》（1996），黄征《敦煌俗字典》（2005），张小艳《敦煌书仪语言研究》（2007），赵红《敦煌写本汉字论考》（2012），于淑健《敦煌佛典语词和俗字研究》（2012）等，广泛汇集异体字样，揭示敦煌俗字变异规律，破解疑难，为解读敦煌文献奠定基石。二是疑难俗字考证，张涌泉《汉语俗字丛考》（2000）、杨宝忠《疑难字考释与研究》（2005）、《疑难字续考》（2011）、周志锋《大字典论稿》（1998）等，钩沉发覆，探幽显微，破解众多疑难俗字，为辨识俗字树立典范。三是佛经音义俗字研究，郑贤章《〈龙龛手镜〉研究》（2004）、《〈新集藏经音义随函录〉研究》（2007），韩小荆《〈可洪音义〉研究》（2009），陈五云、徐时仪、梁晓虹《佛经音义与汉字研究》（2010）等，专论佛经音义字书，宏观微观兼顾，版本文献与俗字汇释融为一体。四是碑刻俗字研究，罗振玉《增订碑别字》（1957），秦公《碑别字新编》（1985）、《广碑别字》（1995），欧昌俊、李海霞《六朝唐五代石刻俗字研究》（2004），陆明君《魏晋南北朝碑别字研究》（2009），郭瑞《魏晋南北朝石刻文字》（2010），李海燕《唐五代石刻文字》（2011），毛远明《魏晋六朝碑刻异体字研究》（2012）等，系联碑刻异体，探幽览胜，究明俗字变异轨迹。五是字样学研究，曾荣汾《字样学研究》（1988）、李景远《隋唐字样学研究》（1997）、张书岩等《简化字溯源》（1997）、王立军《宋代雕版楷书构形系统研究》（2003）、刘中富《〈干禄字书〉字类研究》（2004）、刘元春《隋唐石刻与唐代字样》（2010）等，探讨历代字样理论、汉字正俗关系，推求简俗字源。此外，还有古文字谱系研究、汉字构形研究、比较文字学理论研究等。在国外，特别是日本在近代汉字研究、敦煌文献研究等方面成果颇丰。鉴此，倘若将汉语俗字的研究触角延伸至域外，从域外汉籍反观汉语俗字，那将是另一番景象。

2. 朝—韩俗字研究粗具规模。在国外，崔南善《新字典》（1915）最早关注朝鲜俗字，书后附有俗字（自造字）谱。小仓进平《朝鲜语学史》（1940），对朝鲜文字史进行了系统研究者。鲇贝房之进《杂考：俗字考、俗文考、借字考》（1972），对朝鲜简俗字、新造字详加考述，成就卓越。柳铎一《韩国文献学研究》（1989），汇集朝鲜半字（简体字），辑录坊刻俗字，有力推动俗字学研究。李圭甲《高丽大藏经异体字典》（2000），对高丽大藏经异体俗字进行全面汇考，展示了汉籍刻本中各色俗字的千姿百态，为俗字研究提供了极其丰富的字样。金钟埙《韩国固有汉字研究》（1983），立足文献考证，系统研究朝鲜新字，极为详密。河永三《朝鲜后期民间俗字研究》（1996）、《韩国固有汉字比较研究》（1999），承前启后，对朝鲜新字及简俗字进行了深入研究。需要特别强调的是，韩国国立国语研究所自1991年始不断推进汉字略体调查研究，为汉字圈俗字研究奠定良好基础。在我国，曾出版或发表过介绍汉字汉语对朝鲜语之影响以及朝鲜语简史的论著，也有研究韩国汉字词如《东去的语脉》（2007）专著问世。而专门研究朝鲜新字或简俗字者，则大概首推台湾学者金荣华，其著《韩国俗字谱》（1986）辑录36种写本数据，复制排印，诚可窥唐宋俗字在朝鲜半岛之传播轨迹。姚永铭（2007）、王晓平（2008）、王平（2009）、吕浩（2009）等论文，对朝鲜文献俗字进行诸多研究，为东亚俗字比较研究做了有益探索。华东师范大学中国文字应用与研究中心较多关注域外汉字特别是韩国汉字的整理研究。吕浩《韩国汉文古文献异形字研究之异形字典》（2011）参酌《敦煌俗字典》《宋元以来俗字谱》，剪辑《新罗上代古文书资料集成》《古文书集成》部分字样，为进一步研究中、朝—韩俗字关系奠定了基础。尽管如此，探求俗字在朝鲜的传承变异轨迹，需要在既有成果之上，扩大文献调查范围，探寻中朝俗字关系之流变。

3. 日本俗字研究不断深入。在国内，以日本写本及古辞书为语料，进行中日俗字比较研究日渐为学界所重视。钱超尘《半井家本〈医心方〉俗字研究》（1996）、《〈黄帝内经太素〉新校正》（2006）等，开东瀛汉医抄本俗字研究之先河。近年，王晓平十分关注俗字与日本古抄本校勘问题，发表系列论文（2009、2010、2011），进而提出东亚写本学重要命题。张磊《〈新撰字镜〉研究》（2012），充分利用敦煌资源厘定俗字源流，收获颇丰。在现行简俗字方面，谢世涯《新中日简体字研究》（1989）、李月松《现代日语中的汉字研究》（1998）、何群雄《汉字在日本》（2001）、陆锡兴《汉字传播史》(2001)、刘元满《汉字在日本的文化意义研究》(2003)，视野开阔，蕴含丰富学术信息。周一良《说"宛"》(1989) 一文，乃中日俗字对比研究之代表作。张涌泉《韩、日汉字探源二题》(2003)，对日文"仏""弁"二字进行了源流考辨，与《说"宛"》异曲同工。在日本，佐藤喜代治《汉字讲座》(1987—1988)，宏观微观结合，理论考据并重，诚为当代汉字学研究之大成。《汉字百科大事典》(1996)，集学术性与资料性为一体，汇聚日本历代俗字字样，为研究中日汉字必备工具书。杉本つとむ《异体字研究资料集成》(1973、1995)，集俗字研究资料之大成，为中日俗字比较研究提供极大便利。山田忠雄《当用汉字の新字体》(1958)，是探究现代日语俗字源流的标志性著作，芝野耕司《JIS 汉字字典》(2002)，则为当代日本汉字之总汇，是俗字研究标本库。笹原宏之《国字の位相と展开》(2007)，将日本"国字"研究推向一个新的高峰。此外，日本复制出版了大量的古辞书、古文书，以及各类写本、刻本，为汉字在日本的传播研究提供了极为丰富的第一手资料。不过，联系中日汉字辞书，结合中日汉字文献，吸收双方研究成果，探究以俗字为中心的汉字文化交流，特别是近代新字体的历时考证，个体"国字"的文献调查，均属薄弱环节。

4. 越南俗字研究有待开发。在越南，为了搜寻、保藏、复制、研究汉喃资料，已成立汉喃研究院，珍藏有汉喃古籍两万多种。目前，越南等合作出版了《越南汉喃铭文汇编（第 1 集）》(1998)、《越南汉喃铭文汇编（第 2 集）》(2002)，《越南汉喃铭文拓片总集》(2005—2009)，图片清晰，俗字满目，犹如唐宋，为越南俗字研究提供了宝贵的第一手资料。日本学者竹内与之助《字喃字典》(1988)，汇释字喃形义，为字喃研究之必备工具书。王力《汉越语研究》(1948)，陈荆和《校合本大越史记全书》(1986)，刘春银《越南汉喃文献目录提要》(2002)，耿慧玲《越南史论》(2004)，陈增瑜《京族喃字史歌集》(2007)，刘玉珺《越南汉喃古籍的文献学研究》(2007)，孙逊《越南汉文小说集成》(2011) 等，在文献、目录、喃字、汉越语诸领域导夫先路。在中越俗字研究方面，已引起学人关注，陈荆和在《大越史记全书》后附"越南俗字·简体字与惯用汉字对照表"，郑阿财《越南汉文小说中的俗字》(1993) 对越南俗字进行了分类探讨，刘康平的硕士学位论文《越南汉文写卷俗字研究》(2011) 选取越南汉文写卷进行俗字调查研究均有创获。此域俗字，亟须拓展研究。

5. 中、朝—韩、日、越俗字综合比较尚处空白状态。汉语俗字研究方兴未艾，古文字、碑刻俗字、敦煌俗字、佛经音义俗字、疑难俗字、汉字构形学、字样学、比较文字学等研究成果，为域外俗字研究提供坚实基础，为本课题研究提供强力支撑。但是，汉语俗字如何传播域外？域外如何在汉唐俗字影响下产生部分变异或整体变异？不同地域的俗字之间，是同步发展还是互有影响？域内域外俗字具有何种共性和个性？在汉字文化圈中，是否存在"国际俗字"与"国别俗字"现象？凡此种种，亟须在既有基础上加以填补与拓展。

二　国际俗字

汉字文化圈，在古代亦可谓之汉文交流圈，现今则为"汉字音文化圈"。从文字学角度论，汉字域外传播史，往往就是俗字在域外传承与变异的发展史。汉语俗字大量保存于域外汉文碑刻、写本、刻本之中，据此足以窥见历史上曾经出现的通行于汉字文化圈的"国际俗字"现象。

1. 流行于朝—韩的异体俗字。①以《九云梦》（1803 年高丽刻本）为例：

哀—袞　埃—埃　藹—藹　靄—靄　愛—爱　安—女　黯—黯　拔—板
罷—罷　拜—拜　褒—褒　飽—飽　寶—宝/宝　暴—暴　鮑—鮑　杯—盃　被—破　備—俻　董—蕫　本—夲　蚌—蚌　鼻—臭　必—必　俾—俾　弊—獘　壁—壁　邊—边　變—变/变　鑣—鑣　鬓—鬓　冰—氷　秉—秉　播—播　步—歩　纏—纏　參—叅　餐—湌　殘—残　慘—慅
藏—藏　曹—曺　操—操　曾—曽　插—揷　殺—刹　儕—侪　摻—摻
蟾—蟾　纏—繵　腸—膓　嘗—甞　塵—尘　趁—趂　稱—称　癡—癡
遲—遲　讐—讐　出—㞧　初—衸　處—处　楚—楚　礎—礎　黜—黜
觸—觗　矗—真　窗—窓　創—剙　垂—垂　春—卷　辭—辞　賜—傷
蔥—葱　聰—聪　驄—驄　叢—藂　麤—麤　簇—簇　竄—竄　爨—爨
麃—㐣　蹉—蹉　怛—怛　答—荅　帶—带　單—单　膽—膽　但—伹
蹈—蹈　得—淂　德—德　等—㝵　殿—叆　跕—跕　疊—畳　鼎—昇
定—之　獨—狑/犿　杜—杜　段—叚　斷—断　對—対/封　娥—娥
蛾—蛾　俄—俄　惡—恶　愕—愽　愡—愡　蕁—蕁/蕁　恩—恩　兒—児
爾—尓/甬　發—并/㧱/菝　髮—髮　翻—翶/飜　凡—凢　繁—繁　飯—飰　妃—妑　廢—庍/疩　粉—粈　峰—峯　伏—伏　服—朖　撫—撫/拑
富—冨　復—復　覆—覈　概—槩　敢—敢　割—刲　隔—隔　閣—阁　合—匼　葛—葛　功—劝　鼓—皷　蠱—盅　顧—顧　規—規　閨—閨
歸—敀/帰　鬼—兎　桂—桂　貴—賮　怪—恠　關—闗　觀—观/覌
館—舘　廣—庀　國—国　裹—裵　含—含　罕—罕　毫—毫　號—骄
喝—喝　曷—曷　鶴—鶴　墾—垦/塂　衡—衝　轟—夆　侯—侯　後—浚　戶—戶　畫—丞　懷—忮/懷　歡—歡　還—迖/迻/还　幻—幻

---

① "—"前的汉字为传统字形，"—"后的字形为异体俗字。本文俗字字样或剪切原文献字形，或楷化造字，不求统一。

宦—宧　荒—荒　慌—慌　恢—恢　毁—毁　魂—寃/魂　禍—裍/衱
肌—肌　迹—迹　機—檋/檅　急—悬　計—計　寄—寄　繼—継　蹟—
路　佳—佳　假—假　價—価　兼—蒹　堅—坚　間—间　煎—煎　檢—
撿　僭—僭　劍—釗/釟　賤—賎　嬌—嬌　揭—揭　劫—刧　節—莭
竭—竭　解—觧　戒—戒　矜—矜　香—香　僅—堇　謹—謹　盡—盡
京—京　涇—泾　旌—旋　景—景　徑—迳　競—竞　迴—迴/迴/迴
炯—烔　就—就　舅—舅　舊—旧/旧　舉—舉/舉　覺—覚　涓—涓
眷—春/眷　絹—绢　開—开　歙—歙　渴—渇　肯—肎/肖　恐—恐
哭—哭　款—欵　曠—晄　魁—魁　跬—跬　瑯—瑯　勞—劳　樂—
乐　壘—壘　離—难　籬—籬　荔—茘　歷—歷/歷　麗—丽　聯—联
臉—脸　戀—恋/恋　涼—凉　兩—両　量—量　寥—宊　遼—逺　獵—
猎　鬣—鬛　麟—獜　鱗—鱗　臨—临/臨　棱—棱　陵—陵　凌—凌
靈—灵　流—流　留—畄　琉—琉　榴—榴　龍—竜　隴—陇　樓—樱/楼
壚—炉　爐—炉　魯—魯　禄—禄　戮—戮/裁　鷥—鸢　旅—旅　略—
畧　鬱—欝/离　亂—乱　滿—蒲　忙—忙　茫—茫　冒—冐　瞀—瞀
貌—皃/皃　沒—没　美—羙　寐—寐/寐　萌—萌　夢—夢/夛　彌—弥
密—宻/宻　覓—觅　勉—勉　冕—冕　邈—迯　暝—暝　命—令　謬—
謬　歿—歿　默—黙　畝—畝　墓—全　幕—㡀　暮—合　難—难　囊—
囊-曩-蠹　惱—惱　腦—脑　嫩—嫩　能—能　霓—霓　擬—拟　逆—逆
睨—睨　輦—輦　孽—孽　躡—跟　弄—弄　潘—潘　佩—珮　彎—弯
疲—疲　偏—偏　娉—娉　魄—魄　匍—匐　瀑—瀑　奇—奇　崎—崎
棋—碁　旗—旗　齊—齐　騎—骑/骑　麒—猉　屺—屺　綺—綺　企—
仁　氣—氣/气/气　器—器　憩—憩　鉛—鈆　僉—僉　潛—潜/潜　錢—钱
強—强　喬—乔　橋—橋　怯—怯　秦—秦　溱—溱　琴—琹　寢—寢
磬—碧　磬—鏧　踅—踅　瓊—瓊　驪—骊　區—区　瞿—瞿　娶—娶
綣—綣　勸—劝/劝　關—关　群—羣　壤—壤　讓—讓　榮—荣　儒—
仸　藥—藥　蓺—藝　散—散　桑—桒　森—杰　僧—僧　杉—杉　溝—
替—晉　善—善　商—商　蛇—蛇　舍—舍　射—射　涉—涉　設—設
攝—摄　懾—慑　深—罙　審—審　升—升　聲—聲/聲/聲　剩—剩　聖—
聖　濕—湿　實—実　視—視　飾—餙　釋—释　收—收/収　壽—夀
書—書　梳—梳　鼠—鼡　屬—属　倏—倐　庶—庶　術—術/術　數—
數/数　樹立—樹/夻　帥—帅　率—率/卒　雙—雙/雙/雙/双　爽—爽
稅—稅　睡—睡　爍—煉　私—私　絲—絲　簣—簣　算—筭　雖—雖
隨—随　歲—崴/岁　損—損　所—所/所　踏—踏　臺—臺　仝—全/仝
擡—擡/揩　泰—泰　潭—潭　堂—堂　滔—滔　韜—韜/韜　逃—逃

睇—晽　體—体　替—暜　挑—挄　聽—聴/听　廷—廷　統—綂　徒—徏
途—逺　圖—圗　土—圡　吐—吐　脫—脫　跎—跎　蛙—蛙　挽—挽
晚—晥　梡—梡　往—徃/泩　岡—冈　惘—惘　妄—妟　忘—忈　望—
望/望　微—微　為—为　慰—慰　魏—魏　我—我　臥—卧　污—汚/汚
無—㲒/無/㐮/无　誤—誤　俙—俙　唏—唏　稀—稀　膝—膝　喜—喜
蝦—蝦　纖—纎　閒—闲　賢—㕥　險—険　陷—陥　鄉—鄉　襄—襄
響—晋/響　向—囘　簫—箫　囂—囂　效—效　歇—歇　脅—脋　鞋—
鞋　謝—谢　興—臾/臾　幸—㝷　兇—凶/凶　胸—朗　雄—雄　夐—
夐　修—修　虛—虚/虗　噓—嘘　婿—壻　酗—酗　選—迸　學—㝵/斈/
学　勛—勲　曛—曛　尋—尋/㝷　咽—咽　焉—马/焉　煙—烟　閻—
阎/閻　嚴—㘪　檐—簷　鹽—塩　儼—仏/儼　晏—晏　焰—焰　雁—鴈
諺—谚　驗—騐/验　養—荞/养　癢—痒　樣—様-羕　看—看　堯—
尭　窈—窈　藥—葯　謁—谒　猗—猗　欹—欹　漪—漪　宜—冝
疑—疑/疑　儀—儀/仅　矣—矢　誼—誼　倚—倚　異—異/异　翌—昱
義—羲　藝—芸　議—议　因—囙　陰—陰　淫—淫　嬰—嬰　櫻—樱
纓—纓　鸚—鸚　迎—迎　營—当　穎—頴　勇—勇　湧—湧　幽—幽
又—㕣　幼—幻　魚—魚　輿—輿　與—与　域—㦤　欲—欲　嫗—妪
譽—誾　鬱—鬱-岙/盉　冤—兎　圓—圎　遠—逺　怨—惌　悅—悦
躍—躍　殞—殞　簪—簮　贊—賛　葬—葵　遭—遭　糟—糟　躁—躁/躁
贈—　咤—吒　齋—㪰　譫—譫　盞—盞　綻—綻　章—章　丈—丈
杖—杖　障—陣　嶂—嶂　召—㕥　珍—珎　臻—臻　厄—厄/厃　枝—芰
職—耿　陟—陟　致—致　陘—陞　置—直　驚—騺　竺—笁　燭—炖
饌—饌　妝—粧/庄/粧　總—総　奏—羮　卒—卒　俎—俎　作—住
坐—坐　座—座

　　2. 流行于越南的异体俗字。以《安南一统志》（19 世纪越南写本）
为例：

愛—爱　礙—砑　拔—拔　霸—覇　灞—溍　拜—咩　寶—宝　報—报
筆—笔　邊—边　變—变　冰—氷　撥—扒　薄—泊　纏—縂　殘—残/戋
讒—誫　曾—曽　層—層　插—抻　趁—趂　塵—坐　稱—称　齒—歯
寵—竉　饞—管　垂—乗　辭—辝/辞　匆—匇　從—従　竄—窜　帶—
帯　擔—担　膽—膪　彈—砷　當—当　黨—党　得—淂　鄧—邓　遞—
逓　定—㝎　督—督　毒—毐　斷—断斷　對—对　遁—遁　奪—夺
兒—儿　愕—愕　惡—悪　恩—恩　發—奨　凡—凣　飛—飞　廢—庼
佛—仸　個—个　構—構　鼓—皷　怪—恠　觀—覌　管—晉　規—規
歸—埽　癸—夳　國—国　過—过/逈　嚇—咏　黑—黒　護—护　華—

苹　謹—謹　畫—畵　懷—恢　壞—坏　還—还　荒—巟　諱—諱　禍—
禍　獲—猨　幾—㡬　機—機　擊—挐　疾—疾　堅—坚　艱—艰　監—
監　檻—槛　將—将　講—講　降—降　解—觧　盡—尽　經—経　驚—
鴬　舊—苗　舅—舅　舉—举　舉—举　聚—聚　覺—覚/覺　爵—爵
堪—㙂　肯—肯　恐—恐　摳—摳　哭—哭　覽—览　攬—揽　勞—劳
樂—楽　壘—垒　類—頪　淚—泪　屬—厉　歷—歴　麗—麗　聯—联
戀—恋　糧—粮　兩—両　靈—灵　令—令　劉—刘　隆—隆　龍—竜
籠—篭　樓—楼　屢—屡　亂—乱　蠻—蛮　美—美　夢—夢　覓—覔
眇—眇　廟—庙　命—命　畝—畝　慕—慕　奈—奈　鼐—鼐　難—难
惱—悩　倪—倪　爾—你　逆—逆　嚙—嚙　凝—冹　寧—宁　派—沠
龐—庬　品—品　齊—斉　齊—斉　奇—竒　耆—者　起—起　器—噐
遷—迁　潛—潜　淺—浅　擒—扲　輕—軽　頃—頃　窮—穷　趨—趍
衢—衢　壞—壊　攘—攘　榮—荣　肉—肉　擅—扲　攝—摂　懼—惧
社—社　甚—甚　聲—声　識—訳　勢—劳/势　事—事　鼠—鼡　數—效
庶—庶　率—卒　雙—双　私—私　送—送　蕭—莆　所—斫　壇—坛
韜—韜　逃—迯/迯　提—提　體—体　聽—咱　統—統　突—突　往—徃
微—微　違—違　幛—幀　圍—囲　爲—為　偉—偉　衛—術　亂—鸞
襲—襲　陷—陥　蕭—羊　嚚—嚚　脅—脇　興—臾　凶—凶　虚—虘
選—送　學—学　循—循　嚴—厳　壓—歴　曄—晔　夜—宿　謁—謁
醫—医　義—义　議—議　逸—逸　嬰—耍　營—営　迎—迊　幽—凼
遊—迲　幼—幻　興—臾　譽—誉/誉　怨—怨　贊—賛　暫—暫　葬—葬
竈—灶　贈—贈　戰—戦　仗—杖　遮—遮　整—整　職—戠　晝—昼
驟—騹　助—助　姊—姉　縱—纵　奏—奉　鑽—鑚

3. 流行于日本的异体俗字。以室町时代写本《尚书》《李峤咏物诗注》为例（选取见于日本《常用汉字表》且与中国简化字不同形的简俗字）：

霸—覇　變—変　冰—氷　博—博　薄—薄　步—歩　涉—渉　頻—頻
層—層　禪—禅　巢—巣　單—単　勞—労　榮—栄　藏—蔵　臟—臓
稱—称　邇—迩　乘—乗　臭—臭　懲—懲　遲—遅　敕—勅　齒—歯
從—従　縱—縦　臭—臭　處—処　據—拠　窗—窓　稻—稲　德—徳
聽—聴　潰—洇　讀—読　續—続　髮—髪　豐—豊　敷—敷　謁—謁
渴—渇　觀—観　歡—歓　權—権　勸—勧　穀—穀　歸—帰　毒—毒
海—海　侮—侮　悔—悔　梅—梅　每—毎　壞—壊　懷—懐　惠—恵
穗—穂　鷄—鶏　繼—継　嘆—歎　漢—漢　難—難　殘—残　踐—践
賤—賎　淺—浅　錢—銭　揀—諫　練—練　將—将　覺—覚　寬—寛

賴—頼　樂—楽　壘—塁　歷—歴　曆—暦　戾—戻　練—練　鍊—錬
靈—霊　龍—竜　黑—黒　墨—墨　釀—醸　壤—壌　讓—譲　兒—児
齊—斉　濟—済　器—器　勤—勤　舍—舎　攝—摂　繩—縄　實—実
釋—釈　擇—択　澤—沢　驛—駅　獸—獣　蕭—粛　碎—砕　歲—歳
彈—弾　鐵—鉄　微—微　僞—偽　犧—犠　戲—戯　纖—繊　顯—顕
陷—陥　效—効　響—響　鄉—郷　繡—繍　亞—亜　鹽—塩　嚴—厳
儉—倹　險—険　驗—験　搖—揺　遙—遥　壹—壱　逸—逸　應—応
營—営　隱—隠　穩—穏　寫—写　與—与　贊—賛　戰—戦　增—増
徵—徴　總—総　塚—塚　專—専　莊—荘　醉—酔

以上，从域外汉籍中，选取具有代表性的俗字文献，尽量穷尽性调查俗字字样，大致可以窥见域外俗字之多之繁且与汉语俗字相承的情形，同时亦可探寻汉语俗字流转古代日本且为当代"常用汉字表"吸收的事实。从历时传承及汉字构形等视角，可以进行细致分析。

三　国别俗字

张涌泉《汉语俗字研究》（1995/2010）第二章"古今俗字大观"论及日本、朝鲜、越南等汉字文化圈的俗字现象，指出"日本人在长期的使用汉字过程中，确也创造了一些独特的俗体字，诸如円（圓）、広（廣）、実（實）、図（圖）、摂（攝）、対（對）、沢（澤）、伝（傳）、売（賣）、辺（邊）等等，这些都是日本民族独创或在中国俗字基础上改造而成的俗体字，并已成为现代日语的正式用字"。"朝鲜人在使用汉字的过程中，也采用或创制过一些俗体字，如金（法）……，等等，其中有些字与中国的俗字相同或相近，有些则是朝鲜民族的创造。"越南《利仁路外星罢户乡天属童社昭光寺钟铭》中的"罢""畬"等字"当亦为越南创制的俗字"。

郑阿财在《越南汉文小说中的俗字》（1993）一文中，分析了越南俗字的结构类型，同时指出，"越南汉文小说中的俗字，除继承中国汉字之俗写习惯外，也具有其特殊性"，并列举了以下24个越南式俗字：

德—旡　勢—劳/勏　歷—厇　瀝—涯　猶—犹　遠—这　聽—咱
圍—囬　雷—畾　審—它　尊—尛　插—挿　擒—拎　疫—瘝　盤—盘
聯—聑　觀—覓　義—芖　議—詤　儀—佅　遊—迏　峒—峾　驗—駅
張—弡

刘玉珺《越南汉喃古籍的文献学研究》（2007）谓安南本"简化字、俗字使用普遍"，其中"既有体、几、乐、盖、怅、竜、孝等与中国一样的简体字、异体字，也有其自创的俗字"。列举以下54个例字：

懷—恢　後—仅　歲—戴　職—戝　類—頪　數—攺　崇—枀　深—深
幾—尭　飛—冠　齒—歯　遲—迡　算—筭　命—侖　帶—帯　併—俇
法—泫　軒—杆　輒—軝　高—禸　韓—軒　曹—曺　續—紤　遠—迖
刷—刟　桃—桃　卷—卷　襲—襄　龔—龏　識—哉　驗—駇　幽—凼
茲—茒　義—乆　齊—斉　率—卆　譽—誉　覺—竟　舉—挙　庶—庻
攄—擄　舊—苗　聯—聨　炙—灸　華—华　壇—坛　擅—拕　興—興
護—荹　發—發　腦—脑　惱—恼　醫—医　辭—辝

王力《汉越语研究》（1948）认为"字喃里也有省笔字。它们有些是和汉文省笔字相同的，但是，大部分都和汉文的不同，或大同小异"。列举了以下100个越南省笔字：

學—孝　尊—夛　啻—杏　舉—挙　聖—圣　默—杰　盤—盘　羅—罒
等—�　驚—鸳　雷—畾　稟—稟　霜—稍　雪—彐　癡—疙　義—乆
命—侖　無—乇　登—癶　會—会　審—它　聶—昃　蕭—羊　單—冂
厭—厌　翁—兯　書—卡　窮—穷　舊—苗　出—屮　藝—芸　鑛—横
饒—烧　類—頪　數—攺　群—咩　觀—覔　張—弨　撞—扙　護—証
鄭—郑　博—抖　傳—伩　隨—阤　綱—纲　輕—挃　嬬—媂　遲—迡
停—仃　運—迀　調—誷　傷—伒　瀝—汇　濕—沤　道—迍　險—阶
輝—炘　佛—伏　禍—衬　門—门　闖—冈　圍—回　風—凬　圖—図
率—卆　團—団　南—南　關—冋　辦—办　嫩—市　術—米　固—古
謝—身　虧—亏　能—巳　樣—㧱　銀—艮　弊—升　沒—乄　曘—曼
馭—曼　器—哭　飛—冠　龍—竜　意—忌　體—体　錢—丷　德—方
萬—万　饑—刉　聽—咱　疑—亇　歸—为　當—当　爐—炉　齊—斉
寶—宝　鷺—鸢　雖—虽　離—离

笔者以为，俗字在域外传播过程中，既有传承历史上的汉唐俗字，亦有经过改造别构的域外异体。前者为汉字文化圈的"国际俗字"，后者为主要流行于地域的"国别俗字"。在"国别俗字"中，绝大部分为局部变体的域外俗字，小部分为全新创造的"国别新字"。而上述学者提出的"国别俗字"，因资料所限或有疏误错讹，待当另文探讨。在此，充分吸收国内外相关成果，结合辞书及文献调查，甄别筛选，试提出以下局部变体的代表性"国别俗字"，以供进一步研究之用。

1. 主要流行于朝—韩历史上的"国别俗字"

辦—亦　邊—过　辯—辡　撥—挬　出—岀　觸—舳　辭—辝　竄—宿
獨—狄　發—乔/乔/乔　廢—庎/庎　奮—奋　鳳—鴌/鴌　福—补　富—下
廣—庖/庈　歸—攽/攽　墾—垦　衡—樂　畫—尀　凰—㣇　禍—秋
擊—仹　爵—岊　樂—岝/朶　羅—亽/哭/罘　滿—沔　貓—狛　夢—夛

墓—仝 幕—帇 慕—尒 暮—合 囊—朿 鷗—鴎 儒—仪/偭 深—罙
聲—咩/咩/咩/洋 實—实 獸—狄 術—朮 雙—双/叏/双 爍—烁
歲—岁/岁 擡—抬/抬 微—㣲 衛—卫 胸—脑 勳—力 嚴—吅/厶
儼—伵 玁—狪 藥—葯 庸—广 牗—牗 輿—舆 與—与 獄—狂
鬱—杳 鴛—鴛 徵—㣲 燭—炢

2. 主要流行于越南历史上的“国别俗字”

礙—矴 霸—罢 灞—湋 弊—廾 撥—扒 博—抖 插—挿 剗—刘
癡—痔 啻—杏 傳—付 道—边 德—㤅/彳 調—訶 峒—峝 廢—废
覆—[illegible] 膏—[illegible] 固—古 規—处 歸—为 觀—覌/見/覔/覔 捍—扞
後—仅 護—護 輝—煇 諱—訷 擊—挚/挚 饑—饥 際—阝 嘉—茄
傑—仱 驚—嵩/嵩 爵—爰 嚼—[illegible] 款—欵 鑛—墴 雷—亩 類—頪
厲—厉 勵—劢 歷—压 瀝—沍/沍 齡—龄 爐—炉 臚—胪 羅—罗
蘿—[illegible] 沒—文 畝—畆 南—内 嫩—木 糯—[illegible] 婆—娑 錢—ソ
擒—拎 輕—拯 群—咩 饒—侥 傷—伤 麝—[illegible] 審—它 勢—势/㔟
書—卞 數—效 霜—霜 蘇—苏 隨—陏 聽—咱 銅—峒 圖—囚
團—団 萬—万 圍—囬 違—达 翁—㚒 險—阶 蕭—羊 謝—身
續—紩 雪—子 衙—吾 驗—驮/驮 樣—豢 疑—乞 儀—佼 蟻—蛟
疫—瘦 義—文 議—譩 銀—恨 飲—欢 猶—犹 餘—馀 鬱—
韩/[illegible] 遠—这 運—还 臟—[illegible] 鍾—锺 撞—扒 尊—夺

3. 日本《常用汉字表》中的“国别俗字”

日本《常用汉字表》中，有 235 个简体字与中国现行简化字不一样。这些不同的简俗字，流播日本并历代相传，而其字形大多出现于中国历史文献中。例如：

汉代：德、懐、步、涉、姉、乗、遅、豊、頼、犠、博、縛、勇、残、蔵、帯、滞、漢、嘆、恵、継、謹、栄、労、厳、歴、暦、練、黒、墨、器、随、両、舎、縄、歳、郷、曽、僧、増、贈、徴、専、穀、寛、勲、毎、暁、揺、騒、拝、咲、恥、霊、穏、隠、賛、戻、姉、縁、隣、聴、聡。

魏晋南北朝：処、仏、関、為、塩、銭、悪、雑、逓、済、弥、繋、撃、蘭、奥、児、陥、涼、収、歴、従、涙、夲、砕、楽、為、偽、糸、斉、嬢、径、焼、竜、髄、掲、渇、剰、壱、効。

隋唐：隆、粛、捨、巣、壊、譲、覇、氷、薄、敷、簿、齢、歯、窓、総、粋、酔、鶏、渓、灰、断、営、嘆、諌、黙、梅、侮、勤、謹、難、様、毎、海、敏、穂、毒、逓、闘、滝、臓、微、将、臭、薫。

宋元明清：浅、践、桟、剤、絵、顕、畳、坂、繊、醸、稲、挿、捜、称、勅、剣、険、検、観、歓、権、勧、庁、拠、県、鉄、帰、亀、発、废、挙、抜、髪、変、浜、奨、経、軽、茎、瀬、覧、単、弾、蛍、獣、薬、猟、突、亜、様、謡、揺、斎、証、鋳、塚、戯、桜、実。

因此，主要流行于日本的"国别俗字"有：

壓—圧　團—団　應—応　邊—辺　貳—弐　圍—囲　釋—釈　擇—择　澤—沢　譯—訳　驛—駅　氣—気　廣—広　鑛—鉱　擴—拡　傳—伝　轉—転　圓—円　假—仮

局部变异的"国别俗字"，属于汉字在域外的形体变异，其特点主要体现在异写字十分普遍，简化、符号化等异构字亦呈现出不同面貌。说有难，说无更难。鉴定哪些是中国历史上的既有俗字，哪些是汉字在域外的异构变体，是十分困难也是十分冒险的事情。郑阿财说，从中外文献中发掘新的异体俗字，"于此考察俗字之发展实深具意义"。

需要说明的是，在我国汉字发展史中，曾经出现过佛译新字、六朝新字、武周新字、太平天国新字等，在韩—朝、日、越等地区，除了据汉字局部改造而形成独特的地域性俗字外，还创造了大量的域外新字。关于域外新字的结构特点、形义关系、历史演变，特别是字源国别的判定、中外偶合字形的关联等，需要下力气研究。

参考文献

一　著作

北川博邦：《日本上代金石文字典》，雄山阁出版 1991 年版。

池锡永：《字典释要》，永昌书馆 1909 年版。

村田雄二郎：《汉字圈の近代》，东京大学出版会 2005 年版。

陈荆和：《校合本大越史记全书》，东京大学东洋文化研究所附属东洋学文献センター 1984 年版。

崔南善：《新字典》，新文馆 1915 年版。

蔡忠霖：《敦煌汉文写卷俗字及其现象》，台湾文津出版社 2002 年版。

范宏贵：《越南语言文化探究》，民族出版社 2008 年版。

复旦大学文史研究院编：《越南汉文燕行文献集成》，复旦大学出版社 2010 年版。

广西壮族自治区少数民族古籍整理出版规划领导小组：《古壮字字典》，广西民族出版社 1989 年版。

国语调查委员会：《汉字要览》，国定教科书共同贩卖 1908 年版。

耿慧玲：《越南史论》，台湾新文丰出版股份有限公司 2004 年版。

何华珍：《日本汉字和汉字词研究》，中国社会科学出版社 2004 年版。

何群雄：《汉字在日本》，商务印书馆 2001 年版。

黄征：《敦煌俗字典》，上海教育出版社 2005 年版。

黄德宽：《汉字理论丛稿》，商务印书馆 2007 年版。

韩小荆：《〈可洪音义〉研究——以文字为中心》，巴蜀书社 2009 年版。

韩国国立国语研究院：《韩国汉字的略体调查》，国立国语研究院 1991 年版。

韩国国立国语研究院：《东洋三国略体字比较研究》，国立国语研究院 1992 年版。

韩国国立国语研究院：《汉字略体调查研究》，国立国语研究院 1993 年版。

韩国国立国语研究院：《汉字字形调查（1）》，国立国语研究院 1996 年版。

韩国国立国语研究院：《汉字字形调查（2）》，国立国语研究院 1997 年版。

金文京：《汉文と东アジア》，岩波书店 2010 年版。

金荣华：《韩国俗字谱》，亚细亚文化社 1986 年版。

金钟埙：《韩国固有汉字研究》，集文堂 1983 年版。

菅原义三：《国字の字典》，东京堂出版 1999 年版。

刘中富：《〈干禄字书〉字类研究》，齐鲁书社 2004 年版。

刘元满：《汉字在日本的文化研究》，北京大学出版社 2003 年版。

刘元春：《隋唐石刻与唐代字样》，南方日报出版社 2010 年版。

刘玉珺：《越南汉喃古籍的文献学研究》，中华书局 2007 年版。

刘钊：《古文字构形学》，福建人民出版社 2011 年版。

刘美娟：《浙江地名疑难字研究》，中国社会科学出版社 2012 年版。

刘复、李家瑞：《宋元以来俗字谱》，中央研究院历史语言研究所 1930 年版。

吕浩：《韩国汉文古文献异形字研究之异形字典》，上海大学出版社 2011 年版。

冷玉龙等：《中华字海》，中华书局、中国友谊出版公司 1994 年版。

李乐毅：《简化字源》，华语教学出版社 1996 年版。

李圭甲：《高丽大藏经异体字典》，高丽大藏经研究所 2000 年版。

李运富：《汉字汉语论稿》，学苑出版社 2008 年版。

李荣：《文字问题》，商务印书馆 1987 年版。

陆锡兴：《汉字传播史》，语文出版社 2002 年版。

林志强：《古本〈尚书〉文字研究》，中山大学出版社 2009 年版。

柳铎一：《韩国文献学研究》，亚细亚文化社 1989 年版。

梁春胜：《楷书部件演变研究》，线装书局 2012 年版。

镰田正：《大汉和辞典（补卷）》，大修馆书店 2000 年版。

毛远明：《魏晋六朝碑刻异体字研究》，商务印书馆 2012 年版。

难字大鉴编集委员会：《异体字解读字典》，柏书房 1987 年版。

鲇贝房之进：《俗字考》，近泽出版部 1931 年版。

潘钧：《日本汉字的确立及其历史演变》，商务印书馆 2013 年版。

祁广谋：《越南语文化语言学》，世界图书出版公司 2011 年版。

秦公：《碑别字新编》，文物出版社 1985 年版。

钱超尘：《〈医心方〉校注研究》，华夏出版社 1996 年版。

钱超尘：《黄帝内经太素研究》，人民卫生出版社 1998 年版。

裘锡圭：《文字学概要（修订本）》，商务印书馆 2013 年版。

日外アソシエーツ编集部：《汉字异体字典》，日外アソシエーツ 1994 年版。

山田忠雄：《当用汉字の新字体：制定の基盘をたづねる》，新生社 1958 年版。

邵鸿：《简化汉字解说》，齐鲁书社 2010 年版。

杉本つとむ：《异体字研究资料集成》，雄山阁出版 1973 年版。

杉本つとむ：《日本文字史の研究》，八坂书房 1998 年版。

笹原宏之：《现代日本の异体字》，三省堂 2003 年版。

笹原宏之：《日本の汉字》，岩波新书 2006 年版。

笹原宏之：《国字の位相と展开》，三省堂 2007 年版。

笹原宏之：《训读みのはなし》，光文社 2008 年版。

笹原宏之：《当て字・当て读み　汉字表现辞典》，三省堂 2010 年版。

笹原宏之：《汉字の现在》，三省堂 2011 年版。

笹原宏之：《方言汉字》，角川学芸出版 2013 年版。

覃晓航：《方块壮字研究》，民族出版社 2010 年版。

谭志词：《中越语言文化关系》，军事谊文出版社 2003 年版。

藤枝晃：《文字の文化史》，岩波书店 1971 年版。

藤堂明保：《汉字とその文化圈》，光生馆 1974 年版。

文化厅：《常用汉字表 平成 22 年 11 月 30 日内阁告示》，ぎょうせい 2011 年版。

王宁：《汉字构形学讲座》，上海教育出版社 2002 年版。

王立军：《宋代雕版楷书构形系统研究》，上海教育出版社 2003 年版。

王贵元：《马王堆帛书汉字构形系统研究》，广西教育出版社 1999 年版。

汪维辉：《朝鲜时代汉语教科书丛刊续编（上下册）》，商务印书馆 2011年版。

小仓进平：《朝鲜语学史（增订）》，刀江书院 1940 年版。

小池和夫：《异体字の世界》，河出书房 2007 年版。

谢世涯：《新中日简体字研究》，语文出版社 1989 年版。

易熙吾：《简体字原》，中华书局 1955 年版。

芝川町郷土史研究会：《异体文字集》，芝川町乡土史研究会 1973 年版。

芝野耕司：《JIS 汉字字典（增补改订）》，日本规格协会 2002 年版。

张书岩等：《简化字溯源》，语文出版社 1997 年版。

张涌泉：《汉语俗字研究（增订本）》，商务印书馆 2010 年版。

张涌泉：《敦煌俗字研究》，上海教育出版社 1996 年版。

张磊：《〈新撰字镜〉研究》，中国社会科学出版社 2012 年版。

佐藤喜代治：《汉字讲座》（12 卷），明治书院 1987—1988 年版。

佐藤喜代治：《汉字百科大事典》，明治书院 1996 年版。

周有光：《世界文字发展史》，上海教育出版社 1997 年版。

周有光：《比较文字学初探》，语文出版社 1998 年版。

周志锋：《大字典论稿》，浙江教育出版社 1998 年版。

周志锋：《明清小说俗字俗语研究》，中国社会科学出版社 2006 年版。

郑贤章：《龙龛手镜研究》，湖南师范大学出版社 2005 年版。

郑贤章：《〈新集藏经音义随函录〉研究》，湖南师范大学出版社 2007年版。

赵丽明：《汉字传播与中越文化交流》，国际文化出版公司 2004 年版。

诸桥辙次：《大汉和辞典》，大修馆书店 1984—1986 年修订版。

曾良：《俗字及古籍文字通例研究》，百花洲文艺出版社 2006 年版。

曾荣汾：《字样学研究》，台湾学生书局 1988 年版。

エツコ・オバタ・ライマン：《日本人の作った汉字》，南云堂 1990年版。

二　论文

丁锋：《日本常用汉字特殊字形来源小考》，《现代中国语研究》2004 年第 6 期。

大原望：《和制汉字の辞典》，http：//member.nifty.ne.jp/TABO1645/ohara/，2001。

何华珍：《俗字在日本的传播研究》，《宁波大学学报（人文科学版）》2011 年第 6 期。

何华珍：《日本"国字"的汉读研究》，《宁波大学学报（人文科学版）》

2012 年第 4 期。

何华珍：《俗字在越南的传播研究》，中国文字学会第七届学术年会，2013 年。

何华珍：《俗字在韩国的传播研究》，《宁波大学学报（人文科学版）》2013 年第 5 期。

河永三：《朝鲜后期民间俗字研究》，《中国语文学》1996 年第 27 期。

河永三：《韩国固有汉字比较研究》，《中国语文学》1999 年第 33 期。

河永三：《韩国固有汉字国字之结构与文化特点》，《中国文字研究》2005 年第六辑。

河永三：《韩国朝鲜后期坊刻本俗字研究》，《殷都学刊》2010 年第 2 期。

韩江玲：《韩国汉字和汉字词研究》，博士学位论文，吉林大学，2009 年。

蒋礼鸿：《中国俗文字学研究导论》，《杭州大学学报》1959 年第 3 期。

刘康平：《越南汉文写卷俗字研究》，硕士学位论文，西南交通大学，2011 年。

李景远：《隋唐字样学研究》，博士学位论文，台湾师范大学国文研究所，1997 年。

王力：《汉越语研究》，《岭南学报》1948 年第 1 期。

王平：《韩国写本俗字的类型及特点》，《中国文字研究（15）》，大象出版社 2011 年版。

王晓平：《从〈镜中释灵实集〉释录看东亚写本俗字研究》，《天津师范大学学报（社会科学版）》2008 年第 5 期。

王晓平：《日本汉籍古写本俗字研究与敦煌俗字研究的一致性》，《艺术百家》2010 年第 1 期。

王晓平：《敦煌愿文域外姊妹篇〈东大寺讽诵文稿〉斠议》，《敦煌研究》2010 年第 1 期。

王晓平：《俗字通例研究在日本写本考释中的运用》，《天津师范大学学报（社会科学版）》2010 年第 6 期。

王晓平：《朝鲜李朝汉文小说写本俗字研究》，《上海师范大学学报（哲学社会科学版）》2013 年第 2 期。

闻宥：《论字喃之组织及其与汉字之关涉》，《燕京学报》1933 年第 12 期。

张成：《〈朝鲜刻本樊川文集夹注〉文字研究》，《古汉语研究》2007 年第 1 期。

周一良：《说"宛"》，《纪念陈寅恪先生诞辰百年学术论文集》，北京大学出版社 1989 年版。

郑阿财：《越南汉文小说中的俗字》，第四届中国文字学全国学术研讨会论文集，大安出版社 1993 年版。

三　工具书

李鎏：《异体字字典》，http：//dict.variants.moe.edu.tw/main.htm，2004。

徐中舒主编：《汉语大字典》，湖北辞书出版社、四川辞书出版社 1986—1989 年版。

竹内与之助：《字喃字典》，大学书林 1988 年版。

日本篇

壹 综论：俗字在日本的传播研究

引言

对"正字"和"俗字"的理解，中日学界有所不同。在日本，《类聚名义抄》等古辞书，多承用《干禄字书》"俗""通""正"之说①。至江户时期，中根元圭著《异体字辨》，首创"异体字"术语，随后广而用之。杉本つとむ《异体字研究资料集成》皇皇 20 巨册，集日中俗字研究资料之大成。首卷所附《异体字とは何か》一文，阐述了"异体字"之出典、定义、性质、范围，以及日中"异体字"关系、日本"异体字"发展概略，等等。可见，日本"异体字"范围，既包括颜元孙所指"俗体字""通体字"，也包括了"假名""省文""讹字""借字""国字"等，与我国学界所论"俗字"范围大致相当②。张涌泉《汉语俗字研究（增订本）》指出："凡是区别于正字的异体字，都可以认为是俗字。俗字可以是简化字，也可以是繁化字，可以是后起字，也可以是古体字。正俗的界限是随着时代的变化而不断变化的。"③

日本汉字发展史，既是汉字变异史，也是俗字变迁史。日本直接承用隶变后的"近代汉字"表记本国语言，甚至利用俗字原理创造"平假名""片假名"，将"俗字"推向极致④。在汉字的变异过程中，既表现为汉字的部分变异，又体现为汉字的整体变异。一方面，继承汉唐俗体字形，同时又不断加工、改造、变异、创新，进而形成形式多样的变体俗字，以及独具风格的"和制异体字"；另一方面，为表达日本特殊概念，利用汉字部件，仿照传统"六书"，创造了许多汉语所无、日本独有的"国字"或"和制汉字"。⑤现以现行日本汉字即 2010 年改定《常用汉字表》中的 2136 个汉字，或 2002 年日本规格协会制定的 10040 个 JIS 汉字为中心，讨论汉字在日本

---

① 田村夏纪：《观智院本〈类聚名义抄〉と〈龙龛手鉴〉の正字·异体字の记载の比较》，《镰仓时代语研究》，武藏野书院 1997 年版，第 145—165 页。

② 杉本つとむ：《异体字研究资料集成》，雄山阁出版 1973 年版，第 337—391 页。

③ 张涌泉：《汉语俗字研究（增订本）》，商务印书馆 2010 年版，第 6 页。

④ 陆锡兴：《汉字传播史》，语文出版社 2002 年版，第 369—393 页。

⑤ 笹原宏之：《国字の位相と展开》，三省堂 2007 年版，第 32—57 页。

的部分变异，即日本汉字中的汉语俗字及日式异体字。从汉字变异角度，讨论日语中的变体俗字、扩散性俗字、佚存俗字、和制异体字，以及汉语辞书中的回归字，考察日本俗字变迁史，揭示不同文化背景下的汉字选择与趋向。这有利于扩大近代汉字研究领域，丰富近代汉字学内涵，推动中日汉字比较研究。

一　回归字

在近代日语新词研究中，往往将全新创造的结构新词称为"和制汉语"，而对于据古汉语对译西方新概念的语义新词，则称为"侨词回归"或"回归词"。①

"回归词"中，有些是日本创制的"国字"，如"腺""膵"等②，这可称为"日源外来字"。自20世纪90年代开始，随着计算机技术的不断普及，随着中日韩等汉字信息资源的相互共享，现行日本汉字大量出现于计算机字库，因而也进入了大型汉语字书或国际化汉字词典。

《中华字海》（中华书局、中国友谊出版公司1994年版）就是在汉字国际化背景下收录了大量的日本汉字。该字书在判别汉字国度或来源时，做了许多调查研究。比如，有些字虽然见于日本《常用汉字表》，但如果在中国古典字书或相关文献中已经出现，则视为汉语俗字。如"亜、穏、楽、歓、勧、関、観、帰、拠、暁、径、県、剣、歯、児、権、残、従、奨、醸、浅、銭、挿、巣、帯、鋳、鉄、両、徳、変、庁"等，见于《宋元以来俗字谱》；"悪、逸、隠、懐、陥、薫、茎、恵、郷、縦、焼、粋、荘、蔵、遅、聴、覇、稲、薬、頼、類、霊、窓"等，见于《敦煌俗字谱》；"処、耻、塩、継、効、済、勲、収、响、黒、賛、糸（絲）、揺、戯、姉、穂、瀬、徴、謡、酔、雑、覧、竜、寛、証、斉、逓、歩、汚、僧、増、贈、歳、梅、具、勇、突、渇、器、砕、剤、捨、捜、氷、敷、軽、総、戦、殻、闘、隣、咲、冊、歴、暦、乗、譲、仏、検、様、滝、円"等，见于《篇海》《中文大辞典》等古今辞书。以上俗字所见文献，未必就是该字早见文献，但将见于《常用汉字表》的异体字列入汉语俗字范围，是恰当的。

然而，有些字虽见于日本《常用汉字表》，而汉语辞书或文献却未见字源者，《中华字海》则判为日源汉字，如"栄、労、蛍、厳、獣、単、禅、弾、桜、猟、駅、釈、沢、訳、謁、喝、褐、包、抱、胞、泡、砲、飽、巻、圏、港、渓、鶏、勤、謹、倹、険、験、桟、践、毎、悔、敏、侮、

---

① 俞忠鑫：《回归词论》，《词库建设通讯》1996年第10期。
② 笹原宏之：《国字の位相と展開》，三省堂2007年版，第633—695页。

繁、层、憎、墨、黙、練、錬、欄、発、廃、売、続、読、薄、博、縛、
簿、専、漢、嘆、難、嬢、壊、派、旅、脈、渉、頻、髪、抜、塚、隆、
涙、圧、懲、騒、臭、与、写、画、称、壱、転、塩、絵、壊、駆、経、
撃、顕、将、畳、縄、斉、繊、臓、滞、満、齢、応、団、弐、図、対、
広、鉱、払、囲、辺、実、渋、摂、塁、悩、脳"等。有时则径直以"同 X"
释之，未涉字源，如"営、拡、気、挙、掲、剰、滞、択、冲、拝、涼、
舗、犠、搾"等。而在该字典"补遗"中，还收录了一些日本 JIS 俗字，如
"浣、渕、裏、眧、砿、紘、琺、禅、蝉、騨、蝋、畳、焔、賎、蝿"等。

　　继《中华字海》之后，我国还出版了《汉字标准字典》（辽宁大学出版
社 2001 年版）《国际标准汉字词典》（外语教学与研究出版社 2005 年版）
等。而在判别汉字源流时，遇到许多尴尬之处。以下 173 字，见于此三辞
书，不同地方标注有"见日本《常用汉字表》"或谓之"日本汉字"等。可
是，据笔者调查，这些汉字在中国古籍中大多可以找到相同或近似字形[1]。
撇开"创字权"不论，单从汉字史角度看，其实暴露了汉字研究的一个薄
弱环节，也给汉字研究者提出了一个重要课题。我们姑且将这些早见于中
国古籍却因日本至今仍使用而收录于汉语字书的汉语俗字称为"回归字"。

　　与、刄、世、事、仅、侮、俀、偑、倹、写、冴、厲、刲、剱、労、
勤、匁、匇、単、博、攣、厳、営、喝、嘆、嗱、嚢、埒、塁、塩、墨、
壊、壊、冢、壱、嬢、実、将、専、尭、層、画、嵜、巻、微、廃、弓、
弾、悔、悩、憑、憎、懲、賎、戦、抜、挙、掻、敏、斉、旛、昂、暦、
杰、栄、桜、桟、标、柒、榜、樀、楦、櫥、欄、歯、歳、毎、氷、汷、
冴、涙、渉、渓、渕、港、満、溌、漢、焔、焼、燗、犠、獣、琺、珨、
畳、発、砿、碙、碤、禅、称、稝、竈、筐、簗、簿、籖、経、絶、絵、
練、縛、繁、繊、繍、欹、罱、聯、脅、脳、臓、舗、荘、莵、蓙、薄、
蛍、蝋、蝿、蠜、祢、褐、禅、臭、覚、謁、謹、讓、豓、賎、践、豐、
錬、陥、険、隆、隠、難、靈、頻、飲、駆、駍、験、騨、鸄、髪、鶏、
麹、麺、黙、鼡、齢、鴬、騒、椇、舛、撃、顕、纒、霝、隝。

二　变体俗字

　　透视《常用汉字表》及 JIS 汉字，可以窥见汉字在日本的传承和变异概
貌。比较日本常用汉字和我国简化字，其简化字形相同或近似者有 73 个。
根据《简化字溯源》（语文出版社 1997 年版）《简化字源》（华语教学出版
社 1996 年版）及相关研究，这些字大多出现于汉唐文献中。例如，"虫、

---

① 何华珍：《日本汉字和汉字词研究》，中国社会科学出版社 2004 年版，第 117—165 页。

尔、麦、万"见于先秦;"当、盗、号、来、礼、随、堕、状、壮、挟、狭、寝、属、台、与、写"见于秦汉;"断、国、乱、痴、学、誉"见于魏晋南北朝;"宝、寿、庄、参、蚕、尽、双、旧"见于隋唐五代;"辞、独、声、区、担、胆、当、点、炉、党、灯、会、窃、体、条、医、湿、献、昼、装、潜、湾、变、画、称"见于宋辽金元。

在《常用汉字表》中,有 235 个简体字与中国简化字不一样。这些简俗字,在域外变体并历代相传,而其源头大多存在于中国历史文献中。例如,"德、怀、步、涉、姊、乘、迟、丰、赖、牺、博、缚、勇、残、藏、带、滞、汉、叹、惠、继、谨、荣、劳、严、历、历、练、黑、墨、器、随、两、舍、绳、岁、乡、曾、僧、增、赠、征、专、榖、宽、勋、每、晓、搔、骚、拜、咲、耻、灵、稳、隐、赞、戾、姊、缘、隣、聴、聡"出现于汉代;"处、仏、関、為、塩、钱、恶、雑、逓、济、弥、繁、擊、蘭、奥、児、陥、凉、收、歴、従、涙、坴、砕、楽、偽、糸、齐、嬢、径、烧、竜、髄、揭、渴、剩、壱、劾"出现于魏晋南北朝;"隆、肃、捨、巣、壌、譲、霸、氷、薄、敷、簿、龄、歯、窓、総、粋、酔、鶏、渓、灰、断、営、嘆、諫、黙、梅、侮、勤、謹、難、様、毎、海、敏、穂、毒、逓、闘、滝、臓、微、将、臭、薫"出现于隋唐;"浅、践、栈、剤、絵、顕、畳、坂、繊、醸、稲、挿、捜、称、勅、剣、険、検、観、歓、権、勧、庁、拠、県、鉄、帰、亀、発、廃、挙、抜、髪、変、浜、奨、経、軽、茎、瀬、覧、単、弾、蛍、獣、薬、猟、突、亜、様、謡、摇、斎、証、鋳、塚、戯、桜、実"出现于宋元明清[①]。

关于日本新字体研究,日本虽然没有出版诸如《日本简体字探源》之类考证著作,但是,山田忠雄早在 1958 年著《当用漢字の新字体:制定の基盤をたづねる》(新生社 1958 年版),对当用汉字中的简俗字进行了文献调查。从该文调查可知,"医、会、旧、献、黄、号、辞、乱、寿、条、当、党、称、独、属、嘱、尽、昼、声、窃、点、双、台、担、胆、痴、灯、宝、万、励、余、礼、体、炉、楼、数、蚕、虫、惨、断"40 字,见录于《宋元以来俗字谱》,为中日通用简体字;"亜、悪、為、絵、画、覧、塩、帰、処、拠、経、軽、径、県、齐、斎、济、視、鋳、称、遅、聴、庁、逓、鉄、発、廃、竜、滝、嬢、譲、壌、醸、楽、薬、関、顕、変、蛮、恋、湾、歓、勧、観、権、晓、豊、霊、歯、齢、肃、経、酔、砕"54 字,则为《当用汉字表》简俗字。

除《宋元以来俗字谱》外,山田氏还调查了日本俗字研究著作及室町

① 何华珍:《日本汉字和汉字词研究》,中国社会科学出版社 2004 年版,第 117—165 页。

末期写本，共涉及 13 种文献，揭示以下 60 字不见于《宋元以来俗字谱》而见于日本汉籍写本："囲、卫、偽、円、釈、駅、択、沢、訳、応、読、続、売、届、区、駆、欧、殴、茎、鶏、欠、横、国、岳、剤、実、写、触、窓、総、証、闘、仏、払、辺、様、糸（絲）、厳、単、弾、禅、戦、湿、栄、労、営、学、覚、与、誉、乗、剰、参、弁（辨、辯、瓣）、卆、粋、雑、摂、渋、塁。"同时，表明"圧、壱、仮、価、気、犠、枢、渓、芸、広、鉱、拡、団、伝、転、疎、対、図、弐、拝、浜（滨）、予（豫）、獣、桜、挙、猟、悩、脳、焼、畳"30 字既不见于《宋元以来俗字谱》，也不见于日本文献。他进而对这些字源不明的俗字进行了分析说明，认为"圧、価、気、茎、実、団、对、図、脑、浜、猟、桜、挙、焼、畳、弐"16 字，在《宋元以来俗字谱》及日本俗字语料中，出现有近似字形，可以窥见字形之源。然后，重点对"壱、弐、芸、広、鉱、拡、伝、転、拝、予"10 字进行了字理分析和文献考察，尚未得出最后结论。

显而易见，山田氏仅对照《宋元以来俗字谱》而判断其汉语来源，当然不够；调查 13 种日本文献且集中于室町末期也很有局限。但是，有一点很明白，即日本现行汉字中的新字体虽然由于政府的颁布上升为"正字"，但大多属于我国的历代俗字。

三 日本俗字变迁

汉字始传日本，早见于王莽时代所铸"货泉"及《后汉书》建武中元二年（57）所记"汉委奴国王"之金印。真正接触或使用汉字主要通过来自百济的"渡来人"王仁等人学习《论语》《千字文》等儒家典籍。从日本汉字史料看，《江田船山古坟大刀铭文》（438）《隅田八幡镜铭》（503）等金石文字，乃留存于日本古代汉字的真实记录。

根据《古京遗文》（勉诚社出版部 1968 年版）《日本上代金石文字典》（雄山阁出版 1991 年版）《汉字百科大事典》①等，金石文字已出现诸多简俗字，例如：万、与、世、乘、亊、京、仏、児、囯、国、来、曽、僧、海、嚚、玊、壊、懐、断、継、済、寶、遅、德、恵、暦、业、弓、為、砕、尓、迹、珎、祢、牢、舎、舩、蔵、賛、随、霊、嶋、辺、俻、滇、夘、曰、烟、墹、師、介、旀、閇、隐。

远藤好英根据《别体字类》纂集《异体字集》收 2280 个别体俗字。从现行汉字看，以下诸字均为六朝或唐代碑刻遗存：古、京、仏、兊、卆、嚚（图）、国、圙、垒、塩、変、孝、飯、爰、荣、栖、叠、継、惣、閇、

---

① 佐藤喜代治：《汉字百科大事典》，明治书院 1996 年版，第 241—245 页。

隐、隐、覇、霊、駈。①

正仓院文书，是研究日本天平年间汉字生活的珍贵文献。根据《汉字百科大事典》"正仓院文书异体字"，以下现代用字亦承继汉唐俗体：乱、争、京、仏、児、坹、壊、将、嶋、従、徳、断、弓、珎、禅、稲、聴、舎、舩、蔵、号、豊（丰）、賛、弁（辨）、銭、随、难、霊、塩、麦、皷②。笔者查阅《正仓院古文书影印集成》第1—5册（八木书店，1988—1991）原件，发现以下现代用字亦已出现：謹、恵、単、乗、暁、穀、毎、曽、僧、来、弥、祢、頼、罵、継、為、練。

平安初期，佛教普及，汉字使用仍然继承隋唐风习。如《东大寺讽诵文稿》（勉诚社1976年版），为平安朝初期墨宝。筑岛裕在《新字体寸考》一文中，指出其中已出现"无、珎、尺（释）、仏、礼、万、弃、师、与、继、国、门、问、闻"等简俗字③。查阅影印原件，亦如正仓院文书，俗体满目，且多见于汉唐典籍。例如：乗、聴、徳、為、舎、捨、贈、憎、僧、増、懐、壊、弹、蝉、闡、郸、珎、軽、従、酔、断、頼、毎、海、随、咲。

平安末期至镰仓初期，日本俗字渐显个性。如图书寮本《类聚名义抄》，略体字、合体字甚多。考察观智院本《入唐求法巡礼行记》（1291年写本），其俗字类型应有尽有，或可窥见日本在吸收汉字文化过程中的传承和变异轨迹。

简省：埠—垍　惠—恵　藏—蔵　厭—猒　部—卩　澄—澄—澪
圖—畾

增繁：判—刔　奪—奪　瓜—苽　梁—樑　焦—燋　界—堺　園—薗

部件更换：孩—姟　體—体　磗—砖　節—莭　耕—耕　淫—媱
雁—鴈

结构变化：島—嶋　蘇—蘓　裔—裂　鄰—隣　海—枀　胸—胷
障—鄣

符号代替：歸—帰　圓—囗　羅—𦋆　繼—継

书写变异：弓—方　因—囙　怪—恠　桑—桒　互—玍　彦—彥
安—妛

镰仓末期至室町时期，日本俗字十分活跃。现行日本汉字，其间几乎都能找到其历史踪迹。调查日本《尚书》抄本，如内野本（1322年抄）、足利本（室町时期写本）、上图天正本（1578 年抄）等，不难看出日本新字体及 JIS 汉字的历史来源。例如：

变、氷、博、薄、步、涉、禅、巣、単、労、栄、蔵、臓、称、乗、懲、耻、遅、勅、歯、従、縦、臭、処、拠、稲、徳、聴、涜、続、髪、豊、敷、観、歓、権、勧、穀、帰、海、侮、悔、壊、懐、恵、穂、鶏、継、歓、漢、難、残、践、賎、浅、諌、将、覚、寛、頼、楽、塁、歴、暦、戻、練、錬、霊、竜、黒、墨、醸、壌、譲、児、斉、済、器、繍、勤、舎、摂、縄、実、釈、択、沢、駅、獣、粛、砕、歳、縄、鉄、微、為、偽、犠、戯、繊、顕、陥、劢、響、亜、塩、厳、倹、険、験、壱、逸、応、営、隠、勇、与、斎、賛、戦、増、徴、専、荘、酔。

江户时期，异体字研究成一代风气。《异体字辨》《倭楷正讹》《同文通考》《正楷录》《省文纂考》均为研究俗字之重要著作。特别是《同文通考》从中日"书同文字"之汉字文化圈视角，从历时和共时层面辨别俗字源流，具有里程碑价值。

由于时代局限，《同文通考》等判为"倭俗"之字，其字源却大多出现于历代汉籍，虽不能苛求前人却不得不引起注意。如"倭俗"中的"省文"部分，"学、旧、昼、独、炉、励、娄、数、楼、会、参、国、条"等，属于中日两国的现行通用字。"勧、歓、観、権、縄、歯、巣、継、続、霊、斉、楽、独、錬、倹、険、験、労、単、弹、悩、児、稲"等，源于中国，流行于日本，进入《常用汉字表》。"枣、篱、隐、罗、举、趋、边、阳、阴、虽、韵、录、斋、劳、荣、莹、萤、莺、区、欧、鸥、枢、驱、厉、砺、蛎、粝、欢"等，则成为中国现行使用的简化字。

尽管如此，透过江户时期异体字研究著作可以窥见其时日本使用汉字的基本面貌，可以理解近世日本的正字观，以及隋唐字样在日本的继承和发展。可以说，江户时期的异体字著作是研究汉字变异的重要资料，也是探究明治以来日本汉字改革不可或缺的宝贵资料。

四 俗字扩散

现行的日本汉字中，许多俗字在中国原典古籍中可以找到用例，然而却没有被辞书收录，更无缘作为标准用字，甚至是昙花一现。这种文字现象套用"词汇扩散"理论或可名曰"俗字扩散"或"俗字衍生"。例如：

"ⵡ"类：三点头，在日语中代表六类汉字偏旁。如"勞"作"労"，"單"作"单"，"櫻"作"桜"，"巢"作"巣"，"鼠"作"鼡"，"覺"作"覚"。这种简省方式，源于草书楷化，汉语文献均有原型。简要举之，"労"见于居延汉简，"禅""巣""鼡"见于王羲之书法，"妥"见于唐碑，"覚"见于

《淳化阁帖》，不一而足。①

"�"类：日语中，品字形下半部分，往往用省文符号"〃"代替，如"澁"作"渋"，"疊"作"畳"。此类省写方式，金代《草书韵会》中习见，如"晶"作"𠬪"，"轟"字作"𡙇"。敦煌写本"戀"之左右之"糸"，亦有省为"〃"者，如"鷥"作"𪃸"（《望远行》p.4692）。《宋元以来俗字谱》引《古列女传》"樂"作"楽"、"幾"作"𢆶"②。日本写本，品字结构下部省为"〃"相当流行。据《四部丛刊》，日本摹宋写本《诚斋集》卷105《答枣阳虞军使》："左拍子长之肩，右摩孟坚之畳。"《诚斋集》卷108《与本路运使权大卿》："锦江玉畳，回岷峨晓日之旗；云栋雨帘，焕桑梓画衣之绣。"《日藏古抄李峤咏物诗注》（上海古籍出版社1998年版），覆刻室町时期抄本，品字结构省作"〃"者，不胜枚举。

此类俗字，源头在中国，发展在域外，是为扩散性俗字。诸如俭、剣、検、険、験、步、涉、壳、読、続、浇、齐、済、剤、観、歓、権、勧、恵、穂、鶏、渓、残、践、賎、浅、児、稲、陥、焔、嬢、壌、譲、醸、卆、枠、砕、粋、酔、等等。虽然在汉语文献中可以找到相同字形，但大规模的普遍使用却存在于日本，特别是室町时期以后。因此必须从日本汉字发展的历史层面，作深层考察和分析，探求日本选择汉字形体的文化因素。

五　和制异体字

在日本《常用汉字表》中，有些疑难俗字，经过仔细调查或数据库检索，在汉籍文献中找到了例证，如"壱、実、拝、挙、畳、対、価"等。然而，"壓、藝、團、應、邊、貳"省作"圧、芸（艺）、団、応、辺、弐"；新形声字"囲、积、択、沢、訳、駅"，符号化新字"気、広、鉱、拡、伝（传）、転、円、仮（假）"等，在中土文献中目前尚未发现用例，属于和制异体字，或准和制俗字。

顺便一提，此类"和制俗字"在中日版本辨别中，有时亦可起到辅助作用。如四部丛刊本《诚斋集》《春秋正义》，出现有"囲、积、択、沢、应"等标志性日式简体字，这是为什么呢？原来《诚斋集》《春秋正义》均为日本抄本。又，清初小说《绣屏缘》中出现"駅""积"等日式简体字，这到底是汉语自己的简省写法，还是借用了日本汉字的写法？③考之，古本

---

① 何华珍：《日本汉字和汉字词研究》，中国社会科学出版社2004年版，第117—165页。

② 刘复：《宋元以来俗字谱》，文字改革出版社1957年版，第30、129页。

③ 周志锋：《字词杂记》，《词库建设通讯》1999年第20期。

小说集成《绣屏缘》，乃据荷兰汉文研究院藏日本抄本影印，不少字形已烙上日本俗字痕迹。又如天一版《绣屏缘》第二回"纸牌"左边有"カルタルイ"片假名训注，可资互证。①

六 佚存俗字

笹原宏之在《国字の位相と展开》专著中，仿照"佚存书"提出"佚存文字"学术用语。笹原氏主要是为解决中日汉字创制权的矛盾而首创此文字术语。认为有的汉字本来是中国制造，但在中国几乎不使用，而且造字书证也已佚失，但由于这些文字早期传入日本，相关概念在日本文献中得以留存，此类文字称为"佚存文字"。②

"佚存文字"中，几乎均为"佚存俗字"，如"勾、勾、塀、搾、碗、账"等。再举数例，以供讨论。

实："實"草书楷化作"实"。王羲之《澄清堂帖》作"𡨄"、武则天《升仙太子碑》作"𡨄"。《四部丛刊》影明刊本《青阳先生文集》卷2《慈利州天门书院碑》："职教罕至，椽栋摧腐，神用弗宁，租入单寡，士无以养，名存实废，靡所为教。"

杂："杂"为"松"的换位俗字。《四部丛刊》影明覆宋本《沈氏三先生文集云巢集》卷5《西禅新阁》："齐山皓发客，逍遥老杂竹。"

叠："疊"，省作"叠"。《四部丛刊》影宋代王十朋《梅溪王先生文集后集》卷15《过宛陵陪汪枢密登双溪阁叠嶂楼游高斋望敬亭山诵谢元晖李太白诗用枢公游齐山韵》："双溪风月壶觞里，叠嶂烟霞几案间。"同卷26《潇洒斋记》："叠石百拳，凿沼一泓。"

拜："拜"又作"拜"，早见于汉代简帛。《四部丛刊》影明刊本《李文饶集》卷二《幽州纪圣功碑铭并序》："明主雅闻奇志，将帅而拜将军。"又："乃畴厥庸，特拜叶护司空。"

结语

以俗字为中心的中日汉字比较研究，是近代汉字研究的重要内容，也是汉字传播与变异研究的重要内容。中日学界的既有成果，为本课题研究奠定了良好基础。今后，在充分吸收两国前沿成果基础上，着力在以下诸方面拓展和深入，不断推动汉字圈的中日俗字比较研究。

1. 加强日本古辞书专项研究。如《新撰字镜》《类聚名义抄》《下学集》

---

① 朱喜：《〈绣屏缘〉非作者的杀青稿》，《明清小说研究》1995年第3期。
② 笹原宏之：《国字の位相と展开》，三省堂2007年版，第88—110页。

《节用集》等。

2. 加强不同书写形式的日本汉籍专题调查。如木简、金石、抄本、刻本等。

3. 加强日本汉字的断代研究。如平安时代的文书佛典、镰仓室町时期的抄本汉籍、江户期间的汉字学研究等。

4. 加强动态的中日俗字比较研究。如六朝碑刻、唐代字样、宋元以来俗字对日本汉字变体的影响。

5. 加强中日字样学比较研究。如明治以来的汉字整理案与字体变迁、近代中日汉字改革比较、《康熙字典》对日本的影响等。

6. 加强"字志"研究①。如就中日两国具有关联性的近现代新字形进行源流汇考等。

参考文献

田村夏纪：《观智院本〈类聚名义抄〉と〈龙龛手鑑〉の正字・异体字の记载の比较》，《镰仓时代语研究》，武藏野书院 1997 年版。

杉本つとむ：《异体字研究资料集成》，雄山阁出版 1973 年版。

张涌泉：《汉语俗字研究（增订本）》，商务印书馆 2010 年版。

陆锡兴：《汉字传播史》，语文出版社 2002 年版。

笹原宏之：《国字の位相と展开》，三省堂 2007 年版。

俞忠鑫：《回归词论》，《词库建设通讯》1996 年第 10 期。

何华珍：《日本汉字和汉字词研究》，中国社会科学出版社 2004 年版。

丁锋：《日本常用汉字特殊字形来源小考》，《现代中国语研究》2004 年第 6 期。

佐藤喜代治：《汉字百科大事典》，明治书院 1996 年版。

筑岛裕：《新字体寸考》，《言语生活》1961 年第 10 期。

刘复、李家瑞：《宋元以来俗字谱》，文字改革出版社 1957 年版。

周志锋：《字词杂记》，《词库建设通讯》1999 年第 20 期。

朱喜：《〈绣屏缘〉非作者的杀青稿》，《明清小说研究》1995 年第 3 期。

---

① 笹原宏之：《国字の位相と展开》，三省堂 2007 年版，第 848—854 页。

贰 个案研究：日藏写本《百二十咏诗注》俗字研究

第一章 《百二十咏诗注》版本源流

唐代是一个诗的时代，诗在盛唐达到一个无法企及的高峰，产生了无数巨星。在他们的光焰下，初唐诗人的光彩稍显暗淡，所以李峤等人的诗未被予以应有的评价和充分的研究，但李峤的百二十首咏物诗因其独特的风格、形式和内容而东传日本，近期回传中国。

百二十咏分作十二部，从乾象、坤仪至音乐、玉帛，每部十首。文辞雅丽，典故赡富，颇像一部小型类书，再加之张庭芳为其作注，更使得该书信息大增。日藏写本《百二十咏诗注》包含方方面面的汉字信息，是研究俗字在域外传播的宝贵材料。

一 中国的《诗注》版本及流传

初唐诗人李峤的咏物诗一百二十首，古代称《杂咏诗》《百二十咏》《百廿咏》等。因为几乎都是以单字为题，故又名《单题诗》。集中收五言诗一百二十咏，按内容分作十二部，每部十首，每首咏一物，因而全书类似一部小型类书。唐宋时有注本行世，流传十分广泛。

李峤，字巨山，赵州赞皇（今河北省赞皇县）人，大约生于唐太宗贞观二十年（646），卒于唐玄宗开元三年（715），终年 69 岁。《旧唐书·经籍志》著录《李峤集》三十卷，《新唐书·艺文志》五十卷、《杂咏诗》十二卷。《宋史·艺文志》载《李峤诗》十卷、《李峤新咏》一卷。南宋著名目录学家晁公武《郡斋读书志》著录《李峤集》一卷，云："《集》本六十卷，未见，今所录一百二十咏而已。或题曰《单题诗》，有张方注。"庆大本唐人张庭芳撰《百二十咏诗注·上》序中有言："故燕公《刺异词》曰'夫新诗冠宇宙'，斯言不佞，信而有征。"那么，《宋史》所载《李峤新咏》一卷应当就是《单题诗》。《文苑英华》收李峤一字题咏物诗三十九首，多以《单题诗》与《集》本参校。上述内容可以反映一个问题：久来《单题诗》在我国多单行流传，且与《李峤集》及《杂咏诗》所收一字题咏物诗文字多存异同。明刊铜活字本《李峤集》三卷中，五言律诗只收咏物诗百二十首，但诗注已遗失。《四库全书总目提要·子部·类书类·事类赋》曰："峤诗一卷，今尚存，然已佚其注。如《桂》诗中'侠客条为马，仙人叶作舟'之类，古书散亡，皆不知为何语，故世不用"，按照这个说法，后世不用峤诗似乎可归因于李峤诗典故太丰然而多有不传于世者，且其诗注又散佚。①

近代以来，敦煌宝藏中发现咏物诗注残卷两片，王重民以日人所辑《佚存丛书》本《李峤杂咏》分类次第与此相似，并且卷首有张庭芳所撰注序，故以之为《李峤杂咏注》。

段莉萍从诗句白文的异同、诗的体例以及诗注三方面对李峤诗四个版本进行了比较，认为敦煌本与庆大本在许多方面较为接近，可以证明这两个本子形成时间较早，且较为接近。明铜活字本与《全唐诗》本则明显是后来在流传过程中形成的本子。从敦煌本到《全唐诗》本，这中间有一个源流演变的过程②。段氏进而又结合各版本诗的格律情况，对《杂咏诗》整个版本源流推测如下：李峤于 702—705 年间断断续续地创作了120 首五言律诗，由于诗中大量典故的使用，以及其主要目的是给童蒙提供一种学习五律的范式，因此，这组诗一产生就有人为之作注，并在较短的时间内传到敦煌，而随着律诗的进一步成熟，独为"文章宿老"的李峤很有可能在去世之前（715）对初本的部分不合律之处进行了改动，甚至有些诗可能还进行了重写，所以，747 年张庭芳所注的本子已是"藻丽词清，调谐律雅"了。《杂咏诗》至迟在嵯峨天皇（809—823）时期传到日本。佚存本和庆大本都是这一系统的古抄本。而明铜活字本和《全唐诗》本则在诗文、体例及诗注方面都和前两类版本颇异，其中的主要原因除在流传过程中出现的一般抄写讹误外，可能是由于诗注佚失而导致部分诗句不解，人们便依据成熟的律诗标准对这些诗句进行了改动③。

二　日本的《诗注》版本及流传

李峤诗约在盛唐时已东传日本，现存最早抄本为嵯峨天皇（809—823

---

① 本段观点以胡志昂《日藏古抄李峤咏物诗注》（上海古籍出版社 1998 年版）前言内容为基础略加修改。

② 段利萍：《从敦煌残本考李峤〈杂咏诗〉的版本源流》，《敦煌研究》2004 年第 5 期。

③ 同上。

年在位）宸翰本，存诗二十一首，今被指定为日本国宝。《日本见在书目》
著录《李峤百廿咏》一卷，应即此本。二卷本古钞，今存建治三年（1277）
钞本，题作《李峤杂咏百廿首》，卷末有大唐天宝六年（747）张庭芳撰注
序。《佚存丛书》本即据此刻成。平安朝中期（867—1086）以还，《李峤百
廿咏》曾作为基本幼学书目在宫廷贵族及士族间广泛流传，日人诵习此书
主要参照张庭芳注。镰仓初期学者源光行据《李峤百（廿）咏》翻作《百
咏和歌》，序云："夫郑国公始赋百廿咏之诗，以谕于幼蒙；张庭芳追述
数千言之注，以备于后鉴。"可知咏物诗百廿首作为小学类书，因张注始
得流行于世。平安末期（1086—1192）及镰仓时期（1192—1333）成书
的日本古籍往往引用张庭芳撰《百廿咏诗注》也说明了这一点。室町
时期（1336—1603）以后，张庭芳《百咏注》流传渐稀，至江户时期
（1603—1867），遂为罕见。

近年，日本发现数种《百廿咏诗注》的旧钞本，目前所知有以下八种：

① 庆应义塾大学藏本。室町时期钞本，题云《百二十咏诗注》，足本。
首有张庭芳序。

② 尊经阁藏本。室町时期钞本，题云《百二十咏诗注》现存上卷，首
有张庭芳序。

③ 天理图书馆藏本。江户末期钞延德二年（1490）本，题云《一百二
十咏诗注》，足本。首有张庭芳序。

④ 神田喜一郎氏藏甲本。嘉永二年（1849）钞延德本之再钞本。

⑤ 田中教忠氏藏本。嘉永二年钞延德本之再钞本。

⑥ 秃氏佑祥氏藏本。嘉永二年钞延德本之再钞本。

⑦ 神田喜一郎氏藏乙本。嘉永二年钞延德本之再钞本。

⑧ 阳明文库藏本。室町时期钞本，内题《注百咏》现存上卷之下。

胡志昂将以上八种本子分成三类：A 类庆大本和尊经阁本文字次第
相同，无疑出于同一个祖本；B 类天理本以及四种个人藏本同出于延德
本；C 类仅阳明文库本一种，且是零本。这三类中庆大本类和天理本类
卷首皆载张庭芳撰注序，并且内题《百二十咏诗注》亦同，虽诗注略有
小异，无非形讹衍脱之类，原当亦出于同一祖本。阳明本与之不同，但
有相互校参之痕迹[①]。

按照胡氏观点，与中国的敦煌残卷相比，庆大本、天理本注文多有与
敦煌残卷合者，而常加"一本"注，引述详尽。阳明本注与敦煌本出入较

---

① 本段观点主要参考胡志昂《日藏古抄李峤咏物诗注》前言，上海古籍出版社 1998 年版，
第 11—23 页。

大。庆大本、天理本与阳明本，三者中李峤本诗文字几无不同，但都与敦
煌残卷相异较大①。本文选庆大本"百二十咏诗注"（以下简称《诗注》）为
研究对象，原因有三：一、庆大本、天理本与敦煌残卷重叠者多，二、庆
大本、天理本较为流行，三、庆大本古于天理本。

---

① 这也不奇怪，因为李峤咏物诗白文本来就版本颇多，且差异颇大。

第二章 《百二十咏诗注》的俗字类型

提起俗字，人们的印象一般是任意乱改，杂乱无章。其实这是一种误解。旧时的一些学者也往往把俗字繁多归咎于"书手之任意性无限大"。我们承认书手任意性的影响，但文字作为一种交流的工具，正字也好，俗字也罢，都不能不受社会约定俗成的制约。张涌泉在其《汉语俗字研究》中，归纳出俗字形成的十三种基本方法，并按此将俗字分为十三类①。 本文即在此基础上，联系《诗注》实际，将《诗注》中俗字分为以下六大类。

第一节 增繁

文字为便于书写，要求形体简略，会有简化趋势，我国现行简化字即是明证。但我们不能忽略，简化的同时还要求便于识认、音义明确、美观大方，同时也要符合书写习惯。其实，文字为符合这些要求在一定情况下是有繁化趋势的，《诗注》中即有不少例证。

一 添加笔画

笔画是最小的构字成分。书手在书写过程中自觉或不自觉地增笔是常有的事，这些字若相互沿袭便成俗字。如：

（一）"土"作"圡"

土：《物理论》云："水圡之气升为天"。（《乾象十首》p.4）

按："土"加点成为俗字"圡"，具有区别形近字的作用。《隶辨·上声·姥韵》引《衡方碑》土字加点作"圡"，按语"土本无点，诸碑士或作土，故加点以别之。"《干禄字书》："圡、土，上通下正。"

（二）"丈"作"丈"

1. 丈：海中有三山，蓬莱、方丈、瀛州，因抃鳌三足以首戴此山，遂不动也。（《海》p.24）

---

① 张涌泉：《汉语俗字研究（增订本）》，商务印书馆 2010 年版，第 46—121 页。

按：《隶辨・上声・养韵》引《郙阁碑》《字学三正・体制上・俗书加画者》"丈"字均加点。

2. 杖：公以青竹杖**杖**与之骑，变成龙，去葛陂也。（《竹》p.33）

按：《玉篇・木部》收有该字形。

（三）"氏"作"氏"

1. 氏：《吕**氏**春秋》曰：天有九野（《乾象十首》p.4）

按：《隶辨・上声・纸韵》引《西岳华山庙碑》氏字作"氏"。《干禄字书・上声》："氏氏，上通下正。"

2. 抵：剑阁**抵**临邛蜀有剑阁，山作南道也，抵至也，临邛即蜀郡之名也。（《道》p.22）

（四）其他

1. 床：杨雄居家草《太玄经》，故云独蔚一**床**书。（《床》p.100）

按：《干禄字书・平声》："床、某、牀，上俗中通下正。"写本既已俗作"床"，又按俗写加点。

2. 契：还取同心**契**，特表合欢情。（《扇》p.109）

按：《佛教难字字典・大部》"契"中"丰"作"生"，与写本同。《敦煌俗字典》所收"契"字中，"丰"多作"丰"，而少有作"生"者，写本中则多作"生"。疑出于字体平衡，"刀"加点作"又"。

3. 仞：《说苑》曰：永阳有岩壁，立千**仭**。（《藤》p.34）

按：《同文通考》所谓的"误用"[1]，我们认为其实是异字同形，即字形相同而音义全异。《同文通考》"纽"字俗书作"纫"。既然"丑""刃"（我们认为更合理的解释是"又"）俗用已乱，则"仞"可作"仭"。又或出于书写习惯而"又"随手加笔作"丑"，使字形更为匀称。

4. 岸：《古诗》曰：**岸**菊聚新金。（《菊》p.32）

5. 驭：侠客条为马，马名桂条也，言遊侠人所**驭**。（《桂》p.45）

6. 卅：射熊馆在蛰屋县也。《西都赋》曰：离宫别馆 **卅** 六所。（《熊》p.77）

7. 運：宏溢逾于灵**運**，致密掩于延年。（《张庭芳咏并序》p.1）

二　改换部件

汉字的构件，很多不可以单独成字，抑或不常使用。俗书可能出于书写习惯或便于认知而将其改写成作与之形体相近且常见的部件，但往往比

---

① 何华珍：《日本汉字和汉字词研究》，中国社会科学出版社 2004 年版，第 182 页。

原部件的笔画多。

1. 粲：王粲《登楼赋》曰："聊暇日以消忧"，又曰"平原远极目"。(《原》p.20)

按：《诗注》中"粲"字中"歺"作"岁"，《干禄字书·去声》谓从"岁"者为俗字，《龙龛手镜·米部》以从"岁"为正字。

2. 兔：《格物论》曰：兔，鼠形尾遍弯短？色褐耳锐且卓，口缺长须，尻九孔。(《兔》p.82)

按：《说文》篆书作兔，楷化后作"兔"，而写本将末笔的"、"作"厶"，疑是受"鬼""槐"等字影响而产生的类化。

3. 壇：有龟负文，背甲赤绿字上于壇也。(《洛》p.29)

按：俗书多囬、回不分，当其上再有横笔时，一般再加短撇构成"面"字，盖"面"字更为常见。《诗注》中亦常见。

4. 竊：尝览尊德，叙能述古，述古不作，竊所跂慕，情发于中，顾有阙于慎言，诚见贻于（尤）悔者矣。(《张庭芳咏并序》p.1)

按：《偏类碑别字·穴部》引《齐李清为李希宗造象记》，"竊"字"穴"下部分，右边即作"禺"。《干禄字书·入声》"竊、竊，上通下正"。

5. 凝：桑柘凝寒色，谢玄晖诗曰：枣柘起寒烟，松篁暗晚晖。(《烟》p.11)

按：《诗注》中将与"匕"相似的部件写作"止"情况较多，如上文"粲"字的左上角。因"匕"与"止"字形相近易乱，中国字书"凝"字中"匕"作"止"较常见，作"止"较少见。

6. "夗"作"死"：

(1) 苑：滴沥明花苑，谢灵运诗曰：花上露犹泫。(《露》p.12)

按：《集韵·去声·愿韵》《宋元以来俗字谱》引《列女传》，将"巳"作"匕"，大概二者形近易讹。

(2) 怨：至官乃娶妻，苏氏怨，因织锦作回文诗寄滔也。(《诗》p.116)

按：以上两字"夗"作"死"，应该是因为"夗"不是一个常见的偏旁，于是改作一个形近而常见的"死"字。

三　增加部件

1. 采：上有火山鼠，毛长数尺，仙人採毛为布，名曰火浣布。(《布》p.166)

按：《隶辨·上声》采字下按"说文：采，捋取也。从爪从木，《增韵》曰'后人加手作採'"。《干禄字书·上声》：採、采，上通下正。

2. 休：休气四塞，龙衔甲，赤文绿字，甲似龟背，五色也。(《河》p.28)

按：《金石文字辨异·平声·尤韵》引《北魏司马昞墓志铭》作"休"，引汉《费汛碑》作"然"。《干禄字书·平声》："休、休，上通下正。"

3. 宴：愿陪北堂宴，长赋西园诗：魏曹植诗"公子敬爱客，终宴不知疲"，又曰"清夜遊西园，明月澄清影"。(《月》p.6)

按：《隶辨·去声·霰韵》引《东海庙碑》作"宴"。《金石文字辨异·去声·霰韵》引《唐兖公颂》作"宴"。《干禄字书·去声》："宴、宴。上通下正。"《五经文字·宀部》："宴、宴。上《说文》，下《字林》。"

4. 兔：《兔》(题目 p.82)

5. 褒：《晋书》：鲁褒，字符通，作《钱神论》曰：亲之如兄，字曰孔方。(《钱》p.160)

按：《说文》篆书作褒，"从衣保省声"，《偏类碑别字》引《魏石门铭》即变"仑"为完整的"衣"字，"褒"中"保"将"衣"字拆开，不易看出形旁，"衣"比"仑"更常见常用，也使得"褒"字更易辨识。

第二节　简省

文字是记录和传递语言的书写符号，为了便捷有效地记录语言以利于交际，字形的简省便成了古今文字演变的主流。简省俗字尤其多，或省去一笔或几笔，或省去某个偏旁或其他构件，或合并正字中某些相同相似成分，或采用草书连笔省去多个笔画。实际第三节所说之"符号代替"也是一种简省方法，但因其个性突出、小类繁多，故单立一节。

一　合并相同或相近部件

有些汉字的内部有两个或两个以上相同或相近的构件，俗文字往往把这种相同或相近的构件予以合并。

（一）品作品

1. 操：英雄记曰：曹操赤壁行，时至云梦泽，逢大雾迷失道也。(《雾》p.13)

2. 漚：郭璞曰：茅属菅者，已漚之名，未沤但名为茅。(《茅》p.41)

3. 临：《临海记》：郡西有鹤山，上有池水悬流，遥望如倒悬白鹤也。(《布》p.165)

（二）佥作佥

1. 劍：《晋书》："张华见斗牛间有宝气，乃令雷焕为丰城令，移狱屋，得掘宝劍也"。(《星》p.7)

2. 檢：《释名》云：剑者，檢也，所以防檢非常也。（《剑》p.126）

3. 儉：《墨子》曰：尧为君儉约，茅茨不剪，材椽不削。（《茅》p.41）

（三）巽作巺

1. 噀：后汉郭宪为光禄卿，从驾南郊，含酒东北三噀，云：齐国失火。（《酒》p.112）

2. 選：《文選》曰：梢云以无踰。是则竹常有。云，梢也。（《井》p.90）

《宋元以来俗字谱・辵部》引《通俗小说》《古今杂剧》《三国志平话》三书作“選”。

二　省略某些“不重要”部分

有些汉字字形构造比较繁杂，或构件较多，俗书往往省略人们认为相对不重要的构件。

（一）㐬作𠫓

1. 流：绝迹而去曰飞星；光迹相连曰流星，亦曰奔星。（《星》p.7）

按：《干禄字书・平声》：“流流，上俗下正。”

2. 疏：习坎疏丹壑坎位下水则畈，海有坎德，故疏决众流皆畈于海。（《海》p.24）

（二）鬼作鬼

嵬：山有草木曰岵，无草木曰屺，石戴土曰岨，土戴石曰崔嵬。（《山》p.17）

按：《集韵・上声・贿韵》收左右结构之“𡶒”，且无“鬼”字头部一撇，释为“山貌”。

（三）甫作亩

薄：肸胧鉴薄帷：阮嗣宗诗曰“薄帷鉴明月”。（《月》p.6）

（四）昜作易

1. 揚：飖颺舞春风：飖扬，飞貌也。（《燕》p.66）

2. 陽：《史记・邹陽上书》曰：“卫先生为秦尽长平之计……”（《星》p.7）

（五）攵作又

收：吾令千户奴种橘，成年别收绢一疋……（《橘》p.54）

（六）䍃作䍃

搖：暴风从上下曰颓，従下上曰飙，亦曰扶摇搖。（《风》p.8）

（七）韭作业

纖：濯手天津女，纤腰洛浦妃。《古诗》曰：皎皎河汉女，纖纤濯素手。（《素》p.164）

按：日本现行《常用汉字表》作"纎"。

（八）采作米

1. 潘：既荣潘子赋，潘安仁有《橘赋》也。（《橘》p.54）
2. 磻：吕尚钓磻溪之水，王趋往，拜曰：姬受命，臣佐旌。（《旌》p.133）

（九）蚩作生

蚩：黄帝与蚩尤战于涿鹿野，三日三夜大雾也。（《野》p.21）

按：《干禄字书·平声》"生、蚩，上俗下正"。

（十）手作丰

攀：黄帝于鼎湖乘龙得仙，群臣七十人攀龙须上。（《弓》p.131）

以上为省略"不重要"笔画，下面为省略"不重要"偏旁等构件。

（一）省"厂"

犘：赤色曰骍犅，黄色曰犉，白曰㸲，黑曰犈，纯色曰牺牷，杂色曰犉，水牛青色也。（《牛》p.24）

按：《说文·牦部》篆书作"犘"，写本左上部讹而为"牙"。

（二）省"灬"

鳥：左思《蜀都赋》曰：晨凫旦至，候雁衔芦。（《雁》p.61）

（三）省"八"

夔：古之善吹：王子晋，董双成，汉（桓）帝，魏杜夔。（《笙》p.149）

俗书为求简省，多有所省，一般省去人们认为不重要的部分。虽有时难免与他字同形，但一般不会与当时所用字冲突。此类字颇众，但一般不难分辨。

（四）省"升"

飛：莺啭合枝新。莺蝶飞时，花叶正新。（《李》p.50）

按：《偏类碑别字·飞部》引《唐杜君妻崔素墓志》作"飞"。

（五）省"心"

寧：宁知帝王力，击壤自安贫。（《田》p.22）

按：《隶辨·平声·青韵》引《衡方碑》省"心"并易"宀"为"穴"。

（六）省"殳"

聲：《四声㩦字》曰：草也，一云非竹非木，兼名。筠，竹总名也。（《竹》p.33）

按：《敦煌俗字典》引 S.2073《庐山远公话》作"㩦"。

（七）省"工"

1. 隨：萍叶多紫色，言萍恒陋流，遇坭则止也。（《萍》p.37）
2. 墮：《风俗通》曰：千年鹤见露墮于草叶上，则鸣舞焉。（《鹤》p.58）

（八）省"大"

爨：不因将入爨，谁为作鸣琴。蔡邕闻灶中桐炮声，因取此琴为焦尾琴。（《桐》p.48）

按：《干禄字书·去声》以"爨"为正字。

（九）省"又"

鸒：《尔雅》：鹊鵙丑，其飞鸒鸒。（《鹊》p.59）

（十）省"氺"

懷：童子懷仁至，后汉鲁恭为中牟令，有美政。（《雉》p.65）

按：《干禄字书·平声》："懷、怀，上通下正"。

（十一）省"舁"

旟：《周礼》云：蛟龙为旗，熊虎为旗，鸟隼为旟，是也。（《旟》p.134）

按：《说文·㫃部》："旟错革画鸟其上，所以进士众。旟旟，众也。从㫃舁声。"《干禄字书·上声》："舁、与，上通下正。"《龙龛手镜·方部》："旟，俗。旟，正。"

中日两国，一个存字之轮廓，一个留字之能清晰表音的部分，各有妙趣。其实，"舁"旁即"舁"，《说文》："舁，共举也。从臼从廾。凡舁之属皆从舁。读若余。"盖"舁"字也能表音，只是不太常见罢了。

三　采用草书笔画或草书楷化

张怀瓘《书断》中说："存字之梗概，损隶之规矩，纵任奔逸，赴速急救，因草创之，谓之草书。"草书结构简省、笔画连绵，应该说是最易于书写的字体。草书的一些优点使得"草书楷化是简体俗字滋生的主要来源之一"[①]。《诗注》中有很多笔画或整字是承自草书的，相关的这些字经楷化即进入俗

① 张涌泉：《汉语俗字研究（增订本）》，商务印书馆 2010 年版，第 83 页。

字范围。

1. 烏：有烏自丹穴。(《凤》p.55)

2. 舟：关东谓之舟，关西谓之舩。(《舟》p.96)

3. 麗：影麗天山雪，光摇朔塞风。(《旌》p.133)

按：《新编中国书法大字典》引《书谱》孙过庭书作麗，《宋元以来俗字谱·鹿部》引《太平乐府》作"麗"。

4. 顯：江淹，字文通。以文章顯，仕齐为侍中。(《笔》p.123)

按：《新编中国书法大字典》引《集字圣教序》王羲之书作顯，《宋元以来俗字谱·页部》引《列女传》作等作"顯"，引《太平乐府》等作"顯"。

5. 復：《释名》曰：月者，阙，太阴精，满克復缺，名夜光，月御，望舒也。(《月》p.6)

按：《佛教难字字典·彳部》收此形。中国历代草书往往将此字右部书作似"夂"。(详见《新编中国书法大字典》"复"等字)

6. 開：已開封禅处："《述异记》曰"花岳对黄河东首阳山，……"(《山》p.18)

按：居延汉简中即有"門"简作"门"的，如《汉代简牍草字编》"门"字下收"门"。《新编中国书法大字典》引《集字圣教序》王羲之"門"字作"門"，"开"字作"開"。《宋元以来俗字谱·门部》引《通俗小说》作"闹"。

7. 東：西北方幽，北方玄，東北方变，中央均也。(《乾象十首》p.4)

按：《新编中国书法大字典》引王羲之《澄清堂帖》作"東"。

第三节　符号代替

象形、指事字有其所描画的对象特征，形声字有其声符与意符，汉字本来都有一定的构成理据。而俗字中某部分复杂的构件被一个简省的符号代替，这个简省的符号与原字无音义上的必然联系而只是出于简单省事，此类为"符号代替"。符号代替是简省笔画的一种有效方法，因而在俗文字中应用极广。王立军在对宋代雕版楷书20余万字不同作者、不同内容、不同文体的文本进行穷尽统计后指出："在进入今文字阶段之后，特别是到了楷书时代，由于汉字笔画的形成，以及书写的简化等原因，记号部件的数量有了明显的增加"①。

---

① 王立军：《宋代雕版椽楷书构形系统研究》，上海教育出版社2003年版，第83页。

一　"丶"

（一）"虫"字作"丶"

1. 蜀：以支机玉石与人，令问■郡岩君平。（《星》p.7）[1]
2. 濁：主引秽■，其水黑而晦。（《海》p.23）

按：居延汉简中就已经出现这样的写法，如《汉代简牍草字编》[2]中的"獨"字作"■"。又："罚"音dí，《广韵·锡部》"罚，鱼击网也"，都历切。《集韵》："魡，系鱼也，或作罚"，丁历切。"蜀"，《说文》："葵中蚕也。从虫，上目象蜀头形，中象其身蜎蜎。"二字音义完全不同。

（二）"同"内作"丶"

1. 同：七戎六蛮九夷八狄，形类不■……（《海》p.24）
2. 銅：一本《洛阳记》曰：洛中■驼道……（《道》p.22）

（三）"口"字作"丶"

1. 過：和帝南巡■汝南，何敞有刻画屏风为帝设。（《屏》p.106）
2. 駒：此儿若非龙■，当凤凰。言有龙章凤姿也。（《龙》p.69）
3. 極：聊暇日以消忧，又曰：平原远■目。（《原》p.20）

按：《宋元以来俗字谱·木部》引《列女传》作"柾"，与写本相近。

（四）"人"字作"丶"

1. 葛：费长房乘竹杖渡■陂水，杖变为龙。（《竹》p.33）
2. 謁：希■圣明君。（《山》p.18）

按：《碑别字新编·十三画》引齐《司马遵业墓志》"葛"字中"匃"作"匂"。同书又引《隋宫人朱氏墓志》"匃"作"匀"。《敦煌俗字典》多有将"匃"作"匂"的例子，如第489页"撽"字、第151页"曷"字等。从笔意看，《诗注》中相关字当是"匃"作"匂"后再草写，书"丿"为"丶"、书"乚"似"一"。

又按：比较几例，不难发现其共同点——省作"丶"的部分一般是出现在包围或半包围结构（这里仅考察"丶"及其周围的结构关系，并非一定就整字而言）中。这样，周围笔画能够反映字的轮廓，中间的部分相比之下似乎不是人们识字时关注的焦点，省作"丶"似乎不影响辨识。

---

① 括号内为例句所在或所注诗的题目，下同。
② 陆锡兴：《汉代简牍草字编》，上海书画出版社1989年版，第197页。

二　"ㄑ"与"ㄨ"

（一）"ㄑ"

1. 暮：朝发黄牛，**羮**宿黄牛，三日将暮，黄牛如故也。（《江》p.26）

按："日"省作"ㄑ"，它是从"ᴑ"省而来。马王堆帛书《老子》乙本前古佚书中可见这种草法。"暑""诸""者"中的"日"字都是如此[①]。但今草中这种写法不常见。因为这种草法在汉初以后就趋于消亡了[②]。虽然如此，上下结构字中最下部的"日"字，草书写作横写两点的现象较为普遍。查《新编中国书法大字典》、晋羊欣《闲旷帖》、唐孙过庭《草书千字文》、明王宠等书"暑"字（p.744），隋智永《真草千字文》书"晋"字（p.737），《三希堂法帖》"春"字（p.731），其中"日"字都写作左右两点。我们知道，日本在学习汉字的同时，也在学习中国的书法，这些不可能不影响日本的俗字，但日人如此简省是从古而为还是改草书写法，尚不能明确。

2. 氣：积阴之寒**气**久者为水，水气之精者为月。（《月》p.6）

按：《说文·米部》篆体作"**氣**"，"馈客刍米也，从米气声"，又《说文·气部》篆书作"**气**"，"云气也，象形"，段注云："气氣古今字，自以氣为云气字，乃又作餼为廪氣字矣。"可见，以"氣"代"气"由来已久。《宋元以来俗字谱·十画》引《古今杂剧》等作"**気**"，其中"米"字已符号化。

3. 倦：往还**倦**南北，朝夕苦风霜。（《雁》p.61）
4. 卷：云薄衣初**卷**（《罗》p.162）

按：后二字，写本本身反映出一定演变机理，如《旗》诗中有一句"纵横齐八阵，舒卷列三军。"其中的卷字形为**卷**，显然是正体字笔画的"缩水"，把"⼑"缩为了一点，把"㇄"几乎拉直。所以，在汉字的书写及传播过程中，书写习惯、对笔画的不同理解等也都会促进俗字的形成。

（二）"ㄨ"

1. 冀：既能甜似蜜，还**冀**就王舟。（《萍》p.38）

按：《敦煌俗字典》"冀"字上部"北"多有省作两点者。《龙龛手镜·杂部》"冀"之俗字字形与写本同。

2. 留：举桂枝兮聊淹**畱**也。（《桂》p.45）

按：《新编中国书法大字典》引王安石作"**畱**"。

---

① 陆锡兴：《急就集：陆锡兴文字论集》，中国社会科学出版社 2002 年版，第 170 页。
② 同上书，第 180 页。

三　"ㆍ"与"ゝ〈"

与上文表示不确定结构的"ㆍ"不同，这里探讨的是重文符号的两点。《诗注》中的重文符号似乎只限于作两点者，未见作"々"等者。

（一）"ㆍ"

纔：生不逢于尧与舜禅，短布短衣緂至骭，长夜漫漫何时旦。（《牛》p.75）

此字右部上下形相似，《龙龛手镜·系部》"纔"收"緂"，谓"纔"之俗字。俗书用重文符号"ㆍ"代下"免"以简省。

（二）"ゝ〈"

重文符号在一个字中的运用，不局限于"吕"字形结构，还可用于"品"字形结构下部和"叕"字形结构下部的简省。可能是出于字形的美观，不是作"ㆍㆍ"而是写作"ゝ〈"。

1. 躧：一本，屣，徙也，借音。又云：屣，不踶距也。（《萱》p.36）
2. 疊：素丝光易染，皂疂映逾沉。（《墨》p.125）
3. 機：至天河，见织女，又一人牵牛，以支机玉石与人。（《星》p.7）
4. 綴：《楚词》曰：网户珠缀也。（《帘》p.104）

此类俗字在写本中大量存在，几乎所有"品"字形结构和"叕"字形结构的字都如此简省，这一写法甚至进入日本现行"正字"。

四　"米"

1. 幽：南方炎，西南方朱，西方显，西北方壴，北方玄，东北方变，中央钧也。（《乾象十首》p.4）

按：《碑别字新编·九画》引《唐李术墓志》，《宋元以来俗字谱·十一画》引《通俗小说》等，均收壴。

2. 齒：棉州贡壴革。注曰：齿，象牙也。（《象》p.72）

按：《宋元以来俗字谱·十六画》引《通俗小说》《白袍记》《金瓶梅》等作"齿"。

3. 斷：忘言契断金。（《兰》p.30）

按：《干禄字书·上声》："斷、断，上通下正"。

4. 樓：石崇于金谷园作楼。（《楼》p.95）

按：《汉代简牍草字编》即收"娄"草体"娄"。

　　五　"⺍"

（一）代"双火"

捞：东白玉河，西绿玉，又南乌玉，河水涸则 **捞**焉。（《玉》p.155）

按：《宋元以来俗字谱·力部》引《岭南逸事》"劳"上双火作"⺍"。

（二）代"留头"

留：愿君期道术，攀折可淹**畱**。（《桂》p.45）

按：《新编中国书法大字典》"留"字收王羲之作"畱"，《宋元以来俗字谱·田部》引《通俗小说》也作"畱"。

（三）代"双口"

1. 獣：祥**獣**十首（《目录》p.3）

2. 戰、單：齐与燕**戰**，田**單**取千头牛，以五彩衣结火于尾，穿城头出。（《牛》p.74）

3. 嚴：解**嚴**毅之颜，开难发之口。（《钱》p.160）

（四）代"巢头"

巢：尧即政，凤凰**巢**于阿阁也。（《凤》p.56）

按：据《新编中国书法大字典》"巢"字条，唐以来至于明代，多位书法家皆作"巣"，不限于草书。"巣"是"巢"字上半部发生微小变化所致。同书同页引褚遂良、欧阳询之例就是介于"⺍"与"⸌⸍"之间的笔画。《宋元以来俗字谱·木部》引《列女传》《目连记》等亦作"巣"。

　　六　"关"

（一）代"莫"

1. 歎：见赵遁朝服假寝，麛**歎**曰：不怠恭敬，民之主也。（《槐》p.46）

按：唐代虞世南"歎"字左旁作"关"（《新编中国书法大字典》P.774）。

2. 難：方知急**難**响，长在鹡鸰篇。（《原》p.20）

按："莫"作"关"者中国早已出现，唐代欧阳询、陆柬之"難"字左旁皆作"关"（《新编中国书法大字典》p.1641）

3. 漢：后**漢**张颢为梁相，天新雨，有乌鹊飞近地，令人掷。（《鹊》p.60）

按：《龙龛手镜·水部》收"泆"，谓为"洪"字之俗字。

（二）代"絲"

關：敦煌郡玉**關**地塞道路苍茫，多尘似雪也。（《道》p.23）

按：《说文·門部》：“關，以木横持门户也。从門絲声。”《玉篇·門部》：“關，古镮切，以木横持门户也，扃也。関，同上，俗。”《宋元以来俗字谱·门部》引《通俗小说》等多部书作“閗”。

七　“亦”

1. 變：金数九，火数七，故七年小夌……（《鹤》p.56）
2. 蠻：四塞，东夷西戎南夌北狄。（《城》p.85）

按：“變”，《宋元以来俗字谱·言部》引《列女传》等作“变”；“蠻”，同书引《通俗小说》等作“蛮”。说文：“䜌，乱也，一曰治也，一曰不绝也。从言絲。”同书又有：“亦，人之臂亦也。象两亦形。”这里可见“亦”字本义为“腋”，用如副词则是以后的事，与“䜌”也并无关系。“䜌”俗书多作“亦”，由《宋元以来俗字谱》来看，这种写法至少宋以来较为流行，《诗注》中也多这样写。

八　“文”

（一）代“學”头

學：正月，砚水冻释，童子初入小夅也。（《砚》p.124）

（二）代“舉”头

舉：金薄绿罗帷，因风时暂夅。（《帷》p.103）

（三）代“齊”头

齊：新裂夅纨素，皎洁如霜雪。（《雪》p.16）

（四）代其他

劉：刜公干诗曰：亭亭山上松……（《松》p.43）

按：“學”字，《敦煌俗字典》（p.468）“學头”三例作“文”。《宋元以来俗字谱》引《列女传》等作“孛”，其实此字六朝时已见，唐宋以后仍沿用不绝[1]；“舉”字，《宋元以来俗字谱·臼部》引《列女传》等作“夅”；“齊”，《六朝别字记新编·修寺颂》“齊”作“斉”，定为俗体。《宋元以来俗字谱·十三画》引《列女传》等，“齊”也作此。“刘”字唐以前字书鲜见收录和用例，金《四声篇海》《五音集韵》皆有收录，《宋元以来俗字谱》引《通俗小说》收录此字。

---

① 张涌泉：《汉语俗字研究（增订本）》，商务印书馆 2010 年版，第 161 页。

九　"乁"

還：尝清洁，行改之，期年间，去珠更**还**也。(《珠》p.153)

按：此代替符号，写本仅见于"還"作"**还**"。《宋元以来俗字谱》仅引《古今杂剧》作"**遝**"，此字当是草书楷化。《新编中国书法大字典》(p.1542)中，王羲之作"**还**"，黄庭坚作"**还**"，明代王铎作"**还**"，上部都极似"乁"。相似的有《宋元以来俗字谱》引《古今杂剧》"要"作"**玹**"。

十　"刂"

賢：今宵颍川曲，谁识聚**贤**人(《星》p.7)

按：《诗注》本身就反映出以"刂"代"臣"的过程，"吾上天又至昆仑山，有玉李，明光而**坚**，以玉水洗之，乃食之也。"(《李》)其中的"臣"字草书与"刂"已经极为相似，后者应该是前者草化而来。其实，这种写法至晚晋代已见。《新编中国书法大字典》引《集字圣教序》王羲之作"**贤**"，《敦煌俗字典》(p.3742)引《二教论》亦收有"**贤**"字。

十一　"人"

1. 興：周之将**兴**，鸑鷟鸣于歧山。(《凤》p.56)
2. 畫：船上风竿，有相风乌，船头**画**作鹤鸟。(《舟》p.96)

十二　"厶"

佛：《造天地经》云："**仏**令宝应菩萨造日也"。(《日》p.5)

按："仏"即"佛"字，现代日语采用的简体字即作"仏"。此字中国古已有之，敦煌写卷中即大量存在。《改并四声篇海·人部》引《川篇》："仏，西域圣人，有六通也。"实即"佛"字。"厶"大约是一个简化标记。《正字通》以"仏"为"佛"的古字，这种观点恐怕是靠不住的。因为"厶"古或用同"某"，也许是佛教徒为表示恭敬，不便直书"佛"字，故以"厶(某)""人"合成"仏"字来代表"佛"字①。

十三　"尺"

1. 書：《汉**书**》云："星者，金之散气"。(《星》p.7)
2. 盡：海中三神山，**尽**以白银为宫阙。(《银》p.158)

按：《诗注》中"聿"头或与之十分相似的"聿"头等普遍书作"尺"，

---

① 张涌泉：《汉语俗字研究(增订本)》，商务印书馆2010年版，第40页。

如"書""畫""晝""燼"等字都是这样，少有例外。"聿""丰"变为"尺"，当是草书楷化结果，详见《新编中国书法大字典》"書"（p.756）、"畫"（p.1054）等字。"晝"字，《四声篇海》："晝，音昼，义同"，《宋元以来俗字谱》引《通俗小说》等也作此。"畫"字，《宋元以来俗字谱》所引12部书中只有3部不是把上部写作"尺"，但同书"書"字上部没有作"尺"的。

又按：《诗注》中又有"积、沢、択"等字，分别为"釋、澤、擇"，这类以"尺"代"睪"的省略实质是一种音符的更代，与用于"符号代替"的"尺"有别。

十四　"舌"

1. 亂：雾，阴阳之气，阴阳怒而为风，**乱**而为雾。（《雾》p.13）
按：《干禄字书·去声》"亂乱，上俗下正"。

2. 辭：将军**古辛**第初：霍去病将军伐匈奴有功，汉帝为造北阙甲第。（《宅》p.92）

十五　"夕"

羅：绮也，古者芒氏初作**罗**也。《尔雅》曰：鸟罜谓之**罗**。（《罗》p.162）
按：《宋元以来俗字谱·网部》引《通俗小说》等作"罗"。"羅"字，《说文·网部》："以丝罜鸟也。从网从维。""维"写作"夕"，便既不再表音又不再表意，当属符号化。

又按：写本中"楽"又写作"**条**"，凡从"楽"者也都如此，似乎也可以理解为符号代替。

第四节　变换结构

汉字经过隶变之后，字形结构变得相对稳定，但俗写文字中仍然保存着许多结构变化的现象。

一　变为包围结构

1. 耀：明镜亭亭，万象含其朗**趯**。（《张庭芳咏并序》p.2）
按：《重订直音篇·卷五·光部》有收。

2. 冠：故燕公《刺异词》曰："夫新诗**冠**字宙"（《张庭芳咏并序》p.2）
按：《字学三正·体制上·俗书简画者》有收。

3. 鼲：**鼦**文阐大猷。象君子豹变，言其文以开大猷。阐，开也。（《豹》p.76）

按：《龙龛手镜·鼠部》有收。

4. 辉：倪游明镜里，朝夕奉光辉。镜中铸鹊形，亦名鹊镜。（《鹊》p.60）

按：《龙龛手镜·光部》有收。

二　变为上下结构

1. 潔：皎潔临陳牖。（《月》p.6）

按：《碑别字新编·十五画》引《唐河阳军节度押衙张亮墓志》"潔"字即如写本的上下结构。

2. 稽：一本，王羲之会于会稽山阴之兰亭也。（《兰》p.31）

按：《金石文字辨异·平声·齐韵》引《唐临清驿长孙氏石像碑》"稽"字即是如例中的上下结构。

3. 嶙：左思《吴都赋·说竹》曰：梢竹无以踰，嶙谷不能联。（《竹》p.34）

4. 裹：以蒲轮迎枚乘，以蒲裹轮取其安稳也。（《车》p.98）

按：《龙龛手镜·衣部》谓上"果"下"衣"为"裹"的俗字。

5. 桃：《桃源记》曰：晋时武陵人捕鱼忽逢桃花源，两岸夹水，水流入山，有数百步，中有人及鸡犬。（《桃》p.49）

按：《宋元以来俗字谱·木部》引《太平乐府》作"桃"。

6. 譙：门上为之以望，谓之譙门，而其美丽者，谓之丽譙也。（《楼》p.94）

7. 嵇：嵇康、阮籍等七贤为竹林之会。（《琴》p.140）

8. 略：仆少小好为文帝（章），迄今二十有五年矣，然今世作者，可略而言也。（《珠》p.154）

三　变为左右结构

1. 壑：习坎疏丹壑，朝宗合紫微。（《海》p.24）

按：《偏类碑别字·土部》引《齐李琼墓志铭》"壑"作左右结构。

2. 染：舜崩于苍梧，二妃奔哀。湘夫人泪染斑竹，皆二妃溺水死，故号湘夫人也。（《竹》p.33）

按：《玉篇·水部》收有此字。

3. 翼：柳条似凤羽翼，若映池有凤文彩也。（《柳》p.47）

按：《龙龛手镜·羽部》："狋、翼，羊即反，辅也，翅也，助也，美也，恭也。又州名。又姓。二。"《诗注》盖在此基础上又增笔。

四　互换

1. 飑：**㞕**沓睢阳涘，飒沓，群飞皃。梁有睢阳水。(《凫》p.62)

按：《龙龛手镜·风部》收"颫"。

2. 飘飆：言舞着罗衣，歌有罗扇、罗衣，曰**飃飆**也。(《罗》p.162)

五　局部结构改变

1. 牵：汉武帝时河水决，従顿丘南流，发**牵**十万里，救沃野流趣龙宫也。(《河》p.27)

按："牵"字中"玄"与"冖"相互穿插，不易书写，也使字形看起来较为复杂。写本移"玄"至上，变为上下结构，看起来简单。

2. 尤：黄帝与蚩**尤**战于涿鹿野，三日三夜大雾也。(《野》p.21)

按：《宋元以来俗字谱》引《古今杂剧》与写本同。

3. 刚：《幽明录》曰：楚巴丘县自金**刂**以上廿里有黄金潭。(《牛》p.75)

按：《广碑别字·十画》引《唐沈士公墓志》"刚"字左部作上下结构。

4. 花：张**苍**(当作：华)诗曰：利剑严秋霜。(《剑》p.126)

按：《四声篇海·廿部》作"苍"。

5. 冰：玉彩疑**冰**彻：言有玉镜及宝镜，谓以宝玉装饰之。(《镜》p.108)

按：《干禄字书·平声》："冰、冰，上通下正。"

6. 器：武**器**十首　剑刀箭弓弩旌旗戈鼓弹(目录 p.3)

按：《宋元以来俗字谱·口部》引《岭南逸事》作**器**。此字疑是受"尤"字影响出于美观而作。

第五节　变换偏旁

变换偏旁是产生俗字的常见方法，有时变换偏旁与原字的音、义有一定关系，而有时则是讹误或简省。

一　改变形符

(一)"宀"作"穴"

寐：阮嗣宗诗曰：夜中不能**寐**，起坐弹鸣琴。(《帷》p.103)

按：《龙龛手镜·穴部》谓"寐"为俗字，"正作寐，寝也"。《干禄字书》也收上部作"穴"的，谓为俗写。

（二）"月"作"肉"

膚：触石而出，云雾膚寸而合，非终朝云遍天下者，唯太山乎？（《雨》p.15）

按："膚"字，《说文·肉部》："膚，籀文胪"又"胪，皮也。从肉卢声。"楷化后"肉"作偏旁时多作"月"，《诗注》中又改为"肉"。

（三）"旨"作"甘"

嘗：神农·嘗药罢，有小鼠藤，一谓千金藤，神农所识也。（《藤》p.34）

按：《说文解字·旨部》："嘗，口味之也。从旨尚声。"同部："旨，美也。从甘匕声。"《广韵·平声·阳韵》："嘗，试也，曾也。《说文》本作嘗，口味之也。"变"旨"为"甘"，似乎意味着用口去品尝美味。

（四）"支"作"皮"

鼓：剑刀箭弓弩旌旗戈鼓弹。（目录 p.3）

按：《汉隶字源·上声·姥韵》引《孙叔敖碑阴》作"皷"。《干禄字书·上声》"皷、鼓，上俗下正"。《说文解字·鼓部》"郭也。春分之音，万物郭皮甲而出，故谓之鼓。从壴，支象其手击之也"。与"皮"有关。乐器之鼓多以皮制作。俗书变"支"为"皮"也在情理之中。

二　改变声符

1. 蘆：《古诗》曰：蘆家兰室杏为梁。（《雀》p.67）

按："盧"字《广韵》音"落胡切"，"戶"《广韵》音"侯古切"，虽声母各异，但其二字韵相近，俗书盖据音而改用简便易写的音近字。

2. 蟻：三清蟻正浮：三清，酒名。《南都赋》曰"浮蟻如萍"。（《萍》p.37）

按：《说文解字·虫部》"螘，蚍蜉也。从虫豈声。鱼绮切"。可见"蟻"的本字应该是"螘"。《说文解字·虫部》：義，宜奇切；幾，居衣切。義、幾音近。

又按：蟣，《说文解字·虫部》"虱子也。一曰齐谓蛭曰蟣。从虫，幾声。居狶切。"可见，"蟣"本义为虱卵而非"蟻"。写本中多简"幾"作"糸"，《集韵》"幾，古作糸。"

3. 翼：栁条似凤羽翼，若映池有凤文彩也。（《柳》p.47）

按：《龙龛手镜·羽部》："狱、翼，羊即反，辅也，翅也，助也，美也，恭也。又州名。又姓。二。"《玉篇·羽部》："狱，同翼"。"翼"，《广韵》音与职切，"弋"，《广韵》音与职切，皆为入声字；"異"，《广韵》音羊吏切，为去声字。由此，"弋"比"異"更能反映"翼"之读音，且简省很多笔画。"戠"，当是由"狱"增笔而来。

4. 裝：《释名》曰：床，褩也，所以自裝载也。（《床》p.100）

按："裝"，《广韵》侧羊切，平声阳韵。"壯"，《广韵》侧亮切，去声漾韵，"將"，《广韵》即良切，平声阳韵。盖《诗注》据音而改，《佛教难字字典·衣部》有收。

5. 舞：舞名万舞，南舞，钥舞，沐猴舞也。（《舞》p.152）

按：写本"無"字一概写作"旡"，又"舞""舜"杂出，"舜"字头上"无"又一概写作"无"。

6. 廟：《汉书·舆服志》云：皇太后入庙，（为）花胜，上（为）凤凰，以翡翠为毛，下有白珠也。（《珠》p.153）

按：《说文·广部》："廟，尊先祖貌也。从广，朝声。"下列古文"庙"，此古文楷化即是"庙"。《干禄字书·去声》："廟、庙，并正。"又依《广韵》，"廟"眉召切，"苗"武瀌切，二者音近。后世字书多与《说文》同，谓"庙"为"廟"古文。《诗注》多用更加简省易写的古文。

三 形近换用

（一）"阝""卩"相乱

郎：登仕邸守信安郡博士（《张庭芳咏并序》p.1）

按：俗书"阝""卩"相乱，而以后者为便写，故常以后者易前者。又，《六书正讹·入声》"即"字作"卽"，并云："俗作即，非"。

《诗注》中又有"月者，阙，太阴精，满克复缺，名夜光，月御，望舒也"。"御"字"卩"旁作"阝"旁。

（二）"十"作"忄"

博：前汉朱愽，字子元，为御史大夫。（《乌》p.58）

按：《隶辨·入声·铎韵》引《孙根碑》作心旁，并按："说文博从十，碑讹从心"。《干禄字书·入声》"愽博，上通下正"。

（三）"火"作"大"

1. 靈：藻丽词清，调（谐）律雅，宏溢逾于夭运，致密掩于延年。（《张庭芳咏并序》p.1）

2. 聯：左思《吴都赋·说竹》曰：梢竹无以踰，嶰谷不能联。（《竹》p.34）

按："靈"字,《佛教难字字典·雨部》作"灵"。张涌泉认为"靈"字到"灵"字经过一个"霠"字,"灵"最初表音,进而简化掉"雨"字头。《佛教难字字典》将"灵"字归雨部,似乎印证了这一说法。按:"灵"应是"灵"字中"火"字两点连笔。

(四)"彳"作"氵"

得:张华见斗牛间有宝气,乃令雷焕为丰城令,移狱屋,氵掘宝剑也。(《星》p.7)

按:《说文》作"得",从彳导声,《隶辨·入声·德韵》引《华山庙碑》作浔,与"浔"相近。

(五)"子"作"歹"

孙:公孫弘为御史大夫,以步被卧,后为汉承相,言三相者,三公也。(《布》p.166)

按:"子"与"歹"相讹当与书法有关,草书"歹"等字常与"子"形相混①。

(六)"卯"作"夘"

昴:舜登首阳山观河,见五老人,五老人飞为星,上入昴也。(《星》p.8)

(七)"心"作"三点底"

1. 惑:五星聚于东井也,东岁星,南荧惑星,西太白星,北辰星,中镇星也。(《星》p.8)

2. 怒:又阴阳怒为风,《元命包》曰:"天地怒而为风"。(《风》p.8)

(八)"夌"作"麦"

陵:王者,德至山陵,则庆云出。(《云》p.10)

按:《汉简文字类编·阜部》作"陵"。《干禄字书·平声》"陵、陵,上通下正"。

按:依照《说文·阜部》篆体楷化,当作"陵",而汉简文字作"陵",疑为连笔。

(九)"豕"作"麦"

蕤:二三月抽蕤生花结子。(《松》p.43)

按:《金石文字辨异·平声·支韵》引《唐神策军圣德碑》"蕤"字即

---

① 草书字形简单,"歹""另""车""月""糸"皆有可能写作极似"子"字,详见裘锡圭《文字学概要(修订本)》,商务印书馆 2013 年版,第 94 页。

易"豕"为"麦"。

（十）"耳"作"歹"

闻：妾**囝**南山玄豹，隐雾雨七日不食，欲以泽其毛衣成文章。（《雾》p.14）

按：《新编中国书法大字典》引《淳化阁帖》王献之作"**囝**"，柳公权作"**囝**"。《新编中国书法大字典》"聘"字引《草书韵会》收"**䭊**"。草书本"子""歹"形近相乱，而"耳"又有草书似"子"者，日人盖据草书而楷化作"歹"。

（十一）"彡"作"寸"

鬱：仙岭**欝**氛氲，峨峨吐翠氛。（《山》p.18）

按：正体当作"鬱"，写本作"欝"，虽多处改变，但"鬱"本身结构复杂，改易其中两部件为相似部件不影响识别。

（十二）"氵"作"冫"

梁：《楚词》曰：有梅**梁**，韩娥一唱余声绕梁，三日不绝动梁尘。（《梅》p.53）

（十三）"弓"作"方"

引：《季子》**引**嵇叔夜《养生论》曰：合欢蠲怒，谖草忘忧。（《萱》p.35）

（十四）"菐"作"医"

鑿：老人曰：吾**鑿**井饮，耕田食，帝何力于我哉。（《田》p.22）

（十五）"疋"作"𤴓"

疏：习坎疏丹壑，朝宗合紫微。（《海》p.24）

四　改旁便写

有的部件笔画多、构成复杂或不够常用，俗书往往会将其改换为简单易写且熟悉的部件。

（一）"霝"作"覀"

霸：**覉**者获之，其大如斗，赤如日，割而食之，甜如蜜也。（《萍》p.37）

（二）"丞"作"豖"

蒸：或四角，或三角；或紫苞或青苞，肉白，生噉甘脆，**蒸**熟能饱人。（《菱》p.38）

按：此字当是先省去了草字头。

（三）"豆"作"业"

戲：周成王与唐叔虞戯，剪桐叶为珪，曰：封叔虞。（《桐》p.48）

（四）"小"作"大"

穆：《史记》曰：秦穆公猎得雌雉，失雄者，乃立祠于陈仓北坂，其夜来声若雉，又似鸡鸣，号陈宝鸣鸡也。（《雉》p.65）

（五）"雚"作"雈"

1. 歡：桃李同歡密，尘泥别恨长。魏文帝诗曰：南国有佳人，容华若桃李。（《被》p.107）

2. 觀：盖人短于自见，必须假此觀面。（《镜》p.107）

（六）"卒"作"夲"

醉：山涛每往高阳习都（郁）家池饮酒，大醉而皈也。（《酒》p.111）

（七）"夫"作"关"：

奏：萧子良《古今篆隶文体》曰：垂露书者汉郎中扶风曹喜为之所章奏也。（《书》p.119）

（八）"糸"作"巾"

紙：《后汉书》曰：黄门郎蔡伦造纸，故曰蔡侯也。（《纸》p.121）

（九）"豙"作"豖"

毅：解严毅之颜，开难发之口。（《钱》p.160）

《干禄字书·去声》谓"豙"为"毅"之俗字。

第六节　书写变异

在汉字的使用过程中，因各种字体间的学习吸收、相互影响而产生文字的变异也是不可避免的。加之人们对笔势和字形结构的不同理解与安排，书写变异的俗字由此而生。

（一）"臼"作"旧"

1. 鼠：神农尝药罢，有小鼠藤，一谓千金藤，神农所识也。（《藤》p.34）

2. 舂：舂坙于泉隅，是谓高舂；（《日》p.4）

3. 焰：《列仙传》曰：涓涓投焰阳，九仙人霓裳凌烟也。（《烟》p.11）

按："臼"为什么会变成"旧"，张涌泉《汉语俗字研究》中有过探究：

"旧"为"臼"字俗字。大约是为了书写的方便或避免与"日""曰"等字相混，俗因或书"臼"作"旧"（《干禄字书》："旧、臼，上俗下正。"），又变作"旧"。《龙龛手镜·旧部》"旧、旧，其九反，二"，即"臼"的俗字。宋元以后的通俗刻本中亦常见书"臼"作"旧"之例（参《宋元以来俗字谱》）。

（二）"丰"或"壵"作"ユ"

1. 害：此皆用前因之利，不顾后害，王乃不伐晋也。（《弹》p.138）

按：《说文解字·宀部》作"害"："伤也。从宀口，言从家起也。丰声。"《隶辨·去声·泰韵》引《汉桐柏庙碑》作"害"，并按："《说文》害从丰，丰读若介，碑省作土。"《金石文字辨异·去声·泰韵》引《唐圭峰碑》作"宔"。《敦煌俗字典》引《妙法莲华经·观世音显圣图》与写本同。可见此字演变轨迹大致如下：害→害→宔→害。

2. 寒：汉武帝接幸人韩，以金作弹丸，人逐长安，语曰：苦饥寒，逐弹丸也。（《弹》p.137）

按：《宋元以来俗字谱·宀部》引《通俗小说》与写本同。

（三）"龍"作"竜"：

龍：花摇丹凤色，云浮濯竜影。（《池》p.93）

按：《龙龛手镜·立部》："竜，古文龙字。"《宋元以来俗字谱·龙部》引《古今杂剧》等作"竜"。

（四）其他

1. 晚：松篁暗晚晖：谢玄晖诗曰"松篁生暮烟"。（《烟》p.11）

按：《宋元以来俗字谱·日部》引《太平乐府》等，"晚"字中"勹"作"丷"。

2. 龜：龟浮见绿池。千岁龟游莲叶上也。（《荷》p.42）

按：《宋元以来俗字谱·龟部》引《古今杂剧》作"龟"。

3. 廉：其敬心感者，其声直以廉。（《音乐十首》p.3）

按：《玉篇零卷·广部》同，《碑别字新编·十三画》引《魏傅母杜法真墓志》亦同。

4. 康：九土信康哉。（《雨》p.15）

按：《广碑别字·十一画》引《唐段公夫人常氏墓志》作康。《诗注》"康"字虽作此，而未见"隶"字有如此处理者。

5. 雨：《汉书》曰：高祖伐韩王信，信子凶奴围高祖于平城，自逢云雾雨雪，用陈平计得出。（《雾》p.13）

按：《宋元以来俗字谱·雨部》引《太平乐府》作"兩"。

6.賨：《列仙传》曰：蘸就启母曰：有賨来会。（《井》p.90）

按：賨，《说文·贝部》篆书作"賨"，《碑别字新编·十四画》引《隋羊玮墓志》作"賨"，《隶辨·平声·真韵》引《西狭颂》作"賨"，并按："《九经字样》云：賨，经典相承作'賨'"。

7.承：愿奉罗帷夜，长承秋月光。（《床》p.100）

按：《诗注》又有："《易》曰：至哉坤元，万物资生，乃顺承天。"（《坤仪十首》）"承"字结构稍作变换即成写本中字样，作"承"解上两句则皆通，当不误。《佛教难字字典·手部》"承"字下收"承"与"承"。钱超尘等也论及过此字[①]，释为"承"。另，《诗注》中"丞相"词皆作"承相"，如"公孙弘为御史大夫，以步被卧，后为汉承相，言三相者，三公也"（《布》）。

---

① 《诗注》中"承"上部作三横，钱氏论及的作两横，可参见钱超尘《黄帝内经太素研究》，人民卫生出版社1998年版，第363页。

第三章　源流例释与难字探索

第一节　源流例释

《诗注》中存在的大量俗字许多是源自我国的，甚至有些可以追溯到先秦两汉。文字既然是因社会约定俗成形成的交流工具，必然就有它稳定的一面。李荣在谈及汉字的稳定性问题时说："文字是传统，父子相传，今天的汉字，不单跟近来发现的两千年前的秦汉竹简和帛书，有很多共同之处，就是三千年前的甲骨文，和今天的汉字，也还有不少是相同的。文字又是大众使用的信息媒介，不能轻易改变"。[①]

1. 緂

生不逢于尧与舜禅，短布短衣緂至骭，长夜漫漫何时旦？（《歌》p.151）

据《说文》，"才"字本义为草木初生，后来引申为"刚刚"，"緂"本义是黑里带红的颜色，后借来表示"刚刚"之义，所以古书中表"刚才"义时二字通用。"緂"字《说文》篆书为"緂"，右部上下两字形极相似。《龙龛手镜·系部》"緂"收"緂"，谓俗字。《玉篇零卷·系部》作"緂"。"緂"字中"㲋"字本来就与"兔"或"免"字形体相近，又不及"兔"字常见且笔画稍多，俗书又进一步省去了"兔"字末笔的点。《宋元以来俗字谱·系部》引《通俗小说》等作"緂"，则显然是利用重文符号作了进一步的简省。

2. 豐

《史记》曰：秦文公伐南山梓，树中有青牛出走入豐水也。（《牛》p.74）

《说文·豐部》："豐，豆之豐满者也。从豆，象形。一曰《乡饮酒》有豐侯者。凡豐之属皆从豐。䜴，古文豐。敷戎切。"《说文·豊部》："豊，行礼之器也。从豆，象形。凡豊之属皆从豊。读与禮同。卢启切。"由此可见"豐"和"豊"本是两个形音义都不同的字，但二者形体相近，"豐"字有隶定作"豊"的，如《隶辨·平声·东韵》引《华山庙碑》就作如此。二者关系较复杂，但后者又较为简便易写，"豊"就难免讹为"豐"的俗字。

---

① 李荣：《汉字演变的几个趋势》，《中国语文》1980 年第 1 期。

3. 興

《始⊗记》曰：晋时有质子将皈，忽有人寄书曰"吾家有悬藤"，果如其言也。（《藤》p.34）

据《新编中国书法大字典》（p.1295），南朝梁武帝萧衍书作"🀄"。《宋元以来俗字谱·臼部》引《列女传》等作"㒰"。

4. 畫

歌尘起金梁。（《梅》p.53）

《敦煌俗字典》引《大般涅盘经》收"畫"，《干禄字书·去声》："畫畫：上通下正。"《宋元以来俗字谱·田部》引《列女传》《太平乐府》等作"畫"，又引《列女传》《通俗小说》《古今杂剧》《三国志平话》《太平乐府》《娇红记》《白袍记》《目连记》易"畫"中"聿"为"尺"。可见此字应该至少在唐宋时期就非常流行了。探其来源，《新编中国书法大字典》中，王羲之《十七帖》作"🀄"，孙过庭《书谱》作"🀄"，不难看出其来源。

按：包围结构内，各种不同笔画作"人"字的情况古不鲜见。除上举梁武帝书作之外，又有"思"作"㒰"①，"過"作"🀄"②，等等。《诗注》中又有"一本，文宣王曰：麻㒰，礼也""江淹《恨赋》曰：试望平原，蔓草萦骨""额上有干字，垂手过㒰膝，河目海口，耳目重轮，发长七尺"等例。

5. 亂③

芳树杂花红，群莺舌乚晓空。（《莺》p.63）

《颜氏家训·书证》："……自有讹谬，过成鄙俗，'亂'旁为'舌'……""亂"字左旁结构复杂，笔画繁多，草书多有简省，但由来草法多样。《书证》里的话应该反映出一个事实，那就是"乱"字之形应该是各种写法中最为约定俗成的，在当时已普遍使用，足见"乱"字由来已久。《干禄字书·去声》："乱、亂，上俗下正。""舌""𤔔"本无关系，而俗草书作"舌"，这种简约的写法流传开来，约定俗成，"舌"这个符号就大量取代了"𤔔"。

6. 聖

银宫玉殿皆仙㘴所居。汉有佳宫殿也。（《桂》p.44）

《新编中国书法大字典》引汉代《子游残石》作"🀄"，《宋元以来俗字谱·耳部》引《古今杂剧》《三国志平话》等作"㘴"。疑由于"聖"字上部与"留"字上部相近，俗书讹而作与"留"字同样的省略。参看本文

---

① 《唐碑俗字录》第 9 页引《董𤼈墓志》。

② 《新编中国书法大字典》所引上自北魏《张猛龙碑》下到宋赵佶书作，多有此种情况。

③ 参见张涌泉《敦煌俗字研究》下编第 15 页、第 603 页。

《符号代替》"ㄐ"。

按：《说文》云："垩，白涂也。从土亚声。"居延简即有作"垩"之例[①]，"垩"字本与"聖"字音义全别。

7. 陈

天子三章传，▨王七步才。（《诗》p.116）

《说文》"陳"字小篆作▨，"宛丘，舜后妫满之所封。从𨸏从木，申声"，而不收"陣"。"陣"为后起字。日人换用之。

8. 冲

《▨虚真经》云：薛谈学讴于秦青，饯于郊衢，抚节悲歌，声振林木，响遏行云也。（《歌》p.151）

《说文》"沖"字小篆作▨："涌摇也。从水、中。读若动。"又"衝"小篆作"▨"，"通道也，从行，童声"。《新加九经字样·彳部》云："衝、冲，上《说文》，下隶省。"可见，"冲"与"衝"本义有别，二者盖音近而相通用。"衝"字本已隶省，但笔画繁难。以"冲"代之，而俗书又多"冫"与"氵"不分。

9. 初

（1）田埜，《说文》云：郊外也。天有九野，见初天。注，野，羊者切。（《野》p.20）

（2）明月弹琴夜，清风入幌▨。（《帷》p.103）

《说文解字·衣部》篆体作▨，"从刀从衣，裁衣之始也"。隶定当作"初"，然后世俗书多又作"初"，《碑别字新编·七画》引《魏王夫人元华光墓志》作"初"。又作"▨"，《碑别字新编·七画》引《魏张猛龙碑》作此形。

10. 带

泉飞一道▨：《天台山记》曰：天台山上瀑布水泉下一道如带。（《山》p.18）

《说文》篆书作▨，《碑别字新编·十一画》引《隋宫人陈氏墓志》作▨。《干禄字书》："▨、带，上俗下正。"

11. 当

何▨画秦女，烟际坐氛氲。（《绫》p.163）

《新编中国书法大字典》引王羲之《都下帖》作▨，同书同字下引王羲之《兰亭序》作▨，此字草书历代书家多将左侧竖笔合并，而右侧曲折变化来表现其轮廓[②]。写本作▨，盖承我国草书。

12. 得

《晋书》：“泍①华见斗牛间有宝气，乃令雷焕为丰城令，移狱屋，〔图〕掘宝剑也”。（《星》p.7）

"浔"字本义为"水貌"，（《广韵·德韵》）但在使用中或为"得"俗字，如《正字通·水部》："得，今俗以浔为得。"《宋元以来俗字谱·彳部》引《古今杂剧》等作"浔"。《隶辨·入声·德韵》引《华山庙碑》作〔得〕，与"浔"相近，又《金石文字辨异·入声·缉韵》"得"字引《唐净域寺法藏禅师塔铭》作"浔"。

13. 德

后汉陈仲弓与子侄夜游……于时〔頁〕星聚。大史奏曰，五百里内，贤人聚也。（《星》p.8）

《说文·彳部》收"德"字，篆书作〔德〕，从彳悪声，又心部收"悳"，篆文作〔悳〕，"外得于人，内得于己也。从直从心"。《隶辨·入声·德韵》引《娄寿碑》作〔悳〕，下有按语："德行之'德'，《说文》本作'悳'，'德，升也'，后人借用之，乃以'悳'为古字。"《龙龛手镜·心部》即以"悳"为古字。

14. 恶

《药性论》曰：味若（苦）甘平，主风头眩，痛目泪出，皮肤死肌，〔恶〕风、湿病、痹血气。（《菊》p.31）

《金石文字辨异·入声·药韵》："恶，俗作恶。"下又引《隋龙藏寺碑》及安阳隋人残经刻，作"恶"。《干禄字书·入声》："恶、恶。上俗下正。"

15. 發

岩花镜里〔發〕庚肩。（《石》p.19）

《隶辨·入声·月韵》引《鲁峻碑》作發，其下按："说文發从癶，碑变从夂。"又由于笔势、书写材料等原因，俗书多"弓""方"难分。

16. 翻

日色翻池上，言池中有菱，故言日色〔翻〕池上也。（《菱》p.39）

《说文》篆书作〔翻〕，从羽，而羽、飞义皆与鸟相关，二者意义相通，故俗书多有从"飞"者。《新编中国书法大字典》引北魏郑述祖《天柱山铭》《敦煌俗字典》等多从"飞"。《干禄字书·平声》"飜、翻，上通下正"。写本盖从"飞"而省。

17. 氛

杨柳正氛氲，含烟捴翠〔氛〕。（《柳》p.47）

---

① "泍"当作"张"。

《碑别字新编·八画》引《魏嵩阳寺碑》"氛"作"氲"，自古多"氛氲"成词，如：《魏书·孝文帝纪上》："天地氛氲，和气充塞。"又如南朝宋鲍照《冬日》诗："烟霾有氛氲，精光无明异。""氛"盖受"氲"影响而加皿字底。

18. 臘

《花谱》：生氣梅本非梅类，以其与梅同时，香又相近，色酷似蜜脾，故名蠟梅。(《梅》p.52)

按：臘，段玉裁《说文解字注》"臘本祭名，因呼臘月臘日耳"。蠟梅"此物本非梅类，因其与梅同时，香又相近，色似蜜蠟，故得此名"。[①]

《干禄字书·入声》："臘、蠟，上臘祭，下蜜"。

19. 熭

烛大火落似星也。(《烛》p.110)

《新编中国书法大字典》引《草书韵会》作"𤈮"。《宋元以来俗字谱·火部》引《太平乐府》等作"烬"。

20. 擲

后汉张颢为梁相，天新雨，有乌鹊飞近地，令人掷，堕地后为圆石，搥破之，得一金印，其文曰：忠孝侯之印。(《鹊》p.60)

又，"郑"字作"郑"，唐宋以来书家都有这样写的。(参见《新编中国书法大字典》p.1557"郑"字、p.691"掷"字)《宋元以来俗字谱·手部》引《岭南逸事》收"掷"。

21. 聽

《说文·口部》："听，笑貌。从口斤声。宜引切。"刘禹锡《说骥》："睹之周礼，眙然视，听然笑，既而抃随之。"又《龙龛手镜·口部》："听，宜引反，口大貌。"《宋元以来俗字谱·耳部》引《通俗小说》等"聽"作"听"。《正字通》谓"听，俗借为聽字省文"。对于"宜引反"的"听"字，《简化字源》谓"古籍中极罕用"，称与用作"聽"字省文的"听"字"不会引起任何混淆"[②]。

22. 無

《白虎通》云：甘露，美露也，降则物旡不美盛矣。(《露》p.12)

《金石文字辨异·平声·虞韵》引《汉武都太守李翕西狭颂》作"旡"。《宋元以来俗字谱》引《娇红记》《白袍记》作"无"，《东窗记》作"无"，写本稍异，作"旡"。"旡"字，《说文》："饮食气逆不得息曰旡"，作此义

---

① 见《汉语大词典》"蜡梅"词条下所引李时珍《本草纲目·木三·蜡梅》。
② 李乐毅：《简化字源》，华语教学出版社1996年版，第241页。

时，"旡"为本字，与"无"形小异而义大殊。"旡"为《说文》"無"之奇字的楷书字形，"無"写作"无"，属于书写变异的讹俗字。①

23. 爽

君子树，叶似松。曹爽曾种之于中庭也。（《松》p.43）

按：《金石文字辨异·上声·养韵》引《唐道因法师碑》"爽"作"爽"。《说文》："爽，明也。从㸚从大。"徐锴曰："大，其中隙缝光也。""㕛"变作"人"，当是形近而讹。

第二节　难字探索

1.

《丰隆钞》云："风者，泛也，泛薄万物。"（《风》p.8）

写本中《海》诗下注有："山不让尘，故成其高；海受雾露，亦成其深"此句很容易让人想到李斯的"泰山不让土壤，故能成其大；河海不择细流，故能就其深"。《象》诗下引有范至《虞衡志》语，《虞衡志》为范至能所作，为"能"字基本无疑。《宋元以来俗字谱·肉部》引《通俗小说》等即作此形。新加坡民间汉语俗字也作此形②，可为旁证。

"能"字，《说文》小篆作"" ，释义为"熊属，足似鹿，从肉，目声。能兽坚中，故称。贤能而强壮者称能杰也"。徐灏注："假借为贤能之能"。可见"能"字本义为"熊"类动物，"" 当是象其四肢。但《玉篇·能部》《干禄字书》及历代名家书法作品中鲜见这种写法。而《通俗小说》作此，《通俗小说》时代与"能"当本义讲相去甚远，应该不可能是取其象四肢的部分表示本字，只能说是省略了左边的"育"达到简省目的。

2.

东海于公修门，公曰：吾有阴，门令少高大容驷马车，后至定国为廷尉。（《门》p.87）

写本《星》诗下引《汉书音义》云："瑞星曰景星，亦曰星；妖星曰孛星；彗星曰长星，亦曰搀抢；绝迹而去曰飞星；光迹相连曰流星，亦曰奔星。"古人多有望天文占卜的，其杂星之体，有瑞星，有妖星，有客星，有流星，《宋史·天文志五》："景星，德星也。一曰瑞星，如半月，生于晦

---

① 参见梁春胜《楷书部件演变研究》第 3 页，博士学位论文，复旦大学，2009 年。

② 张涌泉：《汉语俗字研究（增订本）》，商务印书馆 2010 年版，第 80 页。

朔，大而中空，其名各异。"《经》诗下"（老子）遂驾青牛素车去周，西至陕州桃林县，过函谷，为关令尹喜说道徔五千言，今《道德经》是也"更为明显。旁证又有与《诗注》同为室町时期的足利本《尚书》，其中《尧典》有"克明俊德，以亲九族"，传文为："能明俊徔之士任用之，以睦高祖玄孙之亲也。"《尚书》内野本传文同，但"徔"作"德"。

此字不见于历代字书，也不见于《宋元以来俗字谱》。写本中此字左侧多似"亻"上加一点，是"彳"的一种常见俗写。右侧则与上文"能"字俗写相同，但"德""能"二字音义较远，应该只是同形关系。写本《舞》诗下注文引《事林广记》云："唐《七德舞》，本名《秦王破阵乐》也。"其中，"德"字作徔，七德舞是唐代舞名，唐初有《秦王破阵乐曲》，至贞观七年太宗制《破阵乐舞图》，后令魏征、虞世南等改制歌词，更名《七德》之舞，白居易有诗《七德舞》。此字是"德"字无疑，虽是草书，而略存"德"字之形。其右侧又与㠯形相近。

查《行草大字典》，其所录"德升"字，德作㥁[①]，右侧与写本中就十分相近了。此字中国沿承不断，中国开国元勋朱德元帅的签名常作德，字形其实都相差无几。《诗注》写手虽多用行草，但"徔"字却写得较楷正。可见，"徔"字的楷化在写本之前早已完成。此字日本《同文通考》定为"日式省文"，考其来源，其实依然在中国。

3. 置

（1）单于以苏武置大窖中，绝饮食，武以毡并雪飡之。（《羊》p.82）

（2）晋，王济，字武子，以钱布地，置为走马埒。（《道》p.23）

《异苑》曰：山鸡爱其毛，照水即舞。魏武帝（时），陶方献山鸡，公子苍舒令抵大镜置其前，山鸡鉴形而舞不止，除之则止。（《镜》p.108）

乍看此字，不易辨认，"罒"下部的结构与写本有些"德"字的右部颇相似，但是换作"惠"似乎不成字。好在该字在写本中出现多次，根据上下文，此字应为"置"字。《新编中国书法大字典》置字下与写本字形最相近的当是"置"，中国草书多省写直字框内的三横，写本中不知是否用拉长的竖来代表三横。

4. 卞

徒为"卞"和识，不遇楚王珍。（《玉》p.156）

写本中《玉》诗："徒为卞和识，不遇楚王珍。"注文"《史记》曰：卞和得荆山玉璞，献楚王，楚王问工人，云：顽石也。乃刖和足也。云云。"

写本多有增繁字，常在一字上加点且常在右侧，有的为了增强美观，

---

① 可参见《行草大字典》，北京出版社 1992 年版，第 200 页。

有的是使字看起来重心平衡。一些笔画少的字更是如此。此字极像在"千"字上加点而成，因而极易误认为"千"字。好在注中所引的材料现在易得，我们熟知的"完璧归赵"中的和氏璧即是卞和当年献楚王的璞中剖得的。楚王所问的匠人不识货，因而断卞和之足。

卞字头上本来为一点，写本将其写作小撇，加之竖笔又出横笔，都含一定任意性，这样的写法给阅读带来了一定困难。中国字书或书法鲜见作此。

5. 𥫗

《风》诗注文："马融《长笛》曰：龙鸣水中不赋见己，截竹𥫗吹之声，音相似。"（p.9）《琴》诗："名士𥫗林隈，鸣琴宝匣开。"（p.140）注文有："稽康，阮籍等七贤为𥫗林之会，故阮籍诗曰：今朝竹林下，独有仲容饭。"

此字即"竹"字。结合竹林七贤及其中稽康、阮籍两人物理解，再加上"竹吹"即竹笛义，此字不难判断是"竹"字。另，不仅注文中这样写，《露》中诗句"葳蕤泫竹丛"亦作此形。

但"竹"字何以写作升字加一点？查《新编中国书法大字典》（p.1161），字形与"升"类似的有三例：元陆居仁作〲，明祝允明作𥫗、王铎〲，可以大致看到"竹"渐变为与"升"字相近的过程。

按：《碑别字新编·四画》"升"字引《晋乐安光砖志》作𥫗，与写本"竹"字同，所以要根据语境辨别是何字，否则易造成混淆。

6. 才

（1）诗曰：脊令在原，兄才急难。（《原》p.20）

此字与"才"字十分相近，但实为"弟"字。另有两处稍易于辨认的：

（2）后汉光武郭皇后才况，封锦变侯，赏赐数万，京师人号况家为金穴。（《道》p.23）

（3）《西京杂记》曰：上有遗赵飞燕才云母屏风及窗琉璃屏风也。（《屏》p.105）

《新编中国书法大字典》（p.524）有王羲之作〲、欧阳询作〲，如此"不到位"的写法，写出来的字难以辨别。

7. 沜

《后汉书》：车如沜水马如游龙，或为金穴也。（《道》p.23）

《正字通·水部》："沜，俗流字。篆书流字从'𣶒'作'流'，讹作'𣵒'，'𣶒'似'不'字篆作'不'，故误以沜为古流字。"可见"流"作"沜"年代久远，早在隶变之前已经完成。《正字通》此言当符合实际，如《隶辨·平声·尤韵》引《郯令景君阙铭》作"沜"，引《尧庙碑》作"沜"并注云："《玉篇》：古文流。"

8. **覙**

行**覙**向子赋，坐忆邻人情。（《笛》p.148）

《四库全书·集部·总集类·御定全唐诗录·卷三》与同书卷五十二所收李峤诗皆作"行观向子赋"。日本枥尾武《百咏和歌注》[①]与柳濑喜代志《李峤百二十咏索引》[②]亦同。

写本"观"字左部有几例作"尔"（或"尓"，二者形相近难辨）。此书所收的九种"观"字字形中，只有第二、第三两例与"隹"稍有出入，但"隹"上面的部分却变化丰富。《草书查真大字典》中收"观"字26例，汇集历代名家作品，均未见有省"隹"如"尔"者。查中日历代收录俗字之书，亦不见此字之形。

初疑此字为"覼"，因为俗书"覼"多有作"尔"进而讹为"尓"的，查《康熙字典》则引《类篇》谓"覼"为"俗覶字"。《说文·见部》："覶，好视也。从见㝬声。洛戈切。"义不合。

而查"覙"字，《汉语大字典》（p.3667）谓："覙，同'觍'。《龙龛手镜·见部》：'覙，视也'"[③]《集韵·上声·轸韵》"紾"字下收此字："紾、覙，《说文》：'视也'。或作觍。"《说文·言部》："紾，视也。从言㐱声。"段玉裁注："《仓公传》'紾脉'，视脉也。从言者，医家先问而后切也。"既然"紾"字本义即为"视也"，医家又有"望闻问切"之术，那么，此字改从"见"旁也在情理之中。俗书"㐱"又多与"尔"相乱，"尔"与"尓"又常形近而混。

要之，"覙"字本为"紾"之异体俗书，左部本写作"余"，讹变为"尔"或"尓"，由于"紾"字本义为"视也"，与"观"字音殊而义近，《诗注》盖以义而讹写。

---

① 枥尾武：《百咏和歌注》，汲古书院1979年版，第134页。
② 柳濑喜代志：《李峤百二十咏索引》，东方书店1991年版，第334页。
③ 作"覙"形恐误，中华书局本《龙龛手镜》第344、345页皆有此字，左部皆作"余"，而非"尔"。

第四章 俗字在《百二十咏诗注》
中的扩散与变异

　　《诗注》中所见俗字绝大多数源头在中国，日人承而用之，并将其类化推广，结果反而比中国更常见常用。我们称这种"源头在中国，发展在域外"的俗字为"扩散性俗字"[①]，例如"俭、剑、检、险、验，步、涉，壳、读、续、浇，齐、济、剂，观、欢、权、劝，惠、穗，鸡、溪，残、践、贱、浅，儿、稻、陷、焰，孃、壤、讓、釀、卆、桙、砕、粋、酔"等所涉及的俗字现象《诗注》中几乎都有。

一　出[②]

　　《皈藏易》曰：白云𡳿自苍梧，飞入大梁也。（《云》p.10）

　　《说文·出部》小篆作𡳇，"进也。象草木益滋上出达也。"隶变后作"出"，《隶辨·入声·术韵》引《郑固碑》等即多作此形。然而后人又多有从古将"出"字写作上下结构，《正字通·屮部》谓："俗从两山作出，非。"《佛教难字字典·屮部》出字即收有"峃""岁"二形，"々""="盖重文符号，俗书将下"山"作此处理，并且被字书收入。

　　按：俗书多求简省易写，《诗注》里用字也鲜明反映出这一点，而唯"出"多作"两山"，不用重文符号，盖因其多将"岁"字作"峃"形，而《诗注》所用重文符号唯见作两点者，若二字都简，则不易区分。日本常用汉字[③]作"出"。

二　蜀

　　一字内较复杂部件省作点的很多，如"蜀"字内的"虫"字写作一点。

　　锦，织文也，出于𬳿者为上。（《锦》p.160）

　　《诗注》中"蜀"字之中的"虫"字多简作一点，这种写法显然承自草

[①] 何华珍：《俗字在日本的传播研究》，《宁波大学学报（人文科学版）》2011年第6期。

[②] 为便于输入，条头列汉字繁体正字，不用日本变异俗字，下同。

[③] 本文所指"日本常用汉字"皆指日本现行《常用汉字表》中的字。

书。我国汉简草书中就已经出现此种写法，如《汉代简牍草字编》"獨"有作"马马"者。查《草书查真大字典》①中"蜀"字，晋代王羲之作"为"（p.11），明代祝允明作"为"（p.250）。"虫"字都近似连笔的两点，这一写法《诗注》中亦有少数例证，但远较作一点的少，可见俗书求简心理之切。

按：《诗注》中凡"蜀"作为偏旁的，也几乎全把"虫"字作一点，如"濁""觸"等字。

类似这样省作一点的还有"同"字内部，"過""駒""極"等字内的"口"字，"葛""謁"字内的"人"字等。草书求快，对于一字中较复杂而精细的部分，历代草书多只象其轮廓，不求精雕细刻。上例中的"蜀""罵"相乱，一般也不会造成误解，但其实二字有别："罵"音 dí，《广韵·锡部》"罵，鱼击网也"，都历切。《集韵》："魡，系鱼也，或作罵"，丁历切。"蜀"，《说文》："葵中蚕也。从虫，上目象蜀头形，中象其身蜎蜎。"《集韵》："殊玉切"。或许因为"罵"字不太常用，而"蜀"字草书又多作"罵"，"罵"便经常扮演"蜀"的角色了。又《龙龛手镜·四部》："罵，俗音蜀"，较日本则又为简省。

《同文通考》："罵，俗蜀字。罵，音的，系也。如烛、蠋等字从罵。并非。"

三　歲

汉高祖入秦，五星聚于东井也，东岁星，南荧惑星，西太白星，北辰星，中镇星也。（《星》p.8）

《说文》：歲，"从步戌声"。"歲"字古文作"戉""岁"（分别见《字汇补》戈部、二部），前字直接反映《说文》所说的"从步戌声"而省声。南朝梁刘潜《为满侍中荐士表》"资寒暑而成歲"，易"止"为"山"。《隶辨·去声·祭韵》（p.532）引《郑固碑》作"岁"，并按"碑复变止为山"，此字《干禄字书》收录且定为俗字。《康熙字典》则说"别作歲、歲，并非"。不管如何，"歲"字由来已久，且俗书多把"歲"上"止"字写作"山"（黄征《敦煌俗字典》p.390），《诗注》中亦是如此。

按：《宋元以来俗字谱·十三画》引《岭南逸事》"歲"作"止"下加"二"，此种写法可能是由"岁"而来。两点既然多作重文符号，则"岁"容易与"出"相乱，但《诗注》中"出"字几乎全作"出"，所以不会引起混淆。写本中"歲"作为偏旁时也写作"岁"。

---

① 刘风、刘甫丰：《草书查真大字典》，湖南教育出版社 1990 年版。

四　機

至天河，见织女，又一人牵牛，以支枆玉石与人。(《星》p.7)

《正楷录》"機，古作枆"。"機"字又何以为"枆"？　从字形上看，《说文·戈部》"戉，守边也。从人持戈"，篆书作戉；"几，踞几也，象形"，篆书作几。"几""人"篆书字形相近，"幾"字出于简省，略去"戈"后楷化为"坴"。再者，《汉语大字典》引三国吴《谷朗碑》作"楗"等，右下极似作"幾"。

再看字音：据《说文解字》，"機""幾"为居衣切，"几"为居履切（本义是古人席地而坐时可供依靠的器具），可见"幾"与"几"音近义殊。

丝为什么会写作〉〈? 这种简省源自哪里？

先来看一个"樂"字，篆书为樂。战国长乐鼎铭文已经将篆文上部两边的"8"字形结构各草作两点，形成一个左右对称的结构"〉〈"。汉器铭文沿袭这一写法①。今文字中其他相似的结构也有类似写法，李圃《异体字字典》②"鷟"字下引《敦煌歌辞总编》(p.478)作"鸢"③。又如《宋元以来俗字谱》引《古列女传》"幾"中两"幺"也简写作左右对称两点(p.129)。可见这种写法中国古已有之，而且以"丝"的简化最为常见。

五　轟

车马雷奔，轟轰阗阗，若风流雨散。(《车》p.98)

上文提到"丝"简化作〉〈的现象在中国习见。日本传承了这一写法并比较整齐地类化到其他汉字中去，日本现行简化字也大量沿用了这一写法。左右对称（或相同）结构省作〉〈的现象在《诗注》中大量存在，对日本汉字的发展起了很大作用。

六　州

"州"字，俗书经常作"刕"。"刕"即"州"字。此字中日两国学者起初各执一词，都认为源出自国。中国有《晋书·王浚传》"三刀一梦"的悠久典故而不见收于很多大型字典，日本则多部重要字典有收。叶贵良发表在《中国语文》上的《"三刀"考索》一文根据《尚书》中外不同写本情况，推断"刕"源自中国，并得日人内藤虎认同。

---

① 陆锡兴：《急就集：陆锡兴文字论集》，中国社会科学出版社2002年版，第178页。

② 李圃：《异体字字典》，学林出版社1997年版，第210页。

③ 何华珍：《俗字在日本的传播研究》，《宁波大学学报（人文科学版）》2011年第6期。

我们认为三刀之"州"字当为小篆"州"隶变为"三刀"；"𠂤"字乃"州"或其隶变字在东传过程中的移位与变体；"⿰刀刀"字之属则是日人承汉字重文符号推而广之的日式"省文"①。日本常用汉字作"州"。

七　劳

据《汉代简牍草字编》"劳"字早见于居延汉简。《草书查真大字典》"劳"黄庭坚作"⿱⿱⿱⿱"，极像三点连笔。《诗注》中又有像两点的，如："玺之慰劳，迁广陵太守也。"（《瓜》）。我们认为，这里也不一定是两点。由上例，其实第二点与第三点为求快捷已经连笔。若要笔势再急，第二、三点之间距离又短，其实与一个笔画无异。

按："劳"字虽早见于居延汉简，但《草书查真大字典》《中国书法大字典》中历代名家少有作此者，《宋元以来俗字谱》亦不收"劳"，而收"劳"。同样是"炊"的草书，中国楷化为"艹"，而日本楷化为"⿱丶丶"并推而广之，沿用至今。

八　書

《汉⿱》：淮南厉王长，文帝异母弟也。（《布》p.166）

《宋元以来俗字谱·日部》引《通俗小说》《娇红记》等作"書"，又引《通俗小说》《古今杂剧》等作"书"。同书"書""畫""盡"等字上部都作"尺"，唯有"書"字不这样写，疑是避免与"畫"相混。而《诗注》中全部作"尺"头，几乎没有例外。日本常用汉字作"书"。

九　單

"單"字虽然不复杂，但其省法由来已久。《汉代简牍草字编》收居延汉简"单"（p.23）草作两点，这种写法应当是"吅"字的符号化。同时后世中国书法又多有作三点的，则当是"吅"字的连笔草书。②日本至今仍惯作三点，因为"单"更近于正体的"單"字，它符合日本人重视汉字"初形本义"的特点。③另一方面，我们认为这是类化的结果。"田"形（不论这个"田"字是相对独立如"畱"字中的还是相对整合于其他部分如"巢"字中的）之上的结构，日本多作"⿱丶丶"处理。

---

① 何华珍：《日本汉字和汉字词研究》，中国社会科学出版社 2004 年版，第 193—197 页。

② 草书"口"多形似于"12"，又有进一步将第二笔拉直形似"‖"的，四笔"∣"连书易写为"⿱丶丶"。

③ 参见刘庆委《从中日简体字的字形差异看日本文化》，《学术论坛》2006 年第 10 期。

十　鳳、凰

丹穴之山有鸟，其形如鹤，五彩而文，名曰⼋⼋也。（《凤》p.55）

按："⼋"既可代"鳳"又可代"凰"，当"⼋"连续两个出现时表"鳳凰"。单独出现时多表"鳳"，如："雄曰⼋，雌曰凰，亦曰鸾。"（《凤》）句中凤字作"⼋"，"凰"仍作"凰"。

十一　廣

龙珠出龙脑；如意珠、⼴尼珠并出佛舍国；火珠出词斯国。（《珠》p.153）

按：《说文》中"广""廣"为音义不同的两个字。又《同文通考·卷四》"误用"类俗字收"广"："麻、磨、摩、魔等字俗皆省作广。广，音剡，小屋之别名。" 日本常用汉字作"広"。

十二　雁

其大者曰苹，小者曰萍。亦犹鸿⼚之属也，言⼚则可兼鸿也。（《萍》p.37）

按：《说文》"厂，山石之厓岩，人可居。象形。""厂"与"雁"并无意义上的联系。《同文通考·卷四》"借用"类俗字 "厂"字下云："厂、雁，方音相近，借作雁字。厂，音罕，山石之厓岩，人可居。"

十三　韻

《广⼷》曰：绞也，径也，亦经纬也。（《经》p.112）

按：《新编中国书法大字典》引唐褚遂良《行书千字文》作"**韵**"，《同文通考·卷四》"借用"类俗字收"匀"："匀、韵方音相似，借作韵字"。日本常用汉字作"韵"。

十四　經

神农尝藤为药，见《本草⾪》。（《藤》p.34）

按：日本常用汉字作"经"。

十五　論

《药性⽏》：味辛酸，无毒。主暴热，身痒，下水气及消渴。（《萍》p.36）

按：《诗注》常将某些习用书名的用字省去形符而只留声符。由于这些字出现在一定的语境中，所以不会引起误会。

十六　翠

写本作"翠"。《新编中国书法大字典》引唐李世民《温泉铭》作[图]，《宋元以来俗字谱·十四画》引《古今杂剧》同。同书引王羲之《集字圣教序》作[图]，与之十分相近。日本常用汉字作"翠"。"卒"作"卆"在日本得到扩散，如"碎"作"砕"等，但单字"卒"未变。

十七　圖

圖：《混天[图]》云：孔丘，字仲尼，鲁国邹邑阙里人也（《经》p.112）

按：《诗注》中"圖""圓"常作"啚""員"左右腰间加两点，类似于"办"字的形体。

《说文》："圖，画计难也。从囗从啚。啚，难意也。"又"啚，啬也。从囗、靣。靣，受也。""圖"与"啚"二字有别。《敦煌俗字谱·囗部》"圖"字下收"啚"，《干禄字书》："啚、圖，上俗下正。"俗书二字已混。据《玉篇》，"啚"又为"鄙"的异体字。《诗注》中"圖"简省作"啚"加两点，疑是受"啚、鄙"二字相通的影响。"圖"字与"鄙"字都较为常用，加点后则二字分明。"圓"字情形一样，"圓"与"員"都为常用字，故"員"字左右加点为"圓"。

查《新编中国书法大字典·囗部》与《草书大字典·囗部》，未发现"囗"草作两点的。《诗注》中也仅有"圖、圓"二字中的"囗"写为两点。日本字书《正楷录》"圖"字下收"[图]"，谓其为"倭俗"字。

十八　難

方知急[图]响，长在鹡鸰篇。（《原》p.20）

《广韵·寒韵》："難，《说文》作鸛，鸟也"，《说文·鸟部》："鸛，鸟也，从鸟，堇声。難，鸛或从隹"，"堇"字上部"廿"俗书多与"艹"或"卄""艹"混，"廿""艹"俗又多书作"丷"，"堇"作"关"中国早已出现，唐代欧阳询、陆柬之"難"字左旁皆作"关"（《新编中国书法大字典》p.1641），唐代虞世南"歎"字左旁作"关"（p.774）。"歎""難""漢"三字，《宋元以来俗字谱》分别收有"[图]""[图]""[图]"，多为宋元明时期写法。而与《诗注》同为室町时期的足利本《尚书》写本中，"堇"旁则多写作"关"。

按：写本又将"漢"写作"沃"（见上文"漢"字条），中国历代书家"漢"字少有作"沃"。《龙龛手镜·水部》收"沃"，为"沃"字的俗字。《诗注》将其类化推广。

十九　樂

音𣱵十首（《目录》p.3）

按：《同文通考·卷四》"省文"类俗字："楽，樂也。𣱵，同上。凡从樂字如藥、櫟等从楽从𣱵，并非。"此字不见于我国文献。

二十　兒

此𠒇若非竜驹，当凤凰。言有竜章风姿也。（《龙》）

按：日本现行汉字"兒"作"児"。写本中凡从"臼"的字几乎都改从"旧"，如"鼠""焰""舂""奮"（俗书易"田"为"臼"）等。日本现行汉字延用这一写法，如"稲""児""陥"等。

二十一　惠

秦惠王欲伐蜀，路不通，乃刻石为牛，置金粟于前。（《牛》p.74）

按：惠，篆书作"𢝫"，《说文·心部》谓其"仁也。从心从叀"。《汉语大字典》引"中山王壶"作"𢝫"，《汉语大字典》引《睡虎地简五二·二》《纵横家书·一三三》皆省去"叀"下部之"厶"。《隶辨·去声·霁韵》引《北海相景君铭》《衡方碑》同样简省。《宋元以来俗字谱·心部》引《列女传》作惠，当为进一步讹变。此字在中国由来已久，日本写本中也早有作此者，如宋时日人写本《参天台五台山记》"午时，净慈寺妙惠大师勅赐达观禅师送牒"。日本现行汉字从简作此。

二十二　博

登仕郎守信安郡博士。张庭芳（《张庭芳咏并序》p.1）

《说文·十部》："大通也。从十、从尃。尃，布也。"又同书"尃"字："布也。从寸甫声。"可见"甫"原本为声旁。《隶辨·入声·铎韵》引《孙根碑》《尹宙碑》作"甫"为"宙"，《干禄字书·入声》以变为"宙"之字为通用字。"甫""宙"盖由形近而讹，进而通行于世。以"尃"为部件者日本现行汉字多易为"専"，如汉字"博""薄"，在日语中都如此。

二十三　顯

江淹，字文通。以文章顯，仕齐为侍中。（《笔》p.123）

按：此字篆书作"顯"，楷化当作"顯"。《新编中国书法大字典》引王羲之《集字圣教序》作"𩕋"，则显然是草书。《宋元以来俗字谱·页部》

引《太平乐府》等作"顕"。我国现行简化字进一步省去"頁"旁，日本常用汉字则仍保留，作"顕"。

二十四　笑

满奋在晋武帝坐，见北窗瑠璃屏风，畏风，帝哭曰：宛如吴牛喘月也。（《屏》p.105）

按：大徐本《说文·竹部》云："此字本阙"。下有两句按语：1. 孙愐《唐韵》引《说文》云："喜也。从竹从犬。而不述其义。今俗皆从犬。2. 李阳冰刊定《说文》从竹从夭义云：竹得风，其体夭屈如人之笑。未知其审。《金石文字辨异·去声·啸韵》引《魏李仲璇修孔庙碑》收"咲"，下按"《广韵》《集韵》俱以咲为笑之俗体"，但考查《广韵·去声·笑韵》《集韵·去声·笑韵》，其实"咲"中的"夭"都作"犬"。《康熙字典·未集上·竹字部》谓"咲、关"两字为"笑"之古字。《干禄字书》："咲笑，上通下正。"看来，"笑"字上部作"竹"作"八"作"丷"不一，而下部又作"天"作"夭"作"犬"不一，而又有会意加"口"旁与否的区别。《宋元以来俗字谱·竹部》"笑"多作"咲"。可见"咲"至少在宋元以后是比较流行的。日本常用汉字作"咲"。

二十五　驗

祖孙登诗曰：欲骖杨攀折，三春横笛中。（《柳》p.47）

按：《说文·人部》云："佥，皆也。从亼、从吅、从从。"《甲骨文注》收"佥"，《康熙字典·子集中·人字部》收"亼"："僉，古作亼"，其引证为《集韵》，"亼"疑由古字"佥"而来。而俗书多将"僉"中相同成分合并，作"佥"，则是进一步形讹。以"僉"为部件者日本现行汉字多易为"佥"，如上文所举汉字"劍""敛"等，又如"险""检"等，在日语中都如此。

二十六　時

莫开二八旳：《瑞应图》曰"尧時蓂荚生庭，从朔至十五日，日生一叶，从十六日，日落一叶也"。

《诗注》从"寺"字之"詩""時"字皆作从"之"，几无例外。依《广韵》，"時""詩""之""寺"读音分别为"市之切，平声之韵""书之切，平声之韵""止而切，平声之韵""祥吏切，去声志韵"，方国平谓"寺"字"随着语音的变化已经不能代表当时社会的读音了，所以抄写者借用读音更为相近的'之'字来表音，同时简化字形"，同时指出日语"寺""之"又皆可读作"シ"。①

以上从字音来讲不无道理。而《同文通考》"時"字下云:"古作旹,
㞢之篆文,故转作旪。"则是从字形角度分析。《说文·日部》:"時,四时
也。从日寺声。市之切。旹,古文時,从之、日。"我们认为可能是字音字
形二因素共同推进了"時"等字由从"寺"向从"之"的转变。而日本常
用汉字则仍作"詩""時",可能是因为无法类推。

二十七　釋

《釈名》曰:"月者,阙,太阴精,满克复缺,名夜光月,御望舒也,
亦曰织阿。"(《月》p.6)

《诗注》中多有作"睪"为"尺"者,如"擇""澤""鐸"分作"択"
"沢""釈"。这在我国不多见,碑刻铭文、简牍帛书甚至俗字泛滥的敦煌写
卷都没有这样的用例。周志锋在清初抄本《绣屏缘》中发现"駅""釈"二
字后说:"我国清初文献中发现的'駅'、'釈'二字,是汉语自己的简省写
法,还是借用日本汉字的写法? 记之,以质高明"②。易熙吾则说:"(译)
现常作訳,睪换成尺,恐是方音简换,新形声字"③。我们则有更为详细的
认证:在日语汉字音中,"釋"和"尺"音读相同,吴音シャク,汉音せき,
以"尺"代"釋"完全符合汉字日语化规律。故宫本王仁昫《刊谬补缺切
韵·昔韵》、俄藏敦煌文献《字谱》中皆有"睪"作"尺"之先例,其源头
"盖在中国而非日本",但"承而用之,推而广之,乃至进入《常用汉字表》
成为规范文字者,则在日本而非中国"。④

通过考察以上代表性俗字在日本的传承与变异情况,我们发现中日两
国在传承或改造汉字的态度上存在差异,如:

一、某类写法虽产生在中国,但没有得到扩散,使用上较为有限,而
日本继承了中国的此类写法后进一步扩大了其使用范围。如符号替代类俗
字大多是对中国传统写法的继承,而日本却将其发挥得较充分。例如重文
符号在一字内部表左右相同结构的运用至晚在我国战国时已有用例,但其
多局限于左右两个相同的"幺"旁,且中间一般要有其他部件。而日人却
将重文符号迁移至大量"品"字形甚至是"叕"字形的字。日本常用汉字
表与《诗注》一样,几乎无一例外。

---

① 方国平:《汉语俗字在日本的传播——以〈日藏古抄李峤咏物诗注〉为例》,《汉字文化》2007 年第
5 期。

② 周志锋:《字词杂记》,《词库建设通讯》1997 年第 7 期。

③ 易熙吾:《简体字原》,中华书局 1955 年版,第 20 页。

④ 何华珍:《日本汉字和汉字词研究》,中国社会科学出版社 2004 年版,第 165—171 页。

二、有些写法产生在中国而后世少用，但在日本留传。如"難"左旁作"关"，唐时多位书法家书如此，而《宋元以来俗字谱》无此形，但《诗注》中却是大量存在的。又如"⺍"作字头在中日两国有不同的发展，"勞"字虽然在中国早有写作"労"之先例，而宋元以来多作"劳"，日人写本则多作"労"。

三、相比而言，汉字的发展在中国呈现出更多的变化性，而日人则更注重规律性推迭，且规律宽泛。如上所举"⺍"在日本有更广泛的运用，除上述"単""労"外，"厳""巣""獣"等是其例。重文符号的运用也是典型例子，中国远没有日本用得宽泛。

四、由汉字发展演变的历史角度来看，俗字的"俗性"在中日两国都是相对的，很多字的"正""俗"是随时间推移而改变的。日本常用汉字表与中国简化字表亦是结合历史与现状取舍"正""俗"。两国字书中某些所谓的"俗字"，因为通行广泛已经逐渐在社会使用中取得根深蒂固的位置，地位也随之由"俗"转"正"。

第五章 余论

通过对比中日历代字书与《诗注》的用字情况，我们发现俗字演变不是杂乱无章而是有其发展规律的。本章试从文字目前可以追溯的较早时代到现代的历史长河中寻求推动俗字演变的动因。

一 外部因素

（一）政治、地域因素的拮抗作用 [①]

我们先来看地域因素如何促进俗字的产生与发展。文字学家普遍认为殷商以后文字逐渐得到普及，当时作为官方正式用字的金文，形式体制比较一致。但是春秋战国时期的兵器、陶文、简帛等民间文字则存在着区域间的差异。这里所说的"民间文字"即是我们现在讨论的"俗字"，地域上的不通往往助长俗字的形成与发展。许慎在《说文解字·叙》中说战国时代"分为七国，田畴异亩，车涂异轨，律令异法，衣冠异制，言语异声，文字异形"。

七国文字存在差异的原因就在于政治、经济、文化发展的不平衡。进入战国后，东方六国各方面的发展相对快速，而秦国的发展没有六国开始得早。六国文字形体在政治、经济等高速发展的带动下产生了不同的变化，而此时的秦国，则依然传承着西周与春秋时代的传统正体。

秦始皇统一全国后接受李斯建议，令李斯等以当时秦通用的大篆为基础吸取各地通行文字中笔画简省者，创造出一种形体匀圆齐整、笔画简略的新文字即"小篆"作为官方规范文字，同时废除其他异体字。这一"书同文"的伟大实践对汉字的发展产生了显著的影响。究其原因，文字的不同状况妨碍了各地政治、经济、文化等方面的交流，也影响了中央政府政策法令的有效推行。

我们看到，地域的差异会推进俗字的滋生与发展，而政治、经济、文化等方面的发展又要求文字的统一。所以，我们借助自然科学上的一个术

---

① "拮抗作用"是药理学、生物学等学科的术语，指各个因子联合作用时，一种因子能抑制或影响另一种因子起作用。

语——"拮抗作用"来概括政治、地域等因素对俗字发展所起的作用。

社会的动荡导致地区间的分裂割据，也必然会加重地区间语言文字的混乱。魏晋南北朝时期，中国大分裂、大动荡的历史情形致使这一时期各地区间文字难以交流，俗字的运用达到一个高峰。[①]碑刻铭文用字通常较保守，而这一时期的碑铭文字中俗字却颇众，如前文所引《隶辨》《金石文字辨异》《汉语大字典》等书中所收六朝俗字已颇多。进入唐代，国家统一强盛，统治者重视文字工作，《字林》《正名要录》《干禄字书》《五经文字》等刊正字体的著作应运而生，对文字规范起到了一定作用。至晚唐五代中国社会再次由盛转衰，陷入割据之中，这一时期俗字再次达到顶峰。

《诗注》所处的室町时代，日本南北对峙、战乱不断，这样的社会局势必然对文字的统一产生负面影响。

（二）科技因素

甲骨文是目前我国已知的最早文字，汉字的结构发展到甲骨文已基本形成。甲骨文的象形程度高，有较强的图画意味，而要将其刻在坚硬的龟甲兽骨上，必要时就需对文字进行简化。

中国在夏代就已进入青铜时代，铜的冶炼和铜器的制造技术十分发达。但金文之始却在商代，不过最初青铜器上文字较少，因而商代主要文字资料仍是甲骨文。对于商代两种文字之关系，裘锡圭先生说"我们可以把甲骨文看作当时的一种比较特殊的俗体字，而金文大体上可以看作当时的正体字"。[②]金文内容多为铸者之名或其先祖之名，甲骨文则用于王室日常占卜的记录；金文用毛笔书写再铸成铜器，甲骨文则用刀刻在坚硬的龟甲兽骨上，这也就不难理解甲骨文俗字较多的原因。

最早的甲骨文随着商的灭亡而消逝，金文起而代之成为周代主要记录工具。科技的进步使得大量书写的要求得以实现，同时俗字也不可避免地出现了。罗振玉《集古遗文》有言："金文别字极多，与后世碑版同，不可尽据为典要。……往往随意变化增省。"[③]

纸张发明前，中国又出现过简牍、缣帛等书写材料，但都珍贵难得。而纸的发明则大大降低了书写的成本和难度，文字流传与使用的范围不断扩大，使用人数的增多更为字形的纷杂、俗字的发展提供了可能。加之当时典籍尚未普遍刊刻流行，人们在传抄过程中没有正本可以依照，字形的差异就难免随着抄本转手次数不断扩大。北齐颜之推在《颜氏家训·杂艺》

---

① 张涌泉：《汉语俗字研究（增订本）》，商务印书馆 2010 年版，第 24 页。

② 裘锡圭：《文字学概要（修订本）》，商务印书馆 2013 年版，第 48 页。

③ 张涌泉：《汉语俗字研究（增订本）》，商务印书馆 2010 年版，第 15 页。

中说：

> 晋宋以来，多能书者，故其时俗，递相染尚，所有部帙，楷正可观；不无俗字，非为大损。至梁天监之间，斯风未变；大同之末，讹替滋生。萧子云改易字体，邵陵王颇行伪字，朝野翕然，以为楷式。画虎不成，多所伤败。至为一字，唯见数点，或妄斟酌，逐便转移，尔后籍略不可看。北朝丧乱之余，书迹鄙陋，加以专辄，造字猥拙，甚于江南。乃以"百""念"为"憂"，"言""反"为"變"，"不""用"为"罷"，"追""来"为"歸"。"更""生"为"蘇"，"先""人"为"老"。如此非一，徧满经传。

这一段话恰能反映当时俗字流行的情况。这种情况固然与当时地方割据、南北阻隔有关，但不能否认纸张的发明在其中所起的作用。

宋代，我国出现了版刻书籍，更发明了活字印刷术，楷正的印刷体地位不断上升，字体趋于一致。然而宋代距晚唐、五代较近，俗字余习仍难以避免，俗字仍活跃于民间，本文多举《宋元以来俗字谱》例字，是当时社会用字的一个反映。

中华人民共和国成立后，以法定形式规范用字并颁布了《简化字总表》，使出版物用字有章可循。这时的俗字少之又少，只在市井间偶见。发展到现代计算机的不断普及大大减少了人工书写的机会，别字甚至在大学生中都不鲜见，不知是否会引发新一轮"俗字"高峰。

总之，科技因素与俗字的发展密切相关。科技的发展有时会促使俗字低头，而有时却能推进俗字抬头。如何利用好科学技术规范人们的用字则是一个新的问题。

（三）心理因素

从总的发展趋势来看汉字一步步趋向简易，这符合人类对文字作为书写交流工具的要求。俗字在一定程度上即可体现这种心理。

一是清晰易认且不易混淆。俗字的首要特点就是书写简便，为了追求这一目的，许多汉字部件都发生了改变。用有限的笔画构造出大量的汉字，这就难免会出现形近甚至形同的字，如上文讲到的"蜀"作"罔"，"凤"作"几"，"圖"作"啚"等，《同文通考》甚至"以为误用"。这几例俗写，一般情况下不会产生混淆，但毕竟有与其同形的正字，所以不能定为正字。

二是要求视觉上的美观。有些增加笔画的俗字可能与字形的整体协调有关，古人尤其是书法家往往讲究字形的均称稠密、平稳方正，所以常常增加饰笔或变换结构以迎合人们的审美要求。《诗注》中就有大量例证，如"舜"作"舞"，"床"作"床"等。变换结构的如"鹅"字，《说文》作"䳗"，《玉篇·鸟部》又变为"鵞"，而后世简作"鹅"。此字组成成分"我""鳥"二字特别是"鳥"字，横笔太多，难以压缩，不但不便于书写，写出来也不美观。所以是否符合审美要求也是俗字能否流行的重要原因。

三是方便记忆。汉语俗字的优胜劣汰也是符合这一标准的，特别是日本的汉语俗字，如上文所举日本汉字的大量类推现象。另外，对汉字进行繁化使字义更加明显也多是为记忆方便、认知方便产生的。这虽不利于书写，但反映了人们对汉字认知的要求要高于从简的要求，所以"文字要有适当的羡余率"。①

二　内部因素

汉字是一个复杂的体系，它既包括由象形文字到符号化文字发展过程中的各种形体，也包括同一时期内的各种字体。汉字体系内各方面因素相互影响，并对俗字的发展起到推波助澜的作用。

（一）字体

上文说过，对于商代，我们可以把甲骨文视为金文的俗文字。这是由于不同的书写材料而产生的形体相差较大的字体。在汉字向小篆发展的同时，秦国民间逐渐形成了一种接近后代隶书的俗体，笔画方折、形态扁平。这种字体书写方便，成为隶书形成的基础，一些学者称其为"秦隶"。在秦代，秦隶作为小篆的辅助字体一般只用来处理日常事务，难登大雅之堂。到了汉代，简便高效的隶书取代小篆成为主要字体，地位由俗转正。②隶书极大地改变了汉字面貌，是文字工作者一致认为的古今文字的分水岭。

虽然大体上字体变化是这样，但细究起来，还有不少问题。陆锡兴《汉代简牍草字编》③序言《论汉代草书》指出："由篆到隶、楷的变化不是一次完成的。篆草、草隶的变化转化为隶真、隶真不间断地把草书的点滴形变保存下来，不间断的取代正体中的篆书成份。草书成份不断的积累的过程也就是隶变的过程。""楷书本来就是从草书中发展起来的，而且，相当数量的楷书的前身就是汉代草书。"在这个变化中，必然要产生大量的俗字，当其积累到一定程度且地位上升后，许多字就转化为正字。但其间大量没有进入正字范围的俗写字形，则仍在民间保留。《诗注》中收有大量楷化过程中吸收草书字形形成的俗字即属此，前文已备，不再赘述。

（二）字义

汉字本是象形字，但经过隶变、楷化后汉字的图画性基本消失，象形性减弱的同时形声字增加了。很多独体字楷化后其理据就难以看出，甚至

---

① 李荣：《汉字演变的几个趋势》，《中国语文》1980 年第 1 期。

② 详见张涌泉《汉语俗字研究（增订本）》，商务印书馆 2010 年版，第 18—19 页。

③ 陆锡兴：《汉代简牍草字编》，上海书画出版社 1989 年版。

一些字随着时代的变化和生产力的进步，其偏旁难以让人一看便能与其字义产生关联。如"瓜"字，《说文》小篆作 𠀀，但楷化后作"瓜"已经难以看出它所蕴含的植物藤蔓、果实等信息，于是汉语俗字曾长期使用"苽"字来示它是一种草本植物。对于常用的"瓜"字尚需如此，我们就更能体会到字义在俗字形成中的重要性了。《诗注》中例有"樽""罇"等，"尊"字，《说文·酋部》谓"酒器也，从酋廾以奉之"，楷化后人们看不出"尊"字的"酒器"之义而加意符，《干禄字书·平声》谓"罇、樽，上通下正"，可见此二字早已代"酒器"之"尊"。

（三）字音

随着汉字象形性的降低，形声字在汉字中所占比例不断提高，这说明人们对汉字的表音方面是有要求的。《诗注》中一些俗字就由字音要求而发生了变化。如"壶"字，《说文》小篆作"壺"，象形，楷化用"壶"或"壷"，此字在《广韵》为户吴切。《诗注》中变"壶"字上部的"士"为"古"，"古"在《广韵》为公户切。二字韵相近，"古"字既与原来"士"形相近，还可起到一定表音作用。

又如前文所提到的"择"与"沢"、"𣏓"与"𣓤"等字，是日本为适应字音需要而选择或创造的。

（四）部件

部件方面，首先是一些部件在汉字中重复出现次数多，而有一些则不常见，俗字往往改易不常见者为形近的常用部件，比如"怨""苑"等字中"夗"作"死"。

其次，符号化部件产生后往往具有类推性，但类推又是有条件的。试用《诗注》中字例进行说明：

"刂"作为一个简化符号，曾在汉语俗字中大量运用，我国现行简化字即有相当一部分采用此旁。如"师、帅"繁体本来作"師、帥"，"乔、桥、娇"本来作"喬、橋、嬌"，"临、监、览、鉴"本来作"臨、監、濫、鑒"。此类现象因有其历史来源，类推价值广而不易造成混淆，因而得以保留。

"刂"又可代"糹""乡""殳""耶""贝"等部件，但"都只见于少数几种书，未能形成气候"。《诗注》中俗字印证了此种说法，此符号只见于"師、帥、喬、橋、嬌、臨、監、濫、鑒"等类字的简化。

另外，部件还与整字有密不可分的关系。王立军在《宋代雕版椽楷书构形系统研究》说："整字的区别特征是由所有参构部件共同构成的，参构部件多了，单个部件所起的区别作用就会相对减小，自身的能量就会因其他部件上的存在而耗散，变得不是那么重要了。"①他还进一步举"休"和"爨"为例进行说明，这两个字都含有部件"木"，如果二字同时减少"木"，我们一定还能认出"爨"，但无法认出"休"字。其结论为："字的参构部件的数量与其区别性作用成反比，部件数量越多区别性作用越小，而部件数量越少区别性作用越大。"②

此外，字形上的相近，人们对字形、笔势等的不同理解，都会导致汉字的讹误从而产生俗字。

参考文献

专著：

陈彭年：《宋本广韵》，江苏教育出版社 2002 年版。

陈五云：《从新视角看汉字：俗文字学》，河南人民出版社 2000 年版。

丁度：《宋刻集韵》，中华书局 1963 年版。

董明：《古代汉语汉字对外传播史》，中国大百科全书出版社 2002 年版。

顾颉刚、顾廷龙：《尚书文字合编》，上海古籍出版社 1996 年版。

顾颉刚、刘起釪：《尚书校释译论》，中华书局 2005 年版。

顾野王：《大广益会玉篇》，中华书局 1987 年版。

汉语大字典编写组：《汉语大字典》湖北辞书出版社、四川辞书出版社 1990 年版。

何华珍：《日本汉字和汉字词研究》，中国社会科学出版社 2004 年版。

胡志昂：《日藏古抄李峤咏物诗注》，上海古籍出版社 1998 年版。

黄征：《敦煌俗字典》，上海教育出版社 2005 年版。

冷玉龙：《中华字海》，中华书局、中国友谊出版公司 1994 年版。

李乐毅：《简化字源》，华语教学出版社 1996 年版。

李圃：《异体字字典》，学林出版社 1997 年版。

林志强：《古本〈尚书〉文字研究》，中山大学出版社 2009 年版。

刘风、刘甫丰：《草书查真大字典》，湖南教育出版社 1990 年版。

刘中富：《〈干禄字书〉字类研究》，齐鲁书社 2004 年版。

陆锡兴：《汉代简牍草字编》，上海书画出版社 1989 年版。

陆锡兴：《急就集：陆锡兴文字论集》，中国社会科学出版社 2002 年版。

钱超尘：《黄帝内经太素研究》，人民卫生出版社 1997 年版。

裘锡圭：《文字学概要（修订本）》，商务印书馆 2013 年版。

① 王立军：《宋代雕版楷书构形系统研究》，上海教育出版社 2003 年版，第 80—84 页。

② 同上。

施昌安编：《颜真卿书〈干禄字书〉》，紫禁城出版社 1990 年版。

释慧琳：《一切经音义》（续修四库全书第 196—197 册），上海古籍出版社 1996 年版。

释希麟：《续一切经音义》（续修四库全书第 197 册），上海古籍出版社 1996 年版。

释行均：《龙龛手镜》，中华书局 1985 年版。

司马光：《类篇》，中华书局 1984 年版。

王立军：《宋代雕版橡楷书构形系统研究》，上海教育出版社 2003 年版。

王念孙：《广雅疏证》，中华书局 1983 年版。

徐时仪：《玄音〈众经音义〉研究》，中华书局 2005 年版。

杨宝忠：《疑难字考释与研究》，中华书局 2005 年版。

杨守敬：《日本访书志》（续修四库全书第 930 册），上海古籍出版社 1996 年版。

姚永铭：《慧琳〈一切经音义〉研究》，江苏古籍出版社 2003 年版。

臧克和：《尚书文字校诂》，上海教育出版社 1999 年版。

曾荣汾：《字样学研究》，台湾学生书局 1988 年版。

张书岩：《异体字研究》，商务印书馆 2004 年版。

张涌泉：《敦煌俗字研究》，上海教育出版社 1996 年版。

张涌泉：《汉语俗字丛考》，中华书局 2000 年版。

张涌泉：《汉语俗字研究（增订本）》，商务印书馆 2010 年版。

周志锋：《明清小说俗字俗语研究》，中国社会科学出版社 2006 年版。

柳瀨喜代志：《李峤百二十咏索引》，东方书店 1991 年版。

朽尾武：《百咏和歌注》，汲古书院 1979 年版。

梁春胜：《楷书部件演变研究》，复旦大学，博士学位论文，2009 年。

论文：

陈建裕：《五十年来的汉语俗字研究》，《平顶山师专学报》1998 年第 3 期。

陈五云：《俗文字学刍议》，《上海师范大学学报》1992 年第 2 期。

丁锋：《日本常用汉字特殊字形来源小考》，（日本）《现代中国语研究》2004 年第 6 期。

段利萍：《从敦煌残本考李峤〈杂咏诗〉的版本源流》，《敦煌研究》2004 年第 5 期。

郝茂：《"正字"与"俗字"》，《语文学习》1996 年第 1 期。

何华珍：《俗字在日本的传播研究》，《宁波大学学报（人文科学版）》2011 年第 6 期。

姬学友：《俗文字与传统书法》，《殷都学刊》1998 年第 2 期。

蒋礼鸿：《中国俗文字学研究导言》，《杭州大学学报》1959 年第 3 期。

李荣：《汉字演变的几个趋势》，《中国语文》1980 年第 1 期。

李运富：《汉字形体的演变与整理规范》，《语文建设》1997 年第 3 版。

刘庆委：《从中日简体字的字形差异看日本文化》，《学术论坛》2006 年第 10 期。

刘庆委：《略谈中日学界的汉字研究》，《高教论坛》2007 年第 3 期。

刘耀武：《日语辞书简介》，《外语学刊》1981 年第 2 期。

裘锡圭：《谈谈汉字整理工作中可以参考的某些历史经验》，《语文研究与应用》1987 年第 2 期。

孙保成：《正字法与正字的社会参与》，《上海师范大学学报》1994 年第 2 期。

王芳：《简论汉字在日本的变迁》，《北京大学学报（哲学社会科学版）》1997 年第 2 期。

王晓平：《亚洲汉文学史中的〈千字文〉》，《中国比较文学》2006 年第 2 期。

许长安：《近代汉字学刍议》，《语文建设》1990 年第 5 期。

张鸿魁：《近代汉字研究的几个问题》，《东岳论丛》1994 年第 4 期。

张涌泉：《别字正名》，《语文建设》1989 年第 4 期。

张涌泉：《敦煌文书类化字研究》，《敦煌研究》1995 年第 4 期。

张涌泉：《试论汉语俗字研究的意义》，《中国社会科学》1996 年第 2 期。

周志锋：《字词杂记》，（香港）《词库建设通讯》1997 年第 7 期。

胡志昂、山部和喜、中村文、山田昭全：《〈百咏和歌〉注释（二）》，埼玉学园大学纪要　人间学部篇（7）2008 年第 12 期。

胡志昂、山部和喜、中村文：《〈百咏和歌〉注释（三）》，埼玉学园大学纪要　人间学部篇（7）2009 年第 12 期。

胡志昂、山部和喜、中村文：《〈百咏和歌〉注释（一）》，埼玉学园大学纪要　人间学部篇（7）2007 年第 12 期。

神田喜一郎：《〈李峤百咏〉杂考》，《天理图书馆报》1949 年第 1 期。

附录　日藏写本《百二十咏诗注》俗字选释

正楷	《诗注》写本	简要说明
翺	翺	《干禄字书·平声》："翺、翺，上俗下正。"《龙龛手镜·四部》谓"正作翺，翺翔也"。
霸	覇	《金石文字辨异·去声·祃韵》霸字引《隋智永千文》作"覇"。《干禄字书·去声》："覇、霸，上通下正。"
褒	裒	《干禄字书·平声》："褒、裒，并正，多用下字。"
寶	宝	《宋元以来俗字谱·宀部》引《列女传》等同。
蔽	蔽	《偏类碑别字·卅部》引《唐田仁墓志》下作"敝"。
變	变	《宋元以来俗字谱·言部》引《列女传》等作变。《干禄字书》："變、变，上俗下正。"
飆	颩	《干禄字书》："飆、飆，上俗下正。"
冰	氷	《干禄字书》："氷、冰，上通下正。"
磻	磻	《玉篇零卷·石部》《龙龛手镜·石部》皆作此。
博	愽	《干禄字书》："愽、博，上通下正。"又，《隶辨·入声·铎韵》引孙根碑作愽。
薄	薄	《隶辨·入声·铎韵》引老子铭，薄。
纏	纏	《宋元以来俗字谱·纟部》引《通俗小说》等作纏。《龙龛手镜·系部》谓纏为俗字。
采	採	《隶辨·上声》采字下按："《说文》：采，捋取也。从爪从木，《增韵》曰'后人加手作采'"。《干禄字书·上声》："採、采，上通下正。"
彩	彩	《敦煌俗字典》引S.388《正名要录》作彩。
藏	藏	《宋元以来俗字谱·卅部》引《通俗小说》等作藏。《龙龛手镜》"藏，则郎反，藏莨，莨尾草也"，又"藏，昨郎反，隐也，深也，收也，匿也，又则郎反，善也，厚也，亦藏获，又徂浪反，库藏也"。
草	屮	《说文·屮部》"屮，卅木初生也。象丨出形，有枝茎也。古文或以为卅字。读若彻"。
插	挿	《干禄字书·入声》以"插"为正字。《龙龛手镜·手部》，以挿为正，以插为俗。
槎	桜	《龙龛手镜·木部》"查桜，二，或作。楂，正。"
禪	禅	《宋元以来俗字谱·示部》引《通俗小说》等作"禅"。

续表

正楷	《诗注》写本	简要说明
尝	尝	《龙龛手镜》"甞，音常，试味也"。《广韵·平声》："甞，试也，曾也，《说文》本作尝"。
超	超	《干禄字书·去声》："𠮩台召，上俗，中下正。诸从台者准此。"
陈	陳	《说文》小篆作𨻰，"宛丘，舜后妫满之所封。从𨸏从木，申声"，而不收"阵"。
承	承	《佛教难字字典·手部》承字下有"承"。
乘	乗	《隶辨·平声·蒸韵》引《鲁峻碑阴》作乗。
虫	虫	《干禄字书·平声》"虫、蟲，上俗下正"。
翅	翅	《敦煌俗字典》引 S.2614《大目干连冥间救母变文》作翅。
冲	冲	依《说文》，冲字小篆作沖："涌摇也。从水、中。读若动。"又"衝"小篆作"衝"，"通道也，从行，童声"。《新加九经字样·彳部》云："衝、冲，上《说文》，下隶省。"
出	出	《说文·出部》篆书作出，隶变后作"出"，《正字通·山部》谓："俗从两山作出，非。"
初	初	《说文·衣部》篆书作初，《碑别字新编·七画》引《魏王夫人元华光墓志》作"初"。
初	初	《碑别字新编·七画》引《魏张猛龙碑》作此形。
楚	楚	《新编中国书法大字典》引唐欧阳询草书千字文作楚，写本中当是草书楷化而来。
傳	传	《新编中国书法大字典》收晋王羲之《淳化阁贴》传。《宋元以来俗字谱·人部》引《目连记》作"传"。
床	床牀	《干禄字书》床、牀、牀，上俗中通下正。
床	牀	《敦煌俗字典》引敦研 311《修行本起经》卷下作牀。
春	春	《新编中国书法大字典》引王羲之《澄清堂帖》作春，引李世民《屏风帖》作春。
叢	叢	《新编中国书法大字典》引晋王羲之作叢。
叢	藂	《正字通·木部》："藂，同叢"。
曩	曩	《龙龛手镜》"曩，或作。曩，今"。《干禄字书·去声》以"曩"为正字。
翠	翠	《新编中国书法大字典》引唐李世民温泉铭作翠。《宋元以来俗字谱·十四画》引《古今杂剧》同。
沓	沓	《龙龛手镜·水部》"沓，徒合反"。
帶	帶	篆书作帶，《碑别字新编·十一画》引《隋宫人陈氏墓志》作帶。《干禄字书》："帶、带，上俗下正。"
當	当	《新编中国书法大字典》引王羲之《都下帖》作当。
得	得	《宋元以来俗字谱·彳部》引《古今杂剧》等作淂。《隶辨·入声·德韵》引《华山庙碑》作淂，与淂相近，又《金石文字辨异·入声·缉韵》得字引《唐净域寺法藏禅师塔铭》作"淂"。

续表

正楷	《诗注》写本	简要说明
德	（图）	《说文·彳部》："德，从彳悳声。"又心部收悳："悳，外得于人，内得于己也。从直从心。"《隶辨·入声·德韵》引《娄寿碑》作悳，按曰"德行之'德'，说文本作'悳'，'德，升也'，后人借用之，乃以'悳'为古字"。《龙龛手镜》心部即以悳为古字。
砥	（图）	《龙龛手镜》石部，"砥，正"。
鼎	（图）	《碑别字新编·十三画》鼎字引《隋暴永墓志》作"鼎"。
東	东	《新编中国书法大字典》引王羲之《澄清堂帖》作"（图）"。
獨	（图）	《宋元以来俗字谱·十七画》引《列女传》等作"独"。
斷	（图）	《干禄字书·上声》："断、斷，上通下正"。
奪	（图）	《干禄字书·入声》："奪、奪，上俗下正。"《金石文字辨异·入声·曷韵》引《唐孔府君墓志》作奪。
墮	（图）	《龙龛手镜》"堕，俗，墮，今"。《敦煌俗字典》引 S.6983《妙法莲华经·观世音显圣图》作"（图）"。
惡	恶	《金石文字辨异·入声·药韵》："恶，俗作恶。"下又引《隋龙藏寺碑》及安阳隋人残经刻，作"恶"。《干禄字书·入声》："恶、惡。上俗下正。"
發	發	《隶辨·入声·月韵》引《鲁峻碑》作發，按曰"说文發从癶，碑变从夊。"
翻	（图）	篆书作（图），从羽。《新编中国书法大字典》引北魏《郑述祖天柱山铭》《敦煌俗字典》等多从飞。《干禄字书·平声》"飜、翻，上通下正"。写本盖从"飞"而省。
飛	飞	《偏类碑别字·飞部》引《唐杜君妻崔素墓志》作飞。
氛	（图）	《碑别字新编·八画》引《魏嵩阳寺碑》"氛"作"氲"，古多"氛氲"成词，如：《魏书·孝文帝纪上》："天地氛氲，和气充塞。"又南朝宋鲍照《冬日》诗："烟霾有氛氲，精光无明异。"氛字盖受氲字影响而加皿字底。
奮	（图）	《干禄字书》："奞、奋，上俗下正。"又，《龙龛手镜》"奋，古朗反，今作甿，盐泽也，又音本"。
豐	豊	《隶辨·平声·东韵》引《华山庙碑》同。
佛	仏	《金石文字辨异·入声·物韵》引《隋李渊为子祈疾疏》同。
缶	（图）	《龙龛手镜·缶部》下收"（图）"字，谓通"缶"字。
釜	釜	《新编中国书法大字典》引元赵子昂《续千字文》作"（图）"。
剛	（图）	《宋元以来俗字谱·刀部》引《东窗记》作"（图）"。
宮	宫	《说文》篆书为"（图）"。《隶辨·平声·东韵》引《史晨碑》作"宫"，下按：《九经字样》"宫，隶省作宫"。
鼓	（图）	《汉隶字源·上声·姥韵》引《孙叔敖碑阴》作"鼔"。《干禄字书·上声》"鼔、鼓，上俗下正"。

续表

正楷	《诗注》写本	简要说明
關	閞	《玉篇·门部》："关，古镮切，以木横持门户也，扃也。关，同上。"《宋元以来俗字谱·门部》引《通俗小说》等与写本同。
觀	覩	《宋元以来俗字谱·见部》引《古今杂剧》作"覌"。
規	規	《干禄字书·上声》"槻、规，上俗下正"。
龜	龟	《宋元以来俗字谱·见部》引《古今杂剧》作"亀"。
裏	畏	龙龛手镜谓"裹"为俗字。
害	害	《隶辨·去声·泰韵》引《汉桐柏庙碑》作"害"，按曰"说文害从丰，丰读若介，碑省作土"。《金石文字辨异·去声·泰韵》引《唐圭峰碑》作"害"。《敦煌俗字典》引《妙法莲华经·观世音显圣图》作"害"。
含	含	《重订直音篇·口部》谓此字为俗字。
覓	覔	《敦煌俗字典》引 S.388《正名要录》作"覔"。
花	老	《宋元以来俗字谱·艹部》引《古今杂剧》等同。
畫	畫	《宋元以来俗字谱·田部》引《列女传》《通俗小说》等易"畫"中"聿"为"尺"。《新编中国书法大字典》引王羲之《十七帖》作"畫"。
懷	懷	《干禄字书·平声》："懷、怀，上通下正"。
灰	灰	《干禄字书·平声》："灰，灰，上俗下正"。
翼	翼翼	《敦煌俗字典》"翼"字上部"北"多有省作两点者。
劍	釰	《宋元以来俗字谱·刀部》引《取经诗话》同。
爐	炉	《新编中国书法大字典》引《草书韵会》作"炉"。《宋元以来俗字谱·火部》引《太平乐府》等作"炉"。
開	開	《汉代简牍草字编》"门"字下收居延汉简"门"。
臘	蝋臈	《干禄字书·入声》："臘、蠟，上腊祭，下蜜，俗字从葛，非也"。
覽	览	《干禄字书》"覽、览，上通下正"。
勞	劳	"劳"字早见于居延汉简。
離	离	《宋元以来俗字谱·佳部》引《古今杂剧》等同。
厲	厉	"万"，《汉隶字源·去声·愿韵》引《建平郫县碑》作"万"。
麗	震麗	《新编中国书法大字典》鹿部引《书谱》孙过庭作"麗"，《宋元以来俗字谱·鹿部》引《太平乐府》作"麗"。
陵	陵	《汉简文字类编》作"陵"。《干禄字书·平声》："陵、陵，上通下正"。
靈	靈	日本现行简化字作"霊"。
流	沇、坏	《正字通·水部》："沇，俗流字。篆书流字从'㐬'作'流'，讹作'㴇'，'㐬'似'不'字篆作'不'，故误以沇为古流字。"
留	畱	篆书作"畱"，《干禄字书·平声》"畱、留，上通下正"。
劉	刘	"刘"字唐以前字书鲜见收录和用例，《宋元以来俗字谱》引《通俗小说》等收录此形。

续表

正楷	《诗注》写本	简要说明
樓	楼	《汉代简牍草字编》收"娄"字居延简字形为"娄"者。
廬	庐	《宋元以来俗字谱·广部》引《列女传》等同。
蘆	芦	《宋元以来俗字谱·艹部》引《通俗小说》等同。
鷺	鸾	《宋元以来俗字谱·鸟部》引《古今杂剧》等作"鸾"。
麥	麦	《隶辨·入声·麦韵》引《史晨后碑》作"麦"。
美	美	《隶辨·上声·旨韵》引《衡方碑》作"美",并按:"《说文》美从羊从大,《五经文字》云:从火者讹。"
寐	寐	《干禄字书》谓上部作"穴"旁为俗写。
廟	庿	《说文·广部》:"庙,尊先祖貌也。从广,朝声。"下列古文"庿"
難	難	《新编中国书法大字典》引唐陆柬之《文斌》作雜。
能	能	《宋元以来俗字谱·肉部》引《通俗小说》等同。
泥	坭	《集韵·平声·齐韵》收"坭"。
年	秂	篆书作年,《新加九经字样·禾部》:"秂、年,上《说文》,从禾从千声,下经典相承隶变。"
妻	妻	《汇音宝鉴·嘉上去声》同。
氣	气	《宋元以来俗字谱·十画》引《古今杂剧》等作"气"。
遷	迁	《宋元以来俗字谱·辵部》引《列女传》等同。
竊	竊	《龙龛手镜·穴部》谓竊为俗字。
寢	寝	《干禄字书·上声》:"寢、寝,上通下正。"
蕤	蕤	《金石文字辨异·平声·支韵》引《唐神策军圣德碑》蕤字易豕为麦。
塞	塞	《宋元以来俗字谱·土部》引《古今杂剧》同。
桑	桑	《宋元以来俗字谱·木部》引《太平乐府》同。
煞	敠敠	日本《同文通考·卷四》"省文"类俗字:"敠,煞也,煞,杀俗字。"
商	商	《干禄字书》:"商、商,上俗下正。"
聲	声声声	《敦煌俗字典》引 S.2073《庐山远公话》作"声"。
繩	绳	《干禄字书》:"绳、绳,上通下正。"
聖	圣	《宋元以来俗字谱·耳部》引《古今杂剧》《三国志平话》同。
時	旹	《说文·日部》小篆作"時",又"旹,古文时,从之日"。
寶	宝	《新编中国书法大字典》引晋王羲之《蜀都帖》作宝。
世	卋	《隶辨·去声·祭韵》引《高彪碑》作"卋"。
事	叓	《说文·史部》:"叓,职也。从史,之省声。古文事。"

续表

正楷	《诗注》写本	简要说明
疏	踈疎	《隶辨·平声·鱼韵》引《曹全碑》作疏。
鼠	鼠	《敦煌俗字典》引津艺22《大般涅盘经卷第四》作鼠。
蜀	㝉	㝉音 dí，《广韵·锡部》"㝉，鱼击网也"，都历切。
爽	爽	《金石文字辨异·上声·养韵》引《唐道因法师碑》"爽"作"爽"。
絲	糸	《干禄字书》："糸、絲，上通下正。"
蘇	蘓	《干禄字书》：蘓、蘇，上俗下正。
随	随	《隶辨·平声·支韵》引《陈球后碑》作随。
歲	屵	《字汇补·二部》谓"屵"为"歲"之古字。
桃	桃	《宋元以来俗字谱·木部》引《太平乐府》等同。
鐵	鉄	《宋元以来俗字谱·金部》引《三国志平话》等同。
聽	聼	《干禄字书》："聼聽，上通下正。"
圖	圖	《新编中国书法大字典》收王羲之"圖"。
土	圡	《隶辨·上声·姥韵》引《衡方碑》土字加点作"圡"，并按："土本无点，诸碑士或作圡，故加点以别之。"《干禄字书·上声》："圡、土，上通下正。"
兔	兔	《敦煌俗字典》引 S.545《失明类书》作"兔"。
灣	湾	《宋元以来俗字谱·水部》引《太平乐府》等同。
晚	晚	《宋元以来俗字谱·日部》引《太平乐府》等同。
望	望	《偏类碑别字·月部》引《魏河州刺史鄯干墓志》同。
爲	为	《宋元以来俗字谱·九画》引《古今杂剧》等作"为"。
无	旡	《说文·亡部》无字下云："无，奇字。无，通于元者"。《字汇》云："无，音无，易，多用之。"
舞	舞	《宋元以来俗字谱·十四画》引《古今杂剧》等同。
匣	匣	《干禄字书·去声》："迊、匣，上通下正。"
厦	厦	《新编中国书法大字典》引孙过庭书法作厦。
顯	顕	《新编中国书法大字典》引王羲之《集字圣教序》作"顕"。
笑	咲	《干禄字书·去声》："咲笑，上通下正。"
興	兴兴	《新编中国书法大字典》引南朝梁武帝萧衍作"興"。
休	体	《金石文字辨异·平声·尤韵》引汉《费汛碑》作"体"。《干禄字书·平声》："体、休，上通下正。"
鹽	塩	《金石文字辨异·平声·盐韵》引《唐新造厨库记》作塩。
宴	宴宴	《补〈干禄字书〉表》"宴"字下，引《字林》增"宴"。
鴈	鴈	《说文·鸟部》："鹅也，从鸟、人，厂声。"

续表

正楷	《诗注》写本	简要说明
養		《宋元以来俗字谱・食部》引《古今杂剧》等同。
耀		《干禄字书》："耀曜，上通下正。"
也		篆文作。《汉语大字典》引《秦琅邪刻石》作""。
葉		《新编中国书法大字典》引《三希堂法帖》作""。
宜		篆书作宜。《五经文字》："、宜，上说文，下石经"。
頤		篆书作""，隶变作"頣"。《重订直音篇・页部》："頣：音夷，颔也。卦名。"
毅		《干禄字书・去声》："毅、毅，上俗下正。"
翼	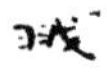	《玉篇・羽部》："䎊，同翼。"《龙龛手镜・羽部》："䎊、翼，羊即反，辅也，翅也，助也，美也，恭也。又州名。又姓。"
雨		《宋元以来俗字谱・雨部》引《太平乐府》作。
怨		《敦煌俗字典》引 S.799《隶古定尚书》作。
鑿		《敦煌俗字典》引 S.5448《敦煌录》作。《龙龛手镜・草部》收，谓俗字。
紙		《干禄字书・上声》："、紙，上通下正。"
竹	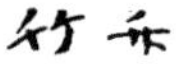	《新编中国书法大字典》：元陆居仁作，明祝允明作、王铎作
燭		《宋元以来俗字谱・火部》引《通俗小说》等同。写本又作""。
屬		《干禄字书・入声》："属、屬，上通下正。"
揔		《龙龛手镜・手部》："揔，古。，今。"
醉		《新编中国书法大字典》引唐吴彩鸾《唐韵》作。
左		《玉篇零卷・工部》作。
座		《宋元以来俗字谱・广部》引《金瓶梅》同。

叁　日本现行俗字溯源

说明

一、本字表主要收录两类字：一是日本 JIS X 0213—2004（简称 JIS2004）中未见于《康熙字典》的变异俗字，二是日本《常用汉字表》（2010）所载的与我国《简化字总表》以及《通用规范汉字表》中字形不一致的简俗字。与代表字头含有相同部件变化的简俗字，不另立字条，可参代表字头考释。

二、各条目组成，一般包括字头、出处、考释。字头部分，先列正字字形，再列出简俗字字形。正字字形以《康熙字典》所确认的正字为准。

出处以中括号列于字头旁，表示日本现行汉字出处，具体如下：

【JIS2004①】～【JIS2004④】："JIS2004" 全称为 JIS X0213—2004，指的是 2004 年修订的 JIS 汉字。"①"～"④" 代表在 JIS2004 中的汉字水准，① 即 JIS 第一水准汉字。JIS2004 汉字中包含以下各字表汉字。

【常用】：指《常用汉字表》（2010 年内阁告示第 2 号）中所载汉字（个别涉及旧常用汉字表），该表共收字 2136 字。

【教育】：指日本文部科学省在《小学学习指导要领》指定的汉字符号，指在小学要教的汉字群。它可以看作是日语中最常用的汉字符号。教育用汉字有《学年别汉字分配表》，其中具体说明了小学各学年应当学习的汉字。现行教育汉字为 1989 年改订的 1006 字。

【人名】：指日本法务省令户籍施行规则的附则形式制定的《人名用汉字别表》，现行的为 2017 年 9 月 25 日改定，共计 863 字。

考释部分。先论述代表字形在中国的使用情况，次论述在历代日本的使用情况。目的是通过溯源，弄清楚日本现行汉字的来龙去脉。

三、关于引证材料。主要采取第一手文献与辞书考索相结合的方法。选取金石、写本、刻本等原始文献，同时，充分利用古今辞书，做到与文献调查相印证。由于资料涉及广泛，文献浩渺无边，因此只能选取代表性语料抽样调查，力求展示代表字在日本的传播情况。具体引书版本参见附录《引用书目》。此外关于所引第一手文献字形，以采用其真迹相同造字字形为主。

B

拔—抜【常用】【JIS2004①】

《说文·手部》："□，擢也，从手，犮声。"（p.255）秦简作"□"（睡·法81）汉帛书作"□"、居延汉简作"□"（《简帛》p.352）。汉碑作"扷"（《汉隶字源·入声·黠韵·拔字》引〈巴郡太守张纳功德叙〉）、"抜"（同上引《酸枣令刘熊碑》）、"扳"（同上引《衡方碑》）等字形。魏碑亦有作"□"（《元欽墓志》）、"□"（《魏李挺墓志》）[①]。（《汉魏六朝》p.10）《龙龛·手部》："扳，俗；抜，正，蒲八反。～，擢也，尽也。"（p.216）《龙龛·长部》："髪，今；发，正。"（p.90）

图《类聚》"拔"省点作"抜"（p.102）、"跋"作"跋"、"蹳"（p.102）《道斋》："編髪"作"編髪"（p.111），《俗略》以"髪"为"髪"之略字。（p.246）《常用汉字表》（昭和6年）以"拔""发"为常用汉字。《汉字字体整理案》以"抜""髪"为第一种文字。

拜—拝【常用】【JIS2004①】

《说文·手部》："□，首至地也。从手㚘。㚘音忽，徐锴曰：㚘，进趋之疾也，故拜之。博怪切。□，扬雄说拜从两手下。□，古文拜。"（p.251）

拜，西周金文作"□"（静簋）、"□"（曶鼎），从"□"（麦）与"□"（手）。或作"□"（友簋）、□（豦簋），从"□"（手）与"□"（页）。（《新金》p.1596、p.1597）、楚简作"□"（包2.272）。《说文》古文作"□"，小篆作"□"，或体作"□"。隶书作"拜""拜"或作"㨶"，《隶辨》引《曹全碑》作"拜""拜"，《杨着碑》作"㨶"。（p.445）

拜，居延汉简有作"□""□"（《简帛》p.353），草写字形与"拝"相似。《汇音宝鉴·皆上去声》："拝、同拜字。"（p.312）明刊本《李文饶集》卷二《幽州纪圣功碑铭并序》："明主雅闻奇志，将帅而拝将军。"又："乃畴厥庸，特拝叶护司空。"又《龙龛·手部》："㨂，《说文》同拜。"（p.215）《改并·手部》："㨂，《说文》同拜。"（p.445）《字海》（p.350）谓"㨂"同"摆"，误。"㨂"，俗体作"拝"。

正徹本、乌丸本《徒然草》"拜"作"拝"。（p.349）《史记雕题·孝文本纪十》："群臣则固立而拝伏也。"（卷之五）

① 以下未注明出处的碑刻，皆来源于京都大学人文科学研究所所藏"石刻拓本资料"。

辨、辯、瓣—弁【常用】【JIS2004①】【教育】

《说文·兒部》："𠑑，冕也。周曰兗，殷曰吁，夏曰收。从兒，象形。𠑫，籀文兗从廾，上象形。𠑐，或兗字。"（p.174）

据《说文》或体，隶作"弁"。《新九经·儿部》："兗弁，冕也。上说文下隶省，今经典相承或作卞。"（p.44）又《干禄》："卞弁，上人姓下皮弁，故文作弁。"（p.14.b）

"弁"又可借作"辨""辯"等。敦煌写卷中"辨""辯"作"弁"，已成为通例①。"辯"作"弁"，如：伯2292号《维摩诘讲经文》："词同倾海，弁似涌泉"。"辨"作"弁"，如伯2133号《金刚般若波罗蜜经讲经文》："过去未来及现在，三心难弁唱将罗。"又斯4571号《维摩诘讲经文》："可尘亿数之烦恼崎岖，分毫弁别。"

在日本汉字史上，这种用字情况也较常见。"辨"作"弁"，如《法隆寺观音像牌》："令弁法师"。《多胡碑》："左中弁正五位"。《古事记》中卷"登许能辨尔"，其"辨"字，真福寺本、铃鹿登本、前田本、曼殊院本、猪熊本、宽永本均作"弁"。东福寺本《参记》："不弁东西。"（卷一）《诗注》："修身行谒帝，谁弁作铭才。"（p.106）日本江户时期，多谓"弁"为倭俗字。《和汉草字辨》（1973）："辨，别作弁，非弁冠之名。亦辩字。"《正楷录》（1975）："弁卞：倭俗以此二字与辨音相近，有假此二字为辨省文。"（p.268）《同文·借字》："弁，ベン。弁、辨音相近，借作辨、辯等字。弁，音便，冕也。"（p.276）文部省《汉字整理案》（大正8年）以"弁"为许容体。《常用汉字表》（昭和6年）定"弁"为常用汉字。

邊—辺【常用】【JIS2004①】【教育】

《说文·辵部》："𨘢，行垂崖也。从辵，𣫍声。"（p.36）

"邊"作"边"或"辺"，为截取部分部件，以达到书写便利的目的。"邊"作"边"，最早见于北魏碑刻中，如《崔隆墓志》："气襬异域，威镇边将。"毛远明认为这是现代简化字的最早源头②。《宋谱》引《通俗小说》等亦作"边"。"邊"字，汉魏晋南北朝时期碑刻中还存有"邉""遑""邊""邊"等俗体，二级部件"𣫍"下部，依次简省作"力""寸""刀""方"等部件。据此，可推断"辺""边"字可源于"邉""邊"。敦煌写经中亦存在多种字形，如："𣫍"下部为"寸"，S.81《大般涅盘经》卷十一（506）作"邊"，

---

① 参见张涌泉《韩、日汉字探源二题》。

② 参见毛远明《汉魏六朝碑刻异体字研究》，商务印书馆2010年版，第339页。

为"力", p.2413《大楼炭经》卷三（隋经）作"邉"；为"刀", S.2419《妙法莲华经卷三》（隋経）（608）作"邉"等。唐《干禄》亦云："邉边, 上俗下正。"（p.24）

日本沿习此写法, 上代金石文中已出现"邊"作"邉""邉"（《法隆寺金堂薬師像光背里面造像记》, 607）。平安时期的写经中亦有作"邉"者, 如《大教王经卷》（国研本）作"邉"、日本书纪卷二十四（图书寮本）（书陵部）作"邉"等。刻本《日本书纪》卷二（庆长十五年版, 1610）作"邉"。室町末期写本《朗咏》"花サカリ四方ノ山边"（p.21）。江户宽永四年（1627）写本《老子道德经河上公解抄》中"邉"与"边"同用。江户时期的字书中收有"邊"作"边"的字例, 如《省文纂考》："辺, 边俗作～。"（p.141）《同文·省文》："边, ヘン, 邉也。"（p.305）《倭楷》以"边"为"邊"之省文。（p.60）《俗略·略字》"文字ノ一部分ヲトリタルモノ"："邊辺"（p.235）文部省《汉字整理案》（大正8年）以"邉"为标准字体,"辺"为许容体。《常用汉字表》（昭和6年）以"辺"为常用汉字, 昭和21年《当用汉字表》以"边"为当用汉字。

變—变【常用】【JIS2004①】【教育】

《说文·攴部》："變, 更也。从攴, 䜌声。"（p.62）日本常用汉字做"変"、我国现行汉字作"变"。

"亦"由"䜌"旁草书楷化而来。"變"西晋索靖《月仪帖》作"变"、唐李邕《李思训碑》作"变"。（《新书》p.1438）"彎"东晋王羲之书法帖作"弯"。（《简化字源》p.328）宋元以来"䜌"俗书多作"亦"。如：宋《列女传》《取经诗话》"變"作"变"。（《宋谱》p.85）《古今杂剧》等"戀"作"恋", （《宋谱》p.20）《取经诗话》等"戀"作"恋", （《宋谱》p.36）《通俗小说》等"彎"作"弯", （《宋谱》p.137）又明《重订直音篇》"弯俗"（p.392）《字汇》"戀, 俗恋字。"（卷五p.9）《字学三正·体制上·时俗杜撰字》"蠻, 俗作蛮。"（p.68）

东福寺本《参记》"變"作"変"（卷三）与"变"字形相似。"䜌"旁作"亦"习见于日本室町时期文献中。如：《诗注》"德水千年变", （p.27）《尚·足》"變化"作"变化", （p.28）《朗咏》"迎春乍变将希雨露之恩"。（p.15）又"蠻腰"作"蛮腰", （p.16）"戀月"作"恋月", （p.76）、"鸞"作"鸯", （p.36）《倭楷》以"変""恋""恋""蛮""鸾"为"华人所为省文"。（pp.67、68、74、76）《同文·省文》："変, ヘン, 變也, 凡从䜌字如戀、彎、戀、蠻、鑾、鸞等从亦, 并非。"（p.304）《道斋·省笔偏旁通用》"亦䜌", （p.138）《俗略》以"变""恋""恋""蛮""弯""湾"为改变结构略字。（p.238）文部省《汉字整理案》（大正 8 年）以"蛮""变""湾"为许容体。《常用汉字表》（昭和 6 年）以"**湾**""**变**""**蛮**""恋"为常用汉字。

博—博【常用】【JIS2004③】【教育】

《说文·十部》："**愽**，大。通也。从十从尃。尃，布也。"（p.45）

"博"金文作"**犬**"（**毁**簋）、"**犬十**"（师衰簋），篆文作"**愽**"。（《新金》p.245）其二级构件"甫"下在金文中与"田"相似。又，汉帛书、居延汉简，"博"作"**博**"。（《简帛》p.122）汉碑中有作"**博**"（《隶辨》引《韩敕碑阴》）、"**博**"（同上引《鲁峻碑》p.179)等。从"尃"字，如"薄""缚""傅"等，其构件"甫"下亦有形似"田"者。如"薄"《汉隶字源·入声·铎韵·薄字》引《童子逢盛碑》作"**薄**"。"傅"，《汉隶字源·去声·遇韵·傅字》引《史晨祠孔庙奏铭》作"**傅**"。《干禄》视"博"为通体字。（p.64）又："簿、薄：上簿籍，下厚薄。"（p.37）

"博"，《德聪法师等三人造像观音像记》作"**博**"（《上金》p.74）；"缚"，《金刚场陀罗尼经》（686）作"**缚**"、《四分律》卷第十六（正仓院·五月一日经）作"**缚**"。又《讽稿》（p.44）："所缚不动，刀杖折碎。"薄，《瑜伽师地论》卷八（正仓院·五月一日经）作"**薄**"。《名义》："博，补各反，广，大，大通。"（p.292）图《类聚》"博"作"**博**"、"缚"作"**缚**"，"薄"作"**薄**"亦习见于镰仓室町时期文献中。例如《尚·内》（1322）抄："好古博雅"，（p.15）《尚·足》："博考经籍"，（p.26）江户《道斋》："旁薄"，（p.107）文部省《汉字整理案》（大正 8 年）以"**博**""簿"为标准字体，"博""薄"为字典体。《常用汉字表》（昭和 6 年）以"薄""缚""博"为常用汉字。

步—步【常用】【JIS2004①】【教育】

《说文·止部》："**步**，行也。从止，少相背。"（p.38）

"步"，甲骨文作"**步**"（合 67 正）**步**（合 19249），（《新甲》p.87）金文作"**步**"（步爵），篆文作"**步**"。秦简作"**步**"（睡·日乙 106），"步"为"步"之隶变俗字。《隶辨·暮韵》："步，《杨著碑》：逞出城寺。按：《说文》步从止，少相背。碑变从少，今俗因之。"（p.131）《干禄》："步步，并上俗下正。"（p.13）又《偏旁五百四十部》："步，《说文》作步，下从反止，隶讹从少。"（p.201）汉《石门颂》"涉"作"涉"。（《碑别》p.129）

《佛足石歌碑》"步"作"步"。《正古·集成一·民部省牒》："合田壹町柒段陆拾伍步"，（卷二 p.16）图《类聚》：步步，《干禄》上通，（p.140）

东福寺本《参记》："二足膝下全无，以步行。"（卷五）《汉形》"徒然草异体字""涉"作"渉"。《俗略·略字》以"歩"为"步"之增画俗字，（p.244）文部省《汉字整理案》（大正8年）以"頻"为标准字体。昭和6年《常用汉字表》以"涉""步"为常用汉字。昭和56年《常用汉字表》列"步""涉"为常用汉字。

<h1 style="text-align:center">C</h1>

藏—蔵【常用】【JIS2004①】【人名】

"藏"，《字海》："同'藏'。见《敦煌俗字谱》。"（p.286）《汉标》："① cáng〈文〉与'藏'同，藏匿（见《云笈七签》）。② zāng〈文〉与'藏'同，草名，即藏莨（见《龙龛手鉴》）。"（p.688）《国标》："同'藏'。"（p.1230）

《说文·艹部》："藏，匿也。"（p.21）日本常用汉字作"蔵"。

居延汉简"藏"作"蔵"。（《简帛》p.713）《隶辨·唐韵》："蔵"见于汉《孔耽神祠碑》，"藏"见于汉《衡方碑》。（p.62）《干禄》："臧、臧、臧，上俗中通下正。"（p.30）《龙龛手镜·肉部》"臓，乌朗反。"（p.412）

"藏"作"蔵"日本奈良时期文献中已然。如：《下道国胜母墓志》"夫人之骨蔵器。"《正古·集成一·内藏寮解》"藏"作"蔵"，（卷一 p.8）奈良以降文献中亦屡见不鲜。如《讽稿》"讽诵三蔵"（p.40）东福寺本《参记》"次于蔵院"（卷一）图《类聚》"藏"作"蔵"（p.13），《尚·内》"官蔵"（《尚书文字合编》第一册 p.26）等。昭和24年《当用汉字字体表》采用"蔵""臓"。昭和56年《常用汉字表》以"蔵""臓"为常用汉字。

曹—曺【JIS2004③】

《说文·曰部》篆作"曺"，云"狱之两曹也。在廷东，从棘，治事者，从曰。"（p.95）

"曹"篆作"曺"，隶省作"曹""曺"，如《夏承碑》"五官掾功曹"。《武荣碑》"郡曺史主簿"，（《隶辨》p.208）居延汉简、武威汉简亦有作"曺"者。（《简帛》p.407）"遭""漕"等"曹"亦作"曺"。《郑固碑》"遭命殒身"。（《隶变》p.208）《张纳功德叙》"漕"作"漕"（《隶变》p.596）、《干禄》"曺曹，上通下正。"（p.27）《五经》"曺、曹、曺，上《说文》中经典相承隶省。凡字从曹者皆放此下。下石经。"（p.78）《俗书》："曹，本作曺，俗作曺非。"（卷一 p.545）

"漕"《正古·集成一·日佐真月土师石国等解》"申请样漕杂村事"（卷六，p.79）"遭"，《正古·集成一·远江国浜名郡轮租账》"贰段遭风损三分"（卷十六，p.216）"曹"《讽稿》"由吾曺成"，（p.56）《名义》"懵"作"憻"，

（p.280）《字镜》"曹曺，自劳反，平辈也。群也。譻曺字"，（p.23）观本《类聚》所收从"曹"字多做"曺"。《道斋·省文》"曹作曺"，（p.137）《俗略》以"曺""遭""漕"为减画略字。（p.245）

曾—曽【JIS2004①】

《说文·八部》："曾，词之舒也。从八，从曰，囚声。"（p.22）

甲骨文作"㠯"（合1012），（《新甲》p.39）金文作"㽙"（小臣鼎）、"㽦"（曾伯霥簠）。（《新金》pp.86、87）隶书有作"曽"，《隶辨》"曽，《尹宙碑》会稽太守之曽。《九经字样》云：曽，经典相承，隶省作曽。"（p.279）《九经字样·曰部》"曾曽：上《说文》，下经典相承隶省"。斯2071《笺注本切韵·蒸韵》从"曾"之字多作"曽"，如憎、憎、層等。《字鉴》《正字通》《经典文字辨证书》等以"曽"为俗字。汉帛书"增"作"増"，（《简帛》p.185）魏《大飨记残碑》"僧"作"僧"，（《隶辨》p.279）汉《樊安碑》"赠"作"赠"（《隶辨》p.155）。魏碑中从"曾"字作"曽"者屡见不鲜。如：《元羽墓志》"層"作"層"、《封昕墓志》"曾"作"曽"、《慈庆墓志》"增"作"増"。（《汉魏六朝》pp.71、1173）

《那须国造碑》"曾"作"曽"，（《上金》p.207）正仓院古文书《造寺司牒》"僧"作"僧"，（《正古·集成一》p.59）《药师功德经》（守屋本）"層"作"層"。《讽稿》"虚空月不增不减"。（p.16）又"赠"，"片赠"（p.32），"僧"，"谤僧"。（p.48）《名义》"曽，子恒反，重，尝"。（p.291）《字镜》曽，子恒反，平则重也，（p.27）图《类聚》"曾"作"曽"（p.15）"僧"作"僧"（p.26）"增"作"増"（p.148）东福寺本《参记》"曾"作"曽"（卷一）《朗咏》"赠"作"赠"（p.8）江户初期写本《问答》："在京名僧"（p.1）文部省《汉字整理案》（大正8年）以"曽""増""僧""噌""層"为标准字体。昭和24年《当用汉字字体表》表收有"僧""層""増""憎""贈"字。

稱—称【常用】【JIS2004①】【人名】

《说文·禾部》："稱，铨也。从禾，爯声。"（p.146）《字海》谓"称"同"稱"，见日本《常用汉字表》。（p.1080）

按：宋以前写本"爾"俗作"尒"，"尒"为"尓"的手写变体，进而讹作"尔"。《正名要录》"字形虽别，音义是同，古而典者居上，今而要者居下"类"爾"下为"尒"。《干禄》"尒尓：上通下正"。（p.35）俗书从"爾"之字，多从"尒"或"尓"。盖"爾""爯"形近以相乱。元《通俗小说》《古

今杂剧》等"稱"作"称"。(《宋谱》p.59)①

　日本《尚·足》"稱"作"称"(p.30)《倭楷》以"称""玺"为"华人所为省文"。(p.68)《俗略·略字》"組織ヲ変ジタルモノ":"稱称"(p.237)文部省《汉字整理案》(大正8年)以"称"为标准字体,"称"为许容体。《常用汉字表》(昭和6年)以"称"为常用。

承—亲【JIS2004④】

　《说文·手部》:"承,奉也,受也。从手,从卪,从䒑。"(p.253)

　唐及其以前的碑刻中,"承"存在多种变体,常见的有省横笔作"承""承""承",如魏《元谧妃冯墓志》《元晔墓志》作"承"、(《汉魏六朝》p.91)《许夫人宋氏墓志》作"承";"八"移位,如《唐崑山县令张祖墓志铭》作"承";"宀"作"丷""マ"等,如《元显墓志铭》作"承"《唐崑山县令张祖墓志铭》作"承"等。"承"作"亲",是笔画连续变异的结果,包含了笔画位移和笔画变异这两种方式。在初唐亦出现相似字形,如《汉书杨雄传》(上野本)作"亲"。

　《大日本古文书》卷二"异字一览"表"承"作"承";《汉字百科大事典》"正仓院文书异体字"表"承"字头下,亦收有"亲""亲""承"等字样。《正古·集成一·民部省牒》:"捡东大寺田使少寺主传灯进守法师亲天"(卷二,p.18)《续高僧传》(正仓院·五月一日经)作"亲",平安时期的写经中亦多用此字形,如《金刚大教王经》卷一(高山寺本)作"亲"、《大教王经》卷第一(劝修寺)作"亲"等。《入唐·承和五年六月十三日条》(卷一)"承"作"亲"。东福寺本《参记》"承"作"亲"。《朗咏》"谢亲",(p.39)《尚·足》"亲詔"。(p.26)由于"水"在俗书中,常断笔作"氺",故"亲"又作"亲"。《同文·讹字》"亲,ウケタマハル,承也"。(p.292)《倭楷》以"亲"为"承"之倭俗之讹。(p.31)

乘—乘【常用】【JIS2004①】【教育】

　《说文·桀部》:"乘,覆也。从入、桀。桀,黠也。军法曰乘。"(p.109)

　乘,甲骨文作"乘"(粹1109)、乘(邺3下.38.1)、(《新甲》p.344)如人登木形。西周金文作"乘"(公貿鼎)、"乘"(公臣簋)、"乘"(多友鼎),或加双脚形,或省树形;(《新金》p.715)楚简帛作"乘"(天策)、"乘"(包2.227),改从几形、车形;(《楚简帛》p.535)秦简作"乘"。(《睡简》p.82)

① 参见张涌泉《敦煌俗字研究》,上海教育出版社1996年版,下编第7页。

"乘"隶省作"乗"。汉帛书作"**乗**"、武威作"**乗**"，（《简帛》p.18）。《隶辨·蒸韵》"乘，《鲁峻碑阴》：济阴～碑。按：《说文》作椉，《五经》云，乗，隶省。"（p.69）又《五经·舛部》："椉乗上说文下隶省"（p.81）《玉篇·刀部》"剰，时证切。不啻也。"（p.321）《龙龛手镜·刀部》"剰，正，食证反，长也。"（p.98）

日本飞鸟奈良时期文献中"乘"亦多作"乗"。"乗"字，飞鸟时期《王延孙造释迦像光背记》"乗此功德"；《金刚场陀罗尼经》（686）作"乗"。奈良时期写经《续高僧传》（正仓院·五月一日经）（740）作"乗"。《讽稿》"灭罪生福之至便，不过大乗威力"。（p.20）《名义》"乘"作"乗"（p.293）亦习见于平安以后的文献中，例如：《汉形》所收"古往来异体字""万叶集（桂本、西本愿寺）异体字""安愚乐锅异体字""御堂关白记"等皆有"乗"字。《俗略》以"乗"为"乘"之改变结构俗字（p.255）《常用汉字表》（昭和6年）以"乗""剰"为常用汉字。《汉字字体整理案》以"乗""剰"为第二种文字。《当用汉字表》（昭和17年）以"剰"为当用汉字。

鴟—鴙【JIS2004②】

《说文·隹部》："**雛**，雖也。从隹，氏声。**鴟**，籀文鴟从鸟。"（p.71）

"鴙"当是"鴟"之换旁俗字，"氏"《广韵》脂利切，至韵，章母。与"至"音近，且两部件草书字形相近，故易混。"鴙"，见于魏碑中，如《魏敬史君碑》"鴟"作"鴙"（《碑别》p.373）《龙龛手鉴》："鴙通"（p.40）《宋本玉篇》："鴟，充尸切，鸢属，鴙同上"（p.449）《干禄》："鴙、鴟、鴟，并上俗中通下正。"（p.17）

《小右记》："丰乐殿鴙尾不被取云々"（p.135）《贞信公御记抄》（天庆1年3月12日）："十二日、鴙入上御厨子"（p.167）文部省《汉字整理案》（大正8年）以"鴙"为标准字体。《标准汉字表》（昭和17年）以"鴙"为准常用汉字。

遲—遅【常用】【JIS2004①】

《说文·辵部》："**遲**，徐行也。从辵犀声。《詩》曰：'行道遲遲。'**迉**，遲或从尼。**遲**，籀文遲从屖。"（p.34）

"遲"，隶变作"遅"。《隶辨·脂韵》"遲，《韩彦碑》。礼乐陵～"。（p.12）《龙龛手镜·辵部》"遅，俗"。（p.488）《示儿编》引《字谱总论》"遲之遅……俗书也"。（p.227）又《字汇·辵部》"遅，俗遲字"。（卷11，p.91）

日本奈良时期文献承用此字形。如：《续高僧传》（正仓院·五月一日经）（740）《佛足石歌碑》"遲"皆作"遅"。奈良时期古文书中，亦有"犀"

作"犀"者。（见《大日本古文书》卷二"异字一览"p.597）《讽稿》："就遟"（p.50）《华严信种义》（明惠自笔）（1221）"遟"作"遟"东福寺本《参记》"兵士遟来"（卷五）图《类聚》"墀"作"墀"（p.103），"迟"作"遟"（p.211）《道斋》"遟顿，遟钝同。"（p.104）文部省《汉字整理案》（大正8年）以"遟"为标准字体，"遟"为许容体。《常用汉字表》（昭和6年）改"遟"为常用汉字。

齒一歯【常用】【JIS2004①】【教育】

《说文·齒部》："齒，口齗骨也。象口齿之形，止声。凡齿之属皆从齿。古文齒字。"（p.38）

"齒"，甲骨文作"▦""▦"等，（《新甲》p.119）楚简作"▦"，篆作"齒"，秦简作"齒"（睡.为17）。（《楚简帛》p.193）汉简或有省作"▦""▦""▦"等字形。（《简帛》p.953）

"齒"作"歯"，见《京本通俗小说》（元刊）、《薛仁贵跨海征东白袍记》（明刊）、《目连记弹词》（清刊）。《字学》将"歯"作为"齿"之"时俗杜撰字"，云："齒俗作歯。"（p.68）"龄"隋《宫人司饰程氏墓志》作"齡"，唐《顺陵碑题字》作"齡"。（《碑别》p.450）清《岭南逸事》作"齡"。（《宋谱》p.136）

"歯"，室町中期《明应五年本节用集》《黑本节用集》《伊京集》以及室町后期《节用集》（永禄五年本）（p.59才3）皆作"歯"字形。《尚·足》："降霍叔於庶人，三年不齒。"（p.2360）又"齬"《朗咏》作"齬"（p.199）江户《黑川本色叶字类抄》（下14才7）"齡"作"齡"。《道斋》："王昌龄"作"王昌齡"（p.118）《同文》将"歯"视作"省文"，云："歯，シ，齒也。歯，同上。凡从齿字从歯从齒，并非。"（p.307）《倭楷》以"歯"为"华人所为省文"。（p.72）《俗略》将"歯、齡"归为改变结构的略字。（p.239）文部省《汉字整理案》（大正8年）以"齬""齡"为许容体。《常用汉字表》（昭和6年）以"歯""齡"为常用汉字。昭和21年《当用汉字表》以"歯""齡"为当用汉字。JIS2004收有"歯""齡""齬""齟""齧""齬"等字。

丑一刃【JIS2004④】

《说文·丑部》篆作"丑"，云："纽也。十二月，万物动，用事。象手之形。时加丑，亦举手时也。"（p.312）丑，甲骨文作"▦""▦"（《新甲》p.825）；金文作"▦"（天亡簋）、▦（貉子卣）或有作"▦"（同簋盖）。（《新金》p.2170）篆文承续金文字形，秦简作"▦"（睡.日甲4）（《睡简》p.220）。

隶书有作"丑""丑",如魏《王基碑》作"丑"、魏《刘华仁墓志铭》作"丑"。

刄，见于东晋王羲之草书书法帖中。北齐《王福芝造像记》作"刄"（《上金》p.407）又唐《不空法师塔碑》"开元二十五年岁次丁刄仲秋八月吉旦刊"。明《宋公墓志》作"刄"。

日本飞鸟时期《那须国造碑》"丑"作"丑"，中间横线较短。从"丑"字者，作此字形者常见。如平安时期《讽稿》"毗纽之美"，（p.34）《名义》"丑"作"丑"、"羞"作"羞"、"纽"作"纽"。（p.294）图《类聚》"杻"作"杻"、（p.265）"纽"作"纽"。（p.299）宽永十二年版《云州往来》"丑"作"刄"（《汉形》p.302）《同文》"刄 ウシ 凡从丑字如纽杻等从刄，並非。"（p.287）《俗略》以"刄""纽""鈕"为俗字。（p.249）

處—处【常用】【JIS2004①】【教育】
"处"，《字海》："同'处'。字见《说文》。"（p.511）《汉标》："① chǔ 与'处（處）'同。② chù 与'处（處）'同。"（p.65）《国标》："同'处'。"（p.156）

《说文·几部》："処，止也，得几而止。从几从夂。處，处或从虍声。"（p.301）《玉篇·几部》："处，充与切，止也。与處同。"（p.310）日本常用汉字作"処"，从古；我国现行汉字作"处"，从俗，"几"作"卜"。1935年《第一批简体字表》"處"作"处"。

"处"习见于日本室町时期文献中。《诗注》"居处十首"（p.3）《尚·足》"處"作"处"，（p.27）《朗咏》"春生何處"作"春生何处"，（p.17）江户初期写本《问答》"不可专靠那屙屎处"，（p.37）《倭楷》以"处"为"處"之省文。（p.59）《道斋·五正字》："礼处**为负**从，右首字世皆以为省文，凡奏书用，然皆《说文》正字也。好古者通用。"（pp.146—147）《俗略·略字》以"处"为"處"之古字，（p.241）文部省《汉字整理案》（大正 8 年）以"處"为标准字体，"处"为许容体。《常用汉字表》（昭和 6 年）以"处"为常用汉字。

傳—伝【常用】【JIS2004①】【教育】
《字海》："音义未详。《白虎通·情性》：'魂犹～～也，行不休于外也。'"（p.66）《汉标》："［伝伝］yúnyún〈文〉行走不停休的样子。"（p.34）《国标》："［伝伝］不停地运行。"（p.78）

"伝""転"在中土文献中尚未发现用例，为和制异体字。部件"云"为替代符号。

《俗略·略字》以"転""伝"为改变结构略字。（p.240）昭和 21 年《当用汉字表》以"傳""轉"为当用汉字。昭和 24 年《当用汉字字体表》则采用"伝""転"。昭和 56 年《常用汉字表》收"伝""転"为常用汉字。

窓—窗【常用】【JIS2004①】【教育】【人名】

"窓"，《字海》："同'窗'。见《敦煌俗字谱》。"（p.1132）《汉标》："'窗'的异体。"（p.574）《国标》："同'窗'。"（p.1040）

段玉裁《说文注》："窗，通孔也。从穴，悤声。"（p.345）日本常用汉字"窗"作"窓"。

按：《刊谬补缺切韵·东韵》："悤，仓红反，古作恖，正作悤仓红反。"（p.10）"悤"字上部"囱"隶变作"匆"或"公"，俗作"怱"或"忩"。"窓"，汉碑已见。斯 388《群书新定字样》："窓，相承用。"敦煌写本斯 4571《维摩诘经讲经文》："菩提道路教登涉，险恶门窓断去寻。"①

室町《朗咏》："窓梅北面雪封寒"（p.16）江户初期写本《问答》"窗"作"窓"（p.5）《倭楷》以"窓"为"华人所为省文"。（p.70）《俗略·俗字》以"窓"为改变结构俗字（p.256）文部省《汉字整理案》（大正 8 年）以"窓"为标准字体，"窓窗囱牕牎"为字典体。《常用汉字表》（昭和 6 年）以"窓"为常用汉字。

聡—聰【JIS2004④】【人名】

"聡"，《字海》："同'聪'。见《敦煌俗字谱》。"（p.1177）《汉标》："与'聰（聪）'同。"（p.582）《国标》："同'聪'。"（p.1149）

《干禄·平声》："聡聰聪，上中通下正诸从悤者并同他皆仿此"（p.13）

观本《类聚》："聡聰，二正，……聰俗，聪正"。（p.117）日本《尚·内》："聡名"，（p.14）江户初期写本《问答》"聡慧"，（p.26）那波本《和名类聚抄》作"蒽"作"葱"。（p.212）文部省《汉字整理案》（大正 8 年）以"聰"为标准字体，以"聡"为许容体。

從—従【常用】【JIS2004①】【教育】

"従"，《字海》："同'从'。字见《宋谱》。"（p.478）《汉标》："① cóng 与'從（从）同。'② cōng 与'从（从）同。'"（p.165）《国标》："同'从'。"（p.465）

---

① 参见张涌泉《敦煌俗字研究》，上海教育出版社 1996 年版，第 378、437 页。

《说文·从部》："從，随行也。从辵，从从，亦声。"（p.166）"從"汉碑作"徔""従"。《西岳华山庙碑》"從"作"徔"。《史晨后碑》："从越骑校尉拜"（《隶辨》p.20）《鲁峻碑》"縱"作"縦"。（《隶辨》p.23）S.388《正名要禄》："從、徔，右正行者楷，脚注稍讹。"又"従、徔，二同"。（p.3451）《张淮深变文》："七縱"作"七縦"。（《敦俗》p.574）、《干禄》："徔従從：上中通下正。"（p.14）宋《取经诗话》"從"作"従"，元《古今杂剧》"縱"与"縦"几近。（分别见《宋谱》pp.7、80）

日本奈良时期文献"徔""従"已然出现。例如"從"《太安万侣墓志》作"徔"、《吉备真备母杨贵氏墓志》作"従"（《上金》p.166）《正古·集成一·中宫職解》"徔七位"（卷一 p.4）《讽稿》（p.64）："我等徔无量劫以来"东福寺本《参记》"從"作"従"。《名义》"縱"作"縦"。（p.271）。

高《类聚》："徔従從：上中通下正。"（p.11）《倭楷》以"従""従"为"從"之"华人所为省文"。（pp.67、69）文部省《汉字整理案》（大正 8 年）以"從""縱"为标准字体，"徔縦"为许容体。《汉字字体整理案》以"縦""従"为第二种文字。昭和 21 年《当用汉字表》以"從""縱"为当用汉字。而昭和 24 年《当用汉字字体表》采用"従""縦"字形。

D

帶—带【常用】【JIS2004①】【教育】

"带"，《字海》："同'帶'。字见《宋谱》。"（p.466）《汉标》："与'帶'同。字见《宋谱》。"（p.150）《国标》："同'帶'。"（p.424）

《说文·巾部》："帶，绅也。男子鞶带，女子带丝，象系佩之形。佩必有巾，从巾。"（p.155）汉帛书"帶"作"带"。（《简帛》p.274）元《太平乐府》、明《东窗记》"帶"亦作"带"，（《宋谱》p.123）"滞"，缘此类推。

日本图《类聚》"滯"作"滞"。（p.12）东福寺本《参记》："别有阻滞"（卷六）《诗注》："天竜带泉宝。"（p.159）《倭楷》以"带"为"帶"之"华人所为省文"。（p.69）文部省《汉字整理案》（大正 8 年）以"帶"为标准字体，"带"为许容体。《常用汉字表》（昭和 6 年）以"滞""带"为常用汉字。

單—单【常用】【JIS2004①】【教育】

《说文·吅部》："單，大也。从吅、甲，吅亦声。"（p.29）

"單"，甲骨文作"𝖄"（乙 4680 反）"𝖄"（前 7.26.4）"𝖄"（菁 5.1），金文作"𝖄"（小臣单觯）"𝖄"（蔡侯匜）。（《新甲》p.70、《新金》p.135）隶定作"单"。

"單""禪""彈""嚴""獸"等字中部件"吅"作"⺍"，源于草书楷化。汉简中已然出现。如：居延汉简"嚴"作"厳"（《简帛》p.67）唐颜真卿书法亦作"厳"；元鲜于枢书法"獸"作"獣"；《草书韵会》"單"作"单"；宋米芾书法"彈"作"弹"。（分别见《书法字典》pp.87、331、84、163）《辽金元六幢亭记（黄彭年书）》"鍔"作"鈝"。

在日本文献中，"吅"作"⺍"或"⺍"习见。"單"，《正古·集成四·造寺司牒》："単衣十领"（p.283）如：《讽稿》："夏以蝉之空肠""飞弾方言"（p.40）"鸟獣"（p.42）"吾奉此花飞十方作仏士之庄厳。"又平安末至镰仓时期图《类聚》"戰国"作"戦国"（p.106）、"嚴峻"作"巌峻"（p.144）等。东福寺本《参记》："禪"作"禅""禅"，"彈"作"弹""憚"作"憚"。室町末《朗咏》"蟬"作"蝉"（p.7）、"禪"作"禅"（p.58）、"嚴"作"厳"（p.34）《正楷录》谓"单"为"倭楷"。（p.213）《同文·省文》："単，タン，單也。凡从單字，如彈禪等，从単并非。"（p.298）又"鍔，ツバ，鍔也。鈝，同上。凡从咢字如鳄、鹗等从咢，并非"（p.307）《俗略》以"单""戦"为改变结构略字（p.238）《当用汉字字体表》收有"単""厳""弾""戦""獣""禅"。昭和56年《常用汉字表》以"単""厳""弾""戦""獣""禅"为常用汉字。又JIS2004汉字将"蝉""驒""巌"列为第一水准汉字，"憚"为第四水准汉字。

德—徳【常用】【JIS2004①】【教育】

"徳"，《字海》："同'德'。见《宋谱》。"（p.483）《汉标》："与'德'同。"（p.167）《国标》："同'德'。"（p.467）

《说文·彳部》："德，升也。从彳，悳声。"（p.37）

隶省横作"德"。《隶辨·德韵》谓"德"见于汉《武荣碑》《郑季宣残碑》等①。（p.189）字右部件均省一画作"悳"。《示儿编》所谓"德为人十四心"，也许正说明了"悳"这一俗字构形。（p.224）《经典文字辨证书》："德，正。徳，省，春秋说人十四心为德。"（p.10）敦煌写经中作"徳"者屡见不鲜。如：p.2173《御注金刚般若波罗蜜经宣演卷上》："稽首善逝大仙雄，智断慈悲众德备。"又S.388《正名要录》："直、德，右字形虽别，音义是通。古而典者居上，今而要者居下。"

"徳"，日本常用汉字作"徳"。早见于日本飞鸟、奈良时期文献中。如：《王延孙造释迦像光背记》："愿父母乘此功德"。《粟原寺伏钵铭》："仰愿藉此功德"。《金刚场陀罗尼经》（686）"德"亦作"徳"。图《类聚》"懷德"

---

① 参见张涌泉《敦煌俗字研究》，上海教育出版社1996年版，第447页。

作"懷德"（p.29）《尚·内》"聖德"作"聖德"（p.14）《俗略·略字》以"德"为"德"之减画俗字（p.244）昭和 21 年《当用汉字表》以"德"为当用汉字。而 24 年《当用汉字字体表》则采用"徳"字。

燈—灯【常用】【JIS2004①】【教育】

"燈"字不见于《说文》。《广韵·平声·登韵》："燈，燈火，都滕切。"（p.201）《玉篇》："灯，的庭切，火也。"（p.393）《字鉴》："鐙，都驣切。"《说文》："锭也。从金，登声。徐铉曰：'锭中至烛故谓之鐙'，今别作灯，非是，俗又作灯，皆误。"《字汇·火部》："灯，俗燈字。"

日本室町江户时期"燈"亦作"灯"，如《朗咏》："九枝灯"。（p.179）《倭》以"灯"为"燈"之省文。（p.60）《道斋·同训字》："灯燈"。（p.123）《俗略·略字》以"灯"为"燈"之"略字ニアラザル他の文字"（用简单字形替换复杂字形）。（p.236）文部省《汉字整理案》（大正 8 年）以"灯"为许容体。《常用汉字表》（昭和 6 年）以"灯"为常用汉字。《汉字字体整理案》以"灯"为第二种文字。昭和 21 年《当用汉字表》与昭和 24 年《当用汉字字体表》皆采用"灯"字。昭和 56 年《常用汉字表》改收"灯"为常用汉字。

點—点【常用】【JIS2004①】【教育】【人名】

《说文·黑部》："黕，小黑也。从黑，占声。"（p.211）

"點"省"黒"为"点"。《字学三正·体制上·时俗杜撰字》："點，俗作点。"（p.78）元《紧那罗刹碑》"提點"作"提点"。元《京本通俗小说》、明《白袍记》、清《岭南逸事》等"點"皆作"点"。（《宋谱》p.51）

日本室町时期写本《朗咏》："点缀"（p.17）《诗注》："曹丕兴与孙权画屏风，误落笔点污之，因便作蝇。"（p.125）江户时期《同文·省文》："点，テン，點也。"（p.307）《道斋·省文》："點作点"。（p.133）《俗略·略字》"一部分ヲ略シタルモノ"："點点"（p.237）文部省《汉字整理案》（大正 8 年）以"点"为"點"之许容体。《常用汉字表》（昭和 6 年）将"点"收为常用汉字。昭和 21 年《当用汉字表》亦收有"点"字。

兜—䒤【JIS2004④】

《说文·儿部》："兜，兜鍪，首铠也。从兜，从皃省。皃，象人头也。当侯切。"（p.177）

《玉篇》（元刊本）"兜"字头作"亮"。（p.406）《精严新集大藏音》"兜"作"䒤"。（p.220）《俗书》："兜，俗作䒤非。"（p.574）《字汇》《正字通》

亦以"兠"为"兜"之俗字。（卷二 p.50、卷一 p.4）

日本东福寺本《参记·熙宁三年五月十五日》"兜罗绵"作"兠罗绵"。（卷五）《尚·内》《尚·足》"驒兜"皆作"驒兠"（pp.21、31）《道斋》："鵰兠，驒头同。"（p.107）《俗略》以"兠"为"兜"之俗字（p.251）

E

兒—児【常用】【JIS2004①】【教育】

《说文·儿部》："兒，孺子也。从儿，象小儿头卤未合。"（p.176）

"児"字源自"兒"。相似字形魏碑中已然出现。兒，《碑别》所引《魏元茂墓志》作"児"。（p.48）《干禄》："臼、臼：上俗下正。"（p.44）"臼"不成字，俗作"旧"。其字形宋代前后屡见。《龙龛》："旧臼，其九反。二。"（p.427）宋《列女传》、元《通俗小说》、明《东窗记》等，"兒"作"児"。元《太平乐府》、明《东窗记》、清《岭南逸事》"陷"作"陷"。（分别见《宋谱》pp.118、101）苏东坡书帖"稻"作"稻"。（《书法字典》p.371）

"兒""稻""滔""毁"等中部件"臼"在日本文献中亦作"田""旧"。"兒"，日本飞鸟时期碑刻《稻荷山古坟铁剑铭》："其兒多加利足尼"《船氏王后墓志》："智仁首兒，那沛故首之子也"。《正古·集成一·御野国本簑郡栗柄太里户籍》："児物部古卖"。（p.16）"稻"，《正古·集成一·造寺司牒》："波多稻"（p.58）"春"，《正古·集成一·大藏省移》作"春"。（卷二，p.27）"稻""蹈"，《讽稿》："或作稻米杂物"（p.98）、"地蹈入三寸举足如本"。（p.52）图《类聚》"稻"作"稻""滔"作"滔"。（pp.109、33）、"旧"作"旧"。（p.6）东福寺本《参记》"春"作"春"、"蹈"作"蹈"、"旧"作"旧"。《尚·内》"滔"作"滔"、"毁"作"毁"。（pp.21、22）《朗咏》"兒"作"児"、"蹈"作"蹈"。（p.18、p.25）江户初期写本《问答》"兒"作"児"、"毁"作"毁"。（pp.14、16）《同文·省文》："旧，ウス，臼也。又借为旧字。凡从臼字如兒、舅、旧、春等从旧，并非。"又"臽，ヨウ，臽也。凡从臽字如稻、焰等，从臽，并非"。（p.303）《倭楷》以"児"为"儿"之"华人所为省文"。（p.63）《道斋》"舅姑"作"舅姑"，（p.118）明治刊本《安愚乐锅》"兒"作"児"、"旧"作"旧"。（《汉形》pp.362、363）文部省《汉字整理案》（大正 8 年）以"児""稻"为许容体。《常用汉字表》（昭和 6 年）收"児"为常用汉字，昭和 17 年《当用汉字表》以"儿"为当用汉字。昭和 56 年《常用汉字表》收"児""稻"为常用汉字。JIS 汉字以"旧""蹈"为 JIS 第四水准汉字。

贰—弍【常用】【JIS2004①】

"弍"，《字海》："同'贰'。见日本《常用汉字表》。"（p.378）《汉标》："日本汉字。"（p.117）《国标》："日本汉字。同'贰'。"（p.451）

近藤西涯《正楷录》"贰"字下列举了四个异体字：貳、貮、貳、戠。"弍"也许是日人整理字形时缘"貳"字创造的一个简化字。（参见"贰"字条）

贰—貳【JIS2004②】

"贰"，金文作鬍（五年召伯虎簋）、鬚（中山王壶），篆文作"貳"。《说文》："贰，副益也。从贝，弍声。弍，古文二。"（p.130）隶书有作"貳"，秦简作"鬚"（睡.为14），汉简帛作"貳"（《简帛》p.774）。

"貳"字源自"贰"之俗字"貳"。"贰"中"二"本在长横之下，俗书移置其上，填补左角"空白"，这既符合俗字"变换结构"的成字原理，也合符汉字匀称协调的审美要求。考诸吐鲁番出土文书及敦煌写卷"贰"之俗体，触目皆是。斯514号背面《沙州敦煌县悬泉乡宜大历四年（769）手实》，"贰"出现50余次，"貳"字用例清晰可辨："妹桃花年貳拾叁岁"；伯3354号《天宝六载（747）敦煌县龙勒乡都乡里户籍》，亦有作"貳"者："合应受田貳顷陆拾貳亩。"由于"二"字手书常连笔写成"工"或"ユ"，甚至略写"丅""フ"，所以"贰"字往往写成"貮""貳"，不一而足。《唐乾封三年（668）张善憙举钱契》《唐咸亨五年（674）王文欢诉》《唐永淳元年（682）泛德达飞骑尉告身》"贰"作"戠"①。伯2567号背面《莲台寺出纳帐》癸酉年（793）写卷，"贰"作"貳"。亦有作"貳"者，如：斯514号《唐大历四年（769）沙州敦煌县泉乡宜和里手实》"贰"字出现11次；伯3236号背面《壬申年（972或912）三月十九日敦煌乡官布籍》，"贰"字出现6次。六朝《成氏浮图》石刻文字早已有二横居上的"貳"字，亦有作一横的，六朝石刻《三级浮图颂碑阴》有作"貮""戠"②。

日本金石文中已然出现相似字形。如：《那须国造碑》"贰"作"貳"。天平年间的正仓院文书，普遍作"貳"或"貳"。如：天平九年（737）《长门国正税帐》，"贰"字出现49次，"貳"4次，"貳"45次③。天平十九年（747）二月十一日《大安寺伽蓝缘起并流记资财帐》，"贰"字87见，均作

---

① 参见唐长儒等《吐鲁番出土文书》第3册，上海古籍出版社1996年影印本，第219、269、404。
② 参见《六朝别字记新编》第33页。
③《大日本古文书》（第2册）第32—40页。

"**貳**"①。而天平十三年（741）四月三十日《校生等解》："用纸壹仟貳佰陆"②，天平宝字五年（761）十月一日《法隆寺缘起资财帐》"貳"出现 11 次③。《参记》"貳"作"貳"。同部件字亦有此用法，如"膩"，江户初期写本《问答》："此是垢**膩**所出"（p.12）。《倭楷》以"貳"为"貳"之倭俗之讹。（p.31）《俗略》以"貳"为"貳"为改变结构俗字。（p.256）

F

發—発【常用】【JIS2004①】【教育】【人名】

《字海》谓"発"同"發"，见日本《常用汉字表》。（p.1161）《汉标》："日本汉字。"（p.578）《国标》："日本汉字。同'發（发）'。"（p.954）

《说文·弓部》："發，躲发也，从弓，癹声。"（p.270）

"發"作"発"，乃草书楷化。元《古今杂剧》、明《白袍记》、清《目莲记》等，"發"作"発"；（《宋谱》p.128）清《目连记》《金瓶梅》《岭南逸事》等，"廢"作"廃"。（《宋谱》p.23）

《牛杂杂谈·安愚乐锅异体字一览》"發"作"発"、"潑"作"溌"、"廢"作"廃"（《汉形》pp.362、363）《史记雕题·郑世家十二》："据《左传》庄公先期発兵伐京也。"（第三册 p.64）《倭楷》以"発""廃"为"华人所为省文"。（p.66）《俗略·略字》"組織ヲ変ジタルモノ"："発、廃、撓"（p.237）文部省《汉字整理案》（大正 8 年）以"廃発醗"为许容体。《常用汉字表》（昭和 6 年）以"発""廃"常用汉字。

凡—九【JIS2004③】

"凡"，甲骨文作"**片**"（甲 134）、金文作"**⊟**"（散氏盘），《说文·二部》："**凡**、最括也。从二，二、偶也。从**了**，**了**、古文及。"（p.287）隶书作"凡"，《景北海碑阴》作"凡"（《隶辨》p.322）居延汉简有作"**凡**""**凡**""**它**""**凡**""**它**"等字形。（《简帛》p.87）"九"为"凡"形之省。《干禄·平声》："九凡，上俗下正。"（p.34）《俗书》："凡，俗作九非。"（p.548）《字汇》："凡，俗作九。"（p.33）

日本奈良时期文献"凡"有作"凡"，如平城宫木简："凡官奴婢年六十六以上"④，正仓院文书"凡"亦作"凡"（《汉形》p.258），而后的日本文献中有省去"几"内一点作"九"者，如"凡"，平安时期《愚昧记·仁

① 《大日本古文书》（第 2 册），第 624—662 页。

② 同上书，第 284 页。

③ 同上书，第 510—519 页。

④ 日本木简字样引自奈良文化财研究所"木简库"。

安二年十月记》作"凡"。东福寺本《参记》："倒修凡事"（卷二）室町时期古文书《堀河基俊遗领裁许状·贞和 4 年 1 2 月 7 日》作"凡"，《中川四郎氏所藏文书·永正 2 年 7 月 14 日》作"凡"等。"帆"，《入唐·承和五年六月十三日条》（卷一）："上**帆**摇舻行。"鸭脚本《日本书纪》卷二作"**帆**"，庆长十五年版《日本书记》卷二作"帆"。明治时期《安愚乐锅》作"帆"。（《汉形》p.362）《俗略·俗字》以"凡""帆"为俗字（p.252）。

豐—豊【常用】【JIS2004①】【教育】

"豊"，《字海》："同'礼'，古代祭祀用的礼器。见《说文》。"（p.1369）《汉标》："① lǐ 古代祭祀用的礼器。（见《说文》）。后作'礼'。② fēng〈文〉与'丰'同（见《玉篇》）。"（p.741）《国标》："① lǐ 古代祭祀用的礼器。② fēng 同'丰（丰）'。"（p.1344）

《说文·豆部》："豐，豆之丰满也。从豆，象形。"（p.98）"豐"，日本常用汉字作"豊"，我国现行汉字作"丰"。

居延汉简，"豐"作"豊"（《简帛》p.768），《隶辨·偏旁五百四十部》："豊，读与礼同。……豊亦讹豐，相混无别。"（p.212）又：《隶辨·偏旁五百四十部》："豐，……或讹作豊，与豊器之豊无别，经典相承用。"（p.212）《玉篇·豐部》："豐，芳冯切，大也。俗作豊。"（p.305）

"豊"见于日本奈良时期文献中。《正古·集成一·民部省牒》："石川豊麻吕所勘亦同之。"（卷二 p.16）奈良以降沿用此字形。如：东福寺本《参记》："豊干饶舌"（卷一）图《类聚》"豐"作"豊"（p. 129）《朗咏》："豊年"（p.63）《和尔雅》卷一（p.14）："豊秋津洲"。《同文》（p.285）谓"豐"作"豊"为倭俗误用字，非。《俗略·略字》"略字ニアラザル他の文字"："豐豊"（p.236）文部省《汉字整理案》（大正 8 年）以"豊"为标准字体，"豐"为字典体。

佛—仏【常用】【JIS2004①】【教育】

《说文·人部》："佛，不见审也。从人弗声。"（p.161）

齐《张龙伯造象》"佛"作"仏"。（《碑别》p.32）《正字通·人部》："仏，古文佛。宋张子贤言，京口甘露寺铁镬有文：'梁天监造仏殿前。'"（p.104）"佛"何以省作"仏"？一般认为，"厶"为"弗"的省文符号。据张涌泉研究，"仏"当为"厶""人（亻）"的会意俗字。这与人们的避讳心理有关[①]。《改并·手部》："払，方犯切，取也。"（p.442）"佛"省作"仏"与"方犯

---

① 参见张涌泉《韩、日汉字探源二题》。

切"的"払"字无涉。而是部件"弗"类推作"厶"。

《王延孙造释迦像光背记》："见闻仏法"。《造寺司牒》："仏菩萨御座"（《正古》卷五 p.64）《讽稿》（p.10）："吾奉此花飞十方作仏士之庄严。"图《类聚》："成仏"（p.64）观本《类聚》："仏，俗佛字，又见别字。"（p.21）东福寺本《参记》"佛"作"仏"（卷五），江户初期写本《问答》："仏印"（p.5）《倭楷》以"仏"为"佛"之"华人所为省文"。（p.58）以"払"为"倭俗所为省文"。（p.78）《俗略》以"払"为"拂"之改变结构略字，以"仏"为"佛"之古字。（p.241）明治时期《安愚乐锅》"佛"作"仏"。（《汉形》p.362）文部省《汉字整理案》（大正 8 年）以"佛""拂"为标准字体，"仏""払"为许容体。昭和 13 年《汉字字体整理案》将"仏""払"定为第二种文字。昭和 24 年《当用汉字字表》收有"仏""払"字。1981 年《常用汉字表》收"仏""払"为常用汉字。

富—冨【JIS2004①】【人名】

富，战国金文有作"𪧐"（富奠剑）。（《新金》p.993）《说文·宀部》小篆作"𪧐"云："备也。一曰厚也。从宀，畐声。"睡虎地秦简作"富"，（睡.日甲.120）（《睡简》p.115）居延汉简作"冨"（《简帛》p.239）汉碑刻有作"冨"者，《隶辨》引《石经论语残碑》："冨……【按】说文富从文宀，碑变从冖。"（p.156）《语对》："冨贵。"S.189《老子道德经》："我无事，民自冨"（《敦俗》p.119）。《干禄·去声》："冨富，上俗下正。"（p.56）《字汇·冖部》："冨，即富字。"（p.12）《正字通·冖部》："冨，俗富字。"（p.31）

《稻荷山古坟铁剑铭》："上祖名意冨比垝"。《右京户口手实》："婢加冨女年贰"（《正古·集成一》p.118）《讽稿》："冨貧"（p.78）。《橘中村文书·应永 8 年 6 月 15 日》"富"作"冨"。《诗注》："失则贫弱，得则冨贵。"（p.160）《和尔雅》卷一："冨山"。（p.20）《问答》："不悭转悭转冨"（p.2）《俗略·略字》以"冨"为"富"之减画俗字。（p.245）文部省《汉字整理案》（大正 8 年）以"冨"为标准字体，"富"为字典体。《汉字字体整理案》以"冨"为第二种文字。

G

功—㓛【JIS2004③】

《说文·力部》："㓛，以劳定国也。从力从工，工亦声。"（p.293）

"功"作"㓛"是承续隶书写法。汉《衡方碑》："克亮天㓛"（《隶辨》p.9）魏《孙秋生造像记》《富平伯于纂墓志》亦俱作"㓛"。（《偏类碑别字》p.11）《干禄·平声》："㓛功，上俗下正。"（p.13）《五经》："功，从工从力，作刧讹。"《正字通》："功，……从刀作㓛，并非。"（p.18）部件"力"作"刀"，习见于敦煌文献中。"劫"S.2073《庐山远公话》作"刧"。"脇"浙敦 026《普贤菩萨说证明经》作"脇"。（《敦俗》p.455）《干禄·入声》："脅脅、劫刧，并上通下正。"（p.65）又"恊恊，并上通下正"。（p.63）

日本文献中"功""劫""脇"等字部件"力"亦作"刀"。例如：日本飞鸟时期碑刻《船氏王后墓志》"功"作"㓛"、"劫"作"刧"。奈良时期木简"功"作"㓛"，如"㓛钱四百文""米运㓛布十常"。又写经《金刚场陀罗尼经》（686）、《续高僧传》（正仓院·五月一日经）（740）、《大教王经卷》卷第一（劝修寺）（1050）等"功"皆作"㓛"。又《讽稿》："㓛德大助"（p.34）"若一恭一礼者，万刧不忘"。（p.32）"右脇"（p.44）图《类聚》"劫"作"刧"（p.299）。图《类聚》："恊恊，《干禄》：上俗下正。"（p.267）东福寺本《参记》："依仰终笔㓛矣"（卷五）又"历千刧而可久"（卷六）"弥勒脇侍有比丘形二菩萨"（卷一）《尚·内》"功"作"㓛"（p.14）、"协"作"恊"等。江户中期《倭楷》以"㓛""刧""脇"为倭俗之讹。（p.27）《同文·讹字》："脇，ケイ，脇也。脇，从劦，非。从刕，刕，音离，犹恊字。"（p.294）现日本收"刧"为 JIS 第二水准汉字，"㓛"为 JIS 第三水准汉字，"脇"为 JIS 第四水准汉字。

瓜—苽【JIS2004③】

《说文·瓜部》："瓜，𤓰也。象形。"（p.149）

《干禄》："苽瓜，上俗下正。"敦煌写经中亦有出现此用例。可见是当时颇为流行得俗字[1]。敦煌写本伯 2656 号《搜神记》："汝欲得活，得苽食之一顿，即君活也"。

日本奈良时期亦出现"瓜"作"苽"的用例。（见《大日本古文书》卷 1"异体字表"）东福寺本《参记》："熟苽 二果"（卷二）《同文·国训》："苽ウリ瓜也。苽，音姑，雕苽，一名蒋。"新井氏将"苽"收为国训，十分不妥。"苽"应为"瓜"的增旁俗字，与"雕苽"之"苽"只是偶然同形。

關—関【常用】【JIS2004①】【教育】【人名】

"関"，《字海》："同'关'。《宋史·文天祥传》：'一旦有急，征天下兵无一人一骑入～者，吾深恨于此。'"（p.1559）《汉标》："与'關（关）'同（见《玉篇》）。"（p.182）《国标》："同'关'。"（p.1507）

《说文·門部》："關，以木横持门户也。"（p.249）"關"，日本常用汉

---

① 参见张涌泉《汉语俗字研究（增订本）》，商务印书馆 2010 年版，第 46 页。

字作"関"，我国现行汉字作"关"。

《玉篇·門部》："閞，同上（關），俗。"（p.212）《示儿编》谓"関近閞"为"画之相近而讹也"。（p.181）宋《列女传》、元《古今杂剧》等"關"作"関"。（《宋元以来俗字谱》p.100）

"關"作"闗"，如：东福寺本《参记》："過闗岭一里，至郑一郎家宿。"（卷一）《朗咏》："留春不用闗城固"。（p.32）江户初期写本《问答》："闗睢"（p.17）《倭楷》："開、閞，正作關，俗又作闗"。（p.44）《俗略·略字》以"関"为"關"之改变结构略字。文部省《汉字整理案》（大正8年）以"關"为标准字体，"関"为许容体。《常用汉字表》（昭和6年）以"関"为常用汉字。昭和21年《当用汉字表》以"関"为当用汉字。

　　觀—観【常用】【JIS2004①】【教育】

"観"，《字海》："同'觀'。见《宋谱》。"（p.1404）《汉标》："与'觀（观）'同（见《宋谱》)。"（p.338）《国标》："同'觀'。"（p.1292）

《说文·见部》："觀，谛视也。从见，雚声。"（p.175）

元《古今杂剧》《太平乐府》等"觀"作"観"；元《太平乐府》、明《白袍记》等"勸"作"勧"。清《岭南逸事》"歡"作"歓"；清《岭南逸事》"權"作"権"。（分别见《宋谱》pp.82、7、45、32）

"雚"作"隹"习见于日本室町时期写本中。《尚·足》"觀天地"作"観天地"、"權"作"権"（pp.29、32）《朗咏》："勸"作"勧"（p.25）、"權柄"作"権柄"（p.76）、"觀"作"観"（p.29）、"歡樂"作"歓樂"（p.15）正彻本、鸟丸本《徒然草》"勸"作"勧"、"權"作"権"、"觀"作"観"。（《汉形》pp.348—353）江户初期写本《问答》："觀音"作"観音"（p.11）、"權勢"作"権勢"（p.10）、"勸"作"勧"（p.9）《同文·省文》："雚，クハン，藋也。隹，同上。凡从雚字如欢、观、权、灌等从雚从隹，并非。"（p.304）《俗略·略字》"組織ヲ変ジタルモノ"："觀観、歡歓、勸勧"（p.237）文部省《汉字整理案》（大正8年）以"勧""歓""権""観""潅""鑵"为许容体。《常用汉字表》（昭和6年）以"歓""権"为常用汉字。

　　廣—広【常用】【JIS2004①】【教育】

"広"，《字海》："同'廣'。见日本《常用字表》。"（p.514）《汉标》："日本汉字。"（p.173）《国标》："同'廣（广）'。"（p.435）

"廣"作"広"，为符号化新字。在文献中尚未发现用例，属于和制异体字。"広""拡""鉱"等出现于日本近代。1927年"第六回全国水平社大会"中出现"廣島市"作"広島市"的用例。1938 年陆军幼年学校《用字便览》收有"広"字。1944 年刊《明解汉和辞典》收"鉱"字。1946 年《当用汉字表》以"鉱""拡"为当用汉字。1947 年《活字字体整理案》收有"広"字。1981 年《常用汉字表》收"広""拡""鉱"为常用汉字。JIS 汉字以"昿""絋"为第二水准汉字。

龜—亀【JIS2004①】

《说文·龜部》:"![字形]，旧也，外骨内肉者也，从它，……象足甲尾之形。"（p.286）"龜"，甲骨文作"![字形]"（甲 984）或"![字形]"（前 7.5.2），金文作"![字形]"（龟父丙鼎）。籀文作"![字形]"，篆文作"![字形]"。

元《古今杂剧》"龜"作"亀"、元《太平乐府》、清《金瓶梅》等作"亀"（《宋谱》p.136）《俗书》:"龜俗作亀非。"（卷一　p.543）

日本室町文献多作相似字形。如:《尚·足》"龜筮"作"亀筮"。（p.193）《詩註》:玄亀锡方瑞，绿字佇来臻。（p.29）《朗咏》:"卜亀山麓下"。（p.88）《同文》:"亀，カメ，龟也。亀俗龜字，凡如穐、鱉等从亀，并非。"（p.295）《倭楷》以"亀"为"龜"之"华人所为省文"。（p.68）文部省《汉字整理案》（大正 8 年）以"亀"为标准字体。《常用汉字表》（昭和 6 年）将"亀"定为常用汉字。昭和 21 年《当用汉字表》未收"龜"或"亀"字。

歸—帰【常用】【JIS2004①】【教育】

"帰"，《字海》:"同'归'。字见《宋谱》。"（p.658）《汉标》:"与'歸（归）'同。"（p.150）《国标》:"同'归'。"（p.424）

《说文·止部》:"歸，女嫁也。从止从妇省，颖声。"（p.38）"歸"，日本常用汉字作"帰"，我国现行汉字作"归"。

"歸"作"帰"为符号替代。"リ"可替代诸多部件。如:师"作"师"、"緊"作"紧"等。宋《列女传》《取经诗话》等，"歸"作"帰"。（《宋谱》p.134）

《字鉴》:"歸……俗作歸、帰。"（卷一　p.16）《俗书》:"歸，一作䢜，俗作帰非。"（卷一 p.643）

东福寺本《参记》"歸"作"![字形]"。正彻本、鸟丸本《徒然草》"歸"作"帰"。（《汉形》p.350）《倭楷》以"帰"为"歸"之"华人所为省文"。（p.68）《俗略》以"帰"为"歸"之改变结构略字。（p.239）文部省《汉字整理案》（大正 8 年）以"歸"为标准字体，"帰"为许容体。《常用汉字表》（昭和 6 年）以"帰"为常用汉字。

軌—軌【JIS2004③】【人名】

《说文》："軌，车彻也。从车，九声。"（p.304）

"軌"隶变作"軌"，如：《汉尹宙碑》作"軌"。（《隶辨·上声·旨韵》p.86）《干禄》："軌、軌，上通下正。"（p.36）

《正古·集成四·第一柜第二柜经卷勘录》："文軌師"（卷四十一 p.240）东福寺本《参记》："法花修行方軌"（卷一）图《类聚》"軌"作"軌"。（p.4）《俗略·俗字》以"軌"为"軌"之俗字。（p.249）文部省《汉字整理案》（大正8年）以"軌"为标准字体，"軌"为字典体。《汉字字体整理案》以"軌"为第一种文字。

國—国【常用】【JIS2004①】【教育】

《说文·口部》："國，邦也，从口从或。"（p.125）

"國"，西周早期金文作"　　"（保卣）、西周中期金文作"　"。（《新金》p.793）

"国"字来源与"国"字，是在"国"的基础上加点而成。"國"字居延汉简有省作"　""　""　"。（《简帛》p.172）碑刻中"國"字有作"国""冝""国"，如：《魏平东将军苏方成造象》"國"作"冝"（《碑别》p.151），《东宫第一品张（安姬）墓志》："囙遭罹难，家戮没。"东魏《李氏合邑造金像碑》："李万国"。北周《贺屯植墓志》："次子定国"又"开国公谥曰斌公礼也。"北齐天保八年《宋敬业造象记》及《贾思业造象记》"國"亦作"国"。（《偏类碑别字》p.35、《碑别》p.151）"国"加点作"国"，敦煌写本已见，如敦煌写本伯2838《拜新月》词："国泰时清晏"①。我国古代文献，"國"作"国"为数极少。且传统字书中多以"国"为"國"之俗字。如：S.388《正名要录》："国國，右正行者正体，脚注讹俗。"（《敦俗》p.143）《龙龛手镜·口部》："国，俗；……正作國"。（p.175）《字汇·口部》《正字通·口部》等皆以"国"为俗。《汇音宝鉴》："国，同國字"。（p.135）1964年颁布《简化字总表》，"國"简作"国"。

日本8世纪正仓院文书"國"多作"国"，如：《正古·集成二·写疏所解》："宋女国嶋"。（卷四 p.41）然亦有写作"国"者："镇国次将田中朝臣多麻吕。"（《大日本古文书》第4册 p.188）再考察抄于1371年（上中卷）和1376年（下卷）的真福寺本《古事记》"国"多有所见。例如，"记小滨而清国土"。（上卷 p.7）"速须佐之男命不治所命之国而"。（上卷 p.184）"神气不起，国亦安平。"（中卷 p.212）"此时新良国王贡进御调八十一艘。"（下

---

① 参见张涌泉《汉语俗字研究（修订版）》，商务印书馆2010年版，第41页。

卷 p.168）其他《古事记》写本，诸如伊势本、伊势一本、道真本、前田本等，"國"作"国"，乃以百计。有日本室町时期（1336—1573）《诗注》《朗咏》"國"之为"国"者频见。江户时期字书中以"国"为俗，如：《同文·省文》："国クニ国也，国俗國字。"（p.298）《俗略》以"国"为改变结构略字。（p.239）文部省《汉字整理案》（大正 8 年）以"国"为许容体。日本 1931 年《常用汉字表》与 1942 年《标准汉字表》中的"國"字均简作"国"，及至 1946 年颁布《当用汉字表》，"國"简作"国"。

果—菓【常用】【JIS2004①】

《说文·木部》："果，木实也。象果形在木之上。"（p.114）

"菓"为"果"之增旁异体字，见于魏晋南北朝碑刻中，如：《东魏中岳嵩阳寺碑铭序》："殖甘菓"，《北齐镇远将军刘腾造碑像》："非匹菓"。敦研 024（5—1）《大方等大集经》："摩罗菓"。浙敦 193《妙法连华经·见宝塔品》："枝叶华菓"（《敦俗》p.143）

《干禄》："菓果，果木字，并上俗下正。"（p.42）《五经·木部》："果，从木上象子形是果实字，相承加草者于义无据。"（p.2）《广韵·上声·果韵》《六书正讹》《俗书刊误》《字汇》以"菓"为"果"之俗字。

日本奈良时期木简"菓"，如：城 24—18 下（141）："主菓饼"。《愚昧记·仁安二年十二月十日条》："供五菓"。《讽稿》："涩菓苦菜"。（p.32）东福寺本《参记》："以种种珍菓进酒"。（卷一）《俗略·略字》"音モ義モ同ジクシテ略字視セラルノモノ"："菓果"。（p.235）文部省《汉字整理案》（大正 8 年）以"菓""果"为标准字体。《常用汉字表》（昭和 6 年）以"菓"为常用汉字。

H

喝—喝【常用】【JIS2004①】

《说文·口部》："喝，濇也。从口曷声。"（p.34）

《隶辨·曷韵》，"曷，《郑固碑》：獥～敢忘。按：《说文》曷从匃，匃从亾，碑变作匕，今俗因之。"（p.173）《示儿编》谓"曷、葛、谒、竭、歇、揭、褐、偈、喝、愒，皆从匃，而俗从匂"。（p.183）隋《张盈墓志》"曷"亦作"曷"。（《碑别》p.93）清《岭南逸事》"喝"作"喝"，元《古今杂剧》"褐"作"褐"，元《太平乐府》"渴"作"渴"，（分别见《宋谱》pp.11、71、47），唐碑"謁"作"谒"，（《书法字典》p.486）王羲之、苏东坡书帖，"揭"作"揭"。（《书法字典》p.212）

"渴""揭""謁""褐""葛"亦见于日本《常用汉字表》。"曷"作"曷"，日本奈良时期文献中已然出现。如:《圣武天皇敕书铜版》"竭"作"竭",《正古·集成一·六条二坊安拌常麻吕解》:"葛布半壁一领"。(卷四 p.51)《名义》:"褐"作"**褐**"。(p.282)《新撰字镜》:"曷"作"曷"、"葛"作"**葛**"、"褐"作"**褐**"。(p.22)图《类聚》从"曷"多作"曷"。"謁",东福寺本《参记》:"昨日,吉县謁州通判郎中,前奏表游五台。"(卷二)《和尔雅》卷一"葛"与"葛"并用,如"**葛**野""葛上"。(p.18)《俗略·略字》以"葛""揭""謁""歇"为省点俗字。(p.246)文部省《汉字整理案》(大正8年)以"葛""揭""竭""褐""謁"为标准字体。

鶴—雀【JIS2004②】

"雀",《字海》:"(一)hú 音胡,极高。见《说文》。(二)hè 音贺,同'鹤'。王禹偁《寄献润州赵舍人二首》诗:'道装筇竹～成双'。"(p.152)《汉标》:"(一)hú〈文〉极高;高到极点(见《说文》)。(二)hè〈文〉① 鸟往高处飞(见《集韵》)。② 与'鹤(鶴)'同:多此者,添蛇足也;不及此者,断～足也(徐渭文)。"(p.823)《国标》:"① 鸟高飞。② 同'鹤'。"(p.1534)

《说文·鳥部》:"䨄,鸣九皋,声闻于天。从鸟,雀声。"(p.75)

《隶辨》:"雀,《刘熊碑》:～鸣一震(按),汗简雀,古文鹤字,《隶释》以为鹤在鸣上,省文作雀非是。"(p.179)唐玄应《一切经音义》卷二:"古文鶴,今作雀,同。"

《倭楷》以"雀"为"鶴"之"华人所为省文"。(p.68)《俗略·略字》以"雀"为"鶴"之"略字ニアラザル他の文字"(字形简单的代替字形复杂的)。(p.236)

黑—黒【常用】【JIS20041①】【教育】

《说文·黑部》云:"黑,火所熏之色也。从炎上出㘎。㘎、古窗字。"(p.210)

黑,甲骨文作"**黑**"(燕758),金文在甲骨文字形上加点作"**黑**"、**黑**(黑田七卣)、**黑**、**黑**(铸子叔黑臣簠)。(《新金 p.1423》)篆文据金文作"黑",将金文字形中"**黑**"误写成"炎"。战国楚简作"**黑**",(曾174)秦简作"**黑**",(睡.封23)隶变作"黑",《隶辨》析之云:"黑:黑,《说文》作黑,从炎从㗊,㗊、古窗字也。隶变如上,讹从田。"汉武威汉简、《史晨碑》等文献中皆作"黒"。隶变而后"黑"字部件文献多作"黒"字形。《隶辨》:"黒,……隶变如上讹从田。"(p.229)居延汉简,"墨"作"墨"(《简帛》p.185),"墨"见于汉《刘熊碑阴》,"黙"见于汉《祝睦后碑》。(《隶辨》p.190)

《干禄》："嘿、默：上俗下正。"（p.65）

日本奈良时期文献"黑"亦作"黒"。如："黑"，《山ノ上碑》："黒卖刀自"，《四分律》卷第十六（正仓院·五月一日经）"黑"作"黒"。东福寺本《参记》："皆黑象也"（卷三）"墨"，《续高僧传》（正仓院·五月一日经）（740）作"墨"，《名义》"墨"作"墨"。（p.7）《讽稿》："脂粉涂庄身为松下墨""黑发"。（p.34）"默"，图《类聚》作"默"。（p.324）凡从"黑"字，自奈良起，日本手写文献中皆作"黒"。

文部省《汉字整理案》（大正 8 年）以"黒""墨""黨""默""黑"为标准字体。

虎—虙【JIS2004②】

《说文·虎部》云："虙，山兽之君。從虍從儿。虎足象人足也。"（p.103）

虎，甲骨文作"虙"（佚 109）、"虙"（甲 3017 反）、"虙"（甲 1433），（《新甲》p.296）金文承续甲骨文字形作"虙"（师虎簋）、"虙"（师酉簋），（《新金》p.584）籀文作"虙"（《说文》），篆文作"虙"，将金文字形底部写成了"儿"形。隶书有作"虙"（秦简）、虙（汉帛书）、虙（定县）、虙（汉衡方碑）等，皆将"儿"形写作了"巾"。魏碑中有将"巾"写成"几"形的，如《李宪墓志》作"虎"、《元湛墓志》作"虎"。

虙，源于隶变。篆形"虙"头，隶变作"虙"，下部有作"儿"，有作"巾"与"几"。《嘉祥画象石题记》作"虙"（《甲金篆隶大字典》p.317)），魏《元琭墓志》作"虙"、《韩显祖造塔记》作"虙"。敦研 365《大般涅盘经》卷第十六作"虙"。（《敦俗》p.158）元《进士题名碑》作"虙"。《辨异·上声·麌韵》引《汉衡方碑》："将继南仲，邵之轨。"《干禄》："篪、篪，并上通下正。"（p.16）《笺注本切韵·荠韵》："递，更代。俗作遞。"《正字通·辵部》："递，……俗作遞。"（p.1235）

《讽稿》："文龙义虙"（p.72）《万叶集》（桂本、西本愿寺）"异体字一览""虎"作虙。（《汉形》p.285）图《类聚》"虎皮"作"虙皮"。（p.134）《倭楷》以"虙"为"虎"之"华人所为省文"。（p.63）《俗略》以"虙"为"虎"之古字。（p.241）文部省《汉字整理案》（大正 8 年）以"递"为标准字体，"遞"为许容体。《常用汉字表》（昭和 6 年）以"遞"为常用汉字。

冱—冴【JIS2004①】【人名】

《玉篇·冫部》："冱，胡故切，寒也。俗作冱。"（p.364）《正字通·冫部》："冱，……讹作冴。冴，俗冱字。"（p.158）

据《同文·讹字》："冴，冴也。冴，俗冱字。"(p.293)可见，本字"冱"，讹作"冴"；由于"冫""氵"相乱，"于""牙"不分，故又讹作"汙""冴""冴"等①。《同文》并没有将"冴（冴）"视作"国字"，《大汉和辞典》《学研汉和大字典》等也视之为异体字或讹俗字。不过，现代日语一般用"冴"，极少用"冱"，不用"汙""冴""冴"等。古汉语中，"冱"主要表寒冷、冻结之义。"冴"在现代日语中，训读さえる，承古汉语用法而有所引申，表寒冷透骨、光色鲜明、声音清晰等义。因为日语的引申义为汉语所无，所以有些汉和辞典视之为"国训"。"讶"汉语中有迎接、惊诧、称誉等义，日语主要表示怀疑、诧异、纳闷等。"冴""訝"貌似同声，实则二字之"牙"非为一类。其形符一者为冰，一者为言，谓"冴"同"讶"，非也。

懷一懐【常用】【JIS2004①】

"懐"，《字海》："同'懷'。见《敦煌俗字谱》。"(p.609)《汉标》："与懷（怀）同。"(p.445)《国标》："同'怀'。"(p.507)

《说文·心部》："懷，念思也。从心，裹声。"(p.218)"裹"部件隶省作"裹"。"懷"，汉《景君碑阴》作"懷"。(《碑别》p.425)《隶辨·皆韵》："懷，《景北海碑阴》：永～口口。按：变裹为裹，今俗因之。"(p.27)《干禄》："懐、懷：上通下正。"(p.21)"壞"作"壊"，见于明《白袍记》、清《金瓶梅》。(《宋谱》p.19)

"懷""壞"，日本常用汉字作"懐""壊"。早见于日本飞鸟末期奈良时期文献。"懐"，《法隆寺金堂释迦造像铭》："深懐愁毒"；《骨蔵器》："柔懐镇抚"。"壊"，《伊福吉部德足比卖骨蔵器》："故末代君等不应崩壊。"《正古·集成一·写书所解》："金刚三昧本性清净不壊不灭经一。"(卷六p.81)平安时期《讽稿》："佛子本懐"(p.36)、"壊劫灭失"。(p.46)图《类聚》："懐懐，上通下正。"(p.245)"败壊"作"败壊"。《尚·足》"懐"作"懐"。(p.31)《朗咏》"懷"作"懐"(p.13)、"懷"作"壊"(p.106)。《汉字字体整理案》以"壊""懐"为第一种文字。昭和21年《当用汉字表》以"壊""懐"为当用汉字。而昭和24年《当用汉字字体表》中则采用了"壊""懐"字形。

---

①《现代日中常用汉字对比词典》（北京出版社1996年版）"冴"字注："《汉语大字典》：'冴，'冱'的俗字，读hù。"（第1448页）谬。《汉语大字典》只收有"冴"字，同"冱"。（第124页）实际上"互"字俗书常写作"牙"，如伯2640《常何墓碑》："牙相乿率，请为盟主。""牙相"即"互相"。现代"牙人"一词即源出"互人"。

灰—灰【常用】【JIS2004①】【教育】

《字海》："'灰'的旧字形。"（p.36）

《说文·火部》："灰，死火馀烬也。从火从又。又，手也。火既灭，可以执持。"（p.208）"灰"，日本常用汉字作"灰"。

《干禄》："灰、灰：上俗下正。"（p.21）《王一·灰韵》："灰，烬馀。从又。通俗作灰。"《王二·灰韵》："灰，俗作灰。"《龙龛·火部》："灰俗，灰今，灷正。呼回反。死火也。"（p.17）《字鉴·平声·灰韵》："灰，俗作灰。"

东福寺本《参记》"灰"作"灰"。图《类聚》"炭"作"炭"（p.140）、"恢大"作"恢大"。（p.240）《诗注》："长安分石炭。"（p.125）《俗略》以灰、恢为俗字（p.249）。文部省《汉字整理案》（大正 8 年）以"灰""炭""恢"为标准字体。《汉字字体整理案》以"灰""炭"为第一种文字。昭和 21 年《当用汉字表》以"灰""炭"为当用汉字。昭和 24 年《当用汉字字体表》则采用"灰""炭"字。

惠—恵【常用】【JIS2004①】

《字海》："恵，同惠。见《敦煌俗字谱》。"（p.995）

《说文·心部》："惠，仁也。从心，从叀。𢜵，古文惠从芔。"（p.78）"惠"，秦简作"惠"，（睡.为 2）汉帛书、居延汉简"惠"作"恵"。（《简帛》p.318）"恵"又见于《北海相景君铭》《衡方碑》等。（《隶辨》p.133）《王二·霁韵》："惠，仁。俗作恵。"敦煌写本斯 516《历代法宝记》引王梵志诗："恵眼近空心，非关髑髅孔。"《正名要录》"字形虽别音义是同古而典者居上今而要者居下"类："穗，穟。"（《敦煌》p.391）《龙龛·禾部》："穗穟：音遂，禾秀也。二同。"①（p.145）

"恵""穂"字，日本奈良时期文献中多作"恵""穂"。"恵"，《多贺城碑》："藤原恵美"；平城宫出土木简："上毛野智恵。"古文书《民部省牒》"惠"作"恵"（《正仓·集成一》卷二 p.17）。"穂"，平城宫出土木简："厮真穂一人米一升半"；古文书《造寺司牒》作"穂"。（《正仓·集成一》卷五 p.58）图《类聚》："思恵反。"（p.133）东福寺本《参记》："妙恵大师"日本室町及其以后文献中多承用此字形。《道斋》："知恵，智慧同。"（p.109）《俗略》以"恵"为"惠"之部分省略字。（p.237）昭和 21 年《当用汉字表》以"恵""穂"为当用汉字。昭和 24 年《当用汉字字体表》则采用"恵""穂"字。1981 年《常用汉字表》以"恵""穂"为常用汉字。

① 参见张涌泉《敦煌俗字研究》，上海教育出版社 1996 年版，第 380、427 页。

J

鶏—鶏【JIS2004①】

"鶏"，《字海》："同'鸡'。见日本《常用汉字表》。"（p.1687）《汉标》："日本汉字。"（p.552）《国标》："日本汉字。同'鸡'。"（p.1624）

《说文·隹部》："雞，知时畜也。从隹，奚声。鷄，籀文鸡从鸟。"（p.71）"鷄"同"雞"，又作"鶏"。"奚"俗作"奚"。敦煌写本伯3025《楞严经音义》："奚，胡西反，何也。""奚"旁俗书，或作"奚"。敦煌写本斯2144《韩擒虎话本》："香汤沐浴，改摸衣装。""摸"为"摸"的俗字，其义为换①。而"謑"亦写作"誤"。《龙龛·言部》（p.46）："謑，今；誤，正。胡礼反，耻辱也。"（行均以"誤"为正体，不确。）"鶏"写作"鶏"，古文献中或有出现②。

日语"溪""鶏""雞""谿"诸字缘此类推。"奚"，桂本、西本愿寺《万叶集》"奚"作"奚"，乌丸本《徒然草》"鶏"作"鶏"，《庭训往来谚解大成》"鶏"作"鶏"（《汉形》pp.297、353、326），《同文·省文》："奚 ケイ 奚也。凡从奚字，如鶏、溪等，从奚并非。"（p.297）

繼—継【常用】【JIS2004①】

"繼"，甲骨文作"🔥"（乙4568），金文作"🔥"，《说文·糸部》小篆作"繼"，云："续也。从糸、𢇍。一曰反𢇍为继。"

"𢇍"作"𢇍"，见于汉碑。如：《隶辨·霁韵》："继"见于汉《陈球后碑》。"（p.132）"斷"亦作"断"，如《北魏高衡造像记》作"断"。《玉篇·糸部》："继，同上（繼），俗。"（p.493）《干禄》："继、繼：上通下正。"（p.49）又"断、断、断，上俗中通下正。"（p.39）《龙龛·系部》："继，俗；繼，正。"（p.402）《示儿编》引《字谱总论》云："繼之继，斷之断，……皆俗书也。"（p.227）宋《列女传》、元《古今杂剧》、明《白袍记》、清《木连记》等"斷"作"断"。（《宋谱》p.136）1935年《第一批简体字表》"繼"作"继"。

日本奈良时期墓志中如《纪吉继墓志》："吉继墓志。"《金刚场陀罗尼经》（686）"斷"作"断"，《续高僧传》（正仓院·五月一日经）（740）"繼"作"継"，"斷"作"断"。《讽稿》（p.40）："诸天云飞零精粳之米继于饥身。"《名义》："继，今俗繼。"（p.275）图《类聚》"斷"作"断"、"繼"作"継"。东福寺本《参记》"斷"作"断"、"繼"作"継"。日本《尚书》抄本"内野本"

---

① 参见张涌泉《大型字典编纂中与俗字相关的若干问题》，《中国社会科学》1997年第4期。

② 参见张涌泉《论"音随形变"》，载《汉语俗字研究（增订本）》，第373页。

"足利本""天正本"亦承用此字形。《同文·省文》："継，ツグ　ケイ，繼也。繧，同上。"（p.303）《倭楷》以"断""継"为"华人所为省文"。（pp.70、73）《俗略·略字》"組織ヲ変ジタルモノ"："断継"。（p.239）文部省《汉字整理案》（大正8年）以"継断"为许容体，《常用汉字表》（昭和6年）收"継""断"为常用汉字。

假—仮【常用】【JIS2004①】【教育】

《说文·人部》："假，非真也。从人叚声。"（p.165）

"仮"，《字海》："同'反'。《太玄·曺》：'倍（背）明～光，人所叛也。'"（p.67）《集韵·上声·阮韵》《类篇·人部》《篇海·人部》等皆收"仮"为"反"。此"仮"与日本现用作"假"的"仮"字同形。

"假"作"仮"当为草书楷化。《草露贯珠》"假"字有作："仮""仮""仮"等字形 ①，与"仮"相近。《同文·误用》："仮，カリ，俗假字。仮與反通。"（p.279）文部省《汉字整理案》（大正8年）以"仮"为许容字体。昭和6年《常用汉字表》以"仮"为常用汉字。昭和17年《当用汉字表》以"仮"为当用汉字。

價—価【常用】【JIS2004①】【教育】

《说文》新附："價，物直也。从人、贾，贾亦声。（古讶切）"（p.165）

"価"，《字海》："同'似'。字见《字汇补》。"（p.71）《汉标》："《文》像（见《改并篇海》）。"（p.42）《国标》："同'似'。"（p.95）

观本《类聚》收有"価"字，云："価，ユク"（p.27），另有"徣，ユク"。（p.62）《玉篇》："徣，息兮切，行貌也"。（p.157）和训"ユク"亦有行走义。且"亻"与"彳"形近易混，因此观本《类聚》所收"価"当为"徣"之异体，与用作"價"之"価"字为同形字。

"價"日本常用汉字作"価"。昭和21年《当用汉字》以"價"为当用汉字。而昭和24年《当用汉字字体表》简"價"作"価"。

儉—倹【常用】【JIS2004①】

《说文·人部》："儉，约也。从人，佥声。"（p.163）

"佥"，草书楷化作"仐"。宋《取经诗话》，"臉"作"脸"、"撿"作"捡"、"劍"作"剑"，清《岭南逸事》"劍"作"剑"。（分别见《宋谱》pp.67、41、5）元《敕封英济王石刻》"檢"作"捡"。（《碑别》p.382）

日本室町时期写本抄本中，部件"僉"多作"寅"。《诗注》："尧为君俭约。"（p.41）《朗咏》"眼瞼"作"眼瞼"（p.30）、"嶮"作"峻"（p.83）、"儉"作"俭"（p.63）、"驗"作"験"（p.40）、"劍"作"剣"（p.215）等；《尚·足》"驗"作"験"（p.193）、"儉"作"俭"（p.744）。江户初期写本《问答》："花瞼嫩"。（p.8）《同文·省文》："㑒 寅 セン　僉也。并同。凡从僉字如险、检、验、敛等，从佥从寅，并非。"（p.296）《俗略·略字》以"俭""险""验"为改变结构略字。（p.237）《汉字字体整理案》以"俭""剣""験""险""检"为第二种文字。

劍—釼【JIS2004②】

《说文解字·刃部》："㓠，人所带兵也。从刃，佥声。㓞，籀文劍从刀。"（p.87）

"釼"见于魏碑及敦煌文献中。如：《魏关胜诵德碑》"劍"作"釼"。（《广碑别字》p.512）《妙法莲华经讲经文》："釼树利兮森森"（《敦俗》p.188）《集韵·验韵》："劔劍，《说文》'人所带兵也或从刀'，俗作釼，非是。"《六书正讹》："劍……古或從刀，俗作釼，非。"（p.156）

"釼"，奈良时期文献中已然使用。如：《正古·集成二·御野国味蜂间郡春部里户籍》："中政户春日釼户口十九。"（卷二十二 p.8）《讽稿》："釼山刀林"。（p.52）东福寺本《参记》："釼营"。（卷二）图《类聚》"劍"有作"釼""剱"，（p.8）鸟丸本《徒然草》"劍"作"釼"。（《汉形》p.348）《同文·误用》："釼，ケン、ツルギ，俗劍字。釼，音日，鈍也。"（p.295）

將—将【常用】【JIS2004①】【教育】

"将"《字海》："同'將'。见日本《常用汉字表》。"（p.1007）

《说文·寸部》："將，帅也。从寸，牆省声。"（p.61）

《五经·爿部》："將将：上《说文》，下经典相承隶省。"（p.9）《正名要录》"正行者楷脚注稍讹"类"將"下脚注"将"。（《敦煌》p.190）《王一·阳韵》："將，即良反，欲。通俗作将。"敦煌写本伯3911《曲子捣练子》："莫将生分向耶娘。"[1]明《金瓶梅》等"獎"作"奖"。（《宋谱》p.130）"奖"，亦见日本《常用汉字表》。

"將"，《法隆寺药师造像记》："故将造药师像"。《多贺城碑》："镇守府将军"，《正古·集成一·造寺司牒》："追将奉送"（卷五 p.58），《讽稿》："将升天堂净土"（p.82）。"醬""獎"等亦类推作此。如《正古·集成一·造

---

[1] 参见张涌泉《敦煌俗字研究》，上海教育出版社1996年版，第391页。

寺司牒》："醬壹斗"。（p.63）《名义》"醬"作"醬"。（p.259）图《类聚》
"将"作"将"、"酱"作"醬"。（p.12）"獎"作"奨"（p.24）等。《同文·
讹字》："奨，ススム、シャウ，獎也。"（p.291）《俗略》以"将"为"將"
之改变结构略字。（p.238）《汉字字体整理案》以"奨""将"为第二种文字。

京—京【JIS2004②】
　　《说文·京部》云："亰，人所為絕高丘也，從高省，丨象高形。"（p.106）
　　京，甲骨文作"亼"（掇2.111）、"亼"（甲2132），金文作"亼"（井鼎）。
（《新甲》p.330、《新金》p.684）隶书作"京""京"。居延汉简作"京""亰"
"京"等。（《简帛》p.3）
　　S.2067《华严经卷十六》（延昌二年）作"京"。《干禄字书》云："京京，
上通下正。"（p.31）《新加》云："京，音惊，人所居高丘也，从高省。就字
从之，作京讹。"（p.41）京，S.388《正名要录》："京，石经如此作。""右
依颜监《字样》甄录要用者，考定折衷，刊削纰缪。"（《敦俗》p.203）中国
文献中从"京"字，作"京"者屡见不鲜。
　　日本奈良时期的碑刻及写经中用"京"字的居多。例如：《太安万侣墓
志》"京"作"京"，《续高僧传》（正仓院·五月一日经）（740）"京"作"京"、
"就"作"就"、"景"作"景"等。《正古》："京"作"京"（卷四p.47）"椋"
作"椋"（卷六p.116）《名义》收"京"字。东福寺本《参记》"京"作"京"、
"景"作"景"。（卷一）江户初期写本《问答》："在京名僧"。（p.1）《同文》：
"'京'キャウ 俗京字。京，原本字。白蛾曰：吴氏《字汇补》为京与原通
用，误。详见廖氏《正字通》京字注。"（p.279，误用）《俗略》以"京"为
"京"之增画俗字。（p.243）

經—経【常用】【JIS2004①】【教育】【人名】
　　《说文·糸部》："經，织也。从糸，巠声。"（p.272）《字海》谓"経"
同"經"，见日本《常用汉字表》。（p.1316）《汉标》："日本汉字。"（p.713）
《国标》："同'经'。"（p.1087）
　　按："巠"，草书楷化作"圣"。宋《列女传》等"經"作"経"，元《通
俗小说》《太平乐府》等"徑"作"径"，宋《取经诗话》等"輕"作"轻"。
（分别见《宋谱》pp.78、7、92）
　　《史记雕题》中"巠"多作"圣"或"圣"，如"劲卒"作"劲卒"，"胫
骨"作"胫骨"，"径"作"径"等。《同文·误用》："圣，ケイ，凡従巠
字，如經、輕、莖、頸等，俗从圣，非。"（p.281）《俗略·略字》"組織ヲ
变ジタルモノ"："圣、経、轻、劲、頚"。（pp.238、239）《常用汉字表》（昭

和 6 年）以"軽、経、径"为常用汉字。

據—拠【常用】【JIS2004①】【人名】

"拠",《字海》:"同'据'。见《宋谱》。"(p.334)《汉标》:"与'攄（据）'同。"(p.353)《国标》:"同'据'。"(p.544)

《说文·手部》:"據,杖持也。从手,豦声。"(p.252)

"據",日本常用汉字作"拠",我国现行汉字作"据"。元《古今杂剧》《三国志平话》"據"作"拠"。(《宋谱》p.40)"拠"盖由"據"之异体"攄"字省形而来[1]。

《尚·内》:"拠眾言"。(p.22)《朗咏》:"有居舍人民唯拠山"。(p.14)《倭楷》以"拠"为"據"之"华人所为省文"。(p.65)文部省《汉字整理案》（大正 8 年）以"據"为标准字体,"拠"为许容体。《常用汉字表》（昭和 6 年）以"拠"为常用汉字。

K

寛—寬【常用】【JIS2004①】【人名】

《说文·宀部》:"寬,屋寬大也。从宀,莧声。"(p.151)

"寛"为"寬"之省点字。《隶辨·寒韵》:"寬,《石经论语残碑》:～者得众。"(p.41)《干禄》:"寛、寬,上俗下正。"(p.23)《五经·宀部》:"寬,作寛讹。"(p.15)《正字通·宀部》:"寬,……俗作寛。"(p.351)

日本正仓院文书"寬"多作"寛""寛"。(《汉形》p.262)《尚·内》"寬"作"寛"(p.85)。《道斋》:"寬"作"寛"。(p.104)《俗略》以"寛"为"寬"之省点俗字。(p.246)文部省《汉字整理案》（大正 8 年）以"寬"为标准字体,"寛"为字典体。《汉字字体整理案》以"寬"为第一种文字。昭和 21 年《当用汉字表》以"寬"为当用汉字。而昭和 24 年《当用汉字字体表》则采用无点的"寛"字。

闊—濶【JIS2004②】

《说文·門部》:"闊,疏也。从𣸸門声。"(p.249)

"濶"为"闊"之移位俗字。《字汇·門部》"闊"字条,云:"《六书正讹》俗作濶非。"(p.26)《汇音宝鉴·观上入声》:"濶,同闊字。"(p.207)

江户有作相似字形,如《史记雕题·荀卿》:"衍之术一味迂濶荡荡茫茫入谈天也。文部省《汉字整理案》（大正 8 年）以"濶"为标准字体,"闊"

---

① "攄"字见于魏《西河王元悰墓志》,《碑别》第 351 页。

为字典体。

L

劳—労【常用】【JIS2004①】【教育】

《说文·力部》："𤆥，剧也。从力，熒省。熒火烧摺，用力者劳。"（p.294）

甲骨文作"𤇆"（河 230）、金文作"𤇆"（师衰簋）。（《新甲》p.481、《新金》p.1910）《说文》篆作"𤆥"。秦简作"𤇆"。

"劳"草书楷化后作"労"。"𤇵"作"㌻"，其上"⺌"为"𤇵"上部的简省符号，居延汉简中已然见相似字形。如居延汉简"劳"作"𤇆""𤇆""𤇆""𤇆"（《简帛》p.103）"榮"作"𤇆"（《简帛》p.446）。书法帖中"𤇵"草写作"㌻"者习见。例如"榮"，隋智永《真草千字文》作"栄"、唐怀素《草书千字文》作"栄"；"鶯"，唐赵子昌书法帖作"鴬"；"營"，欧阳询《草书千字文》作"営"；"瑩"，明宋克《急就章》作"瑩"（《新书》pp.848、1750、984、1033）"蛍"，见于元代赵孟頫书法（《书法字典》p.462）。"⺌"亦可替代"𦥯"，如"學"作"学"、"覺"作"覚"。

日本镰仓末期至室町时期文献中此类字屡见不鲜。《诗注》"鶯"作"鴬"、"榮光"作"栄光"（pp.3、27）《朗咏》："榮"作"栄"、"瑩"作"瑩"、"繁"作"繁"、"慰勞"作"慰労"、"十万營"作"十万営"、"螢火"作"蛍火"、"學士"作"学士"、"覺明"作"覚明"（pp.22、42、29、76、72、62、13）江户初期写本《问答》："从此去繁心有人楪愤"，（p.9）又"曽労目断"，（p.9）"学士东坡"，（p.2）《同文·省文》："労，ラフ，勞也。労，同上。凡从𤇵字，如榮、瑩、蛍、鶯等。从芇从㌻，并非。"（p.296）又"孛，カク，學也。斈、学，并同上。凡从𦥯字如覺、鶯等从㤩从㚛，并非。"（p.299）《俗略·略字》以"労、栄、営、蛍、学、覚"为改变结构略字，（p.238）文部省《汉字整理案》（大正 8 年）以"労栄鴬蛍営学覚"为许容字体，《汉字字体整理案》以"労"为第二种文字，《常用汉字表》（昭和 6 年）列"営、栄、労、学、覚"为常用汉字。

类—類【常用】【JIS2004①】【教育】

《说文·犬部》："𩔖，种类相似，唯犬为甚。从犬，頪声"。（p.6）

"類"字见于魏唐碑刻中，《北魏元略墓志》："明辨碑之類"。唐褚遂良《孟法师》碑、颜真卿《麻姑仙传记》、唐吴彩鸾《唐韵》等"類"皆作"類"。（《新书》p.1682）《玉篇》（元刊本）、《集韵》、《类篇》等字书字头作"類"。《增广字学举隅·卷二·正讹》："類、頪均非。"（p.247）《字鉴·去声·至韵》云："《说文》：'种類相似，唯犬为甚。'故下从犬，俗从大小字作類，误。"（p.68）"犬"作为部件时，易省点而与"大"相混。如："器"，《北魏刁尊墓志》作"器"（《金石文字辨异》p.580）；"臭"，《正名要录》作"臭"，脚注："从犬。"（《敦俗》p.57）

"突"，《篇海类编·地理类·穴部》："突，同上（突），或从大。"（第229册 p.634）

《名义》："類，力刘反，丝节。"（p.270）图《类聚》："類聚抄。"（p.4）《长福寺文书·应安4年10月23日》作"類"。《汉字百科大事典》"《万叶集》（桂本·西本愿寺本）异体字""《徒然草》异体字"皆作"類"。《尚·足》作"類"。"器"，《尚·内》作"器"（p.83），《俗略·略字》以"類"为"類"之省点俗字。（p.246）大正8年《汉字整理案》以"器""類"为标准体，以"器、器""類、类"为字典体。昭和6年《常用汉字表》采用"器""類"字，昭和24年《当用汉字字体表》采用了"器""類"字。昭和56年《常用汉字表》收不加点的"器""突""類""臭"为常用汉字。

勵—励【常用】【JIS2004①】【人名】

《干禄》："萬万，并正。"（p.51）部件"万"代"萬"，习见于宋元以来的写本、刻本等文字资料中，如《宋谱》引宋刊本《列女传》《通俗小说》"勵"作"励"等。

《尚·天》中多作此字形，如"磨礪"作"磨砺"（p.3055）；"勵朝臣"作"励朝臣"（p.2789）。《同文·省文》："厉，レイ，厲也。凡从厲字，如：勵、礪、蠣、糲等皆从厉，并非。"（p.297）《倭楷》以"厉""励""迈"为"华人所为省文"。（pp.59、63）《道斋·省笔偏旁通用》："厲厉"（p.139）《俗略·略字》以"厉""砺""励"为改变结构的略字。（p.241）文部省《汉字整理案》（大正8年）以"励"为许容体。《汉字字体整理案》以"励"为第二种文字。《常用汉字表》（昭和6年）以"励"为常用汉字。

練—练【常用】【JIS2004①】【教育】【人名】

"練"，《字海》："同'练'。见日本《常用汉字表》。"（p.1322）

《说文·糸部》："練，涷缯也。从糸，柬声。"（p.273）《字海》谓"練"同"练"，见日本《常用汉字表》。（p.1322）

按：汉帛书、银雀山汉简"練"之右部"柬"，连笔作"東"，字作"練"（《简帛》p.643）；斯388《正名要录》"本音虽同，字义各别"类："練，帛；錬，铸。"斯388《正名要录》："欗，栃。"《干禄》："諫、諫，并上通下正。"（p.52）

《示儿编》谓"東近柬""煉近錬""揀近揀"为"画之相近而讹也"。（pp.181—182）

"蘭"，《讽稿》（p.30）："丁蘭雕木为母。"东福寺本《参记》"練"作"練"。图《类聚》"蘭"作"蘭"，（p.169）"那爛陁"，（p.172）"陶練"，（p.210）又图《类聚》："讽諫……三諫……《干禄》：上通。"（p.71）《同文·省文》："煉，レン，煉也。如棟、錬等从東，并非。"（p.302）又"蘭，ラン，凡从闌字如欄、蘭等从東，并非。"（p.306）《道齋》："蘭監，欄檻。"（p.111）又"煆煉，鍛錬同"，（p.111）《俗略·俗字》收"諫""練"为俗字。（p.259）

两—両【常用】【JIS2004①】

《说文·网部》："二十四铢为一两。从一网。网，平分也。网亦声。"

"兩"，金文作"𝕸"（㽙皇父盘）、"𝕄"（欨簋）、"𝕿"（㽙皇父鼎）。（《新金》p.1052）篆文"兩"基本承续金文字形。隶变作"兩"。

両，为"兩"之异写俗字。草写时两"入"发生连写，形成与"両"相似字形。如：唐虞世南书法帖作"𝓪"、明董其昌书法帖作"𝓸"（《新书》p.120）。《增广字学举隅》："兩，兩帖兩両均非"。（p.240）《汇音宝鉴》谓"兩"与"両"同。（p.342）明《白袍记》、《东窗记》、清《目连记》等"兩"作"両"。（《宋谱》p.119）明《重修曲阜县儒学记》作"両"、金《重修下华严寺碑记》作"両"、清《重修善化寺碑记》作"両"。"满""辆""俩"，亦类推作"満""輌""俩"。如：清《目连记》"俩"作"俩"。（《宋谱》p.2）

正彻本、鸟丸本《徒然草》"兩"作"両"，（《汉形》p.348）《安愚乐锅》"兩"作"両"，"满"作"満"。（《汉形》pp.362—363）江户时期《节用集》作"両"。《俗略》将"両、俩、満"等字样归为"組織ヲ变ジタルモノ"，即改变结构的俗字。（p.238）文部省《汉字整理案》（大正8年）以"両"为标准字体，"満"为许容体。《常用汉字表》（昭和6年）收有"満""両"。JIS2004收"俩"为第四水准汉字、"輌"为第一水准汉字。

靈—霊【常用】【JIS2004①】

"霊"，《字海》："同'灵'。见《敦煌俗字谱》。"（p.1493）《汉标》："《文》与'靈（灵）'同（见《隶辨》）。"（p.816）《国标》："同'灵'。"（p.1542）"靈"，日本常用汉字作"霊"，我国现行汉字作"灵"。

《说文·玉部》："靈，巫以玉事神。从玉，霝声。靈，靈或从巫"。（p.13）"霊"为"靈"的简俗字。《王二·青韵》："霊，郎丁反，神。亦作靈。"敦煌写本伯2482《张怀庆邈真赞并序》："公乃天资霊异，神授宏才。"元《三

国志平话》《太平乐府》等，"靈"亦作"霊"。①（《宋谱》p.104）

"霊"见于日本飞鸟奈良时期文献中。《船氏王后墓志》："即安保万代之霊基。"《粟原寺伏钵铭》："愿七世先霊共登彼岸。"《正古·集成一·大倭国大税并神税收纳帐》："霊龟二年"（卷十 p.135）平安及以后文献中承用此字形，如《讽稿》（p.64）："智慧罗汉听霊山之教。"图《类聚》"靈"作"䨩"，（p.12）东福寺本《参记》："靈"作"霊"，（卷一）桂本、西本愿寺《万叶集》"靈"作"霊"，（《汉形》p.298）江户初期写本《问答》"靈隱"作"霊隱"（p.3），《同文·省文》："䨩，レイ，靈也。霊，同上。"（p.306）《俗略·略字》"組織ヲ変ジタルモノ"："靈霊"。（p.239）文部省《汉字整理案》（大正 8 年）以"霊"为许容体。昭和 6 年《常用汉字表》以"霊"为常用汉字。《汉字字体整理案》以"霊"为第二种文字。昭和 21 年《当用汉字表》以"霊"为当用汉字。

靈—灵【JIS2004④】

《正字通·火部》："灵，讹字，旧注训同夭，改音陵，误。又俗靈字省作灵非。"（卷九 p.4）"靈"，《宋谱·雨部》引《通俗小说》《古今杂剧》《三国志平话》等作"灵"。部件"火"连笔作"大"在俗书中习见。如："炎，《齐比丘尼慧造象》作"类"。（《碑别》p.112）

室町时期的写本抄本中亦有"灵"作"灵"者，如《诗注》："灵含十首。"（p.3）《朗咏》："晋灵公"。（p.34）《杜诗抄》（足利本）作"灵"。《俗略·略字》以"灵"为"靈"之改变结构略字。（p.239）

龍—竜【常用】【JIS2004①】

《说文·龙部》："龍，鳞虫之长。能幽能明，能细能巨，能短能长，春分而登天，秋分而潜渊。从肉，飞之形，童省声。"（p.245）"龍"，日本常用汉字作"竜"，我国现行汉字作"龙"。

隋《董美人墓志铭》"龍"作"竜"，（《碑别》p.374）《龙龛·立部》："竜，古文龍字。"（p.518）《集韵》以"竜"为"龍"之古字。（p.19）竜，即"竜"楷书的变体②。元《古今杂剧》《太平乐府》"籠"作"篭"。（《宋谱》p.63）

日本室町时期的写本"龍"多作"竜"。《诗注》："东陆苍竜驾"。（p.5）《朗咏》"龍吟"作"竜吟"（p.36）、"寵愛"作"寵愛"（p.45）；"隴西"

① 参见张涌泉《敦煌俗字研究》，上海教育出版社 1996 年版，第 606 页。

② 参见张涌泉《汉语俗字研究（修订版）》，商务印书馆 2010 年版，第 207 页。

作"隴西"、"玲瓏"作"玲瓅"。（p.50）《尚·足》："蒼竜"。（p.29）江户初期写本《问答》："玲瓅"（p.33）《同文》："竜，タツ，借作龍字。竜，音龍，起也。凡从龍字如籠、襲、瀧、隴等，皆从竜，非。白蛾曰：竜，古文於象近是，《正字通》曰，别训起非。"（p.276）《倭楷·省文集》："竜，龍。同音借用"。（p.69）又将"竜""滝"收为"倭俗所为省文"。（p.78）《俗略·略字》"組織ヲ变ジタルモノ"："龍竜、瀧滝"。（p.237）文部省《汉字整理案》（大正8年）以"竜""滝""篭"为许容体。《常用汉字表》（昭和6年）以"竜""滝"为常用汉字。《汉字字体整理案》收"竜""滝"为第二种文字。JIS汉字以"椦"为第二水准汉字，"籠"为JIS第四水准汉字。

　　樓—楼【常用】【JIS2004①】

　　《说文·木部》："樓，重屋也。从木，婁声。"（p.120）"婁"作"娄"，早见于居延汉简中，如居253.1作"娄"（《汉代简牍草字编》p.234）唐《孙过庭景福殿赋》"婁"作"娄"、唐《李世民晋祠铭》"樓"作"楼"（《新书》pp.359、854）。宋元以来文献中，这类字亦屡见不鲜。如：《列女传》《古今杂剧》《娇红记》等"婁"作"娄"、"樓"作"楼"，《目连记》《岭南逸事》等"僂"作"偻"，《岭南逸事》"嘍"作"喽"，等等。（见《宋谱》pp.15、30、2、12）1935年《简体字表》"婁"简作"娄"，亦收录了"楼""屡""缕"等字。《俗书》："樓，俗作楼非。"（p.547）《重订直音篇》以"樓"为"楼"之俗字。（p.235）

　　上述俗字习见于日本室町时期文献中。《诗注》："石崇于金谷园作楼。"（p.95）《朗咏》"數千丈"作"数千丈"、（p.12）"江樓"作"江楼"、（p.18）"长命縷"作"长命缕"。（p.57）江户初期写本《问答》："数枚"（p.3）《同文·省文》："娄，ロウ，婁俗字，凡从婁字如樓、縷、數、屢等从娄，非。"（p.299）《倭楷》以"娄""楼""数"为"华人所为省文"。（pp.67、73）《俗略》将"数""屡""楼""缕"列为改变结构略字。（p.238）文部省《汉字整理案》（大正8年）以"屢數"为标准字体，"屡数"为许容体。《常用汉字表》（昭和6年）以"楼""数"为常用汉字。JIS汉字中"屡"为第一水准汉字，"籔"为第三水准汉字、"蝼"为第四水准汉字。

　　蘆—芦【JIS2004①】【人名】

　　《说文·艸部》："蘆，蘆菔也。一曰荠根。从艸，卢声。"（p.10）

　　"芦"见于《集韵》。《集韵·上声·姥韵》："芐芦，艸名。《说文》地黄也。……或作芦。"（p.340）《玉篇》（元刊本）："芦，胡古切，若芋草。"（p.210）《字汇》："芦，与芐同，地黄也。俗以芦为蘆误。"（卷十p.5）《正字通》："蘆，……俗作芦非。"（卷十二p.137）又"芦，俗芐字。《集韵》

芇作芦非。"（卷十二 p.10）以"芦"代"蘆"可能源于音近。声音符"盧""户"古韵同属鱼韵。从"盧"之字多类推省从"户"声音。如：宋《列女传》"盧"作"庐"（p.24）、宋《取经诗话》"爐"作"炉"（p.53）、元《古今杂剧》"盧"作"庐"（p.24）、"爐"作"炉"（p.53）、"蘆"作"芦"（p.76）元《太平乐府》"轤"作"轳"（p.92）等。《字学三正·体制上·时俗杜撰字》："盧，俗作庐。"《字汇》："爐，俗炉字。"（卷七 p.49）

　　日本室町时期写本《朗咏》"廬山"作"庐山"、"蘆锥"作"芦錐"、"香爐"作"香炉"（p.17），正彻本、鸟万本《徒然草》"盧"作"庐"、"爐"作"炉"。（《汉形》p.301）《同文·省文》："炉，口，爐也。凡从盧字如廬、蘆、臚、艫等从户，并非。"（p.301）《倭楷》将"庐""沪""芦""炉""舻""轳""𪋐""顱"列为"华人所为省文"。（pp.62、64、68、70、73）《道斋·省笔偏旁通用》："盧户"。（p.139）《俗略·略字》"組織ヲ変ジタルモノ"："芦、庐、舻、炉、轳"（p.237）文部省《汉字整理案》（大正8年）以"炉""芦""鈩"为许容体《常用汉字表》（昭和6年）以"炉"为常用汉字。《汉字字体整理案》以"炉"为第二种文字。昭和21年《当用汉字表》以"炉"为当用汉字。日本JIS汉字中亦收有"轳""纩""馿""舻""坊""枦"。

M

麥－麦【常用】【JIS2004①】【教育】

　　《说文·麥部》："麦，芒穀。秋穜厚薶，故谓之麥。麥，金也。金王而生，火王而死。从来，有穗者。从夂。"（p.107）隶变作"麦"，见于汉碑中。《隶辨》："麦，《史晨碑》：自以城池道濡麦。"（p.720）《玉篇》《龙龛》《广韵》《字汇》等字书皆以"麦"为"麥"之俗字。从"麥"字亦作此类推，如：S.388《正名要录》收"麹""麵"，并云："右字形虽别，音义是同。古而典者居上，今而要者居下。"S.5431《开蒙要训》："麨麵籭麩"。（《敦俗》p.275）"麹"字，S.617《俗务要名林》："麹，丘六反。"

　　"麦"见于日本奈良时期文献中。《正集一·奉造丈六观世音菩萨杂物注进》："小麦五斗"（卷五 p.69）《名义》、观本《类聚》等古辞书中，所收从"麥"字皆作"麦"。如："麩，妨娱反。麦麩，小麦皮屑。""麵，麹字，麬""麹，祛陆反，作酒醴"。（《名义》pp.147—148）观本《类聚》："麹，……麷、麮、麬、麴、麵五俗。"（p.91）《诗注》："元康二年，巴西界竹生花，紫色，结实如麦。"（p.33）《朗咏》："千峰鸟路含梅雨，五月蝉声送麦秋。"（p.64）《倭楷》以"麦"为"麥"之"华人所为省文"。（p.63）《俗略》以"麦"为"麥"之改变组织结构的略字。（p.239）文部省《汉字整理案》（大正8年）以"麦""麩""麹"为许容体。《常用汉字表》（昭和 6 年）以"麦"为常用汉字。昭和 17 年《标准汉字表》以"麦"为常用汉字，以"麹麵"为准常用汉字。昭和 21 年《当用汉字表》收"麦"为当用汉字。昭和 56 年《常用汉字表》收"麦"为常用汉字。2010 年《常用汉字表》增"麵"字为常用汉字。日本 JIS2004 汉字亦收有"麩""麩""麹"三字。

　　每—毎【常用】【JIS2004①】【教育】【人名】

　　《说文·屮部》："毎，艸盛上出也。从屮，母声。"（p.9）毎，隶变为"每"。

　　《隶辨·偏旁五百四十部》："毋，……每、侮、诲、海，字皆从母。每或作毎，……海或作海，皆讹从毋。"（p.234）《示儿编》谓"母近毋"为"画之相近而讹也"。（p.181）武威汉简，"每"亦作"毎"（《简帛》p.472）。"悔"，见唐代李邕书法（《书法字典》p.180），"敏""繁"，见居延汉简（《简帛》pp.371、646），"侮""梅"，见《五经》和《九经字样》。

　　母，《王延孙造释迦像光背记》作"毋"。（《上金》p.231）《讽稿》："丁兰雕木为毋。"（p.30）《民部省牒》："毎事不安"。（《正古·集成一》p.17）每、晦，《讽稿》（p.28）："毎昼夜之明晦前"。海，《讽稿》："渡海踰山坂之国。"（p.24）从"每"字，如"侮、悔、敏、梅"等皆类推作此变化，如《字镜》中"敏""晦"。图《类聚》"海"作"海"（p.5）、"梅"作"梅"（p.235）、"诲"作"诲"（p.240）、"悔"作"悔"（p.249）室町时期及以后的文献中"每"作"毎"屡见不鲜，如：《尚·足》"侮"作"侮"。《朗咏》："付红梅"作"付红梅"。（p.7）昭和 21 年《当用汉字表》以"侮""悔""敏""梅""每""海""繁"为当用汉字。而昭和 24 年《当用汉字字体表》则采用连笔的"侮""悔""敏""梅""毎""海""繁"等字。

N

　　恼—悩【常用】【JIS2004①】

　　"悩"，《字海》："同'恼'。见日本《常用汉字表》。"（p.596）《汉标》："日本汉字。"（p.435）《国标》："同'恼'。"（p.89）

　　《说文·女部》："嫐，有所恨也。今汝南人有所恨曰嫐。"（p.265）"嫐"或作"惱"，简作"恼"。

　　"囟"手写体为"凶"。明李卓吾、祝允明书帖，"惱"作"悩"（《书法字典》p.183）；明《娇红记》，"腦"作"腦"。（《宋谱》p.66）又，王羲之、李邕、苏东坡书帖，"巛"多作"小"，"巢"作"巣"。（《书法字典》p.144）

　　《同文·省文》："悩，ナウ，惱也。如瑙、脑等从凶，并非。"（p.300）又"巢，ス，巢也"。（p.299）《俗略·略字》以"巢"、"勒"、"繰"为改变结构略字。(p.238) 文部省《汉字整理案》(大正 8 年) 以"惱""腦""巢"
为标准字体,"悩""脳""巣"为许容体。《常用汉字表》(昭和 6 年) 以"脳"
"悩""巣"为常用汉字。《汉字字体整理案》以"悩""脳""巣"为第二种
文字。昭和 21 年《当用汉字表》以"悩""脳""巣"为当用汉字。昭和 24
年《当用汉字字体表》则采用"巣"字。

<h2 style="text-align:center">P</h2>

屏—塀【常用】【JIS2004①】【人名】

《字海》:"塀,音平。义未详。[见]《龙龛》。"(p.235)

《龙龛·土部》:"塀,必郢反。"(p.249)《篇海·土部》:"塀,必郢切。"
(p.322) 唐玄应《一切经音义》卷二十引《仓颉篇》:"屏,墙也"。

"塀"为"屏"之增旁俗字。《名义》:塀,除饥反,涂也。"(p.7) 观本
《类聚名义抄》:"俗屏字,必郢反"。(p.653)《伊京集》《运步色叶集》《永禄
二年本节用集》《和字正俗通》(借字一) 等作"塀 ヘイ"。《弘治二年本节
用集》:"壁,ヘイ,カベ,塀,同"。《书言字考节用集》:"塀,ヘイ,本
字屏,今从土者俗从所见。"① 《大字典》:"屏の俗字なり、屏は陈べ蔽う
义なるが、后土篇を加えて墙壁の义とす。一说に塀は国字なりともいう"。
现代日语中,"塀"为常用汉字,音"へい",指围墙或墙壁等。中国传统
字书中亦收有"塀"字。《同文·讹字》:"塀,ヘイ,屏也。"(p.289) 文部
省《汉字整理案》(大正 8 年) 以"塀"为标准字体。昭和 6 年《常用汉字
表》以"塀"为常用汉字。

<h2 style="text-align:center">Q</h2>

奇—竒【JIS2004②】

《说文·大部》:"奇,异也。一曰不耦。从大,从可。"(p.101) 隶作"竒",
如:居延汉简、武威简中多作"竒"。(《简帛》p.199)《玉篇》《广韵·平声·支
韵》《集韵·平声·支韵》皆收有该字形。《俗书》:"竒,俗作竒非。"(p.542)
《字学三正·体制上·俗书加画者》:"奇,俗作竒。"(p.60)《字汇》:"从大
从可,俗作竒非。"(p.67)"寄""椅""崎"等"奇"形多作"竒",如:"寄",
《刘熊碑阴》:"焦竒子琚"。(《隶辨》p.484)《玉篇·宀部》《类篇·宀部》
《四声篇海·宀部》以"寄"为字头。

日本文献中"奇"亦多作"竒"。"猗",《药师寺东塔檫铭》作"猗"。
"寄",《御野国味蜂间郡春部里户籍》:"竒人国造族八千"。(《正仓院古

文书影印集成二》p.8）"椅"，《讽稿》："造道椅"。（p.86）《万叶集》（桂本·西本愿寺）"寄"作"寄"、"椅"作"橰"、"埼"作"埼"。（《汉形》p.288）《名义》"綺"作"綗"、（p.271）"倚"作"偐"（p.16）。又图《类聚》"奇"作"竒"、（p.72）"崎"作"嵜"。（p.143）东福寺本《参记》"奇"作"竒"、（卷一）"骑"作"騎"、（卷三）"寄"作"寄"。（卷八）《朗咏》"倚"作"偐"（p.25）、"寄"作"寄"。（p.29）《和尔雅》卷一"直猗""嵜玉"。（p.11）《俗略·俗字》以"竒、寄、橰、埼、嵜、偐"为"改变结构俗字。（p.253）明治时期《安愚乐锅》"奇"作"竒"。（《汉形》p.362）文部省《汉字整理案》（大正 8 年）以"偐""竒""寄"为标准字体。《汉字字体整理案》以"騎""竒""寄"为第二种文字。

齊—斉【常用】【JIS2004①】

《说文·齐部》："齊，禾麦吐穗。上平也。象形。"（p.143）

"斉"为"齊"的简俗字，其上的"文"为"齊"字上部的简省符号，六朝碑帖已然，亦见相近字形。如：《侯君妻张列华墓志》《孟元华墓志》等"齊"字上部简为"文"。（《汉魏六朝》p.693）斯 2072《珝玉集》："樊英，字季齐，后汉汉南阳人也。"《示儿编》引《字谱总论》云："齐之齐，……俗书也。"（p.227）宋《列女传》、元《古今杂剧》等，"齊"亦作"斉"。《玉篇·水部》："济，同上（濟），俗。"（p.349）《重订直音篇·刀部》："劑……剂，俗。"（p.188）《东窗记》《金瓶梅》等"齊"作"斉"，（《宋谱》p.3）"齋"字亦可用"文"替代。敦煌写本中，"齋"俗作"斋"①。《示儿编》引《字谱总论》云："斋之斋，……俗书也。"（p.227）元《通俗小说》等作"斋"。（《宋谱》p.132）

日本正仓院文书中已出现上部省作"文"的字形，《汉字大百科事典》"正仓院文书异体字""齊"作"斉"。（p.281）《圣武天皇敕书铜板》"濟"作"済"。《讽稿》："所以须阐太子割身済父母。"（p.30）东福寺本《参记》："斉时可道、典座送菜二种"。（卷六）《尚·足》："斉平"。（p.29）《朗咏》："齊"作"斉"、（p.9）"薺"作"荠"、（p.177）"臍"作"脐"、（p.59）"濟"作"済"（p.43）等。《同文·省文》："斉，セイ，齊也。"（p.307）《倭楷》以"斉""剂""斋"为"华人所为省文"。（pp.64、67、69）《俗略·略字》"組織ヲ変ジタルモノ"："齊斉"（p.237）。文部省《汉字整理案》（大正 8 年）以"斉""済""斋"为许容体。昭和 6 年《常用汉字表》收"斉""済""剂""斋"为常用汉字。昭和 21 年《当用汉字表》以"斋""剂""済""斉"为当用汉字。又 JIS2004 汉字中亦收有"綗""偐""荠""脐"。

---

① 参见张涌泉《汉语俗字研究（修订版）》，商务印书馆 2010 年版，第 76 页。

氣—気【常用】【JIS2004①】【教育】

“気”，《汉标》：“日本汉字。”（p.384）《国标》：“日本汉字。同‘气’。”（p.746）

《说文·米部》：“氣，馈客刍米也。从米，气声。《春秋传》曰：‘齐人来气诸侯。’槩，氣或从既；餼，氣或从食。”（p.144）

“氣”作“気”在文献中尚未发现用例。但有省作“氕”者，如：元《古今杂剧》、清《目连记》等。（《宋谱》p.123）《字学三正·体制上》：“氣，俗作氕”。（p.68）

日本室町时期写本中“氣”亦作“氕”。如：《诗注》：“积阴之寒氕久者为水。”（p.6）《尚·足》：“氕广大也。”（p.28）《安愚乐锅》“氣”作“気”。（《汉形》p.362）昭和21年《当用汉字表》以“氣”为当用汉字。昭和24年《当用汉字字体表》则采用“気”字。

錢—匁【常用】【JIS2004①】【人名】

“匁”，《字海》：“同‘匆’。见《日文汉字对照表》。”（p.17）《汉标》：“① 日本汉字。② 韩国汉字。”（p.62）《国标》：“monme（罗马音）日本、韩国汉字。① 质量单位。1 匁相当于 3.75 克。② 日本江户时代的货币单位。”（p.186）《大字典》：“匁，日本衡名，读若芒米，一百六十分斤之一，当我国库平一钱零零五毫。”（p.147）

“匁”为“錢”字之略。唐宋以来文献中“錢”有俗作“夕”“犭”等形者。《字汇补》例言谓“‘夕’字制于昌黎”。（p.7）《篇海》云：“夕，徂先切，与钱义同，俗同（用）。”（p.397）“夕”字后又云：“捉，丁本切，收零（钱）了讫。文约曰～。昌黎子刱作，今增。夸，才官切，醵也。”按《广韵·药韵》：“醵，合钱饮酒。”（p.148）据此，“捉”“夸”当皆是会意俗字，其所从“夕”应为“錢”的俗写。宋孙弈《示儿编》卷22引《字谱总论讹字》：“又如顾之顾，錢之夕……凡此皆俗书也。”（p.227）显然，“匁”据“夕”楷化而来。“夕”“犭”用于钱币表示重量屡见不鲜，如金代泰和四年（1204）制造的盐税银铤有“肆拾玖两三夕”“肆拾玖两柒夕”等字样[①]。明代“天启通宝”（1621—1627年铸造）“壹錢”又写作“一夕”，“崇祯通宝”（1628年始造）“壹錢”写作“一夕”“一犭”[②]。

① 参见朱捷元《介绍三劲金泰和年间的盐税银铤》文中拓片，《考古与文物》1982年第1期。

② 参见尚龄《吉金所见录》，嘉庆年间刻本；余继明《中国元明清古钱图鉴》，浙江大学出版社1997年版。

贝原好古《和尔雅》卷 7 "权衡名" 言: "一分以下小数见于上, 十分为**丬**。" 注曰: "**丬**与錢同。錢一文之重也。" 松元愚山《省文》: "**圥**, 錢, 俗作~。见《篇海》。"(p.132)《倭楷》以 "匁" 为 "錢" 之省文。(p.58)《道斋·省文》: "錢作匁"。(p.135) 江户时期所铸钱币上亦有此字形, 如: 元禄十五年 (1702)、享保十五年 (1730)、文政六年 (1823) 所铸之 "壹**圥**" 蕃札 (pp.58、54) 秋田蕃文久元年 (1861) 所铸之 "二匁"(p.229)、"四匁"(p.229)、"八匁"(p.229) 小判, 等等 [①]。文部省《汉字整理案》(大正 8 年) 以 "匁" 为标准字体。昭和 21 年《当用汉字表》列 "匁" 为当用汉字。

龝—穐【JIS2004①】【人名】

《说文·禾部》: "燃, 禾谷孰也。从禾, 龟省声。龝, 籀文不省。"(p.142) 据籀文 "秋" 可作 "龝",《玉篇·禾部》: "秋……龝籀文"。(p.288) 可省作 "穐",《篇海·禾部》: "穐, 音秋, 古文。"(p.497)《字汇·龜部》: "龝, 古文秋字。"(卷十三 p.90) 而 "龜" 字宋元以来文献中有作 "亀""亀" 等字形。故 "龝" 亦可类推作 "穐""穐"。如:《宋·尤袤·全唐诗话》卷一 "九日正乘穐",(p.33)"穐",《汉标》: "日本汉字。"(p.541)《国标》: "日本汉字。同'秋'。"(p.1033)

《尚书·尧典》"宵中星虚, 以殷仲秋" 句中 "秋" 字, 日本抄本内野本作 "秋", 足利本、天正本作 "**穐**"(pp.18、29)《史记雕题·田叔传四十四》: "车千穐之上变, 伸冤也, 非告讦, 此恐有误。"(第七册 p.49)

驅—駆【常用】【JIS 第一水准】【人名】

"駆",《字海》: "同'驱'。见日本《常用汉字表》。"(p.1648)《汉标》: "《文》与'驅(驱)'同(见《宋谱》)。"(p.218)《国标》: "日本汉字。同'驱'。"(p.1586)

"區" 作 "区", 习见于宋元以来文献。如:《古今杂剧》"漚" 作 "沤"、"軀" 作 "躯";《太平乐府》"驅" 作 "駆"(《宋谱》pp.48、91、108)

日本江户时期的文献中, 凡从区字, 多作 "区""区"。《史记雕题》"區" 作 "**区**"、"驅" 作 "**駆**"、"軀" 作 "**躯**"。《同文·省文》: 區ク、マチク、区, 區也。并同。凡從區字如歐、鷗、樞、驅等。從區从区并非。(p.296)

---

① 参见矢部仓吉《古钱の集め方と鉴赏》拓片, 绿树出版。

驱—駈【JIS2004①】【人名】

《说文·马部》："驅，馬馳也。从马，区声。駈，古文驱从攴。"（p.200）

"驅"作"駈"是改换声符而产生的俗字。"丘"与"區"古音近，故"驅"字以"丘"代"區"①。六朝碑刻及敦煌文献中"駈"字已见。《魏元天穆墓志》："天柱駈率熊罴。"北齐《窦泰墓志》："駈驰成画。"S.6659《太上洞玄灵宝妙经众篇序章》："駈策天仙，役御神官。"S.388《正名要录》："驅、駈，右字形虽别，音义是同。古而典者居上，今而要者居下。"（《敦俗》p.330）《干禄·平声》："駈驅……并上通下正。"（p.19）《玉篇》《集韵》列"駈"为"驅"之俗字。《字汇》："駈，同驅。"（p.4）

《正古·集成一·内藏寮解》："駈使丁壹拾人"（卷一 p.9）图《类聚》"驅"作"駈"（p.116）东福寺本《参记》："日駈使官梁造名承受张。"（卷六）《后愚昧记·永和二年记》（史料编纂所原本第二十六卷）"驅"作"駈"。《道斋·同训字》："驅駈"。（p.123）《俗略·略字》"組織ヲ変ジタルモノ"："驅駈"。（p.240）

<h2 style="text-align:center">R</h2>

仞—仭【JIS2004②】【人名】

"仭"，《汉标》："与'仞'同。"（p.33）《国标》："日本汉字。同'仞'。"（p.71）

《说文》："仞，伸臂一寻，八尺。从人，刃声。"（p.159）

《龙龛》《玉篇》《集韵》《类篇》等字书、韵书多以"仞"为字头。《经籍纂诂》以"仭"为字头，云："七尺曰～"。（p.7136）"刃"形者多有作"刄"。《俗书》云："刃，作刄非。"《字汇·刀部》《正字通·刀部》皆云："刃，俗作刄，非。"（卷二 p.62、卷三 p.46）

日本沿袭此用法。文献中"刃"作"刄"习见。如：刃，《尚·足》："锻炼戈矛，磨砺锋刄。"（p.3052）《尚·内》："八尺曰仭，喻向成也。"（p.1592）《诗注》："以随侯之珠弹千仭之雀。"（p.138）

<h2 style="text-align:center">S</h2>

伞—仐【JIS2004④】

"仐"，《字海》："①jīn 音今，同'今'。字见《龙龛》。②sǎn 音伞，同'伞'。"（p.99）《汉标》："《文》拿取的意思。（见《改并篇海》）。"（p.29）《国标》："日本汉字。同'伞'。"（p.67）

---

① 参见张涌泉《敦煌俗字研究》，上海教育出版社 1996 年版，第 62 页。

《龙龛·人部》：“仐，音今。”（p.28）《精严新集大藏音·人部》：“仐，今正。”（p.709）除字书外，隋朝碑刻中已出现“仐”字。如：《大隋故荥阳郡新郑县令萧明府墓志铭并序》：“如何乃以十二月庚，仐朔廿八日丁酉”。虽然“仐”字在我国隋朝时期已经出现，但是为“今”的异写俗字。

“伞”作“仐”出现于江户时期。江户中期和伞开始在民间普及，不仅广泛用于做雨具，还融入日本民间日常生活的各方面。而就在这一时期出现了将“伞”用作“仐”的情况。江户学者朝暾所撰的《己心图鲜》（1852）中就出现了多种“伞”的简省字，如傘、㐱、仐、仐等。在明治时期“仐”字就出现在广告里。如《明治二十七年重宝便览》所收录的一则广告中，“伞”作“仐”。《俗略》以“仐”为“伞”之“一部分ヲ略シタルモノ”（简省部分构件）。（p.237）《安愚乐锅》“伞”亦作“仐”。（《汉形》p.362）文部省《汉字整理案》（大正 8 年）以“仐”为许容字体。

舍—舍【常用】【JIS2004①】【教育】【人名】

《说文·亼部》：“舍，市居曰舍。从亼、屮，象屋也，口，象筑也。”（p.103）“舍”作“舍”，讹俗。《隶辨》：“舍，《孔和碑》：鲍君造作百石吏～。”（p.150）S.81《大涅盘经》卷十一“舍”作“舍”、“捨”作“捨”。唐《赵州司马参军赵晃墓志》“舍”作“舍”。（《碑别》p.73）《重订直音篇·手部》：“捨，同上（舍）。”（p.58）《玉篇》（元刊本）、《篇海》等字头作“舍”。

舍，《正古·集成一·左大舍人寮解》作“舍”（卷一 p.6）舍，《金刚场陀罗尼经》作“捨”。《讽稿》“毕舍”作“毕舍”。（p.30）“惊舍畏走”作“惊捨畏走”。（p.34）《名义》“郤”作“**郤**”。图《类聚》“舍”作“舍”、（p.6）“取捨”作“取捨”。（p.65）《朗咏》“舍”作“舍”、（p.14）“舒”作“舒”。（p.21）《俗略》以“舍”为改变结构俗字，（p.256）。文部省《汉字整理案》（大正 8 年）以“舍”“捨”为标准字体，“舍”“捨”为字典体。《常用汉字表》（昭和 6 年）以“舍”“捨”为常用汉字。

繩—繩【常用】【JIS2004①】【人名】

“繩”，《字海》：“同‘绳’。见《宋谱》。”（p.1327）《汉标》：“《文》与‘绳’同（见《宋谱》）。”（p.724）《国标》：“同‘绳’。”（p.1002）

《说文·糸部》：“繩，索也。从糸，蝇省声。”（p.276）

“黾”，俗作“黾”，故“繩”写作“繩”。其字见于汉碑。《隶辨·青韵》：“繩，《郭究碑》：囗逞弹枉。”又：“繩，《刘熊碑》：动履规～。”（p.69）《广韵·蒸韵》：“繩，俗作繩。”（p.57）《同文》（p.307）谓“繩”字从“黾”为日式省文，非。

正仓院文书中“黽”多作“黾”，如：“繩”，《正古·集成一》：“忌寸缊麻吕”；（卷二 p.27）“竈”，“盐竈壹口”《正古·集成一》卷三十六 p.197）；《名义》“繩”作“绳”（p.274）。镰仓时期“黽”作“黾”已然。如：东福寺本《参记》“繩”作“绳”。图《类聚》：“悬繩”作“悬绳”。（p.91）江户初期写本《问答》：“青蝇”。（p.21）《同文·省文》：“黾，マウ，黾也。黾，俗黽字。凡从黽字如蠅、繩等从黾，并非。”（p.307）《俗略·略字》“組織ヲ変ジタルモノ”：“黾、縄”。（p.238）文部省《汉字整理案》（大正 8 年）以“縄”“蝿”为标准字体，“繩”为字典体。JIS 汉字以“蝿”为第一水准汉字。

世—丗【JIS2004②】

《说文·十部》：“丗三十年为一世，从卉而曳长之，亦取其声也。”（p.45）

世，金文字形多样，都与“止”相关，有在“止”上加指示符号的，如师晨鼎作“止”（集成 2817）、恒簋盖作“世”（集成 4199）；有为会意字的，如献簋作“枼”（集成 4205）、且日庚簋作“世”（集成 3992）、十年陈侯武敦作“世”（集成 4648）、中山王鼎作“枻”。（《新金》p.249）汉隶或作卋［《北海像景君碑（碑阴）》］、丗（《乙瑛碑》）、丗（《杨震碑》）。

丗，为“世”之隶变俗字。汉朝中已现相似字形，如《隶辨》引《曹全碑阴》作“丗”。（卷四 p.538）又汉帛书作“丗”、居延汉简作“丗”。（《简牍》p.9）其后碑刻、写经文献继承此字形。魏《上尊号碑》作“丗”、西晋《郭夫人之柩铭》作“丗”。《贤劫经》卷二（正仓院隋经）作“丗”、《花严经》卷八作“丗”、《金刚般若经》（北宋版）作“丗”。《玉篇》《广韵》《集韵》《字汇》等传统字书皆收此字形。《字汇》云：“丗，同上三十年为一世故从卅从一。”（卷二 p.4）

平安时期（794—1192）《讽稿》：“昔丗殖善因之人”。（p.8）《成唯识论》卷十（宽治 2 年）刊本作“丗”、《观无量寿经注》（亲鸾亲笔本）作“丗”、《药师功德经》（守屋本）作“丗”。镰仓时期《尚·内》“世”作“丗”、（p.83）明治时期小说《安愚乐锅》亦作“丗”。（《汉形》p.362）“葉”等字中的部件也变作“丗”。如：叶，《弥勒上生经》（高山寺本）作“葉”，《朗咏》作“葉”。（p.12）图《类聚》“媟”作“媟”。（p.11）

事—亊【JIS2004②】

《说文·史部》篆作“事”，云：“职也。从史，之省声。叓，古文事。”（p.59）

"亊",《字海》:"同'事'。字见《碑别字续拾》。"(p.6)《汉标》:"与'事'同。"(p.5)《国标》:"日本汉字。同'事'。"(p.49)

"事"隶变作"亊",如:《秦广武将军碑》:"行亊"。《北齐武平元年造像记》亦作"亊"。(《辨异》p.577)《宋谱》所录《列女传》《取经诗话》《古今杂剧》《白袍记》《目连记》《岭南逸事》等皆作"亊"。(p.118)

"亊"早见于奈良时期及其以前的文献中。如:《稻荷山古坟铁剑铭》"事"作"亊"。正仓院文书中"事"亦作"亊"。(《汉形》p.257)其后文献延续此用法。《参天》:"右箚子付日本国僧成寻等并通亊陈咏,依客省关子内亊理,具知悉文状连申,不得有违。"(卷四)《朗咏》:"世亊推之蕙心。"(p.26)日本《尚·内》:"因亊之宜。"(p.18)

饰—餝【JIS2004①】

飾,《说文·巾部》:"𩛩,㕞也。从巾,从人,食声。一曰襐飾。"(p.156)

勅,《说文·力部》:"𩫰,致坚也。从人,从力,食声。读若敕。耻力切。"(p.294)

"餝"为"飾"之俗字,"飾"与"勅"多通用。《隶辨》:"《集韵》云:飾或作餝;勅或作飾;餝即勅之异文。飾与勅两字不同。《说文》飾从巾,勅从力,篆文力作𦥑,与巾相似,乃讹飾为勅,非飾勅本可通也。"(p.187)《玉篇·食部》:"飾,舒弋切,修飾,粧飾也。餝,俗。"(p.154)《干禄·入声》:"餝飾,并上俗下正。"(p.65)《字汇·食部》:"餝,同飾。"(p.87)

日本奈良时期碑刻《药师寺东塔檫铭》:"飾"作"餝"。(《上金》p.383)《大日本古文书·太政官符民部省》(卷二十一):"部下餝磨郡"。(p.274)天平年间的正仓院文书中"飾"亦作"餝"。(《汉形》"正仓院文书异体字"p.279)《同文·误用》:"餝、勅,カザリ,并俗飾字。餝,音尺,饬字之讹,致坚也。白蛾曰:俗间多从金芳作錺字者,则不成字。"(p.286)《倭楷》以"餝""䬙"为"飾"之倭俗之讹。(p.41)

释—釈【常用】【JIS2004①】【人名】

《说文》:"釋,解也。从釆,釆,取其分别物也。从睪声。"(p.22)

"釈"为"釋"之偏旁更换俗字。以"尺"代"睪",乃音近相通,以简代繁。圆仁《入唐求法巡礼行记》日本古写本(1291年观智院抄本),把"釋"写成"尺"甚为常见。例如该书记开承四年十一月廿二日事:"梵呗讫,讲师唱经题目,便开题,分别三门,尺题目讫。"又"釋教"作"尺教":"圆仁钦慕尺教,淹留唐境"。不一而足。据考,日本中世文书"釋"大多写作"尺"。①江户时期汉学家近藤西涯《正楷录》（p.339）"釋"字下共收五个异体字，以为"釋"之为"尺"乃"同音借用"，进而说道："釋，倭俗如'澤''譯''擇''驛'等之从'睪'，皆誤作'尺'。"新井白石《同文》（pp.305—306）："釈，釋也。按，《婆娑论》'釋迦'作'尺加'，佛氏因造'釈'字，亦因造'訳'字为'譯'。后人承讹，凡如'澤''譯''擇''驛'等皆从'尺'，并非。"可知以"尺"代"睪"源出"釋迦"写作"尺加"。又在日语汉字音中，"釋"和"尺"音读相同，吴音しゃく，汉字音せき，以"尺"代"釋"完全符合汉字日语化的规律。

简"睪"为"尺"在日本室町时期已广为流行。釋，日本室町时期古抄本《诗注》："《释名》曰：道路也。"（p.22）"擇"作"择"："孟轲母三徙，择邻复近学，以叫教轲也。"（p.22）"澤"作"沢"："《尔雅》云：'沢障曰陂也'。"（p.42）等。又日藏古抄本《尚书》文字中亦屡见不鲜，如"澤"作"沢"：沢名、大沢、震沢、九沢、荣沢、云梦沢；（禹贡篇，足本 pp.414—428、天本 pp.429—443）"懌"作"怿"："王弗怿"；（顾名篇，足本 p.2719）"驛"作"馭"："气落，馭不连属。"（洪范篇，足本 p.1523、天本 p.1535）《牛店杂谈·安愚乐锅》异体字一览收有"沢、釈、訳"等。（p.363）文部省《汉字整理案》（大正 8 年）以"擇"为标准字体，"択""馭""訳""沢"为许容体。《常用汉字表》（昭和 6 年）以"**駅**""釈""訳""沢""択"为常用汉字。

收—収【常用】【JIS2004①】【教育】

《字海》："同'收'。见《干禄》。"（p.206）《汉标》："《文》与'收'同（见《广韵》）。"（p.88）《国标》："同'收'。"（p.211）

《说文·攴部》："敊，捕也。从攴，丩声。"（p.63）《干禄》："収收，上通下正"。（p.32）宋《列女传》《取经诗话》，元《通俗小说》等"收"作"収"。《正字通》："収，……收字之讹。"（卷九 p.3）又"収，收本字"。（p.123）《重订直音篇》："収，……收同上。"（卷四 p.369）

图《类聚》"收"作"収"（p.270）东福寺本《参记》"收"作"収"。《诗注》："帝収核欲种之上林中"（p.49）、"成年别収绢一疋"。（p.54）《俗略》以"収""收"为"攺"之减画俗字（p.245），《汉字字体整理案》以"収"为第一种文字，"收"为第二种文字。

鼠—甪【JIS2004②】

《字海》："音义待考。字出《ISO-IEC DIS10646 通用编码字符集》"

（p.1759）

《说文·鼠部》："{鼠}，穴虫之总名也。象形。"（p.205）

"鼠"作"鼡"当为草书楷化。以"⺍"代替上下结构字中，居于上方的部件，在草写中习见。如："⺍"代"炏"，（勞—劳）、口口（單—单）、代"臼臼"（學—学）、代"巛"（巢—巢）等。亦有带"臼"，如："舅"，晋索靖《出师颂》作"{舅}"。"鼠"之"臼"作"⺍"者，亦沿袭此写法。"鼠"下部作"{尻}"，字书中习见。《玉篇》（元刊本）以"鼡"为字头。（p.359）《正字通》以"鼡"为"鼠"之俗省。（卷十七 p.45）

日本江户时期写本《史记雕题·司马相如列传五十七》"鼠"作"{鼡}"，如："飞～之类或以尾飞，或展四足匾薄如袄以称气而飞，无以髯者。"（卷第八 p.45）《好色一代女》作"{鼡}"。（《汉形》p.359）《同文》："{鼡}，ソ，鼠也。{鼡}，同上，凡从鼠从{尻}从{鼡}，并非。"（p.307）

　　絲—糸【常用】【JIS2004①】【教育】【人名】

"糸"，《字海》："（一）mì 音米，去声。①细丝。见《说文》。②幺。见《玉篇》。（二）sī 音思，同'丝'。见《集韵》。"（p.1310）《汉标》："（一）mì《文》① 细丝：君以织籍籍于～，束为～，籍～抚织再十倍其贾（价）（《管子》）。② 微小（见《广雅》）。③ 量词。丝的一半（见《说文》）。（二）sī《文》与'丝'同。蚕丝（见《集韵》）。"（p.704）《国标》："（一）mì① 细丝。② 数量单位。1 糸是 1 丝的 1/2。（二）sī 同'丝'。蚕丝。"（p.1081）

《说文·糸部》："糸，细丝也，象束丝之形。"（p.272）《说文·絲部》："絲，蚕所吐也。从二糸。"（p.278）"絲"，日本常用汉字作"糸"。

《集韵·之韵》："絲，《说文》：'蚕所吐也。'或省。"（p.112）日本常用汉字从省，作"糸"，我国现行汉字作"丝"。

《名义》："糸，……细丝"。又"丝，古糸字"，（p.277）东福寺本《参记》"絲"作"糸"。《俗略·略字》"略字ニアラザル他の文字"："絲糸"。（p.236）《常用汉字表》（昭和 6 年）以"糸"为常用汉字。

　　松—枩【JIS2004②】

《说文·木部》："{松}，木也。从木，公声。{寀}，松或从容。"（p.113）

"枩"为"松"之换位俗字。《四部丛刊》影覆宋本《沈氏三先生文集云巢集》卷 5《西禅新阁》："齐山皓发客，逍遥老枩竹。"部件"木"上移在俗书中习见，如《宋谱·木部》引《太平乐府》《娇红记》"桃"作"{枴}"。（p.29）

《上井觉兼日记：伊势守日记·天正 2 年 8 月 3 日》"松"作"枩"、《鸟丸本徒然草》“松”作“枩”。(《汉形》“徒然草异体字”p.350)《朗咏》:“桃”作“尭”。(p.29)《同文·讹字》:“枩,マツ,松也。”(p.293)亦收“毒”与“变”为讹字。《倭楷》以“枩”“尭”为“松”“桃”之倭俗之讹。(pp.31、50)

肅—粛【常用】【JIS2004①】【人名】

《字海》:“粛,同‘肃’。见《敦煌俗字谱》。”(p.1302)《汉标》:“与‘肅(肃)’同。”(p.656)《国标》:“同‘肃’。”(p.1075)

《说文·聿部》:“肅,持事振敬也。从聿在𣶏上,战战兢兢也。𢖪,古文肅,从心,从卪。”(p.59)“肅”,日本常用汉字作“粛”,我国现行汉字作“肃”。

《字海》:“粛,同‘画’。见《敦煌俗字谱》。”(p.1302)误。唐碑“嘯”作“嘯”。(《书法字典》p.86)《干禄》:“粛、肅:上俗下正。”(p.57)《示儿编》引《字谱总论》:“肅之粛……俗书也。”(p.227)《字汇补·米部》:“粛,俗肅字。”(p.158)1935年《第一批简体字表》“肅”作“粛”。

“肅”作“粛”见于日本室町时期写本中。如:日本《尚书》抄本(足利本):“王粛”。(p.26)《朗咏》:“着野展敷紅錦繡。”(p.22)《俗略·略字》“組織ヲ変ジタルモノ”:“粛”。(p.240)《常用汉字表》(昭和6年)以“粛”为常用汉字。

T

體—躰【JIS2004①】

《说文》:“體,总十二属也。从骨,豊声。”(p.81)

“體”作“躰”,见于六朝碑刻中。如:《北齊武平元年造像》作“躰”。(《金石文字辨异》p.128)S.388《正名要录》:“體、躰,右正行者楷,脚注稍讹。”(《敦俗》p.402)《玉篇·身部》:“躰,他礼切,俗體字,軆,同上。”(p.33)《字汇·身部》:“躰,俗體字。”(卷十一 p.70)

“躰”字奈良时期文献中已然。(见《汉形》“正仓院文书の異体字”p.280)《讽稿》:“幼时之红颜,不见老躰”。(p.26)东福寺本《参记》:“波躰宜由來告。”(卷一)图《类聚》“體”作“躰”(p.21)《尚·内》:“體”作“躰”。(p.86)《朗咏》:“三躰”。(p.49)江户初期写本《问答》:“东坡亦即此躰成歌云”。(p.31)《倭楷》以“躰”为“體”之“华人所为省文”。(p.71)《道斋》:“果體,裸躰同”。(p.109)《俗略·俗字》 以“躰”为“體”之为改变结构俗字。(p.257)

鐵—鉄【常用】【JIS2004①】【教育】

"鉄",《字海》:"同'鐵'。见《宋谱》。"(p.1519)《汉标》:"①zhì 与'紩'同。②tiě 与'鐵（铁）'同。"(p.840)《国标》:"（一）zhí 同'紩'。①索。②缝,用针线连缀。（二）tiě 同'铁'。"(p.1470)

《说文·金部》:"鐵,黑金也。从金,戠声。"(p.293)"戠"简作"失",日本常用汉字作"鉄",我国现行汉字作"铁"。元《古今杂剧》《三国志平话》,"鐵"作"鉄"。(《宋谱》p.98）1935 年《第一批简体字表》"鐵"作"铁"。

室町江户时期写本,"鐵"作"鉄"习见。如:《尚·足》:"桃氏为剑,其所为者有铜有鉄"。(p.101)《诗注》:"昆吾,鉄石坚固也"。(p.126)《史记雕题》:"本文富商大贾属盐～,而豪强并兼属告缗,自有条理"。(第九册 p.16)《安愚乐锅》"鐵"作"鉄"。(《汉形》p.363）江户时期《倭楷》以"鐵"为"华人所为省文"。(p.74)《俗略·略字》"略字ニアラザル他の文字":"鐵鉄"(p.236)。文部省《汉字整理案》(大正 8 年）以"鉄"为许容体。《常用汉字表》(昭和 6 年）以"鉄"为常用汉字。

聽—聴【常用】【J JIS2004①】【人名】

"聴",《字海》:"同'听'。见《敦煌俗字谱》。"(p.1178)《汉标》:"与'聽（听）'同。"(p.583)《国标》:"同'听'。"(p.1150)

《说文·耳部》:"聽,聆也。从耳、壬,㥁声。"(p.250)"聽",日本常用汉字作"聴"。

《干禄》:"聴聽:上通下正。"(p.56)《笺注本切韵·青韵》亦载"聴"字。敦煌写本斯 2607《浣溪沙》词:"万家枯（砧）杵捣衣声,坐更寒,懒频聴。"

《正古·集成一·民部省牒》:"遂无聴许"。(卷二 p.17)《讽稿》(p.64):"智慧罗汉聴灵山之教。"东福寺本《参记》"聽"作"聴"。《尚·内》"聽"作"聴" p.81)。《朗咏》:"聽"作"聴"。(p.13)《道斋·省笔偏旁通用》:"耳哥"。(p.138)《俗略·俗字》以"聴廰"为改变结构俗字。(p.256)文部省《汉字整理案》(大正 8 年）以"聴"为标准字体,"聴廰"为许容体。《常用汉字表》(昭和 6 年）以"聴廰"为常用汉字。

廳—庁【常用】【JIS2004①】【教育】

"庁",《字海》:"tīng 音厅。①平。见《玉篇》。②同'矴'。见《集韵》。③同'厅'。字见《宋谱》。"(p.514)《汉标》:"《文》①平（见《玉篇》)。②与'廳（厅）'同。"(p.173)《国标》:"同'厅'。"(p.435)

《集韵·青韵》：“廳，古者治官处谓之聽事，后语省直曰聽，故加广。”
“廳”，日本常用汉字作“庁”，我国现行汉字作“厅”。

“廳”作“庁”，以“丁”代“聽”，为后起形声字。元《古今杂剧》《三国志平话》“廳”作“庁”。（《宋谱》p.24）《正字通》：“庁，旧注他丁切，音廳。《玉篇》：平也。按：义同平不必别作庁。以声推义，庁即俗廳字省文也。”（卷六 p.10）

日本昭和 21 年《当用汉字表》以“廳”为当用汉字。《当用汉字字体表》（昭和 24 年）“廳”作“庁”。《常用汉字表》（昭和 56 年）以“庁”为常用汉字。

圖—图【常用】【JIS2004①】【教育】

《说文·口部》：“圖，画计难也。从口从啚。啚，难意也。”（p.125）

图，《字海》：“同‘图’。见日本《常用汉字表》。”（p.432）《汉标》：“与‘图’同。”（p.147）《国标》：“同‘图’。”（p.284）

“圖”在行、草书中有作“图”（晋王献之《江东贴》）、“图”（明王宠《自书诗》）（《草书大字典》p.252）日本写本中多沿用此写法。如：《尚·足》作“圖”作“图”。（《尚书》第一册 p.28）《朗咏》“圖”作“图”“图”。（pp.76、201）《诗注》：“落花遥写雾，飞鹤近图云。”（p.163）江户时期亦出现“图”字形，如：桓之霸以管仲成焉，微管仲初无以～霸也。（《雕题·晋世家九》第三册 p.52）《倭楷》以“图”为“圖”之“华人所为省文”。（p.67）《俗略》以“图”为“圖”之改变结构略字。（p.239）文部省《汉字整理案》（大正 8 年）以“图”为许容体。《常用汉字表》（昭和 6 年）将“图”定为常用汉字。《汉字字体整理案》以“图”为第二种文字。《当用汉字字体表》（昭和 21 年）以“图”为当用汉字。

團—团【常用】【JIS2004①】【教育】

《字海》：“同‘团’。见日本《常用汉字表》。”（p.431）《汉标》：“与‘团’同。”（p.146）《国标》：“同‘团’。”（p.283）

昭和 21 年《当用汉字表》以“团”为当用汉字。而《当用汉字字体表》（昭和 24 年）“团”简作“团”。

W

往—徃【JIS2004②】

《说文·彳部》：“徍，之也。从彳，㞷声。徎，古文从辵。”（p.37）

"往"，居延汉简有作""，右边部件与"生"相近。(《简帛》p.308)
S.2832《愿文等范本·因产亡事》"去留运往"作"去留运徃"。(《敦俗》p.419)
"主""丰""生"等部件相近易混。

"徃"相近字形见于日本奈良时期文书中。(《大日本古文书》卷一"异字一览""往"作"")图《类聚》"往事"作"事"。(p.34)东福寺本《参记》"往"亦作"徃"。《尚·内》："敕鯀徃治水"。(p.22)江户初期写本《问答》："坡妹与夫来徃歌诗"。(目录2)《道斋》："向往"作"响徃"。(p.109)《俗略》以"徃"为改变结构俗字。(p.255)

圍—囲【常用】【JIS2004①】【教育】①

《说文·囗部》："圍，守也。从囗韋声。"(p.125)

"囲"字见于明代字书中，如：《篇海·囗部》(明刊本)云："囲，他琼切，策也。"《康熙字典·补遗》中引《篇海类编》云："囲，他红切，音通，策也。"与"圍"并无联系。日本所用"囲"字与明代字书中的"囲"只是偶然同形。

"圍"作"囲"，与日本汉字音有关。片假名ワ行的"ヰ"，本写作"ヰ"；"ヰ"即"圍"字声符"韋"下部的省写。因为"圍"字汉音与"井"字音读同，因此以"井"代替了"韋"或"ヰ"。896年《苏悉地羯罗经略疏》的训点中已出现以"井"代"ヰ"的情况。②13世纪中叶《字镜·囗篇》："圍，囲同。"(p.268)室町《诗注》："信与匈奴囲高祖于平城，自逢云雾雨雪，用陈平计得出。"(p.13)《朗咏》："长数千里大三百囲"(p.12)。《上井觉兼日记·伊势守日记》天正十年十一月二十六日条(1582)作"囲"。江户时代"圍"亦常用作"囲"。如："囲"在《乌丸本徒然草》、井原西鹤所著的《世间胸算用》以及宽永年间出版的木活字版《宇治拾遗物语》中都有出现。又《同文·省文》："囲，カコム，圍也。"(p.298)《省文》："圍，此间俗省作囲。"(p.148)《俗略·略字》"一部分ヲ略シタルモノ"："圍囲"。(p.237)《汉字整理案》(大正8年)以"圍"为标准字体，"囲"为许容体。《常用汉字表》(昭和6年)将"囲"定为常用汉字。《汉字字体整理案》以"囲"为第二种文字。

爲—為【常用】【JIS2004①】

"為"，《字海》："同'爲'。见《玉篇》。"(p.973)《汉标》："① wéi '为'

---

① 参见何华珍《日本汉字和汉字词研究》，中国社会科学出版社2004年版，第170页
② 参见築岛裕《日本语の世界·仮名》附表，中央公论社1981年版。

的繁体。② wèi‘为’的繁体。”（p.413）《国标》：“同‘为’。”（p.852）

《说文·爪部》：“爲，母猴也。其为禽好爪，爪，母猴象也；下腹为母猴形。”（p.57）

《玉篇·爪部》：“爲，俗作為。”（p.128）《五经·爪部》：“爲，作為讹。”（p.71）慧琳《音义》卷12《大宝积经》卷36音义：“爲，从爪作爲，正也。经文作為，略也。”[①]《增广字学举隅》：“為，本作爲今更此。”（卷二 p.291）“偽”，缘此类推。

“為”见于日本上代金石文中。如：《释迦造像铭》：“奉為现在父母”《法隆寺释迦造像铭》：“為嗽加大臣誓愿”。奈良时期正仓院写经中亦作“為”，《正古·集成一·民部省牒》：“一為寺地”。（卷二 p.17）《讽稿》：“丁兰雕木为母。”（p.30）图《类聚》：“為”作“为”。（p.9）日本《尚书》抄本“内野本”“足利本”皆作：“爲”。《朗咏》：“为將失利”。（p.12）《俗略·略字》“組織ヲ変ジタルモノ”：“為”。（p.239）文部省《汉字整理案》（大正8年）以“偽為”为许容体。《常用汉字表》（昭和6年）“为”“**偽**”为常用汉字。《汉字字体整理案》以“為”“偽”为第二种文字。昭和21年《当用汉字表》以“爲”“僞”为当用汉字。《当用汉字字体表》（昭和24年）则采用“為”“偽”。

X

喜—㐂【JIS2004③】

《说文》：“喜，乐也。从壴从口。凡喜之属皆从喜。歖，古文喜从欠，与欢同。”（p.96）

喜，甲骨文作“”“”等字形，（《新甲》p.298）金文作“”（兮仲钟，集成68）、（史喜鼎）、（《新金》p.570）篆文作“”。汉帛书作“”、居延汉简作“”。（《简典》p.163）

㐂，由“喜”之草书楷化而成。晋王羲之《十七贴》作“”、颜真卿《华严帖》作“”、李怀琳《绝交书》作“”。（《新书》p.260）

日本写本文献中亦作相字形。如：喜，图《类聚》：“延式”。（p.4）《金刚大教王经卷第二》（高山寺本）作“”。东福寺本《参记》作“”，《徒然草》《安愚乐锅》等文献中“喜”亦作“㐂”。（《汉形》pp.348、362）

鄉—郷【常用】【JIS2004①】【教育】

《汉标》：“《文》与‘鄉（乡）’同（见《玉篇》）。”（p.765）《国标》：“同

① 参见张涌泉《敦煌俗字研究》，上海教育出版社1996年版，第334页。

'乡'。"（p.1451）《说文·邑部》："𨛜，国离邑，民所封鄉也。……从㖟，
川声。"（p.136）"鄉"，日本常用汉字作"郷"。

秦简、汉帛书"鄉"作"鄉"。（《简帛》p.836）"鄉"又见于《郑固碑》
《张迁碑》等。（《隶辨》p.56）汉《刘宽碑阴》"響"作"響"。（《隶辨》p.109）
"郷"见于日本奈良时期文献中。如：《小治田安万侣墓志》"鄉"作"郷"，
（《上金》p.358）《正古·集一》："余绫郡中村郷伍拾戶"，（p.257）《诗注》：
"又谓光武时居南阳泉郷，王令布行於天下之兆也。"（p.159）《倭楷》以"郷"
为"鄉"之倭俗之讹。（p.35）《道斋》："響往"作"響徃"，（p.109）文部
省《汉字整理案》（大正 8 年）以"郷""響"为标准字体。《常用汉字表》
（昭和 6 年）以"郷""響"为常用汉字。《汉字字体整理案》以"郷""響"
为第一种文字。

襄—襄【JIS2004④】

《说文·衣部》篆作"襄"，云："漢令：解衣耕谓之襄。从衣𤕟声。𧞮，
古文襄。"（p.169）

《示儿编》引《字谱总论》："襄之襄……俗书也。"（p.227）"襄"之双
口，俗书写作三点或两点。齐《象主法念造象》"娘"作"孃"。隋《曹海
凝墓志》"壤"作"壤"。（《碑别》p.442）隋《暴永墓志》"讓"作"譲"。
《字学三正·体制上·俗书简画者》亦云："襄，俗作襄。"（p.26）

"讓""釀""孃""壤"等从"襄"字，日本常用汉字作"譲""醸""嬢"
"壌"。"嬢"，图《类聚》："耶嬢"。（p.175）《尚·内》"讓"作"譲"。（p.15）
《俗略》以"壤"为"壤"之改变结构略字。（p.240）昭和 21 年《当用汉字
表》以"讓""釀""孃"为当用汉字。而《当用汉字字体表》（昭和 24 年）
采用"嬢""譲""醸"三字。《常用汉字表》（昭和 56 年）收"譲""醸""嬢"
"壌"为常用汉字。

笑—咲【常用】【JIS2004①】

《字海》："同'笑'《汉书·外戚传下·许皇后》引《易》：'旅人先～
后号咷。'"（p.392）《汉标》："'笑'的异体。"（p.128）《国标》："同'笑'。"
（p.253）

《说文·竹部》："𥬇，此字本阙。臣铉等案：孙愐《唐韵》引《说文》
云'喜也，从竹，从犬'，而不述其义。今俗皆从犬。又案：李阳冰刊定《说
文》'从竹，从夭'，义云'竹得风其体夭屈如人之笑'。未知其审。"（卷五
p.94）

"笑"作"咲"，见于汉魏碑中。如：《王政碑》："时言乐咲"。（《隶辨》

p.588）魏《元显儁墓志》“载咲载言”。敦煌文献中作“咲”者亦十分普遍。如：敦研 196《妙法莲花经》卷第七《普贤菩萨劝发品》：“轻笑”作“轻咲”。（《敦俗》p.453）《干禄》：“咲笑，并上通下正。”（p.53）《集韵》：“笑、咲、关，仙妙切，喜也。古作咲或省俗作㗛，非是文十一。”（p.579）元《三国志平话》、明《娇红记》、清《目连记》“笑”皆作“咲”。（《宋谱》p.60）《字汇·口部》《正字通·口部》《重訂直音篇·卷一·口部》均收“咲”同“笑”。

“笑”作“咲”，日本奈良时期文献中已然出现。如：飞鸟池遗迹出土木简：“女人向男咲。”《讽稿》：“含慈相咲”。（p.56）东福寺本《参记》“笑”作“咲”。《万叶集》桂本“异体字一览”、《徒然草》の“异体字”中亦收有“咲”者。（《汉形》pp.285、348）《道斋·同训字》：“关咲笑”。（p.129）文部省《汉字整理案》（大正 8 年）以“咲”为标准字体，“㗛”为字典体。昭和 21 年《当用汉字表》收有“笑”“咲”。《常用汉字表》（昭和 56 年）收有“笑”“咲”字，“咲”字训作“さく”，意为“（花）开”。

效—効【常用】【JIS2004①】【教育】

《字海》：“同‘效’。见《玉篇》。”（p.195）《汉标》：“‘效’的异体。”（p.84）《国标》：“同‘效’。”（p.182）

《说文·攴部》篆文作“𢿍”，云：“象也。从攴，交声。”（p.62）隶作“效”，如：《鲁峻碑》：“以效其节。”（《隶辨》p.148）《玉篇·力部》：“効，胡孝切，俗效字。”（p.149）《示儿编》：“效傚皆从攵，而俗从力。……皆偏旁之讹也。”（p.184）《干禄》：“効效，上功下仿效，字或作斅。”《新九经》：“效，作効讹。”（p.36）《字汇·力部》：“効，与效同，効验也，功効也。”（卷二 p.74）

天平胜宝五年《圣武天皇铜板敕愿文》：“神明効训。”（《古文书》卷十二 p.394）《尚·足》：“民所叛者天讨之，是天明可畏之効也。”（p.256）《常用汉字表》（昭和 6 年）以“効”为常用汉字。《汉字字体整理案》以“効”为第一种汉字。昭和 21 年《当用汉字表》以“効”为当用汉字。

攜—携【常用】【JIS2004①】

《说文·手部》：“𢹂，提也。从手，巂声。”（p.252）

“攜”作“携”“㩗”见于汉碑中。《三公碑》：“遐迩携负。”（《隶辨·平声·齐韵》p.126）晋《爨宝子碑》“攜”作“携”、魏《元彦墓志》“攜”作“㩗”。S.238《金真玉光八景飞经》：“㩗率五岳”。（《敦俗》p.455）《干禄·平声》：“㩗、擕，并上通下正。”（p.20）又“鑴、鐫，并上通下正”。（p.25）《五经·手部》：“攜，戶圭反，相承作攜，或作者㩗，皆非。”《集韵・平声・齐韵》："携，俗作㩗，非是。"

《讽稿》（p.10）："令某净土作某佛资㩗菩萨众。"高《类聚》《参记》"携"作"㩗"。《朗咏》："㩗手上河梁游"。（p.12）江户初期写本《问答》："东坡一日㩗宅眷游西湖"。（p.3）《道斋》："带㩗，带挈"。（p.103）文部省《汉字整理案》（大正 8 年）以"携"为标准字体。《常用汉字表》（昭和 6 年）以"携"为常用汉字。JIS 以"㩗"为第四准汉字。

敍—叙【常用】【JIS2004①】

《说文・支部》云："敍，次弟也，从支余声。"（p.37）商承祚《殷虚文字类编》："篆文从支之字……古文多从又。"隶定作"敍"、亦作"叙"。《北海相景君铭》："竹帛叙其勳"。《老子铭》："九等之敍"。（《隶辨》卷三 p.365）《干禄》："叙、敍，上通下正。"（p.37）《五经》："敍作叙讹。"（p.68）《字汇・又部》："叙，本从文，俗字从又。"（卷三 p.2）

日本奈良时期文献中"敍"多从"又"。如：平城宫出土木简"敍"作"叙"。正仓院文书中亦作"叙"。（《汉形》"正仓院文书の异体字"p.265）桂本、西本愿寺《万叶集》"敍"作"叙"（《汉形》p.285）日《尚书》抄本"内野本""足利本"中亦多用"叙"。（pp.79、26）《俗略》以"敍、叙"为"敘"之减画俗字。（p.245）文部省《汉字整理案》（大正 8 年）以"敍"为标准字体、"叙"为许容体。《常用汉字表》（昭和 6 年）以"叙"为常用汉字。

Y

亞—亜【常用】【JIS2004①】

《说文・亞部》："亞，丑也。象人局背之形。贾侍中说以为次弟也。"（p.309）

亞，甲骨文作"✚""✚"等字形，金文承续甲骨字形作"✚"（臣谏簋），篆文作"亞"略有变形，隶书楷书承续小篆字形。（《新甲》p.798、《新金》p.2030）

"亜"为"亞"之连笔俗字。《俗书》："亞，俗作亜非。"（p.546）《字汇》："亞，俗作亜。"（p.34）元《古今杂剧》《太平乐府》"亞"作"亜"。（《宋谱》p.123）唐碑"惡"作"恶"。（《书法字典》p.183）"恶"，又见于宋《列女传》、元《太平乐府》等。（《宋谱》p.35）《古今杂剧》《太平乐府》《东牕记》《目连记》《金瓶梅》等"哑"皆作"哑"。（《宋谱》）1935 年《第一批简体字表》"亞"作"亜"、"惡"作"恶"。1956 年《简化字总表》"亞"作"亚"、"惡"作"恶"。

亲鸾自笔《教行信证》（卷四）、《观无量寿经注》（西愿寺本）"惡"作
"惡"。①《云州往来》（宽永十九年版）"亞"作"亜"。（《汉形》p.302）江
户《道斋》："亞"作"亜"，"婭"作"**婭**"。（p.101）《俗略》以"亜""惡"
"**啞**""**堊**"为改变结构略字。（p.254）文部省《汉字整理案》（大正 8 年）
列"亜""惡"为标准字体，"亞""惡"为字典体；《常用汉字表》（昭和 6
年）收"惡"为常用汉字，未收"亞"字。昭和 21 年《当用汉字表》收
"亞""惡"为当用汉字。《当用汉字字体表》（昭和 24 年）列"亜""惡"
为当用汉字。《常用汉字表》（昭和 56 年）收"亜""惡"为常用汉字。

烟—炬【JIS2004④】【人名】

"烟"为"煙"之或体。"烟"作"炬"，是据"因"之俗字"囙"类推
形成。"因"，又隶变作"囙"者，如《尹宙碑》："囙以为氏"。（《隶辨》p.118）
马王堆汉简"因"作"**囙**"。"囙"稍稍变形，就写作"囙"。"囙"字，见
于魏朝碑刻及敦煌写经中。如：《李壁墓志》作"囙"。《干禄》："囙因，上
俗下正。"（p.22）《字汇·口部》："囙，俗因字。"（p.38）

从"因"字，如"烟""咽""胭""恩"等亦类推做此变化。例如："烟"
作"炬"，S.388《正名要录》："烟炬，右字虽别，音义是同。古而典者居
上，今而要者居下。""咽"作"咺"，成 96《目连变文》："喉咺别（则）
细如针鼻。""胭"作"胭"，《碎金》："胭项：音燕。"（以上见《敦俗》p.473）
"恩"作"恩"，敦延 004（2—2）《优婆塞戒经》："不知恩者。"（p.102）

奈良时期日本承用此类字形。如：《圣武天皇敕书铜版》"因"作"囙"，
（《上金》p.94）《续高僧传》（正仓院·五月一日经）"恩"作"恩"等。《正
古·集成一·民部省牒》："囙兹当授田时"，（卷二 p.17）"烟"作"炬"
《和泉监收纳正税帐》："符急户捌拾玖炬口贰伯"。此后文献一般沿用此用
法，如："因"，平安时期（794—1192）《讽稿》（p.8）："昔世殖善囙之人"。
又"烟"，《讽稿》（p.10）："奉此香炬"。"恩"，《讽稿》（p.18）："蒙父母之
恩。"图《类聚》："恩怨"。（p.244）《日本书记》（鸭脚本）（1236）"烟"
作"炬"。《尚·内》"因"作"囙"。（p.18）《倭楷》以"炬""恩"为"华
人所为省文"。（p.66）

鹽—塩【常用】【JIS2004①】【教育】【人名】

《字海》："同'盐'，见日本《常用汉字表》。"（p.237）《汉标》："日本
汉字。"（p.106）《国标》："同'盐'。"（p.309）

___

① 字形出自"汉字字体规范史データベース"。

《说文·鹽部》："鹽，咸也。从卤，监声。"（p.247）

按：敦煌写本斯 617《俗务要名林》饮食部："塩，移廉反。"《玉篇·鹽部》："塩，同上（鹽），俗。"（p.301）《干禄》："塩鹽，音连。"《广韵·鹽部》："塩，俗。"（p.65）宋《列女传》、元《古今杂剧》、明《白袍记》、清《木连记》等"鹽"皆作"塩"。（p.135）1935 年《第一批简体字表》"鹽"作"盐"。此"盐"字为上下结构，日语常用汉字"塩"为左右结构。其实，"塩"与"盐"乃一字之变。（p.33）

"塩"，日本奈良时期已然出现。如：奈良时期木简："塩一百颗"。《正古·集成一·内藏寮解》："塩叁升肆合捌勺"（卷一 p.8）东福寺本《参记》："饭汁塩醋也。"（卷四）桂本及西本愿寺本《万叶集》"鹽"亦作"塩"。（《汉形》p.298）《倭楷》以"**盐**"为"鹽"之"华人所为省文"。（p.73）《俗略·略字》"組織ヲ変ジタルモノ"："塩"（p.239）《常用汉字表》（昭和 6 年）以"塩"为常用汉字。

陽—阳【JIS2004④】

《说文·阜部》："**陽**：高明也。从易声，与章切。"（p.304）

阳，甲骨文作"**𨸏**"（前 5.42.5）、金文作"**昜**"（永盂）、"**陽**"（农卣）"**昜**"（虢季子白盘），秦简作"**陽**"（睡.法 57）。

阳，为后起会意字。元抄本《京本通俗小说》"陽"作"阳"。明《字学三正·体制上·时俗杜撰字》云："陽，俗作阳、阦"。《字汇补·阜部》阦注："道藏有阳字，与陽同。"《通俗小说》《白袍记》《目莲记》等"陽"均作"阳"。（《宋谱》p.101）

江户时期《和汉音释书言字考节用集·乾坤门上》（1696）中收"阴阳"两字为"支那俗字"。《同文》将其误收为日式省文，云："阳ヤウ，陽也。"（p.306）

《倭楷》以"阦""阳"为"陽"之省文。（p.60）《俗略·略字》"一部分ヲ略シタルモノ"："陽阳"。（p.237）

堯—尧【JIS2004①】【人名】

《说文·垚部》："尧，高也。从垚，在兀上，高远也。"（p.291）

《干禄·平声》："尧、堯，上俗下正。"（p.26）《示儿编》谓"堯、曉、驍、燒、曉、鐃、澆、僥、橈、撓、饒皆从垚，而俗皆从吉"。（p.183）《正字通·土部》："堯，俗省作，非。"（p.14）敦煌写本"燒"作"烧"，习见。"曉"见于元《通俗小说》《古今杂剧》等。（《宋谱》p.26）

从"堯"字，日本文献作"尭""尧"等字形。"堯"，日本飞鸟时期碑刻《那须国造碑》"堯"作"尧"，（《上金》p.101）《名义》"繞"作"**𦈎**"，

（p.271）《字镜》"曉"作"暁""晓"，（p.20）图《类聚》"澆"作"浇"（p.9）、"曉"作"暁"（p.34）、"燒"作"烧"（p.66）、"饒"作"饒"。（p.339）其后文献多承袭此写法，如：东福寺本《参记》"鐃"作"鐃"、"繞"作"繞"、"饒"作"饒"等。"堯典"，日本《尚书》抄本"内野本"作"堯典"（p.14）、"足利本"作"亳典"。（p.27）《俗略》以"堯、繞、曉、遠"为改变结构略字。（p.240）文部省《汉字整理案》（大正8年）以"曉""燒"为标准字体。《汉字字体整理案》以"烧"为第一种文字。日本常用汉字作"焼""暁"，又收"饒"为JIS第四水准汉字。

搖—摇【常用】【JIS2004①】

《说文·手部》："搖，动也。从手，䍃声。"（p.254）

部件"䍃"作"䍃"，见于汉魏碑刻中，《隶辨·宵韵》："謠"见于汉《刘熊碑》，"搖"见于魏《横海将军吕君碑》。（p.49）《北魏刁遵墓志》"遙"作"遥"。（《金石文字辨异》p.216）《语对》："瑤枝琼萼。"（《敦俗》p.485）《五经·手部》"搖摇，上《说文》从向从缶，下经典相承，隶省。凡瑶遥之类皆从䍃。"（p.6）《龙龛·手部》："摇，正，羊昭反，摇动也。"（p.206）《玉篇·言部》："謠，与招切，独歌也。徒歌曰謠。"（p.166）"謠"或作"謡"。《龙龛手镜·言部》："謡，正，余昭反。歌～。"（p.43）

"䍃"作"䍃"日本奈良时期文献中已然，如："搖""遙"等。《威奈大村墓志》作"遥"，《弥勒上生经》（高山寺本）作"摇"，《四分律》卷第十六（正仓院·五月一日经）作"摇""遥"，《续高僧传》（正仓院·五月一日经）作"摇""遥"。《名义》："瑤瑶，余招反。"（p.5）又"遥，与照反，远、行"。（p.97）图《类聚》"遙"作"遥""搖"作"摇"、（p.27）"謠"作"謡"、（p.92）"瑤"作"瑶"。（p.165）《道斋》："步摇，步繇同。"（p.104）《俗略》以"摇""遥"为改变结构俗字，（p.254）《汉字字体整理案》以"遥""瑶"为第一种文字。日本现代汉字用字中，以"摇"为常用汉字，"遥"为JIS2004第一水准汉字，"瑶"为第二水准汉字。

曳—曳【JIS2004②】

《说文·申部》："曳，臾曳也。从申，丿声。"隶变作"曳"。（p.313）

"曳"，《大唐韦公夫人墓志》作"曳"；"抴"，S.5431《开蒙要训》作"抴"等。《龙龛》："曳曳，羊制反，二同。"（p.67）《集韵》："曳，西戎有河名曳咥"。（p.712）《俗书》："曳，俗加点非。"（p.558）

《大日本古文书》卷二"异字一览"（p.251）"曳"作"曳"。《名义》："曳，余制反，牵申、引。"（p.294）《大教王经》（国研本）卷一、二、三"曳"

作"曳"。

图《类聚》"曳"作"曳"、"洩"作"洩"。（p.35）东福寺本《参记》
"拽"作"拽"。《诗注》："李陵赋诗罢，王乔曳舄来。"（p.63）《同文·讹字》：
"曳，ヒク曳也。凡从曳字如洩、絏等从曳，并非。"（p.292）《道斋》："累
絏，缧绁。"（p.112）

壹—壱【常用】【JIS2004①】

《说文·壹部》："壹，专壹也。从壶，吉声。"（p.214）

《字海》："壱，同壹，见日本《常用汉字表》。"（p.221）

晋索靖《月仪帖》和隋智永和尚《千字文》，"壹"作"壱"①。唐以前
书帖，草书"壹"作"壱"。（《五体字典》p.144）元至大二年（1309）《三
日浦埋香碑》，"壹"亦作"壱"②。

《俗略·略字》"組織ヲ変ジタルモノ"："壹壱"。（p.240）文部省《汉
字整理案》（大正8年）以"壹"为标准字体，"壱"为许容体。《常用汉字
表》（昭和6年）"壱"《汉字字体整理案》以"壱"为第二种文字。

宜—冝【JIS2004③】

宜，甲骨文作、等字形；（《新甲》p.443）西周早期金文作""（貉
子卣），战国金文有作""（宜铸戈）、""（宜阳右仓簋）。《说文·宀
部》小篆作""云："所安也。从宀之下，一之上，多省声，，古文宜，
，亦古文宜。"（p.148）睡虎地秦简作""，居延汉简作""或作
""。（《简帛》p.231）汉《史晨碑》作"冝"。（《隶辨》p.10）汉以降文
献中"冝"亦频见，如《御注金刚般若波蜜经宣演卷上》："三摄归宗旨，
四所被根冝。"（《敦俗》p.492）《玉篇》"宜，……今作冝"。（p.169）《广
韵·平声》："宜，《說文》本作宜，所安曳。俗作冝。"（p.45）《字汇》"宜"
字条云："隶省作宜，俗从冖非。"（p.8）从"宀"字或从"冖"，如"写"
或作"寫"。

"宜"，日本奈良时期写经《续高僧传》（正仓院·五月一日经）（740）、
《大乘悲芬陀利经》卷三（正仓院·神护景云）等皆作"冝"。"寫"，《续高
僧传》（正仓院·五月一日经）（740）作"写"。《名义》作""。（p.290）
东福寺本《参记》"宜"作"冝"、"誼"作""。《尚·内》："因事之冝"。
（p.18）文部省《汉字整理案》（大正8年）以"冝""誼""寫"为标准字体。

① 参见俞忠鑫《中日韩汉字词比较研究导论》，载《韩国研究》，杭州大学出版社1995年版。

② 参见（清）陆增祥《八琼室金石补正》卷130。

《汉字字体整理案》以"宜"为第二种文字。

刈—苅【JIS2004①】

《说文·刀部》："𠚺，芟艸也。从刀，从乀相交。𠛆，乂或从刀。"（p.266）

"刈"字加"艹"字头，敦煌写卷中已出现，如《太子成道经》："见时人耕种收刈，极甚劳力。"（《敦俗》p.495）《佛教难字字典·刀部》："刈，苅"。（p.27）该字书在凡例中提到为《集韵》《广韵》《玉篇》《正字通》《康熙字典》《宋谱》等古籍中出现的字。

日本平城宫迹出土的木简中已出现相似字形，通常作为人名用字。如：平城京3—4606木简（736）："天平八年五月廿四日苅田孔足"。《正古·集成一·和泉监收纳正税账》："和泉宫御田苅稻收纳正"，（卷十三 p.170）桂本、西本愿寺本《万叶集》"刈"作"苅"，（《汉形》p.285）《好色一代女》"刈"作"苅"。《同文·讹字》："苅，カル，刈也。"（p.295）《俗略·略字》以"苅"为"刈"之增画俗字。（p.243）

逸—逸【常用】【JIS2004①】【人名】

《说文·兔部》小篆作"𨓤"，"失也。从辵、兔。兔谩訑善逃也"。（p.202）

隶书有省作"逸"者，《隶辨·质韵》："逸，《刘熊碑》：富者不独～。"（p.168）"逸"见于我国古代文献中，如：南北朝时期 p.2160 摩诃摩耶经卷上作"逸"，隋《千字文》（伝智永笔）作"逸"。《干禄》："逸逸，上通下正。"（p.59）《俗书》："逸，俗作逸，非。"（p.557）

日本奈良时期《弥勒上生经》（高山寺本）、《续高僧传》（正仓院·五月一日经）等写经"逸"皆作"逸"。天治本《字镜》"逸"亦作皆作"逸"，如："重逸"。（p.20）

室町江户时期沿袭此用法，大多省点作"逸"。文部省《汉字整理案》（大正8年）以"逸"为标准字体，"逸"为字典体。《常用汉字表》（昭和6年）以"逸"为常用汉字。《当用汉字》（昭和21年）以"逸"为当用汉字，而《当用汉字字体表》（昭和24年）则采用了"逸"字。

陰—陰【JIS2004④】【人名】

《说文·阜部》云："陰，闇也，水之南山之北也，从阜侌声。"（p.306）

陰，三体石经作"𣊻"，金文異伯子妘父盨作"𨹾"（集成4443），篆文作"𨺇"。

秦简作"陰"（睡.封18）。隶书有作"陰""陰"，《熹平石经后记残石》《汉西岳华山庙碑》作"陰"。《魏定瀛二州刺史王蕃墓志铭》、隋《千字文》、

（传智永笔）唐《开成石经周易》（东洋文库拓本）作"陰"。又《干禄·平声》云："陰、阥、唫，上通中下正。"（p.32）又见《五经·阜部》，云："陰、阥、上《說文》，下石經。"（p.45）。《字汇·阜部》："阥，同陰"。（卷十二p.35）

　　"陰"，奈良时期写经《续高僧传》、（正仓院·五月一日经）木简作"陰"，《讽稿》（p.70）："神陰形加护"，图《类聚》"蔭"作"蔭"、（p.94）"陰"作"陰"。（p.202）东福寺本《参记》"陰"作"陰"。《道斋》："比陰，庇蔭"。（p.110）《俗略·俗字》以"陰"为改变结构俗字，（p.255）文部省《汉字整理案》（大正 8 年）以"陰"为标准字体，"蔭"为字典体。《常用汉字表》（昭和 6 年）以"陰"为常用汉字。《汉字字体整理案》以"陰"为第一种文字。

　　陰—阴【JIS2004④】

　　阴，为后起会意字。元抄本《京本通俗小说》"陰"作"阴"。明《字学三正·体制上·时俗杜撰字》云："陰，俗作阴"。《字汇补·阜部》："《五音集韻》陰字又作、阴、阦、氚，並與陰同。"

　　江户时期《和汉音释书言字考节用集·乾坤门上》（1696）中收"阴阳"两字为"支那俗字"。《同文》将其误收为日式省文，云："阴，イン陰也。"（p.306）《倭楷》以"阣""阴"为"陰"之省文。（p.60）《俗略·略字》"組織ヲ変ジタルモノ"："陰阴"。（p.240）

　　櫻—桜【常用】【JIS2004①】【教育】

　　"桜"，《字海》："同'櫻'。见日本《常用汉字表》。"（p.751）《汉标》："日本汉字。"（p.253）《国标》："日本汉字。同'櫻'。"（p.692）

　　《说文·新附》："櫻，果也。从木，嬰声。"（p.121）

　　我国已废止的《二简》，曾将"嬰"简化为"妌"，"櫻"作"桜"、"纓"作"绥"。"嬰"草书楷化作"妌"见于唐碑；明文徵明书法"櫻"作"桜"。（分别见《书法字典》pp.116、272）

　　延庆本《平家物语》"櫻"作"桜"，正彻本、鸟丸本《徒然草》"櫻"作"桜"，《云州往来》"书陵部藏本""宽永十九年本""櫻"作"桜（《汉形》pp.336、350、315）《当用汉字表》（昭和 21 年）以"櫻"为当用汉字。而《当用汉字字体表》（昭和 24 年）则采用了"桜"字。JIS2004 汉字以"珱"为第二水准汉字。

應—応【常用】【JIS2004①】【教育】

"応",《字海》:"同'应'。见日本《常用汉字表》。"(p.515)《汉标》:"与'應'同。"(p.174)《国标》:"同'应'。"(p.472)

《说文·心部》:"𢙣,当也。从心,雁声。"(p.216)隶变作"應"。如:《史晨奏铭》《华山庙碑》等作"應"。(《隶辨》p.155)

"應"省作"応",暂时在中国文献中尚未发现用例。《倭楷》以"応""応"为"應"之"华人所为省文"。(p.62)"応"见于日本室町时期文献中,《诗注》"瑞応图"(p.6)又"河汾応擢秀,谁肯访山阴"。(p.31)《尚·足》:"四时皆応"。(p.30)《俗略》以"応"为"應"之部分省略俗字。(p.237)文部省《汉字整理案》(大正8年)以"應"为标准字体,以"応"为许容体。《常用汉字表》(昭和6年)以"応"为常用汉字。

園—薗【JIS2004①】

"薗",《字海》:"同'园'。见《字汇》。"(p.296)《汉标》:"《文》与'園(园)'同(见《字汇》)。"(p.693)《国标》:"同'园'。"(p.1234)

《说文》云:"園,所以树果也。从口,袁声。"(p.125)原有形符"囗"表被围起来的地方。魏碑中已出现增加"艹"字头的字形。如《金石文字辨异·平声·元韵·园字》引《北魏比干碑阴》作"薗"。《魏贾谨及子晶墓志铭》"丘園"作"丘薗"。而后的写经中亦多如此,如甘博004《贤愚经》卷一:"一时佛在舍卫祇树给孤独薗"。(《敦俗》p.520)《四分律》卷第二十(正仓院·唐经)作"薗"。至明代,该字形仍被广泛使用。《字汇·艹部》曰:"薗:同园。""薗"为"園"之增旁俗字。增加"艹"字头,是为了突出"种植花木、蔬果的地方"这一义项。日本自奈良时期起就使用此字形,平城宫出土的木简中多作此字形。如:"花園"作"花薗"等①。平安初期《讽稿》:"鹿野薗中四。"(p.44)镰仓时期写经《教行信证》(亲鸾自笔)卷四(1224)作"薗",亦添加了"艹"旁。东福寺本《参记》"園"作"薗"。正彻本《徒然草》"園"亦作"薗"。(《汉形》p.348)《和尔雅》卷一(p.10):"園,薗同,有藩曰園,有墙曰囿。"《同文·讹字》:"薗,ソノ,園也。"(p.289)

圓—円【常用】【JIS2004①】【教育】

《说文·囗部》云:"圓,圜全也。从囗,員声。读若员。"(p.125)

《汉语大字典》收有"円"字,谓同"圓",并列举二义项。一表圆形,

---

① 本文所引木简资料出自奈良文化财研究所《木简字典》,http://jiten.nabunken.go.jp/index.html。

举徐珂《清稗类钞·舟车》为例："吉林有以木刳作小舠，使之两端锐减；底圆弦平者，称曰艑艉。"二为日本货币单位，举鲁迅《书信·致蒋抑卮（一九〇四年八月二十九日）》为例："今此所居，月只八円。"注："円，日本货币单位。"（p.41）

"円"是日本创制的一个简体字，晚清或民国时期逆输入我国。"圓"作"円"经历了"囗"这一中间状态。以"丿"替代全包围内构件的现象在手写文献中十分常见。"圓"作"囗"，最早见于空海《三十帖策子》。[1]日本平安时期的古字书中亦收有此字形，如《名义》（1114）有："块，……囗玉。"（p.6）观本《类聚》（1251）有："圖，……囗仓。"等（p.840）《参记》卷一："其体似餅，大三寸许，囗餅厚五分许，中如糖，其味甘美"；《入唐》卷一"承和五年八月"条云："囗彳（圆仁）。""丿"亦可替代"袁"，如"蕳"《延时文书·平忠俊謙状》（1272）作"苬"、《橘中村文书·长岛庄高濑山田畠山野下地中分状》作"苬"等。[2]"囗"形，手写时"丿"与"一"上移，就会形成与"円"相似字形。如：明惠自笔《华严信种义》（1221）作"囗"。[3]《诸本集成古事记》中"圓"写作"囗"或"円"，如"次圓野比卖命"中的"圓"，铃鹿登本、春瑜本作"円"，前田本、曼殊院本、猪熊本作"囗"（中卷 p.341）。正彻本《徒然草》中"圓"作"円"。（《汉形》p.348）江户异体字研究著作收有"囗""円"为"圓"之俗字。如：太宰春台《倭楷》"囗"为"圓"之倭俗所为省文，（p.78）新井白石《同文·省文》："囗，マロシ，圆也。"（p.298）松元愚山《省文》言："円，圆俗作～"。（p.134）用于"货币"义的"円"，见于嘉永四年（1851）7 月 3 日兰学之士桥本左内给笠原良策的书简中。[4]《俗略·略字》"組織ヲ变ジタルモノ"："圓円"。（p.239）文部省《汉字整理案》（大正 8 年）以"圓"为标准字体，以"円"为许容体。《常用汉字表》（昭和 6 年）以"円"为常用汉字。《汉字字体整理案》以"円"为第二种文字。

韻一韵【JIS2004②】
《说文·音部·新附》："韻，和也。从音，員声。"（p.52）

"韵"为"韻"之音近换旁俗字。唐褚遂良《行书千字文》"韻"作"韵"。（《新编汉字大字典》p.1669）《龙龛手鉴·音部》："韵，音韻。"（p.61）《集韵》："韻均韵，《说文》：和也。裴光远云：古与均同或作韵。"（p.546）《字

① 参见笹原宏之《日本の汉字》，岩波书店 2006 年版，第 52 页。

② 引自"电子くずし字字典データベース"。

③ 字形源自"汉字字体规范史数据库データベース。

④ 参见《円の百年》第 15 页图片。

汇》：“韵，同韻。”（p.67）

　　图《类聚》“唐韻”作“唐”（p.12）川口文库本《朗咏》“韻”字作“匀”或“韵”，如“廣匀”“芳菲礼部韵茂貌”。（p.15）《诗注·灵禽十首·莺》：“吟分折柳吹，韵娇落海风。”（p.64）《同文·省文》：“韵，イン，韻也。”又白蛾注：“田渊敏曰：毛晃《增韻》云：韻或作均、韵，俗。作韻然。则韵非韻省字乎。”（p.306）《倭楷》：“韵，与韻同。”（p.73）

Z

匝—迊【JIS2004④】

　　《说文·帀部》：“帀，周也。从反之而帀也。”（p.123）段注本《说文·帀部》：“匊也，从反ㄓ而帀也。”（p.275）《干禄·去声》：“迊帀，上通下正。”（p.63）《广韵·入声》：“帀，……迊，同上。”（p.535）《字学三正·体制上·俗书简画者》：“迊，俗作匝。”（p.63）

　　“匚”或“匸”部件讹作“辶”与草书有关。“乚”写作“辶”两者的草率写法相近，易相混。此种写法早见于汉魏碑刻及隋唐抄写经卷。如“匝”，《元端墓志》、S.81《大般涅盘经卷十一》（506）、S.2577《妙法莲华经》卷八等均写作“迊”；“匹”，S.2067《华严经》卷十六作“辿”；“匠”，《唐僧定九等造像记》《宋爨龙颜碑》（《偏类碑别字·匚部》）等作“近”。“匡”，《汉书杨雄传》（上野本）作“迬”。“匮”《偏类碑别字·匚部》引《唐润州魏法师碑》作“遺”。“匿”，p.2160《摩诃摩耶经卷上》作“”。中国传统字书中亦收有此类字，如：《干禄·去声》：“匝，上通下正。”《干禄·入声》：“迊、匹。上俗下正。”“匯”，《龙龛手鉴·匚部》将“遁”字列为“匯”之俗体。

　　日本奈良时期的写经中就已然使用此类俗字，如《大日本古文书》卷一附录“异字一览”中出现的有：辿（匹）、近（匠）等字①。《讽稿》：“七迊与佛物申”，（p.42）东福寺本《参记》“匣”作“”，（卷六）“匝”作“迊”。（卷七）镰仓时期写本《平家物语》（延庆本）“匠”作“近”、“匡”作“迬”、“區”作“”。《尚·足》“匝”作“迊”，（p.30）《同文·讹字》：“近，匠也。迊，匝也。”（p.288）

赞—贊【常用】【JIS2004①】【教育】

　　《字海》：“同‘赞’。见《集韵》。”（p.1393）《汉标》：“‘贊（赞）’的异

---

　　① 东京大学史料编纂所编《大日本古文书》（编年文书）全25册，网罗了大宝2年（702）至宝龟11年（780）间的古文书。其中卷一至卷五都附有《异字一览表》。卷一至卷五，文献时间跨度为大宝2年（702）到神护景云3年（769）。

体。"（p.333）《国标》："同'赞'。"（p.1349）

《说文·贝部》："贊，见也。从貝从兟。"（p.130）

"贊"隶省作"赞"。汉《马江碑》："赞业圣典"。汉《孔和碑》："幽讚神明。"（《隶辨·去声》pp.573、574）《五经·贝部》："赞赞：上《说文》，下经典相承隶省。"《集韵·换韵》："赞，隶作赞。"（p.1150）《字汇》："讚，俗讚字。"（p.29）"贊，俗贊字。"（p.45）1935年《第一批简体字表》"贊"亦作"赞"。

"贊"作"赞"，日本正仓院文书中已然。如：天平十五年《一切经本充并纳纸帐》："十月五日枚赞纸一卷。"（《大日本古文书》卷之八 p.173）高《类聚》："僁、儧，下正字。"（p.6）图《类聚》"讚嘆"作"讚嘆"，（p.13）东福寺本《参记》"讚"作"讚"。《俗略·俗字》以"赞""讚"为改变结构俗字。（p.255）文部省《汉字整理案》（大正8年）以"赞""讚"为标准字体。《常用汉字表》（昭和6年）以"赞"为常用汉字。

丈—丈【JIS2004③】

《说文·十部》云："丈，十尺也，从又持十。"（p.45）

丈，楚简作"丈"，（郭.六.27）（《楚简帛》p.208）秦简作"丈"。（睡.日甲33背）（《睡简》p.29）又隶书作"丈""丈"，如：《何君阁道碑》："袤五十五丈"，《郙阁颂》云："三百余丈。"（《隶辨》p.109）又《俗书》云："俗作丈，非。"（卷三 p.555）《正字通》："丈，俗加点作丈"。（卷二 p.4）可知，丈为"丈"之加点俗字。整字外加点现象多见于我国历史文献中。如"宅"，《孝文皇帝造九级浮图碑》作"宅"①；"聿"，《元显魏墓志》作"聿"；"氏"，《华山碑》作"氏"；"曳"，《大唐韦公夫人墓志》作"曳"。"拽"，S.5431《开蒙要训》作"拽"等。（《敦俗》p.489）《干禄》收有"丈、丈、氏"三字，其中"丈"与"丈"为"俗"，"氏"为"通"。

日本奈良时代（710—794）《续高僧传》（正仓院·五月一日经）中出现了"氏""违""民""丈"等加点俗字。《名义》"丈"作"丈"。（p.300）东福寺本《参记》"杖"作"杖"。室町写经《药师功德经》（守屋本）"丈"作"丈"。《诗注》："海中有三山，蓬莱、方丈、瀛洲。"（p.24）又"杖"变为龙"。（p.33）《朗咏》："长数千丈"。（p.12）江户宽永十二年版《云州往来》"丈"作"丈"、（《汉形》p.302）《日本书纪》卷二（庆长十五年版）"杖"作"杖"。《俗略》以"丈"为"丈"之俗字，（p.246）明治时期小说《安

---

① 本文碑刻字样来源有二：一是取自《碑别》等工具书中，采用造字方式，此类均注明了出处；二是源自"京都大学人文科学研究所所藏石刻拓本データベース"所收碑刻拓本。

愚乐锅》"丈"作"丈"。(《汉形》p.362)

争—争【常用】【JIS2004①】【教育】

《说文·受部》："𠔥，引也。从𠬪、厂。"(p.79)

"争"隶书有作"争""争"。(参见《隶辨》引《刘宽后碑》《司农刘夫人碑》p.64)《干禄》："争、争，并上俗下正。"(p.31)《俗书》："争，俗作争，非。"(p.547)"争"作"争"，日本奈良及其以前文献中已然出现。"净"，飞鸟时期造像铭《王延孙造释迦像光背记》："速生净土"；《法隆寺金堂释迦造像铭》："往登净土"。《如来示教胜军王经》(正仓院·神护景云 2 年)"争"作"争"。

"净"作"净"。《讽稿》："孟仁拔霜筝奉祖"。(p.32)又"令某净土作某佛资携菩萨众。"(p.10)图《类聚》"净名"作"净名"(p.11)、"静"作"静"(p.17)、"争"作"争"。(p.92)《朗咏》"心静"作"心静"(p.161)、"筝"作"筝"(p.43)、"争"作"争"。(p.18)《道斋》："峥嵘"作"峥嵘"，(p.109)《俗略》以"争""静"为改变结构的略字。(p.239)文部省《汉字整理案》(大正 8 年)以"静""争"为许容体。《汉字字体整理案》以"静""争""净"为第二种文字。《常用汉字表》(昭和 56 年)收"净""静""争"为常用汉字。

証—証【常用】【JIS2004①】【教育】

"証"，《字海》："同'證'。见《正字通》。"(p.1453)《汉标》："《文》①谏，规劝：士尉以～靖郭君，靖郭君不听(《战国策》)。②与'證(证)'同(见《正字通》)。"(p.792)《国标》："①谏，谏证，士尉以～靖郭君，靖郭君不听。②验证。"(p.1303)

《说文·言部》："證，告也。从言，登声。"(p.51)《说文·言部》："証，谏也。从言，正声。"(p.47)段玉裁注："証，今俗以証为證验字。"(p.93)

《龙龛·言部》："証，音正，谏也。"(p.49)《正字通·言部》："証，中定切，音正。《说文》：谏也。《六书统》：正言以谏也。一说与證通。"据此可知，"證""証"本为二字，后通用无别。

《史记雕题·孔子世家十七》有"證"作"証"者，如："注家辄引家语相証皆非及《论语》文而解谬，今皆不悉辨焉"。《倭楷·省文集》以"証"为"华人所为省文"。(p.72)《道斋·同训字》："証證"。(p.125)《俗略·略字》"略字ニアラザル他の文字"："證証"。(p.236)文部省《汉字整理案》(大正 8 年)以"証"为许容体。《常用汉字表》(昭和 6 年)以"証"为常用汉字。

徴—徵【常用】【JIS2004①】

"徴"，《字海》："同'徵'。字见《龙龛》。"（p.483）《汉标》："与'徴（征）'同。"（p.167）《国标》："同'徵（征）'。"（p.467）

《说文·壬部》："徵，召也。从微省，壬为微，行于微而文达者即徵之。"（p.167）

武威汉简"徵"作"徴"。（《简帛》p.318）《隶辨·蒸韵》："徴，《北海相景君铭》：以病被～。按：《广韵》徵经典省作徴。"（p.69）《正名要录》："徵，右依颜监《字样》甄录要用者，考定折衷，刊削纰缪。"（《敦煌》p.550）《龙龛手镜·彳部》视"徵"为正体。（p.497）《字鉴》："徵，……俗作徴。"（卷二　p.37）两部件之间的横笔，易省。如"徽"字，《魏司马景和妻墓志铭》"徽"作"微"。（《广碑别字》p.128）《干禄·平声》："徽徽……并上通下正。"（p.18）"隆"省笔作"隆"，见王羲之书法。（《书法字典》p.556）《正名要录》"隆"字脚注："从生"。（《敦煌》p.252）

《正仓·集成一·造寺司牒》："徴納"。（卷五 p.64）高《类聚》："懲，俗懲字。"（p.6）图《类聚》"徵"作"徴"。（p.56）《尚书》抄本"内野本""足利本""徵"皆作"徴"、"徽"作"徽"。（pp.79、34）《俗略》以"徴""隆"为"徵""隆"之减画俗字。（p.244）《汉字字体整理案》以"徴"为第二种文字。《当用汉字表》（昭和 21 年）"徵""懲""隆"为当用汉字。而《当用汉字字体表》（昭和24年）则采用了"徴""懲""隆"字。JIS2004汉字以"徽"为第三水准汉字。

専—專【常用】【JIS2004①】【教育】【人名】

《说文·寸部》："專，六寸簿也。从寸，叀声。一曰專，纺專。"（p.61）

專，甲骨文作"🖾"（前 5.12.1）、"🖾"（甲 3103），金文作"🖾"（專車季鼎），《说文》小篆作"🖾"。汉帛书"專"作"専"。（《简帛》p.247）《干禄》："専、專：上通下正。"（p.25）《王二·仙韵》："專，职缘反，精。俗作専字。"《五代本切韵·宣韵》所载"鱄""嫥""膞""篿""塼""鄟"诸字，其"專"均作"専"。①

専，《大日本古文书》卷二"异字一览"作"専"，（p.505）"團"，《讽稿》："可坐才團变"。（p.56）又《续高僧传》（正仓院·五月一日经）（740）、《成唯识论》卷十（宽治二年刊本）、《日本书纪》（1142）等文献，其"專"皆作"専"。从"專"字亦类推作此变化。如《续高僧传》（正仓院·五月一日经）（740）"傳"作"傅"。《民部省牒》："捡东大寺田使少寺主傅灯进

①　参见张涌泉《敦煌俗字研究》，上海教育出版社1996年版，第111页。

守法师承天",（《正古·集成一》p.18）"轉"《金刚场陀罗尼经》（686）作
"轉"，《讽稿》："爲轉教"，（p.64）《名义》："專"作"専"、"團"作"团"。
（p.292、p.16）图《类聚》"專"作"専"、（p.9）"轉"作"転"、（p.17）"團"
作"团"。（p.119）

姊—姉【常用】【JIS2004①】【教育】【人名】
　　"姊"，《字海》："同'姉'。见《龙龛》。"（p.682）《汉标》："《文》与'姉'
同（见《龙龛手鉴》）。"（p.200）《国标》："同'姉'。"（p.345）
　　《说文·女部》："姊，女兄也。从女，𠂔声。"（p.260）"姊"，日本常用
汉字作"姉"。
　　"姉"，俗"姊"字。《隶辨》："姉"见于汉《武梁祠堂画象》。（p.86）
《龙龛·女部》："姉，咨死反，女兄也。"（p.281）"姊"讹作"姉"（从女从
市）。《字海》云："姉，音义待考。字出《ISO-IECDIS 10646 通用编码字符
集》。"（p.1678）斯 2053 号《礼记音》："姉，兹履（反）。"斯 328 号《伍子
胥变文》："子胥贤士，逆知阿姉之情。"①
　　《正古·集成一·山背国爱宕郡出云乡云上里记账》："姉出云臣辞"。（卷
十二 p.158）《俗略》以"姉"为"姊"之增画俗字。（p.244）文部省《汉字
整理案》（大正 8 年）以"姉"为标准字体，"姊""姉"字典体。《常用汉
字表》（昭和 6 年）以"姉"为常用汉字。

總—総【常用】【JIS2004①】【教育】【人名】
　　"總"，《字海》："同'总'。见《康熙字典》。"（p.1324）《汉标》：
"（一）zǒng《文》与'总'同。把个方面和在一起（见《字汇补》）。（二）
cōng《文》① 青黄色（见《字汇补》）。② 绸绢（见《字汇补》）。"（p.721）
《国标》："同'总'。"（p.1090）
　　《说文·糸部》："總，聚束也。从糸，恖声。"（p.273）
　　"恖"，隶变作"怱"。《毛诗音》二："総"，祖工（反）。"《王二·董韵》：
"総，聚束。"《龙龛·糸部》："総，作孔反，聚束。"（p.401）日本常用汉字
作"総"承此②。
　　《正古·集成一·造寺司牒》："百総"。（卷五 p.63）《名义》："総，子孔
反，合、最、结、聚束。"（p.271）"諬"，图《类聚》："諬调"（p.84）文部
省《汉字整理案》（大正 8 年）以"總"为标准字体，"総"为许容体。《常
用汉字表》（昭和 6 年）以"総"为常用汉字。

---

① 参见张涌泉《汉语俗字丛考》，中华书局 2000 年版，第 511 页。
② 参见张涌泉《敦煌俗字研究》，上海教育出版社 1996 年版，第 533 页。

卒—卆【JIS2004②】

《说文·衣部》："窣，隶人给事者衣为卒。卒，衣有题识者。"（p.170）

"卒"隶书有作"卆"。如《孔方碑》"卒"作"卆"（《隶辨》卷五 p.678）"卒"作"卆"，见于六朝碑刻中。"卒"，魏《刘华仁墓志铭》："卆于洛阳宫内"。"粹"，魏《王延明墓志铭》："纯粹"。又甘博 003《佛说观佛三昧海经》卷第五："狱卒"作"狱卆"。甘博 004—10《贤愚经》"醉卧"作"酔卧"（《敦俗》pp.575、578）等。《五经·衣部》："卒"作"卆"，讹。《龙龛·十部》："卆，俗。卒，正。"《龙龛·米部》："粋，俗。"（p.305）宋《取经诗话》、元《通俗小说》"醉"作"酔"。（《宋谱》p.111）《示儿编》亦引《字谱总论》"醉"作"酔"。（p.227）《字汇·酉部》："酔，醉字省文。"（p.498）宋《取经诗话》、元《通俗小说》"碎"作"砕"。（《宋谱》p.57）隋《徐之才墓志铭》"杂"作"雜"。（《碑别》p.421）《龙龛》："杂雜，徂合反，集也，市也，狭也，穿也。"（p.543）《字汇》："卆，俗卒字。"（p.84）又"雜，俗杂字。"（p.523）《第一批简体字表》（1935）"卒"作"卆"。《第二次汉字简化方案（草案）》"翠"作"翆"。

凡"卒"形，日本文献中多作"卆"。"卆"见于日本天平年间的正仓院文书中，"砕"日本金石文献中已然出现。（《汉形》"正仓院文书异体字"p.259、"异体字"p.244）"醉"，《讽稿》："酔人无所知"。（p.90）《名义》："酔，子遂反，渍"。（p.259）"伜，会愦反，副，盈。"（p.20）图《类聚》"悴"作"忰"（p.257）、"碎"作"砕"。（p.153）"砕""酔"，东福寺本《参记》："金一分砕"（卷七）、"长明不觉酔卧"（卷一）。《朗咏》"翠花"作"翆花"（p.22）、"醉"作"酔"。（p.29）《倭楷》以"酔""雜"为"华人所为文"。（p.74）《道斋·省文》："卒作卆"。（p.134）又《道斋·省笔偏旁通用》："杂杀"。（p.138）《俗略》以"卆""雜""粋""忰""翆"为改变结构略字（p.237）。明治时期《安愚乐锅》"醉"作"酔"。（《汉形》p.363）《汉字字体整理案》以"雜"为第二种文字。《当用汉字字体表》（昭和 24 年）"碎"简作"砕"、"粹"简作"粋"、"醉"简作"酔"、"雜"简作"雑"。《常用汉字表》（昭和 56 年）收"粋""酔""砕""雑"为常用汉字。日本 JIS2004 亦收有"翆""伜""埣""綷"等字。

最—冣【JIS2004④】

"冣"，《字海》："同'最'。字见《说文》。"（p.152）《汉标》："jù《文》积聚。"（p.73）《国标》："jù 聚；积聚。"（p.147）

《说文·冃部》："冣，犯而取也。从冃，从取。祖外切。"（p.154）秦简作"冣"，汉帛书作"冣""冣"，居延汉简作"冣""冣"。（《简帛》p.408）《汉蔡湛颂》"最"作"冣"。（《隶辨》p.136）《干禄》："冣冣，上通下正。"（p.48）《字汇·宀部》云："冣，徐预切。徐去声，积也。古作聚物之聚，今作最，误。"（卷六 p.17）《正字通·宀部》亦云："冣，旧注徐去声，古作聚物之聚，今借作最，误。"（卷八 p.36）

"最"作"冣"，早见于日本奈良时期文献中。"最"，《正古·集成一·和泉监收纳正税帐》："冣胜王经"。（卷十三 p.168）"撮"，《正古·集成一·宫内省移》："百人别一勺五撮"，（卷三 p.32）亦有作"冣"者，如：图《类聚》："冣胜孔雀等"。（p.22）又"撮"作"掫"，（p.51）东福寺本《参记》"最"作"冣"。（卷一）《朗咏》"最"作"冣"。（p.35）《俗略·俗字》以"冣"为"最"之改变结构俗字。（p.257）

引用书目（按书名汉语拼音顺序）

秦公：《碑别字新编》（简称"碑别"，下同），文物出版社 1985 年版。

滕壬生：《楚系简帛文字编（增订本）》（楚简帛），湖北教育出版社 2008 年版。

京都东福寺本《参天台五台山记》，承久二年（1220），日本重要文化财产。

诸桥辙次等：《大汉和辞典》，大修馆书店 1986 年版。

《大日本古文书》（古文书），东京大学史料编纂所编纂。

田中道斋：《道斋随笔》，载《异体字研究资料集成》一期第 4 卷，静嘉堂文库藏宝历七年（1757）刊本。

中田祝夫解说：《东大寺讽诵文稿》（讽稿），勉诚社文库 1976 年版。

黄征：《敦煌俗字典》（敦俗），上海教育出版社 2005 年版。

江户初期写本《东坡居士佛印禅师语录问答》（问答）。

竹林居士编：《佛教难字字典》，常春树书坊 1990 年版。

（金）韩道昭：《改并五音类聚四声篇海》（改并），明正德十五年刻本。

（唐）颜元孙：《干禄字书》（干禄），紫禁城出版社 1990 年影印明拓本。

秦公等：《广碑别字》，国际文化出版公司 1995 年版。

毛远明：《汉魏六朝碑刻异体字字典》（汉魏六朝），中华书局 2014 年版。

佐藤喜代治等：《汉字百科大事典·资料编·字の形》（汉形），明治书院 1996 年版。

许嘉璐等：《汉字标准字典》（汉标），辽宁大学出版社 2001 年版。

贝原好古：《和尔雅》，元禄元年（1688）刊本。

空洞先生：《和汉草字辨》，载西川宁《日本书论集成》第 7 卷，汲古书院 1979 年版。

柳泽良一编：《和汉朗咏集私注·文笔问答钞》（朗咏），勉诚出版社 2010 年版。

沈富进：《汇音宝鉴》（民国），文艺学社 1973 年版。

（宋）丁度等：《集韵》，中国书店 2001 年版。

（宋）丁度等：《集韵》，上海图书馆藏述古堂景宋钞本。

徐无闻编：《甲金篆隶大字典》，四川辞书出版社 1991 年版。

陈建贡：《简牍帛书字典》（简帛），上海书画出版社 1991 年版。

（清）邢澍：《金石文字辨异》，清聚学轩丛书本。

（清）毕沅：《经典文字辨证书》，经训堂丛书。

（宋）处观：《精严新集大藏音》，中华大藏经第一辑碛砂藏，民国 63 年。

室町后期《节用集》（永禄五年本）。

唐王仁煦撰，长孙讷言注：《刊谬补缺切韵》，内府藏唐写本，上海古籍出版社。

（清）张玉书等：《康熙字典》，中华书局 1958 年版。

（宋）司马光等：《类篇》，中华书局 1984 年版。

（清）顾蔼吉：《隶辨》，中华书局 1986 年版。

（元）周伯琦：《六书正讹》，元至正十五年平江郡守高德基刊本。

（辽）行均：《龙龛手镜》（龙龛），中华书局 1985 年版。

《龙龛手鉴》，四部丛刊续编本（景印江安傅氏双鉴楼藏宋刊本）。

（宋）孙弈：《履斋示儿编》（示儿编），《丛书集成初编》第 0205、0206、0207 册，商务印书馆。

高山寺本《类聚名义抄》，京都大学国文学会 1951 年版。

观智院本《类聚名义抄》（观本《类聚》），风间书房 1996 年版。

图书寮本《类聚名义抄》，勉诚出版社 2005 年版。

室町中期《明应五年本节用集》。

罗振鋆初编，北川博邦编：《偏类碑别字》，雄山阁出版 1975 年版。

《日本国语大辞典》，大辞典刊行会，小学馆 1981 年版。

《日本人名大事典》，平凡社 1979 年版。

《日本上代金石文字典》（上金），雄山阁出版 1991 年版。

（唐）李峤撰，张庭芳注，胡志昂编：《日藏古抄李峤咏物诗注》（诗注）上海辞书出版社 1998 年版。

《入唐求法巡行记》（入唐），观智院本（1291 年写本）。

松元愚山：《省文纂考》，载《异体字研究资料集成》一期第 5 卷，国立国会图书馆龟田文库藏享和三年（1803）刊本。

《史记雕题》，江户写本。

《世尊寺本字镜》（字镜），《古辞书音义集成》第 6 卷汲古书院 1960 年版。

《书法字典》，上海书店 1985 年影印本。

张守忠撰集：《睡虎地秦简文字编》（睡简），文物出版社 1994 年版。

（东汉）许慎：《说文解字》（说文），中华书局 2014 年版。

（清）段玉裁：《说文解字注》，上海古籍出版社 1981 年版。

（金）韩道昭、韩孝彦：《四声篇海》（篇海），《续修四库全书》第 229 册，上海古籍出版社。

（宋）陈彭年等：《宋本广韵》（广韵），江苏教育出版社 2002 年版。

刘复、李家瑞：《宋元以来俗字谱》（宋谱），文字改革出版社 1957 年版。

黑柳勋：《俗字略字》（俗略），载《异体字研究资料集成》一期第 10 卷，静嘉堂文库藏明治四十三年（1910）刊本。

观智院本《尚书》（《尚·观》），载《尚书文字合编》，上海古籍出版社 1996 年版。

内野本《尚书》（《尚·内》），载《尚书文字合编》，上海古籍出版社 1996 年版。

足利本《尚书》（《尚·足》），载《尚书文字合编》，上海古籍出版社 1996 年版。

天正本《尚书》（《尚·天》），载《尚书文字合编》，上海古籍出版社 1996 年版。

（明）焦竑：《俗书刊误》（俗书），台湾商务印书馆影印四库全书本。

新井白石：《同文通考》（同文），载《异体字研究资料集成》一期第 1 卷，早稻田大学图书馆中村进午文库典藏宝历十年（1760）刊本。

太宰春台：《倭楷正讹》（倭楷），载《异体字研究资料集成》一期第 4 卷，东京大学文学部国语研究室藏宝历三年（1753）刊本。

《五经文字》（五经），（唐）张参，丛书集成新编本。

《新编中国书法大字典》（新书），吴澄渊，世界图书出版公司北京公司 2001 年版。

（唐）唐玄度：《新加九经字样》（新九经），《从书集成初稿》第 1069 册，商务印书馆。

刘钊：《新甲骨文编（增订本）》（新甲），福建人民出版社 2014 年版。

董莲池：《新金文编》（新金），作家出版社 2011 年版。

释昌住：《新撰字镜》，临川书店 1967 年版。

藤堂明保：《学研汉和大字典》，学习研究社 1978 年版。

（梁）顾野王著，（宋）陈彭年等修订：《玉篇》，中国书店 1983 年影印清张氏泽存堂本。

（梁）顾野王著，（宋）陈彭年等修订：《玉篇》（元刊本），四部丛刊正编本（借印建德周氏藏元刊本）。

（清）铁珊纂辑：《增广字学举隅》，天一出版社民国六十四年十二月初版。

宫内厅正仓院事务所：《正仓院古文书影印集成》（正古），八木书店 1988 年版。

近藤西涯：《正楷录》，载《异体字研究资料集成》一期第 7 卷，国立国会图书馆藏宽延三年（1750 年序）写本。

（明）张自烈：《正字通》，清康熙戊午十七年刘炳刊正本。

《重订直音篇》，影印明万历三十四年明德书院刻本。

小野田光雄编：《诸本集成古事记》，勉诚社 1981 年模写本。

释空海：《篆隶万象名义》（名义），中华书局 1995 年版。

（明）梅膺祚：《字汇》，明万历乙卯四十三年江东梅氏原刊本（国图善本）。

（清）吴任臣：《字汇补》，上海辞书出版社 1991 年版。

（元）李文仲：《字鉴》，清康熙年间吴郡张士俊刊泽存堂本。

（明）郭一经：《字学三正》，明万历辛丑二十九年山东曹县公署知县成伯龙刊本。

京都大学人文科学研究所所藏"石刻拓本资料"，http：//kanji.zinbun. kyoto-u.ac.jp/db-machine/imgsrv/takuhon/index.html。

朝—韩篇

壹　综论：俗字在朝—韩的传播研究

从汉字文化圈探讨"俗字"定义，见仁见智，各有差异。池锡永《字典释要》凡例："俗字之不载于字典者，书于原画之末，而匡注韩华日。音则依谐声法而定之，如畓、岾、㑰、锔、辷、鰡之类。字载于字典而原注外别有俗义之惯行者，尾行匡注，如頋、俻、俵之类。"崔南善《新字典》书后附有"朝鲜俗字部""日本俗字部""新字新义部"，其"俗字"乃"新造字"之谓，与《字典释要》同。鲇贝房之进《俗字考》，对俗字、俗训字[①]、俗音字[②] 详加考述，自成体系。其"俗字"即"国字""固有汉字""新造字"，指不见于汉语辞书之字，其中包括一些韩国创制的简俗字。

在我国，"所谓俗字，是区别于正字而言的一种通俗字体"。[③]其概念与韩国的上述"俗字"内涵不尽一致。我国"俗字"概念，在韩国大致相当于"半字""略字"，实际上就是与正字相对的"异体字"[④]。笔者以为，"俗字"可以取其广义，包括相对于正字而言的异体俗字，也包括没有对应正字的新造字；在韩国亦既包括韩国异体字，也包括韩国"固有汉字"。

现选取 1440 年朝鲜官刻本《樊川文集夹注》（以下简称《夹注》）、1803年高丽坊刻本《九云梦》、 1771 年耽罗写本《漂海录》为基础语料，全面调查其中的 2000 多个异体俗字，同时结合《韩国俗字谱》《朝鲜时代汉语教科书丛刊续编》（以下简称《续编》）等相关材料及学界前期成果，从传承俗字和变异俗字视角，揭示俗字在韩国的传承与变异轨迹。

一　传承俗字

从某种意义上说，域外汉籍发展史乃是汉字发展史、俗字变迁史。纵观域外汉籍之金石、写本、刻本，其异体俗字之多且与汉语俗字之近似乃为不容置疑之客观事实。日本现行俗字尽管与首见字源未必有直接关联但

---

① 俗训字也叫国义字，是指在汉字原有意义上赋予新的义项，相当于日语中的"国训"。

② 俗音字也叫国音字，是在汉字原有读音上赋予新的字音，主要用于韩国固有的王名、人名、地名等。

③ 张涌泉：《汉语俗字研究（增订本）》，商务印书馆 2010 年版，第 1 页。

④ 河永三：《韩国朝鲜后期坊刻本俗字研究》，《殷都学刊》2010 年第 2 期。

在汉唐典籍中大都能找到原型①。韩国俗字亦不例外，大多数不出汉代以来近代俗字范围。因此，将域外俗字与中土俗字比较、域外不同地区俗字相互对照，则可发现共时传播与历时变迁的诸多关联，昭示历史上汉字圈之"国际俗字"景观。

从汉字史特别是汉字域外传播史视角探求俗字在韩国的传播轨迹是一项繁重复杂的工作。它可以从传承的阶段、载体、途径、方式等不同角度做专题探讨，也可以从汉字圈层面进行宏观或微观的多维考察。从本调查所引资料可知，韩国汉籍文献蕴含着丰富的俗字语料，涉及历史上的汉语俗字不胜枚举，其中包括我国现行简化字中的俗体字，日本《常用汉字表》中的简俗字，更多的是见于汉唐以来碑刻、版刻、写本中的异写字和异构字。可以说，古代汉字文化圈很大程度上就是一个俗字传播圈，很多俗字由中土传播域外，进而形成一个国际通用俗字群。

（一）见于现行汉字中的传承俗字

1. 中国简化字。古代文物典籍和辞书特别是宋元以来刊本，乃是现行汉语简化字的重要来源。在韩国文献中，亦随处可见与中国现行简化字一致的俗体字形。例如：

愛—爱②　稱—称　處—处　辭—辞　惡—恶　訪—访　還—还　號—号
會—会　紀—纪　鑒—坚　間—间　儉—俭　劍—剑　將—将　盡—尽
舊—旧　舉—举　膾—脍　藍—蓝　樂—乐　禮—礼　憐—怜　臉—脸
殯—殡　戀—恋　靈—灵　劉—刘　搜—搜　廬—庐　縷—缕　麥—麦
門—门　悶—闷　夢—梦　廟—庙　憫—悯　腦—脑　鬧—闹　棄—弃
遷—迁　榮—荣　潤—润　殺—杀　聲—声　師—师　實—实　樞—枢
屬—属　雙—双　藪—薮　歲—岁　壇—坛　體—体　彎—弯　灣—湾
萬—万　聞—闻　穩—稳　問—问　狹—狭　閑—闲　險—险　顯—显
謝—谢　狹—狭　養—养　義—义　議—议　營—营　應—应　嫗—妪
臟—脏　齋—斋　爭—争　鄭—郑　眾—众　莊—庄

2. 日本常用汉字。2010 年改定的日本《常用汉字表》，收录 2136 个整理汉字，其中的日式简体字大多传承汉语俗字。从本调查可知，以下简俗字不仅出现于日本《常用汉字表》，而且也见诸韩国历代汉籍。例如：

寶—宝　拜—拝　變—変　冰—氷　博—博　步—歩　殘—残　藏—蔵
層—層　插—挿　巢—巣　乘—乗　遲—遅　齒—歯　處—処　窗—窓

①　何华珍：《日本汉字和汉字词研究》，中国社会科学出版社 2004 年版，第 117—165 页。
②　"—"后的汉字为本文所引《樊川文集夹注》《九云梦》《漂海录》三种文献中出现的楷化俗字。按"—"前汉字的汉语拼音序排列，下同。为方便排版和阅读，原字形改为宋体楷字，省去文献具体出处和页码。下同。

辭—辞　從—従　帶—带　德—徳　燈—灯　斷—断　對—对　兒—児
發—発　豐—豊　觀—観　歸—帰　漢—漢　喝—喝　黑—黒　懷—懐
歡—歓　悔—悔　惠—恵　濟—済　劑—剤　繼—継　價—価　賤—賎
踐—践　將—将　揭—掲　屆—届　謹—謹　盡—尽　舉—挙　據—拠
覺—覚　渴—渇　覽—覧　來—来　勞—労　樂—楽　淚—涙　歷—歴
曆—暦　兩—両　靈—霊　龍—竜　爐—炉　樓—楼　亂—乱　蠻—蛮
滿—満　惱—悩　難—難　孃—嬢　釀—醸　頻—頻　齊—斉　器—器
錢—銭　潛—潜　權—権　勸—勧　竊—窃　壤—壌　讓—譲　榮—栄
澀—渋　僧—僧　燒—焼　舍—舎　捨—捨　涉—渉　剩—剰　濕—湿
數—数　歲—歳　雙—双　壽—寿　隨—随　體—体　鐵—鉄　廳—庁
突—突　爲—為　僞—偽　穩—穏　溪—渓　纖—繊　險—険　陷—陥
獻—献　曉—暁　寫—写　學—学　亞—亜　鹽—塩　嚴—厳　驗—験
搖—揺　藥—薬　謁—謁　醫—医　逸—逸　藝—芸　隱—隠　營—営
螢—蛍　贊—賛　增—増　贈—贈　齋—斎　戰—戦　滯—滞　專—専
總—総　醉—酔

（二）其他传承俗字

在所选三种文献获取的 2000 多个俗体字样中，除中国、日本现行用字以外，大量的是中国历史上出现的异体俗字。这些俗字的变异规律，也没有超出汉语俗字的类型范围，诸如部件改换、结构移位、书写变易、符号替代、全体创造、增繁、简省、类化等。以下是代表性传承俗字，增加饰笔及下文涉及的俗字不在此列。

哀—哀　靄—靄　罷—罷　拜—拝　寶—宝　備—俻　輩—軰　鼻—臭
壁—壁　鬢—鬂　餐—飡　粲—粲　操—操　曹—曺　曾—曽　儕—儕
諂—諂　塵—尘　承—秉　楚—楚　處—処　船—舡　窗—窓　垂—乗
辭—辝　蔥—苾　聰—聡　竄—竄　爨—爨　翠—羿　答—荅　島—嶋
蹈—蹈　得—淂　德—徳　蝶—蛦　疊—疂　鼎—鼎　定—㝎　篤—篤
段—叚　對—対　多—夛　躲—躱　惡—悪　恩—恩　貳—貮　髮—髪
飯—飰　復—復　婦—娊　富—冨　覆—覄　綱—綱　閣—閤　葛—葛
隔—隔　功—切　鼓—皷　怪—恠　觀—覌　館—舘　廣—庆　貴—貴
國—国　裹—裏　還—迈　罕—罕　曷—昜　墾—墾　鶴—鹤　弘—弘
侯—俟　後—浚　虎—虎　畫—畵　宦—宦　禍—禍　急—㤋　幾—㡬
擠—挤　繼—継　賈—賈　箋—箋　監—监　艱—艰　僉—佥　撿—挍
劍—釼　鬍—鬍　餞—餞　嬌—㛤　竭—竭　羯—羯　解—鮮　僅—堇
盡—盉　京—亰　旌—旌　經—経　迥—迥　居—屆　句—勾　舉—舉
覺—竟　厥—厥　歆—歆　恐—恐　哭—哭　謗—謗　曠—暁　覽—览

牢—牢　麗—麗　臉—脸　戀—恋　量—量　鬢—髩　獵—獵　臨—临
陵—陵　留—甾　流—流　隆—隆　隴—陇　鏤—镂　爐—炉　旅—旅
馬—马　沒—没　美—美　寐—寐　夢—梦　覓—觅　邀—邀　命—命
挲—挲　難—难　囊—囊　能—胀　霓—霓　倪—倪　逆—逆　佩—佩
珮—珮　奇—奇　齊—齐　騎—骑　器—器　強—强　秦—秦　寢—寝
瓊—瓊　區—区　軀—躯　瞿—瞿　色—色　殺—殺　商—商　設—設
深—深　聲—聲　繩—绳　聖—聖　飾—飾　鼠—鼠　術—術　雙—雙
爽—爽　私—私　死—死　雛—雏　睡—睡　所—所　踏—踏　泰—泰
滔—滔　逃—逃　體—体　聽—听　廷—廷　統—统　往—往　岡—冈
望—望　微—微　寢—寢　習—习　喜—喜　鴻—鸿　鮮—鲜　仙—仚
纖—纖　賢—贤　險—险　向—向　囂—嚻　歇—歇　興—兴　凶—凶
匈—匈　胸—胸　雄—雄　夐—夐　虛—虚　婿—婿　選—选　學—学
尋—寻　壓—压　煙—烟　閹—阉　焉—焉　巖—岩　鹽—盐　焰—焰
驗—验　養—养　樣—样　肴—肴　夜—夜　彝—彝　瘥—瘥　亦—亦
誼—誼　義—义　因—因　淫—淫　引—引　隱—隐　嬰—婴　迎—迎
勇—勇　幽—幽　幼—幼　於—扵　虞—虞　與—与　譽—誉　鬱—欝
冤—宛　圓—圆　遠—远　怨—怨　願—願　葬—葵　遭—遭　齋—斋
哉—哉　盞—盏　戰—战　珍—珎　徵—徵　鄭—郑　郅—郅　職—职
陟—陟　竺—笁　囑—嘱　饌—饌　妝—粧　摠—摠　總—總　奏—奏
卒—卒　最—冣　坐—坐

（三）关于韩日俗字

韩国如何接受汉语俗字的影响？韩国教育部 1972 年选定的 1800 个教育用汉字，基本上是传统正字，难以窥见汉语俗字的历时轨迹。而从韩国语文教育研究会 1981 年提出的 181 个简俗字看，其中有部分字形与日本使用的简体字相同，颇有深究之处。河永三在论及韩国有关研究机构所指定的简俗字时，指出这些略字与学界通常研究的韩国特有俗字存有很多差异，许多人怀疑这些略字也许就是日本使用的简俗字，因此，"弄清楚这些略字与日本略字是否具有一致性也是一项十分紧迫的任务"。①

试调查韩国语文教育研究会提出的 181 个简俗字，属于韩日两国共享者有 104 个：

　　仮、価、覚、挙、労、栄、営、蛍、単、戦、獣、厳、弾、悩、脑、猟、帰、拠、倹、剣、検、険、験、径、茎、経、軽、継、齢、歯、関、観、勧、権、歓、広、拡、駆、亀、気、団、対、図、読、売、続、楽、

---

① 河永三：《韩国朝鲜后期坊刻本俗字研究》，《殷都学刊》2010 年第 2 期。

薬、竜、塁、摂、発、廃、辺、弁、並、仏、払、积、訳、駅、択、沢、
繊、顕、焼、粋、雑、酔、鋳、実、亜、唖、悪、圧、壊、譲、醸、嬢、
塩、円、囲、応、弐、壱、残、銭、浅、賎、践、伝、転、斉、剤、済、
証、質、処、鉄、庁、聴、逓、総、絵。

以上 104 个俗字，除"广、扩、払、团、囲、円、应、积、択、沢、
訳、駅"属于日本创制的变体俗字外，几乎都可以在汉语文献中找到历史
踪迹。再看 104 字之外的 77 个俗字，则或为韩国独自选用的传统俗字：鑑、
覧、临、艦、贤、辇、麗、联、难、懺、篦、繍、甫、盃、閗、画；或为中
韩通用俗字：监、坚、肾、紧、滥、师、灵；或为中日韩通用俗字（包括
汉字笔画差异微殊者）：学、誉、断、楼、数、区、欧、殴、枢、旧、国、
担、胆、当、党、独、触、蚕、灯、乱、辞、励、万、恋、蛮、湾、变、
礼、麦、宝、写、参、惨、双、湿、声、属、嘱、随、髓、堕、寿、与、
余、医、窃、点、尽、体、称、献、号、画、会。考察此 77 个俗字，除"盃"
字之外，几乎都可以在汉语俗字大观园中找到发散之源。

值得注意的是，域外学者对此类俗字的产生和演变历来十分关注。鲇
贝房之进认为"夕（勺）""岁（岁）""秽（秽）""覈（覆）""远（远）"是
韩国俗字[1]，当然不妥。日本江户时期的文字学著作，如《正楷录》《倭楷
正讹》《同文通考》《省文纂考》等，屡屡涉及异体俗字的"国别权"问题，
这从侧面揭示了俗字传播与汉字发展史研究的重要意义。

二 变异俗字

变异俗字，是相对于传承俗字而言，指主要流行于域外的"国别俗字"。
包括局部变异和整体变异，局部变异是相对于正字的域外变体，整体变异
则是汉字在传播过程中的全新创造。以下从局部变异视角考察韩国俗字的
五种变异类型。

（一）形声变异

在韩国俗字中，一些形体比较复杂或表音不明显的声符，往往更改为
书写便捷或表音近似的声符。

1. 沥：《夹注》："忽发狂言惊～坐。"（p.469）"绿叶成荫子～枝。"（p.471）

按："沥"为"滿"之换旁俗字。汉语中的"沥"，是作为"溿"的类推
简化字。（《中华字海》p.529）

2. 秌：《九云梦》："或言终不免惨～。"（p.38）

按：《韩国俗字谱》收有"秌"字（p.151），乃"禍"之换旁俗字。

① 鲇贝房之进：《杂考：俗字考·俗文考·借字考》，国书刊行会 1972 年版，第 1—238 页。

3. 鴬：《漂海录》："不然，则隔～莺于今世。"（p.208）

按：《韩国俗字谱》（p.246）、《教科书丛刊续编》（下册 p.289）亦有"鴬"字，为"鴛"之换旁俗字。

4. 妪：《九云梦》："崔夫人招小姐乳母钱～。"（p.65）"钱～领命。"（p.65）"老～初见。"（p.198）《漂海录》："老～即其母。"（p.201）

按："妪"即"嫗" 之换旁俗字。《韩国俗字谱》收录"鷗"之俗体"鴎"字。（p.248）

除此之外，因声符改变而创制的韩国俗字，诸如"獸"作"狄"、"福"作"补"、"富"作"下"、"獄"作"狂"、"廣"作"庞"、"羅"作"罒"，等等。

（二）会意变异

魏晋南北朝时期，新增字中多有会意俗字，如"百念为憂，言反为變，不用为罷，追来为歸，更生为甦，先人为老"等。

1. 夛：《九云梦》："～中说话皆非吉兆。"（p.235）"孰是～也，孰非～也？"（p.336）"真非～也。"（p.336）

2. 旮：《九云梦》："可旮～年优游。"（p.328）

3. 帘：《漂海录》："暮时齐会～。"（p.166）

按：《韩国俗字谱》："夛""旮""帘"分别为"夢""暮""幕"的俗字。"入"代替"莫"，盖源自"全"字。（p.42）"全"乃"墓"之俗体。《韩国俗字谱》亦收有"慕"之俗体"忝"字。（p.77）以此在朝韩文献中，形成"入土为墓、入夕为梦、入日为暮、入巾为幕、入心为慕"系列会意俗字。

顺便说明，在朝韩变异俗字中，"入"还可以作为符号替代复杂部件，如"臺"作"仝"：《九云梦》："催向章～路。"（pp.29—30）"独上于铜雀～。"（p.56）"如觉瑶～。"（p.97）"气成楼～。"（p.202）"高～自颓。"（p.332）"上高～。"（p.334）《漂海录》："故后人命其仝曰望乡～云尔。"（p.181）"阳～云雨之梦。"（p.206）"擡"作"捔"，讹作"撑"：《九云梦》："杨生乍～醉眸。"（p.43）"～首远望。"（p.10）按，"臺"作"仝"，有一个中间环节，即"臺"俗作"臺"（《魏皇甫驎墓志》），《九云梦》亦有"臺"之加点俗字"臺"。

4. 仗：《九云梦》："洛阳诸～纳卷而来。"（p.45）

按："仗"为"儒"之俗字，会"文人为儒"之意。《韩国俗字谱》收有"仗"字。（p.15）需要注意的是，在越南汉籍中也出现作为"儒"之俗字"仗"字，而在我国《第二次简化方案（草案）》中，"仗"曾作"信"的简化字，后停用。

此类会意俗字，又如《韩国俗字谱》："擎"作"伻"，（p.90）寓"人手为擎"之意。

（三）讹俗变异

汉字在传播过程中，因为书写关系，在笔势或部件方面往往会产生局部变异。

1. 狋：《夹注》："度～无言，宰相等出，～留度。"（p.25）"荡子行不归，空床南～守。"（p.463）《九云梦》："婷婷～立于会素之中矣。"（p.43）"娘子～不知尚书之情。"（p.230）

2. 炋：《夹注》："庾信《～赋》，还却灯檠下～盘。"（p.305）《九云梦》："洞房花～贺新郎。"（p.48）"春云执～陪翰林至花园。"（p.117）

3. 舮：《九云梦》："～处融解。"（p.22）《漂海录》："盖欲死后头面不被～伤也。"（p.185）

按："狋""炋""舮"分别为"獨""燭""觸"的俗字。《玉篇·犬部》："獨"古文作"犻"。盖"弔"讹作"市"，如同"姊"作"姉"[①]。"炋""舮"，缘此类推。

4. 皈：《夹注》："太公望载与俱～，立为师。"（p.24）《九云梦》："汝往龙宫饮酒而醉～。"（pp.12—13）《漂海录》："罢酒～来。"（p.201）

按："自反为歸"，"皈"为"歸"的俗字，唐代习见。"皈"讹作"皈"，在朝—韩文献中，常作"皈"，又讹变为"皈"或"皈"。

5. 狛：《漂海录》："鼠之大者，如～而累累然出没于岩石间。"（p.165）

按：《集韵·爻韵》："貓，食鼠狸也。或从犬。"《玉篇·犬部》："猫，食鼠也。或作貓。"《汉语教科书丛刊续编》："一张貓皮三钱银子。"（下册 p.221）其"猫"字，结构移位作"貓"，部件"田"讹作"由"。因此，"狛"为"貓"的俗字，盖由"貓"字减省而来，犹如"廟"作"庿"，讹作"庙"。

6. 烪：《九云梦》："五月寒风冷佛骨，六时天～朝香炉。"（p.3）"八仙女油然而感，怡然而～。"（p.6）"妾等之升沉苦～，皆悬于大王之手。"（p.18）

7. 莍：《九云梦》："酒者，伐性之狂～。"（p.7）"对炉煎～，香臭霭霭然袭衣。"（p.19）

8. 烁：《九云梦》："精神自然震荡，鄙吝俆尔消～。"（p.8）

按：在中土文献中，"樂"俗作"楽"，朝韩则在"楽"的基础上讹变作"烪"，"藥"作"莍"，"爍"作"烁"。

---

① 张成、姚永铭：《〈朝鲜刻本樊川文集夹注〉文字研究》，《古汉语研究》2007年第1期。

（四）简省变异

字形简省是古今文字演变的一条规律，也是俗字产生的一条重要途径。此类俗字，往往是简省繁复结构中的某些部件，而其中的繁复结构又往往有一个过渡性俗字环节。

1. 过：《夹注》："宋玉亭～不见人。"（p.321）《九云梦》："青衣女童浣衣于溪～。"（p.93）《漂海录》："浦～有数三人相与偶语于暗中。"（p.210）

按："邊"之异体，《齐阿鹿交村郭京周等造象记》作"逷"，《魏郑羲下碑》作"邉"，《宋爨龙颜碑》作"邉"。因此，我国简作"边"，朝韩简作"过"，日本简作"辺"，中韩日各取其一。

2. 峦：《九云梦》："紫霞葱～。"（p.183）"苍山～々。"（p.18）

按："鬱"，《魏元宥墓志》作"欝"。《樊川文集夹注》："勃～吾累怒。"（p.81）《韩国俗字谱》收有俗字"欝"和"峦"。（p.244）"峦"或讹为"盃"，盖缘"欝"之简省而来。

3. 吅：《九云梦》："得闻～父之消息。"（p.33）"家～今在何山？"（p.33）"太后特下吅旨。"（p.241）

4. 偘：《九云梦》："～然正坐。"（p.12）

5. 猵：《夹注》："征伐～狁。"（p.169）

按："吅"为"嚴"之简省俗字，"儼""玁"缘此类推为"偘""猵"。

6. 倆：《夹注》："马融才高博洽，为世通～。"（p.334）

按："倆"为"儒"之简省俗字。

7. 怀：《夹注》："汉王曰：吾与若俱北面受命～王，约为兄弟。"（p.27）"立其子～谏，最幼，不能事，政决于私奴蒋士则。"（p.86）《九云梦》："而童颜不改，绿发长春，惟君毋用伤～。"（p.33）

8. 坏：《夹注》："贼以奇兵自五沟至，大呼薄战，城为震～，度危甚，光颜力战却之。"（p.53）

按：《汉景君碑》"懷"作"懐"，宋元以来"壞"多作"壊"。在朝韩越文献中，"懐"省作"怀"，"壊"省作"坏"。又，在越南汉籍中，作为"懷""壞"的俗字"怀""坏"亦多所见，有待考源。

9. 芸：《九云梦》："各执其～。"（p.43）"与诸兄较～。"（p.47）"愿效贱～以听。"（p.68）"各奏其～。"（p.273）

按：在朝一韩、日、越等域外文献中，"藝"简作"芸"，有待进一步考证。

（五）符号变异

符号变异，属于简省俗字范围，但在汉字圈俗字衍生中，内容比较丰富，现象较为突出，在此特作讨论。

1. "又""文/攵"符号

（1）"又"代"義"字

①仅：《夹注》："神明之旄，司马书～。"（p.282）《九云梦》："娇姿雅～。"（p.65）"未曾睹皇华威～。"（p.125）

②议：《夹注》："德宗初～改元。"（p.23）"汉之光禄中散谏～郎三署郎中是也。"（p.237）《九云梦》："小子于华阴县与秦家女子方～婚。"（p.36）

按："仅"，古文"奴"，又同"付"，现作"僅"之简化字。在朝韩文献中，"又"代"義"字，"儀"俗作"仅"，"議"俗作"议"。

（2）"又"代"睪"字

釈：《夹注》："农夫～耒。"（p.7）"竦慕不能～卷。"（p.17）"～耕而守株。"（p.296）

按："釋"作"釈"，早见于《神勒寺大藏阁记并阴》。[1]《高丽大藏经异体字典》收有"釋"之"釈"和"譯"之"訳"。[2]

2. "双""爻/夊"符号

在朝韩文献中，用"双"或"爻/夊"代替相同的两个部件，甚为普遍。例如：

（1）"讐"作"雔"：《九云梦》："反以仇～视之。"（p.114）《漂海录》："彼见济州人，则岂无复～之心乎？"（p.158）

（2）"贊"作"贇"：《九云梦》："妾承吐蕃国～普之命。"（p.167）"～普召妾而入。"（p.169）

（3）"潜"作"溂"：《九云梦》："乃～归于秦氏之房。"（p.257）《漂海录》："生者皆恃～泗之才，而以余全昧～泗付之鬼籍。"（p.190）

（4）"僭"作"偕"：《九云梦》："寔非～也。"（p.190）"敢有～越之计矣。"（p.291）

3. "冫"形符号

（1）代替对称性相同构件

在汉语文献中，"絲"作为构字部件，多以点笔代之，如"戀"作"恋"、"變"作"变"等；但也有用"冫"形符代之者，如敦煌写本"鷥"作"鵉"（《望远行》p.4692），《古列女传》"樂"作"楽"、"幾"作"𢆶"。在《九云

---

① 张涌泉：《汉语俗字研究（增订本）》，商务印书馆 2010 年版，第 43 页。

② 李圭甲：《高丽大藏经异体字典》，高丽大藏经研究所 2000 年版，第 1109、1026 页。

梦》中，除出现“楽”“薬”“㸔”“鸾”之外，还有“戀”作“恋”“讐”作“讐”、“鸞”作“鸾”等。

①恋：《九云梦》：“怀恩～德。”（p.102）“而有眷～之情。”（p.103）

②讐（雔）：《九云梦》：“欲～衬而降矣。”（p.188）“轻揽琐朱之～。”（p.285）“按～并立。”（p.288）

③鸾：《九云梦》：“杨郎被拣于锦～。”（p.193）“锦～抄简。”（p.267）

按：在韩国文献中，“⺍”符除代替上述对称性构件外，其他如“辧”作“办”、“辯”作“辡”、“衛”作“卫”、“衡”作“衡”、“術”作“术”、“微”作“微”、“徵”作“徵”，是其衍生。

（2）代替品字形下位部件

品字形之下位重复部件，我国多用“双”字代之，如“聂”“蹑”“嗫”之类，但亦有“⺍”形代用之例，如《草书韵会》“𠓛（晶）”“轟（轰）”等字。此类构形，在韩、日域外文献中，扩散十分普遍，如见于《九云梦》中的以下用例：

《九云梦》：“矗”作“亖”：“或腾踔而～天。”（p.1）“攝”作“摂”：“惟相公保～保～。”（p.159）“攝”作“慑”：“先声震～于诸州。”（p.123）“躡”作“蹑”：“昔访佳期～彩云。”（p.109）“森”作“杢”：“景物～罗。”（p.186）“蠱”作“蛊”：“初既～心于美色。”（p.13）“操”作“掾”：“此非伯牙水仙～乎。”（p.72）“躁”作“蹂”：“不审行之太～也。”（p.97）“愕”作“愕”：“生～然无语。”（p.74）“脅”作“脅”：“仅免～迫之辱。”（p.129）“毳”作“毳”：“甘～之供不可自当。”（p.241）“蘂”作“蘂”：“手弄琼～。”（p.234）“麤”作“麤”：“而臣母则不免～粝。”（p.268）

（3）代替外围相关构件

在朝韩文献中，“⺍”作为省略符号，除具有以上功能外，还能代替汉字主部件的外围相关构件。例如“亟”字，《九云梦》有“～楼不开”，（p.123）“则解给所佩～弓”，（p.295）“能～出蟾娘”（p.294）用例。按，“畫”字异体作“畵”“畫”“畫”“昼”，韩国俗字作“亟”。依此“晝”作“亘”，《漂海录》有“使烟火不绝于～夜”、（pp.166—167）“沙工必～夜执鸥而不可舍也”（p.187）之例。

4.“刂”形符号

作为简化符号的“刂”，可以替代许多汉字偏旁[①]。而在韩国文献中，则常代替“殳”旁，如“發”作“発”，讹作“癶”，“廢”作“廃”，讹作“席”。《九云梦》：“以～愿之文纳于佛前。”（p.192）“存於中者～於外。”（p.249）

---

① 周志锋：《明清小说俗字俗语研究》，中国社会科学出版社2006年版，第70—80页。

"人道～矣。"（p.233）"便觉歌喉自～。"（p.280）"终不～兄弟之义。"（p.318）

三 结语

以俗字为中心的中朝韩汉字比较研究，是近代汉字学研究的重要内容，也是汉字在域外传播研究的重要内容。今后，在充分吸收既有成果基础上，探索俗字在域外的流播轨迹和传承规律，揭示域外俗字的变异历程和创新途径，结合域外汉籍整理，探寻汉字圈"通用俗字"历史面貌，拓展汉字圈"国别俗字"新视野，从汉字圈的广阔视阈探求俗字在域外的传播规律，丰富和发展俗字传播理论。当下应该在以下几个方面做好具体深入的基础性工作，不断推动汉字圈的俗字比较研究。

1. 加强朝—韩古辞书专项研究，如字典、韵书、蒙求课本，特别是《玉篇》系列辞书。

2. 加强不同书写形式的朝—韩汉籍专题调查，如金石、木简、抄本、刻本等。

3. 加强朝—韩俗字的断代研究，如三国、新罗、高丽、朝鲜时代的俗字研究等。

4. 加强动态的中朝韩俗字比较研究，如我国历代俗字对朝—韩汉字变体的影响等。

5. 加强个体俗字研究，如就中日朝韩越汉字圈具有关联性的近现代新字进行源流汇考等。

参考文献

池锡永：《字典释要》（第三版），汇东书馆 1910 年版。

崔南善：《新字典》，新文馆 1915 年版。

鲇贝房之进：《杂考：俗字考·俗文考·借字考》，国书刊行会 1972 年版。

张涌泉：《汉语俗字研究（增订本）》，商务印书馆 2010 年版。

河永三：《韩国朝鲜后期坊刻本俗字研究》，《殷都学刊》2010 年第 2 期。

杜牧：《朝鲜刻本樊川文集夹注》，中华全国图书馆文献缩微复制中心 1997 年版。

金万重：《九云梦》，上海古籍出版社 1990 年版。

张汉喆：《漂海录》，新干社 1990 年版。

金荣华：《韩国俗字谱》，亚细亚文化社 1986 年版。

汪维辉：《朝鲜时代汉语教科书丛刊续编》，商务印书馆 2011 年版。

何华珍：《日本汉字和汉字词研究》，中国社会科学出版社 2004 年版。

周志锋：《明清小说俗字俗语研究》，中国社会科学出版社 2006 年版。

张成、姚永铭：《〈朝鲜刻本樊川文集夹注〉文字研究》，《古汉语研究》2007 年第 1 期。

李圭甲：《高丽大藏经异体字典》，高丽大藏经研究所 2000 年版。

河永三：《朝鲜后期民间俗字研究》，《中国语文学》1996 年第 27 期。

贰 个案研究：朝—韩汉籍《九云梦》俗字研究

第一章 绪论

第一节 《九云梦》概述

一 《九云梦》作者生平与成书概况

金万重的《九云梦》是朝—韩较早的现代意义上的长篇小说之一，由于它使用的是朝鲜国语文字，"为国语小说进入朝鲜文人文坛开了先河"，在现代朝鲜国语发展中具有开创性的意义。韦旭升这样评价说：

由于朝鲜历代封建统治阶级千百年来以汉字为官方的正统文字，一般文人用作文学创作工具的也主要是汉文。尽管在十五世纪中叶已创制出了朝鲜文字"训民正音"，此后直到《九云梦》作者生存时期的二百多年之间，用朝鲜文字从事文学创作的文人士大夫也仍然只占一个很小的比例，而且局限于诗歌领域。壬辰战争以后，由于民族意识的抬头，以国语创作文学作品已成为人民群众逐渐增长的要求。作者不明的《壬辰录》和《朴氏夫人传》等作品的出现，也都是这种要求的反映。金万重以地位高贵的士大夫身分，却以当时还被统治阶级视之为"鄙词俚语"的朝鲜国语写成了艺术上相当成熟的长篇小说，是可以誉之为国语小说的卓越先驱者的[①]。

2014 年上海古籍出版社又将《域外汉文小说大系·朝鲜汉文小说集成》中陈庆浩校勘"老尊本"《九云梦》析出，整理成简体字出版。该书前言对

---

① 韦旭升：《略论朝鲜古典小说〈九云梦〉》，《国外文学》1986 年第 21 期。

作者的介绍引用了《肃宗实录》等朝鲜史料，翔实可靠。

金万重（1637—1692），字重叔，号西浦，祖籍全罗道光州，是朝鲜显宗、肃宗时期的名臣。朝鲜显宗六年（1665），进士及第，官拜正言，次年转为修撰。显宗九年，朝廷设经书校正厅于成均馆，以金万重为校正官。显宗十三年（1672），右迁为吏曹正郎。肃宗十二年（1686），官拜大提学。肃宗十三年（1687），肃宗因仁显王后无子，将庶人张氏收入后宫。据《肃宗实录》："时贵人张氏，宠冠后宫。而东平君杭缔结张氏，出入非时，恩幸无比，与张氏谄事赵大妃，私窦大开，外言皆入。赵师锡即大妃之再从弟，而杭与张母，又与师锡连。"（《肃宗实录》卷十八，肃宗十三年九月丙戌）贵人张氏貌美，与肃宗叔辈东平侯李杭私通，声名狼藉，却得到朝廷南人党赵师锡的支持。赵师锡是肃宗母亲赵大妃的从弟，官拜吏曹判书。张氏、东平侯在肃宗面前花言巧语，再加上赵大妃的支持，蛊惑肃宗王废闵后。肃宗十三年五月，赵师锡升任右议政，为时人所讥刺。金万重为官耿介，在为肃宗侍讲时，以朝野议论告知肃宗，并极谏肃宗。肃宗大怒，罢黜金万重，流放南海，废黜闵后，立张氏为东宫正妃。肃宗十八年（1692），金万重病逝于贬所，年五十六。金万重素有文名，与朝鲜名儒宋时烈、李敏叙等交好。金万重著述颇丰，有《西浦集》、《西浦漫录》、《九云梦》、《谢氏南征记》等传世。①

二　版本概况及其研究价值

金万重的《九云梦》自1689年面世之后，一直以汉文、谚文两种文本形式传播。一说该书先以汉文行世，后译为谚文；一说先为谚文，后译为汉文。《九云梦》以朝鲜国语写成，问世不久，又由作者的堂孙金春泽（1670—1717）译为汉文。两百年来，朝汉两种文本并行于世，在朝鲜广为流传，享有盛名。②学者多认同后一种说法。与此相应，据现有的研究，可以将现存汉文版本分为两个系统：

一是繁本系统，主要有两个版本。六卷十六回抄本，因首回回目为"老尊师南岳讲妙法，少沙弥石桥逢仙女"，韩国学者丁奎福称其为"老尊本"；三卷十六回抄本，表题《玄化录》，天地人三册，扉页有图像一幅，书法精美。③

---

① 赵维国《九云梦》出版前言，上海古籍出版社 2014 年版。
② 韦旭升《九云梦》出版前言，北岳文艺出版社 1986 年版。
③ 赵维国《九云梦》出版前言，上海古籍出版社 2014 年版。

　　现哈佛大学图书馆馆藏康熙年间手抄本，①很可能即为"老尊本"。该书分三册（天地人），章节目录、排版等与嘉庆八年（1803）刊刻本（简称"癸亥本"）相异，如卷一第一回目癸亥本作"莲花峰大开法宇，真上人幻生杨家"，老尊本则为"老尊师南岳讲妙法，少沙弥石桥逢仙女"。癸亥本每半页十行，行二十字，老尊本则为每半页十一行，行二十二字。行文字迹亦不同，现相异俗体，如癸亥本"天下名山曰有五马"（p.1），老尊本不作"马"而书"𪕵"。

　　二是简本系统，主要有三册六卷刻本，第三册第六卷卷末题"崇祯后三度癸亥"，即嘉庆八年（1803）刊刻，简称"癸亥本"。②据厦门大学图书馆所藏本介绍，"《九云梦》六卷，佚名撰。1803年朝鲜刻本，三册。每半页十行，行二十字。白口，四周单边。白绵纸，天地宽。地脚书口写'天地人'（三册分）"。③该藏本与中国科学院研究所藏韩国癸亥本为同一版本。

　　另有设于汉城的朝鲜研究会1914年刊行的铅印本，韩国"民众书馆"1972年的印行本，杭州大学藏胡士莹抄录的残本等。

　　朝—韩小说的嚆矢之作《九云梦》，素来深受文学研究者的青睐。韦旭升《略论朝鲜古典小说〈九云梦〉》（1986），王立、景秀丽《从〈九云梦〉看中国文学对朝鲜小说的影响》（2005），王红梅《跨越时空的艺术碰撞——〈枕中记〉、〈南柯太守记〉与〈九云梦〉创作之比较》（2007）等，分别从文化国际传播、比较文学等角度对《九云梦》的文学价值予以肯定。从文字学角度进行考察研究还未引起学界的充分重视。

　　小说作为娱乐消遣读物相比于科举教材、官方文件或个人文集等文本中的异体字和通假字更普遍，为俗字研究提供了丰富的语料素材。坊刻本《九云梦》对于俗字研究具有更为特殊的价值，正如曹中孚所说："此本却与众不同，简化字特多，其中有不少的写法非常奇特，读时颇费斟酌。这虽是一大缺点，但它对研究高丽刊本，或许有所用处"。④

第二节　朝—韩俗字研究现状

一　朝—韩汉字研究

　　朝—韩出土的汉字材料较早可见于新罗时代，直至20世纪40年代，

---

① 哈佛大学图书馆藏《九云梦》，撰者不详。http://P.ds.lib.harvard.edu/P.ds/view/11254542。

② 赵维国：《九云梦》前言，上海古籍出版社2014年版。

③ 官桂铨：《〈九云梦〉的卷数和刻书年代》，《学术研究》1983年第5期。

④ 金万重：《九云梦》前言，上海古籍出版社1994年版。

汉字在朝鲜半岛上仍被广泛使用。学界对朝韩汉字研究主要集中在古汉字研究方面，即简牍、金石、古文书等文本的考介。《新罗的文字》收录并释读了当时大量的简牍、金石文、瓦当文、陶文以及碑刻等汉文汉字资料。其中对简牍专门研究的有李镕贤《韩国古代木简研究》（博士学位论文，高丽大学，2001 年）等。对金石文专门研究的有金煐泰《三国新罗时代佛教金石文考证》（民族社 1992 年版）、金福顺《新罗石经研究》（《东国史学》2002 年第 37 期）等。李基白的《新罗上代古文书资料集成》（一志社 1987 年版）则是古文书研究的代表，该书较为全面地收录了自新罗木简至高丽王朝末年的手书和印刷文书文本，而且部分文本还配有释文及时代属性的标注。

韩国现代汉字研究方面，王平的《韩国现代汉字研究》（商务印书馆 2013 年版），首次将韩国现代用汉字作为一个封闭系统，对本系统内包括韩国现代用汉字字表、韩国考级用汉字字表等材料中的汉字，在字量、字种、字形等汉字属性方面进行了量化统计与分析。

二　朝—韩俗字研究

国内的俗字研究已引起众多学者的关注，论著接连涌现。蒋礼鸿《中国俗文字学研究导论》，张涌泉《汉语俗字研究》《敦煌俗字研究》，周志锋《明清小说俗字俗语研究》，毛远明《魏晋六朝碑刻异体字研究》，曾良《俗字及古籍文字通例研究》《明清小说俗字研究》，等等。

对于韩国俗字使用情况的研究，中日韩学者均有建树。对韩国俗字关注较早的韩国学者是崔南善，其《新字典》（大东印刷株式会社 1928 年版）附录了俗字谱。国立国语研究院《东洋三国略体字比较研究》，选辑韩中日代表性简体俗字，排比对照，实为韩中日三国俗字谱的发轫之作。李圭甲的《高丽大藏经异体字典》（高丽大藏经研究所 2000 年版），主要对传入韩国的佛经中的异体字进行了整理与释义，辑录了部分韩国俗字。台湾学者金荣华对韩国写本材料中俗字进行了整理，辑录成《韩国俗字谱》，于 1986 年出版。吕浩《〈物名考〉异体字及相关问题》（《韩国汉字研究》2009 年），并于 2013 年出版专著《韩国汉文古文献异形字研究》及相应的《异形字典》。又有鲇贝房之进《俗字考》（1931），金钟埙《韩国固有汉字研究》（1983），河永三《韩国固有汉字比较研究》（1999）等颇具影响力的代表性著作。井米兰《韩国汉字及俗字研究综述》（《延边大学学报（社会科学版）》2011 年），通过对韩国汉字及俗字研究现状的介绍，提出了在整理及研究方面尚存在的一些问题。

汉字文化圈的东亚地区，保存至今的汉籍写本、坊刻本，对于俗字的研究具有重要意义。其中王晓平对东亚汉文小说写本俗字的研究较为深入。

《朝鲜李朝汉文小说写本俗字研究》（《上海师范大学学报（哲学社会科学版）》2013 年）依据《笔写本古典小说全集》对朝鲜李朝汉文小说写本俗语字通例进行了探讨，研究了其文字系统、文字生态和简体俗字等。《从〈镜中释灵实集〉释录看东亚写本俗字研究——兼论东亚写本学研究的意义》（《天津师范大学学报（社会科学版）》2008 年）一文，也提到了韩国俗字，并指出东亚写本俗字与敦煌俗字在字形方面存在很大的一致性。他的《日本汉籍古写本俗字研究与敦煌俗字研究的一致性》（《艺术百家》2010 年），运用敦煌俗字研究的成果来分析日本国宝大念佛寺本《毛诗郑笺残卷》中的俗字，以此来证明日本古写本中的俗字与六朝初唐俗字的一致性。另外，他还著有《俗字通例研究在日本写本考释中的运用——以〈万叶集〉汉诗文为例》（《天津师范大学学报（社会科学版）》2010 年）等。

柳铎一的《朝鲜文献使用的半字》（《韩国文献学研究》1989 年）汇集口诀半字、略字，辑录坊刻俗字，其所说"俗字"概念与我国基本一致，有力地推动了韩国俗字研究。张成、姚永铭《〈朝鲜刻本樊川文集夹注〉文字研究》（《古汉语研究》2007 年）指出了该书文字字形一方面承继汉字在中国的字形，另一方面发生了一些异于中国本土汉字的变化。河永三《朝鲜后期民间俗字研究》（《中国语文学》1996 年）辑录了朝鲜后期坊刻本《论语集注》与《孟子集注》中的部分俗字。他还有《韩国朝鲜后期坊刻本俗字研究——〈论语集注〉、〈孟子集注〉为例》（《殷都学刊》2010 年），总结出了韩国坊刻本俗字所具有的特征。王平《韩国写本俗字的类型及其特点——以〈韩国俗字谱〉为例》（《中国文字研究》2011 年），从正字和俗字的构形差异入手对《韩国俗字谱》所收俗字进行了穷尽性的调查和分析，归纳出其所收俗字类型，并对韩国俗字的特点和成因进行了探讨。

三 《九云梦》俗字研究

关于《九云梦》俗字研究方面，周志锋、何华珍关注过该文本的俗字情况。周志锋《明清小说俗字俗语研究》（中国社会科学出版社 2006 年版）以上海古籍出版社出版的《古本小说集成》为语料，整理、考释了大量明清俗字，其中涉及了《九云梦》数十例俗字。何华珍《俗字在韩国的传播研究》（《宁波大学学报（社会科学版）》2013 年），以韩国官刻本《樊川文集夹注》（1440）、坊刻本《九云梦》（1803）、写本《漂海录》（1771）为语料，揭示了俗字在韩国的传承和变异轨迹。

朝—韩俗字先行研究尤其是东亚写本、坊刻本的俗字研究为俗字在朝—韩的传播研究奠定了基础。同时，随着汉字研究视野的不断拓宽以及域外汉字研究的不断深入，对朝—韩俗字的研究也将越加丰富与成熟起来。

第二章　坊刻本《九云梦》与东亚国际俗字

第一节　坊刻本《九云梦》俗字的结构类型

一　改换声符

（一）改成与字音更为接近的声符

张涌泉《汉语俗字研究》在划分该类型时说："随着语音的变化，有的形声字的声符和它所代表的整个字的字音发生了脱节的情况，即声符不能反映实际语音，这时俗书往往用更换声符的方式另造新字，以求与字音相一致"。①

1. 輩—輩：以是吾～各以所制之文送于桂娘。（p.45）

按：《说文・车部》："輩，若军发车，百两为輩。从车，非声。补妹切。"《碑别字新编》引《魏司马升墓志》作"輩"。《集韵》②去声队韵："輩、輩，《说文》若军发车，百两为一輩也，或从北。"《类篇・车部》③亦有相同说法。《宋元以来俗字谱》多书作"輩"。再如《字汇・车部》④："輩，同輩。"又有《正字通・车部》⑤："輩，俗輩字，旧注同輩，误。""輩"字本从车，非声，而后读音更近于"北"声，故作"輩"。

（二）声符同音或近音替换

"有些通过改换声符的方式产生的俗字是声符同音或近音替换的结果，而与音变或字形繁简无涉。"

1. 椀—梡：处士奉药～而入。（p.20）

按：碗，实为后起字，本作盌，《说文・皿部》："小盂也，从皿夗声。"徐铉曰："今俗别作椀。"《正字通・木部》曰"椀"同"盌"。《字鉴》⑥上声缓韵，认为"碗"为"盌"之俗字，现以"碗"为常用字，"椀"为异体。"椀"作"梡"，

---

① 张涌泉：《汉语俗字研究（增订本）》，商务印书馆2010年版。下文亦引用该著分类解释。

② 宋・宋祁、郑戬等：《集韵》，上海图书馆藏述古堂景宋钞本。

③ 宋・司马光等：《类篇》，光绪丙子姚觐元重刊三韵本。

④ 明・梅膺祚：《字汇》，明万历乙卯四十三年江东梅氏原刊本。

⑤ 明・张自烈：《正字通》，清康熙戊午十七年刘炳刊正本。

⑥ 元・李文仲：《字鉴》，清康熙年间吴郡张士俊刊泽存堂本。

即"宛"作"完"，实为音近替换。然，俗体"桅"与"案板"义"桅"形同易混。

2. 飯—飰：哀我佛家之道，不过一盂～，一瓶水，数三卷之经文，百八颗之念珠而已。（p.11）

按："飰"见于《敦煌俗字典·食部》。据《龙龛手鉴·食部》[①]云："飰，通，餰、飯，二正。符万切，食也。"《玉篇·食部》[②]云："飯，扶晚切，餐飯；符万切，食也。餰、飰，并同上，俗。"《集韵》上声阮韵则云："飯，食也。或从弁，从卞。"钱大昕《陆氏释文多俗字》云："古音反如变，与卞同音，飯、飰非两字两音也。""反""卞"读音看起来似乎无关联，但在上古音同属元部，读音相近，飯、飰为声旁音近替换。也有认为"飰"为"飯"之古文的，如《字学三正·古文异体》[③]便持此观点。

3. 肌—肊：秦氏骨惊胆落，～向自颤，叫苦之声自出于口。（p.150）

按：声符"几""己"音近替换。

4. 睇—睼：生又～视，则累幅诗笺堆积于美人之前。（p.44）

按：声符"弟""帝"同音替换。

（三）改形声为会意

1. 琴—栞：道人指壁上玄～而问曰："君能解此乎？"（p.34）

按：《说文·琴部》："琴，禁也。神农所作。洞越，练朱五弦，周加二弦。象形。"段玉裁注："象其首身尾也。"琴本字为玨。据《字汇·玉部》：琴本字为玨。饰以玉，故从玉。隶作琴。《汉鲁峻碑》："闭门静居，玨书自娱。"栞，俗琴字，《俗书刊误》[④]卷一平声侵韵："琴，俗作栞，非。"《中文大辞典·玉部》："栞、琴之俗字。"《汉语大字典·木部》："栞，同琴。"《中华大字典·玉部》："栞，琴俗字。"《太平寰宇记·大秦国》中曾现"其殿以栞瑟为柱，黄金为地，象牙为门扇，香木为栋梁"之语句。本从今为形声字，俗作栞，则变成从木之会意字。因琴为古弦乐器，多由梧桐木等制成，从木会意，理所应当。

2. 怨—惌：瞻望故乡，悲此身之失所，～画师之不公。（p.71）

按：《隶古定尚书》："自绝于民，结惌于民。"可看作是《说文》小篆"𢗽"隶定的"怨"字讹变[⑤]。《古今韵会举要·愿韵》[⑥]："怨，亦作惌。"

---

① 辽·行均：《龙龛手鉴》，四部丛刊续编本 (景印江安傅氏双鉴楼藏宋刊本)。

② 南朝梁·顾野王原编，宋·陈彭年等新编：《玉篇》(元刊本)，四部丛刊正编本 (借印建德周氏藏元刊本)。

③ 明·郭一经：《字学三正》，明万历辛丑二十九年山东曹县公署知县成伯龙刊本。

④ 明·焦竑：《俗书刊误》，四库全书本。

⑤ 许锬辉主编，梁晓虹、陈五云、苗昱等著：《新译华严经音义私记俗字研究》，第66页。

⑥ 元·黄公绍编辑，熊忠举要：《古今韵会举要》，光绪九年十月淮南书局重刊本。

唐碑《李宾墓志》："空惌别于前日。""怨"本"从心夗声","人所离也"为"死","夗"作"死",可看作增繁,归入改形声为会意类亦可通。

二 改换意符

（一）意符形近换用

"有的意符,相互之间在意义上并无相通之处,但由于形体相近,俗书也往往换用。"

1. 被一袚：昔蔡文姬遭乱～拘,生二子于胡中矣。（p.70）

按：《说文》："寝衣,长一身有半。从衣皮声。""衣"为意符,"衤""云"形近而换用。

2. 睹一觌：无不以一～为快。（p.125）

按：《干禄字书·上声》云："觌睹,并正。"认为觌也是正体。由"目"而"见","见"作"儿"为形近换用。

3. 富一冨：以为生佛复出于世,～人荐其财,贫者出其力。（p.2）

宜一冝：～先请教于诸兄。（p.47）

按："宀"与"冖"仅一点之差,常见换用现象。

4. 劫一刼：关中大乱,贼兵四散,～掠人家。（p.32）

按："力""又"形近,可说是意符形近换用。《说文》段注："胁犹迫也。俗作㤙。古无其字。用胁而已。以力止人之去曰劫。""力"作"又",言"以又止人之去",故也可看作意符意近换用。

（二）意符意近换用

"汉字的意符是表意的,但许多意符所表的'意'是相近的。这种意近的偏旁俗书往往可以换用,从而形成俗字。"

1. 麒一猉,麟一獜：万无此理也,凤凰～～妇孺皆称祥瑞。（p.61）

按：《说文·鹿部》：鹿,兽也。象头角四足之形。鸟鹿足相似。从匕。凡鹿之属皆从鹿。麒麟是一种传说中罕见之神兽,形似鹿,雄者称为麟,雌者称为麒。鹿原作意符,表兽意,俗体换形体较为简单易写的"犭",同表兽意。

2. 邊一遻：自见仙女之后,嫩语娇声尚留耳～。（p.10）

按：《说文·辵部》："邊,行垂崖也。从辵臱声。"明代焦竑所著《俗书刊误》指出,"邊,本作邊,俗作遻边,并非。""邊"小篆作"𨒟","遻"便由古篆体隶定而来。唐兰《中国文字学》中有言："象形文字画出一个物体,或一些惯用的记号,叫人一见就能认识这是什么,画出一只虎的形象,就是虎字,象的形状就是象字,一画二画就是一、二,方形圆形就是囗、〇。"因而俗书中,"遻"字中的"囗"即用来表示"邊"中的"方"。

3. 棋—棊：尊君与我着～于紫阁峰上。（p.33）

按：《说文·木部》："棊，博棊。从木，其声。"《正字通·木部》："棋，同棊。"而棋作棊，意符由木替换成石，应只是制棋材料上的相异。棋为木制棋子，棊为石制棋子，如围棋，日语中就写成"囲碁"。唐碑《泉南生墓志》："琴棊两甌。"棊既是异体字又是通假字。

4. 杯—盃：今日之会，非但以酒～流连而已。（p.42）

按：《广韵》[1]上平灰韵："桮杯同，杯俗。"《集韵》上平灰韵："桮，或作杯盃。"杯盃或皆为桮俗体，两者造字角度略有不同。张文彬研订《异体字字典》[2]说："'杯'字从木不声，'盃'字从皿不声。从木就其材质而造字，从皿就其器类而造字，故二字可相通。"

（三）改旁便写

"有的意符，相互之间形既有异，意亦不同，但为了书写的方便，俗书也常常换用。"

1. 第—茅：大师命召之八仙女次～而入。（p.4）

節—芇：失～之人，曷足道哉。（p.71）

按：竹字头，隶变后俗书往往作草字头。

2. 收—収：性真～拾惊魂。举目而见之。（p.18）

按："攵"便写作"又"。唐碑《尚真墓志》："又収骸骨。"

3. 畞—畆：花园中有一～方溏，清若江湖。（p.316）

按："久"与"又"形近，《广韵》上声厚韵："畮，司马法六尺为步，步百为畮，秦孝公之制二百四十步为畮也。"可见该俗体在当时是通行的。

三　类化

（一）受上下文类化

即受上下文语境中所出现字的影响，偏旁发生类化。

枝—芰：南越荔～，永嘉甘柑，相溢于玉盘。（p.290）

按："枝"与"芰"本不相干，只因"荔枝"中"荔"为草字头，"枝"亦换草旁作"芰"。想必"荔枝"作"荔枝"者亦可寻。晚唐五代之际释可洪于《藏经音义随函录前序》中提到藏经文字"鞭骹之文为靮靴""真珠转作瑱珠"[3]等用字情况，便是指此种类化俗字类型。又有将"石榴"作"石

---

① 宋·陈彭年等：《广韵》，清康熙四十三年吴郡张士俊刊泽存堂本。

② 中国台湾《异体字字典》在线版，http://dict2.variants.moe.edu.tw/。

③ 张涌泉：《汉语俗字研究（增订本）》，商务印书馆 2010 年版，第 63 页。

磂"，"滋味"作"嗞味"的，不一而足。

（二）内部类化

类化除了发生在字词之间，有时也发生在同一个字内部。譬如，《龙龛手镜·骨部》："髖，古文，音體"。《集韵·先韵》："顛，俗作顚，非是。""髖"和"顚"即"體"和"顛"的偏旁类化字。在《九云梦》中也可见类似情况。

雙—雔：彼乃四人，吾则一～孤单甚矣。（p.296）

按：《字鉴》平声江韵"双"下有云："踈江切。偶也。《说文》：隹二枚也，从雔，又持之。又，古右手字，俗作雙、雔。"《经典文字辨证书·雔部》："雙，正。"下列"雙""雔"二字，云："并俗。"《广韵》训"雙"为"两隻也"，正合此意。"雙"作"雔"，从构件组合来看可视作由"隻、隹"类化成"隻、隻"，属于汉字内部类化。

（三）部首类化

部首类化俗字是由于受到分类学影响而类化的俗字。

从汉字的构造来讲，除了受"六书"规则的制约，同时还受分类学原则的影响。许慎的《说文解字》把各个字按照五百四十个部首归类，是十分符合汉民族的分类思想的。譬如《说文·木部》："朾，橦也。从木，丁声。"这个"朾"就是"打"，"橦"就是"撞"，最初分类都分在木部，就是为了表示这些动作大概是使用木棒、木槌之类做出的，所以从"木"。只是后来"朾""橦"的动作逐渐消去了其所用工具的含义，而突出加强了动作意义，为"打""撞"所取代。看如下诸例：

鼓—皷：村～催鸣方欲呼童而秣马矣。（p.31）

按：《说文·鼓部》云："郭也。春分之音，万物郭皮甲而出，故谓之鼓。从壴，支。象其手击之也。工户切"。《汉隶字源》①上声姥韵引《孙叔敖碑阴》收"皷"。其下皷字注按云："《广韵》引《说文》作皷，从皮。既曰郭皮甲而出，则字当从皮。"《太平御览》卷五八二引《帝王世纪》中提及"黄帝杀夔，以其皮为鼓，声闻百里"，在上古时代，战鼓亦皆由鳄鱼皮制成。这样的影响而使"皷"以"皮"为部首，产生该俗体。当然，正俗之选择，其标准难以一概论之，该俗体的产生也可以说是造字理据的不同。唐碑《魏伦墓志》："巨鹿皷城人也。"敦煌《食疗本草》《双恩记》作"鼓"为"皷"，《字学举隅》等亦收录该俗体。

---

① 宋·娄机：《汉隶字源》，内府藏本。

四　简省

为更加便捷有效地记录语言，发挥其利于交际的功用，传承变异中的俗字随同汉字趋简大势，简省亦成为其演变的主流。

（一）简笔代替繁笔

简笔代替繁笔，即将一些繁复的笔画用简便的笔画代替，以求书写便利。

1. 惡—恶：及归禅房，虽萌～念，一刹那间，自觉其非。（p.13）

按：《干禄字书》[①]："惡恶，上俗下正"，《金石文字辨异》入声药韵引《隋龙藏寺碑》："惡，俗作恶"。"惡"字上部曲折难书，故简写作"亚"。该字形在高丽时代的《净兜寺五层石塔造成形止记》（1031）以及《绀纸金字佛说佛名经卷第十写经发愿文》（1319）等古文献中皆可觅得踪迹，可见从韩国汉语俗字发展历史的角度看，某些俗体也往往能表现出一定的传承关系。

2. 鼠—鼡：屏息戢身，～窜而走。（p.183）

鼷—：欲～伏于岩穴之间矣。（p.32）

鼹—：今不可以鳞甲之腥，～之陋以累贵人之床席也。（p.179）

按：《说文·鼠部》："鼠，穴虫之总名也，象形，凡鼠之属皆从鼠。"《正字通·鼠部》："省作鼡，读若处。""鼷""鼹"二字下部简写时，也从"鼠"之简写，皆作"鼡"。同简作"鼡"的还有"凨"，吾一身所～之香妆首之饰，从春云所求而与之。（p.255）身着红锦之袍，头插翡翠之簪，腰横白玉之～，手把凤尾之扇。（p.94）

3. 鼎—鼡：仍请李小姐归其寝房，与春云～足而坐。（p.204）

按："鼎"简笔作"井"。

（二）省略某些部分

"有些汉字字形构件比较复杂。俗书往往会把那些表面上看起来不那么重要的构件加以省略，形成俗字。"

1. 職—耺：翰林～事，儤直之外，无奔忙之矣。（p.91）

按：《说文·耳部》："记微也。从耳，戠声。"俗体省略"音"部，《宋元以来俗字谱·耳部》引《列女传》等出现该俗体，《高丽末和宁府开京户籍文书》（1390年至1391年间）[②]中亦可见该俗体。

2. 嚴—呮：小生果是杨处士子也，自别～父，只依慈母。（p.33）

---

① 唐·颜元孙：《干禄字书》，夷门广牍丛书 (景印宋元明善本丛书十种)。

② 吕浩：《韩国汉文古文献异形字研究》，上海人民出版社 2013 年版。

儼—仛：集众弟子～然正坐。（p.12）

按："嚴"字在我国历代文献中，出现的俗体众多，直接简略作"叩"的，我们还未曾发现。

3. 懷—怀：而童颜不改，绿发长春，惟君毋用伤～。（p.33）

按："裹"省略中间部分作"衣"。

4. 藏—蔵：云翳掩其直面，霞气～其半腹，非天气廓扫日光晴朗，则人不能得其仿佛焉。（p.2）

5. 嬰—嬰：～情冕缓，流涎富贵。（p.15）

櫻—樱：清音～唇，久锁玉齿未启，阳春绝调。(p.46)

纓—缨：昔楚庄王绝～以安其君臣矣。（p.132）

鸚—鹦：如～鹉深锁于雕笼，心欲奋飞而恨不能得也。（p.135）

按：查《碑别字新编》《敦煌俗字谱·女部》和《中华字海·女部》等，皆可见"嬰"作"嬰"者。

6. 跐—跐：蟾月闻剥啄之声，～屣出迎。（p.50）

7. 德—德：昔大禹氏治洪水登其上，立石记功～，天书云篆，历千万古而尚存。（p.2）

8. 裹—裘：况君貌如美人，且不生髯，出家之人或有不～发不掩身者，变服亦不难矣。（p.64）

9. 哭—哭：而声在喉间，不能成语，只作小儿啼～之声矣。（p.20）

10. 魁—魁：容如温玉，眼如晨星，气质擢秀，智虑深远，～然若大人君子矣。（p.20）

11. 流—流：百道～泉汇为澄潭，清冽莹澈，如挂广陵新磨之镜。（p.6）

琉—琉：是日性真至洞庭，劈～璃之波，入水晶之宫。（p.6）

梳—梳：则长条细枝，拂地袅娜，若美女新浴，绿发临风自～，可爱亦可赏也。（p.23）

12. 潘—潘：则其少年美如卫玠，娇如～岳。(p.126)

播—播：惊鸿～州良女也。（p.54）

13. 魏—魏：河北三节度或自称燕王，或自称赵王，或自称～王。(p.118)

14. 藝—芸：二十余人各执其～，而惟一人，超然端坐，不奏乐不接语。（p.43）

15. 等—寸：使婢仆～求技乐之人，玩好之物时时奉进以娱其耳目矣。（p.195）

按：《四声篇海·寸部》[1]："寸，音等，俗等用字。"高丽时代《净兜

---

[1] 金·韩道昭、韩孝彦：《四声篇海》(明刊本)，明成化丁亥三年至庚寅六年金台大隆福寺集贳刊本。

寺五层石塔造成形止记》载"等"俗体"寸"皆是"等"字略写作"寸"后再作稍许改变，添加一点两点或一笔两划的。①魏晋以来的草书中每见"等"字写作"寸"形甚而径写同"寸"字的。如此说来，"寸"亦可近视作草书楷化而成的俗体。

16. 皃—皃：～莹冰雪，神凝秋水，年仅二十岁。（p.3）

邈—逺：而况三山渺～，十州空阔，尊公去就何以得知。（p.33）

按：《说文·皃部》云："皃，颂仪也。从人白，象人面形。"按今楷作"皃"。《字汇补·八部》②云："皃，与貌同，字汇作皃。"可知皃之为皃之异体。《康熙字典·八部》以为"皃"即"皃"字讹文，不如说是"皃"之变体。今以籀文之"貌"为正体，则"皃""皃"则为"貌"之异体。该俗体属省略意符，也暂归于简省类。

（三）草书楷化

《汉语俗字研究》："草书楷化也是简体俗字滋生的主要来源之一。"裘锡圭"作为一种特定字体的草书，则是在汉代才形成的"。③而广义上的草书，无论是哪个时代，凡是书写潦草的字都可以算。它没有固定的字体字样，而且往往求便利速作。如唐代书法家张怀瓘《书断》所说："存字之梗概，损隶之规矩，纵任奔逸，赴速急就，因草创之意，便得草书之谓"。④部分草书字样经楷化也进入俗字之列。

1. 安—妄：歌舞之场，～用姜哉。（p.283）

晏—晏：姬妾等安得～然乎。（p.313）

按：《偏类碑别字·宀部》⑤引《唐氾水县丞邢偍夫人景氏墓志》中可见"安"，"女"字上两点呈"八"字形。季旭升研订《异体字字典》时指出：盖"宀"部于战国文字或作"人"，再简则作"八"形耳，故《古文四声韵》⑥平声寒韵，"安"字亦或作"𡠗"。据此，"安"为"安"之异体，可从。"女"字上部加两点，呈"八"字形或内"八"字形，抑或同向两点，都可视作"八"字形的讹变。在晋王羲之的草书字帖《上虞帖》等处可见"女"字形踪迹。韩国高丽时代《白纸墨字妙法莲华经写经跋文》（1377）和《户籍文书》中多处可见该俗体。

---

① 张涌泉曾著文言明"寸"为"等"字俗体。参见张涌泉《韩、日汉字探源二题》，《中国语文》2003年第4期。又见张涌泉《汉语俗字研究（增订本）》，商务印书馆2010年版，第384—387页。

② 清·吴任臣：《字汇补》，清康熙五年蒲阳刊本。

③ 参见裘锡圭《文字学概要（修订本）》，商务印书馆2013年版，第91页。

④ 唐·张怀瓘《书断》，见《历代书法论文选》，上海书画出版社1979年版，第162页。

⑤ 罗振鋆初编，罗振玉增补，北山邦博重编：《偏类碑别字》。

⑥ 宋·夏竦等：《古文四声韵》，碧琳琅馆丛书甲部（乾隆己亥汪启淑据西陂宋氏汲古阁景本钞本）。

2. 亦—六：秦小姐～入于其中矣。（p.38）

迹—远：其踪～不在于道观，则必在于尼院。（p.128）

按：《敦煌俗字典·亠部》"亦"作"六"下四点，与"六"下三点相仿，皆是草书楷化而得。在唐孙过庭《书谱》中可见。

3. 定—宊：且以明春退～矣。（p.37）

按：唐碑《李明远墓志》："制授宊王府国尉。"《佛说弥勒成佛经》也出现"宊"。

4. 置—寘：脱其上服，摄～于清沙之上。（p.7）

按：周志锋《大字典论稿》举《法苑珠林》数例考"寘"为"置"之别构，其上部"乛"当由"罒"之草书演变而来。《九云梦》中类似的还有"誉"作"詔"，也是草书楷化而来，后"乛"逐渐成为替代符号，替代一系列部件。

5. 聲—䏌：风～始息，两足已在地上矣。（p.18）

聲—䏌：有仙乐之～出于云烟缥缈之间。（p.91）

按："䏌"当由"聲"的草书字形"𬀯"楷化而来，见《书法字典》（p.413）《行书大字典》（p.517）。"䏌"又讹变作"䏌"，周志锋曾考证此例。

（四）符号替代

"符号代替是简省笔画的一种有效方法，因而在俗文字中应用极广。"在《九云梦》中，我们大致整理归纳了以下几种主要的替代性符号：

1. "𠆤"

（1）替代上下重文结构，如：

纔—𦂅：早丧慈母，且无兄弟，年～及笄，未适于人。（p.25）

按：《龙龛手镜·系部》收"纔"字为"纔"俗字。"纔"字中"毚"字与"兔"字形体相近，而为"兔所同化"，"兔"俗书作"免"亦是常见，且视作上下重文。当相同偏旁上下重叠时，下一偏旁常用两点表省略，"纔"俗作"綖"常见于《清平山堂话本》等多处。此处用"𠆤"四点来表上下重文结构，与两点情形相类。

（2）替代"品"字形重文，内容不一

操—㪫：及曹～赎远，文姬将归故国，留别两儿，作《胡笳十八拍》，以寓悲怜之意。（p.70）

毳—𣬈：卿方年少，堂上有大夫人，则甘～之供不可自当。（p.241）

麤—麤： 淑人长在贵主之侧，视彩锦如～织，以珍馐为藜藿。（p.255）

蟲—真：七十二峰，或腾踔而～天，或崭辟而截云，如奇标俊彩之美丈夫。（p.1）

蕚—萼：手持桃花一枝，以掷于仙女之前，四只绛～化为明珠。（p.9）

愕—愕：生～然无语，推琴而起。（p.74）

壘—壘：敌军虽退，壁～尚存。（p.183）

荔—荔：南越～枝，永嘉甘柑，相溢于玉盘。（p.290）

躡—跻：昔访佳期～彩云，更将清酌酹荒坟。（p.109）

森—杰：景物～罗，不可应接。（p.186）

脔—脔：而自剪头发，称有恶疾，仅免～迫之辱。（p.129）

躁—躁：我何思之不审，行之太～耶。（p.97）

据《宋元以来俗字谱》《列女传》《通俗小说》《古今杂剧》"樂"作"楽"。敦煌文献亦有用"〴"符号代替俗字。在韩国俗字中，以"〴"替代各种"品"字形重构汉字较为普遍，可见其对汉字俗体的传承广泛而深入，形成了颇具规律性的变化。

2. "乀"

（1）替代"與"

舉—私：性真收拾惊魂，～目而见。（p.18）

譽—凯：此女子果如何，而大得声～于两京之间乎。（p.60）

（2）替代"罒"

置—亂：临溪而坐，脱其上服，摄～于晴沙之上。（p.7）

3. "文"

（1）代"离"

離—难：性真十二岁弃父母、～亲戚，依皈师父。（p.14）

籬—篧：竹～茅屋，隐映草间者，仅十余家。（p.18）

（2）代"先"

贊—資：虽未得见，南来之人无不称～，可知其绝非虚名。（p.54）

（3）代"无"

簪—簪：陛下必以臣为～履旧物。（p.94）

4. "匕"代"臤"。

堅—坒：木性已尽于霹雳，～强不下于金石，虽以千金赌之，不可易也。（p.68）

賢—昊：小姐奉～郎和诗，十分感激。（p.31）

5. "〳〵"

（1）代"卯"

留—畄：汝欲去之，吾令去之，汝苟欲～，谁使汝去乎。（p.14）

榴—楮：飘石～之彩袖，对舞霓裳羽衣之曲。（p.273）

（2）代"鄉"

響—音：笼山络野，纷驸杂远，军声动地，哭声～于宵。（p.32）

6. "入"替代"莫"

暮一合：天道无知，于斯～境伤怀。（p.237）

墓一全：且或醳奠坟～全，或吊哭灵幄。（p.243）

幕一命：平铺彩锦之步障，高褰白云之帐～。（p.284）

7. "米"替代"丝"

幽一凶：忽见一区～庄，近隔芳林，嫩柳交影，绿烟如织。（p.23）

8. "又"替代相同部件①

出一叱：乳娘～门而去，旋又还。（p.27）

五　增繁

"文字为便于书写，要求形体简略，有简化的趋势。文字是语言的辅助工具，为便于认识，要求音义明确，又有繁化的趋势。增繁的俗字，是与文字发展的后一种趋势相一致的。"

（一）添加笔画

书写时有时为了避免写者或读者将该字与形近字产生混淆，有时出于书写习惯或为字形的整体协调，我们经常会有意无意地多加一笔两笔、一点半画，习惯成自然，便有了该类型俗字的产生。譬如：

1. 土一圡：五岳之中，惟衡山距中～最远。（p.1）

按：《干禄字书·上声》："圡、土，上通下正。"土字加点成圡字，在中国历代文献中较为常见，如唐碑《杨承胤墓志》："吐胄。"敦煌文献《双恩记》："张天尘圡绞红旗。"《礼忏文》："敬礼常住三宝，为国圡安宁、法轮常转。"《隶辨》注汉《魏方碑》云："土本无点，诸碑士或作圡，故加点以别之。"可知该俗体写法实为区别他字。而在《九云梦》中凡"土"字俗体皆作"圡"，无"圡"字例，加点于上方，或也可作区别他字解。另有"杜"作"杜"，"吐"作"吐"，"堂"作"堂"皆由此引申。

我们在对韩国汉文古文献查阅过程中发现，韩国人将"土"作"圡"或"土"的不在少数。如：《绀纸银字妙法莲华经卷第七写经跋文》（1283）："国圡太平，兼及己身"。《长谷寺药师如来坐像腹藏发愿文》（1346）："同生净土，上报四恩。"《全韵玉篇·田部》（1796）："凡夫黑闇，暂闻净圡"。又如："畚，盛土器"。

2. 丈一丈：如奇标俊彩之美～夫。（p.1）大仙之几～，得闻严父之消息。（p.33）

①　"又"常用来代替相同部件，周志锋《明清小说俗字俗语研究》考证此简化符号时举"炎"作"叒"辅证。

按：丈，《说文·十部》云："十尺也，从又持十。"丈，见《隶辨·上声·养韵》引《郙阁颂》云："三百余丈。"又《俗书刊误》卷三去声漾韵云："俗作丈，非。"元刊本《玉篇·木部》："音杖，木竹可撑，持者揔名"。"丈"加点为"丈"，其迹可寻。

3. 虫—虵：若出于海蚌之怀胎。（p.10）郎君见妾眉如蛾翠，脸如猩红。（p.103）前路必过盘蛇谷。（p.172）守门之卒皆鱼头鰕须矣。（p.175）

按：《重订直音篇》[①]："虵，同上亦虫同。"敦煌文献《双恩记》："耕者出虵而鸟啄。""老鸟犁过旋衔虵。"多出的短撇具点缀效果。如"蛇"作"虵"在《古今杂剧》中多次出现。

只增加一画的有：

拜—拜　桂—桂　步—步　但—佀　蛙—蛙　佳—佳　涉—涉　升—升
鞋—鞋　殘—残　賤—賎　罕—罕　户—戸　荒—荒　競—競　京—京
凉—凉—涼　矜—矜　迥—迴—逈—逈—迵　凌—凌　棱—楞　私—私
幸—幸　淫—滛　章—章　嶂—嶂　障—障

（二）增加偏旁

盾—楯：大小臣僚言议矛～，皆怀姑息苟且之计。（p.118）

按：《说文·盾部》："盾，瞂也，所以扞身蔽目，象形。""盾"小篆作盾，为古代的一种防护兵器，盾牌。《说文·木部》亦收有"楯"字，"阑槛也"意为"栏杆上的横木"。段注："从木盾声曰楯，古亦用为盾字。""盾"的"盾牌"义有时用"楯"来表示，如《集韵》中收录了"楯"用为"盾牌"义用法，"楯，干也。或省。"《新唐书·百官志三》："方相氏右执戈，左执楯而导之。"《宋书·长沙王道怜传》："有质干，善于用短楯。""盾"义用加木旁的"楯"字表示突出了"盾牌"的材质特征。

六　变换结构

今日之楷体，字形结构稳定，上下构件不可随意颠倒，左右亦不可无端调换，结构不同则有可能成为另外一字。然而，上古汉字的字形结构往往比较随便，其上下左右不甚拘泥。清严可均《说文校议》有云："六书大例，偏旁移动，只是一字；左右上下，随意配合。"也是因为上古汉字结构的不稳定性，滋生了部件任意调换的异体字。

（一）左右结构变为上下结构

1. 黯—黭：杨生览之，离怀斗起，不胜凄～，自裂汗衫。（p.96）

2. 點—點：我出家十年，曾无半～苟且之心。（p.12）

---

① 明·章黼著，吴道长订：《重订直音篇》，景印明万历三十四年明德书院刻本。

3. 默一嘿：端坐～念于心。（p.10）

4. 勳一勲：整军歼贼得遂大～，奏凯还京。（p.179）

5. 曛一暺：日若～黑，则持笔似难。（p.207）

6. 峰一峯：莲花～大开法宇。（p.1）

7. 群一羣：杨生乍抬醉眸猎视～娟。（p.43）

8. 略一畧：按辔并立，周览山川，领～风景。（p.288）

（二）上下结构变为左右结构

1. 壁一壀：道人指～上玄琴而问曰，君能解此乎？（p.34）

2. 企一伫：郎君将到此而方～待耳。（p.95）

按：《精严新集大藏音·人部》^①云，"伫"乃"企"之异体。"伫"字有时也兼作"仙"之异体，《偏类碑别字·人部》引《魏皇甫驎墓志铭》云，"仙"字草字楷化则作"伫"。

3. 鹭一隺：评～文章，讲论妇德，殊不觉日影已在窗西矣。（p.204）

（三）其他

1. 怯一㤉：以是惶～矣。（p.210）

按：由左右结构变为左中右结构，《重订直音篇》卷二心部："怯，音箧，慑也，㤉同上。"㤉与怯同，㤉乃怯之讹变。

2. 胸一朗：无一点飞尘，～襟自觉爽矣。（p.92）

按：左右部件互换，匈部亦由半包围结构演变为上下结构，笔画略有出入。

3. 冰一氷：貌莹～雪，神凝秋水。（p.3）

按：左右结构变为独体结构，《干禄字书·平声》："氷冰，上通下正。"《字汇·水部》："氷，俗冰字。"唐碑《张宾墓志》："洁氷温玉。"

七　书写变异

在汉字形体演变发展过程当中，由于个人书写习惯或是对字形结构的不同理解，书写变异现象经常存在。同一结构的字往往产生了不同的书写形式，这直接导致了俗字纷繁复杂的情况。从社会用字的角度上看，对社会文化的交流是有不利影响的，这就要求我们多角度地看待形形色色的俗体，找出它们产生的具体原因。

1. 妃一妭：其服色如后～，而双眉秀清，两牟流彩。（p.234）

按：《佛教难字字典·女部》收录"妭"为"妃"字俗体。《重订直言篇》："妃，音非，嫔妃。"俗书"己""巳"常混同。有将"肥"作

---

① 宋·处观：《精严新集大藏音》，中华大藏经第一辑碛砂藏。

"肥"者，《干禄字书》："肥肥，上通下正。"则将"己"作"巴"亦不足为奇。

2. 刹—刹：虽萌恶念，一～那间，自觉其非。（p.13）

按：罗振玉《碑文拾遗》收俗体"刹"。《龙龛手鉴·刀部》云："刹，俗。刹，正。""刹"又为"刹"俗体。相似者另有俙—俙（p.6）唏—唏（p.57）稀—稀（p.76）

3. 髮—髮：曾未有毫～不恭不顺之事。（p.12）

按：《金石文字辨异》入声月韵引《魏钟繇力命表》字作"髮"。《偏类碑别字·髟部》引《梁萧憺碑》及《隋正议大夫伍道进墓志》字作"髮"。《宋元以来俗字谱·髟部》引《太平乐府》作"髮"，《汉语大字典·髟部》："髮，同髮。"《新语·慎微》：夫播布革，乱毛髮，登高山，食木实。唐皮日休《忧赋》：不劳膏沐，自清其髮。《佛教难字字典》亦多处收录。

4. 敢—敢：酒者伐性之狂药，即佛家大戒，贱僧不～饮也。（p.7）

5. 殒—殒：以招相公之疑，贱妾之罪，实合万～。（p.132）

按：唐碑《郭克勤墓志》："殒于善和之私里。"

6. 靄—靄：殊不觉夕照度岭，暝～生林也。（p.6）

藹—藹：～善端之自发，咋指追悔，方寸复正。（p.13）

渴—渴：比如风樯之走海，～马之奔川。（p.47）

7. 壑—壑：经一丘，度一～，山益高，境转幽。（p.186）

王宁《汉字构形学讲座》提出了"异写异构字"。异写字之间的差异只是书写的、笔画层面上的差异而没有构形上的实质性差别。它的存在说明人们对汉字的形体识别具有一定程度上的兼容性。[1]这一说法与张涌泉"书写变异"殊途同归。

第二节　坊刻本《九云梦》与中国传承俗字

一　汉字在朝—韩的传播

（一）汉字传入朝鲜半岛

在地理位置上，朝鲜半岛与我国相连，我国自古以来与其交流频繁。《史记》卷三十八《宋微子世家》就曾经记载："武王既克殷，访问箕子。""于

---

① 王宁：《汉字构形学讲座》，上海教育出版社 2002 年版，第 82 页。

是武王乃封箕子于朝鲜，而不臣也。"①春秋战国时期，诸侯国中的齐国通过海路、燕国通过陆路就与朝鲜进行贸易往来，随之进入朝鲜的战国钱币铭文大概是最早传入朝鲜的一批汉字。②《朝鲜史略》卷六载，熙宁年间高丽使臣朴寅亮与金觐赴宋"其所著述，宋人称之，至刊二公诗文，号《小华集》"。③既说明当地士人对中华文明的歆慕，也说明中华文明影响之深刻。又如洪大容《干净衕笔谈》④云："自古中国亦许之以小中华"。到了汉代，前109年征服朝鲜，设立乐浪、临屯、玄菟、真番四郡。东汉、魏晋因之，后为高句丽取代，一直以汉字为官方通行文字。如乐浪郡址出土的日光镜铭文即以汉字写成，"冻冶铅华以清而明，为镜宜文章，延年益寿辟不羊，与天毋极而日光，千秋万岁长乐未央"。⑤由此可见，无论是正史记载还是考古发掘出土的文物都说明了我国与朝—韩以汉字为载体的密切交流。

（二）吏读的产生与发展

汉字传入朝—韩之后，成为朝—韩人民不可或缺的书面交流工具。在汉字的早期使用阶段，继以形声、训读等借用汉字来标记的手段之后，吏读应运而生。所谓吏读，即朝鲜语的汉字书面形式，表面上它是汉字或包括一些汉字变体，但要按照朝鲜语的词序组织成句，并且有表示朝鲜语语法意义的附加成分。它也称吏吐、吏道、吏头、吏套或吏扎等。⑥据安炳浩《朝鲜语发达史》所述，主要经历以下五个发展阶段：

一是萌芽期。它始于高句丽，以出土于庆州瑞凤冢的银合铭文为代表，年代推定为451年。例如："延寿元年太岁在卯三月中太王敬造。"该铭文中，"三月中"的"中"为表示处所的格。

二是初期吏读，即吏札。它与汉语的主要差异只是词序不同，以庆州发掘的《壬申誓记石》（552年或612年）为代表。例如："壬申年六月十六日。二人并誓记。天前誓。今自三年之后。忠道执持过失无誓。若此事失。天大罪得誓。若国不安大乱。世可容行誓之。"这一段文字虽然使用的是汉语词，但却是按着新罗语的语序来排列的。如汉语的"自今"写成了"今自"。

---

① 《史记》卷三十八《宋微子世家》，中华书局1959年版，第1607—1621页。

② 陆锡兴：《汉字传播史》，语文出版社2002年版，第348页。

③ 《朝鲜史略》卷六。

④ 洪大容《干净衕笔谈》，上海古籍出版社2010年版。该书是一册对话录，朝鲜人洪大容记录了自己乾隆年间在北京和中国三名举子见面谈话的情况和来往的诗文，书中对当时中国士人的民族意识有若干程度的反映，对当时社会事实和现象有详尽、真实的描绘。

⑤ 朝鲜古迹研究会：《乐浪王光墓》，桑名文星堂1936年版。

⑥ 陆锡兴：《汉字传播史》，语文出版社2002年版，第354—355页。

　　三是吏读的发展期。到了这一阶段，吏读标记法已经成熟。它是对汉文的朝鲜式语法形态化，包括语序和助词。以 758 年的《葛项寺造塔记》为代表，例如："二塔天宝十七年戊戌中立在之。娚姊妹三人业以成在之。娚者零妙寺言寂法师杂㫖。"

　　四是吏读的集大成时期，即乡扎。乡扎普遍使用于统一新罗，主要见于乡歌文学。代表有《新罗乡歌》《均如乡歌》等。以《新罗乡歌》的《处容歌》为例："东京明朝月良。夜入伊游行如可。入良沙寝矣见昆。脚乌伊四是良罗。二肹隐吾下于叱古。二肹隐谁支下焉古。本矣吾下是如马于隐。夺叱良乙何如为理古。"文中除了个别词语使用汉字词外，都用朝鲜固有词，其文体也更接近口语。可以说乡扎是汉字、汉文"朝鲜"使用中"民族化"最为彻底的形式。但这种对实词用汉字的训读、对虚词用汉字的音读标记法极其复杂而不实用，所以延续到高丽时期之后逐渐消失。

　　五是口诀时期。朝—韩在读汉文时，为了表示语法关系，插入朝鲜语法要素的读诵法。它只是诵读汉文的辅助手段，不同于以上几种吏读体系，类似于日语的片假名。试举《童蒙先习》为例："天地之间万物之众厓唯人伊最贵尼为尼所贵乎人者隐以其有五伦也罗。"此处标记的"厓、伊、为尼、隐、罗"即是口诀助词。从《训民正音语释》里可知，"口"是指意译，"决"是指音译。[①]

　　（三）汉字向谚文过渡

　　在上述的早期形声、训读以及吏读、口诀广泛使用时期，虽有个别创造稍许缓解了这一现象但并未脱离汉字的基本框架。而汉字毕竟是记录汉语的文字系统，用它来记录黏着语的朝鲜语时便出现了"言文不一致"的现象。因此，李朝世宗二十五年十二月（1443 年 12 月），世宗亲率一批儒生精英，焚膏继晷，创制出新文字"训民正音"。"训民"即教化百姓，"正音"即正确的音，"训民正音"既是指百姓使用的拼音文字，又是指正确记录朝鲜语的拼音文字。《训民正音》有两种不同的版本，一个版本是 1446年颁布正音文字时所刊行的，一般称为"解例本"。另一版本是收录在今朝鲜庆尚北道半基喜方寺《月印释谱》卷首的《世宗御制训民正音》，一般称为"谚解本"或"注解本"。

　　与世界上几乎所有文字不同，训民正音并非从已有的其他文字变形而来，而是完全创制出来的文字，不属于任何一个文字体系。其创制原理可简单概括为"象形"和"加画"。象形即模仿形态，如"牙音ㄱ，象舌根闭

---

　　① 安炳浩：《朝鲜语发达史》，辽宁人民出版社 1983 年版，第 38—43 页。

喉之形。舌音ㄴ，象舌附上腭之形"。《训民正音》"制字解""加画"即添加笔画，"ㅋ比ㄱ，声出稍厉，故加画。ㄴ而ㄷ，ㄷ而ㅌ（以下省略），其因声加画之义皆同"。随着声音加强，在根据象形的原理创造出来的基本字母上，加画创造出新的字母。在创制之初，当时贵族士大夫因奉中国为中心，认为汉字比朝—韩字高尚，将用汉字著成的文章称为"真书"，将朝—韩字或用朝—韩字写成的文章称为"谚文"，更有"女字""厕字"等称谓，在半岛北部则称为"朝鲜字"。①

（四）系统学习汉字以及字书体例

为汉语汉字学习之便利，朝鲜时代不少文人致力于对"字书"的研究，主要有崔世珍《训蒙字会引》，金瑾《汇语·序》，李景宇、沈鼎祖《玉汇韵考》序和跋，张混《初学字汇序》，郑允容《字类注释·序》，朴致馥《字训·序》，池锡永《字典释要·原序》及《字典释要·凡例》，柳瑾和崔南善《新字典序》，玄公廉《汉鲜文新玉篇·序》，金允植和闵泳徽《字林补注》序和跋等，更有正祖大王命令李德懋等编写的《御定奎章全韵》。其中池锡永的《字典释要》脱离韵书方式而独立编撰，每个字的字音字义都用韩语标示，成为韩国最受欢迎的汉字字典。②

自从汉字传入朝鲜半岛，经过了吏读的产生与发展阶段，终于完成了汉字向谚文过渡，确立了该文字系统的最终独立。当谚文独立自成体系之际，该国地区的文人学者还摆脱了单纯的模仿，试图深入了解中国文字的内在规律，以促进和确保本国文字独立体系的顺利运作。

二　《九云梦》中的传承俗字

"对一个具体的俗字来说，就不但要使人知其然，而且要使人知其所以然，也就是说，要推求俗字与正字之间的演变轨迹，找出它的正字来。"③据统计，坊刻本《九云梦》中的俗字繁多，对它们进行追根溯源，将会发现这其中的大多数不出汉代以来的近代俗字范畴。在现有的文字学研究进展中，一些学者认为古代汉字文化圈在很大程度上同时也是一个俗字传播圈，很多俗字由中国本土传播至域外，进而形成一个国际通用俗字群。④作为域外俗字传播的一个典型，中国俗字在韩国的传承有进一步深入和细化研究之必要。

为了说明的简便，下文选取韩国坊刻本《九云梦》中具有代表性的传

---

① 韩国国立国语院编：《训民正音》，世界图书出版社 2008 年版。

② 黄卓明：《朝鲜时代汉字学文献研究》，上海古籍出版社 2013 年版。

③ 张涌泉：《汉语俗字研究（增订本）》，商务印书馆 2010 年版，第 182 页。

④ 何华珍：《俗字在韩国的传播研究》，《宁波大学学报（人文科学版）》2013 年第 5 期。

承俗字 40 例，同时参考《异体字字典》，查阅中国历代字书，如《简牍帛书字典》（以下简作"简牍"）[①]、《汉简文字类编》（以下简作"汉简"）[②]、《唐碑俗字录》（以下简作"唐碑"）[③]、《敦煌俗字典》（以下简作"敦煌"）[④]，以及《宋元以来俗字谱》[⑤]（以下简作"宋元"）等，与其进行字形对比，浅探流变轨迹：

1. 因—囙：～主人之强劝而不获也。（p.13）

按：《广韵》平声真韵："因，托也，仍也，缘也，就也。姓。《左传》遂人四族，有因氏，俗作囙。"《四声篇海·口部》："囙，音因，义同。"《汉尹宙碑》："囙以为氏。"《北齐姜纂造像记》："囙藉报远。"唐碑《王庭芝墓志》："轩冕囙循。"《北魏孝文吊比干墓文》："封墓谁囙。"敦煌《佛说生经》《御注金刚版若波罗蜜经宣演卷上》作"囙"。《古今杂剧》《太平乐府》《娇红记》以及《目连记》皆作"囙"。"大"字变作"工"，"因"作"囙"，再变作"囙"而习用。

2. 奇—竒：～标俊彩之美丈夫。（p.1）

按：《玉篇·可部》《广韵》平声支韵等皆收有"竒"字。汉简居图二二一 28.13 作"竒"，[⑥] 居图六一 169.1 作"竒"。敦煌《双恩记》中亦有作"竒"者。"奇"字上偏旁本从"大"，然"大"字在上偏旁，隶书皆作"亣"，与"立"形近而作"竒"，可据。

3. 暴—暴：妾请略～情事。（p.51）

按：《干禄字书》收"暴、暴"二字，以"暴"为俗字，"暴"为正字。《字鉴》去声号韵"暴"，注云："薄报切。晞也，猛也。《说文》日晞之暴作暴，疾趣之暴作暴，隶并作暴。下非从恭敬字，俗作暴、曝非。"敦煌《诗经》："终风且暴，顾我且笑。"汉曹全碑出现俗体"暴"。唐碑《刘弘规墓志》："诘诛暴慢。"《耿宗倚墓志》："抑挫豪暴。"《古今杂剧》出现俗体"暴、暴"。《诗经》已有将"水"底作"小"底者，而汉唐碑有延"暴"的，也有作"未"底、"米"底的，宋元后又有作"火"底的，形变较多。而《九云梦》俗体"暴"作"小"底则是较为保守的变体，在中国出现年代早，笔画变化亦不大。

---

① 陈建贡、徐敏：《简牍帛书字典》，上海书画出版社 1991 年版。

② 王梦鸥：《汉简文字类编》，艺文印书馆 1974 年版。

③ 吴大敏：《唐碑俗字录》，三秦出版社 2004 年版。

④ 黄征：《敦煌俗字典》，上海教育出版社 2005 年版。

⑤ 刘复、李家瑞：《宋元以来俗字谱》，中央研究院历史语言研究所，1930 年。

⑥ 即居延汉简图版二二一页 28.13 号。《汉简文字类编》收居延汉简为数近万，由劳干氏考释。

4. 備—俻：夫人方率侍婢～翰林夕馔矣。（p.86）

按：《玉篇·人部》认为"俻"乃"備"之俗字。《增广字学举隅》[①]卷二指出"俻"同"备"，作"俻"者非。《金石文字辨异》去声寘韵引《北魏张猛龙碑》《唐虞书夫子庙堂碑》作"俻"。唐碑《梁基墓志》："俻诸氓庶。"《张舒墓志》："历𪠶周行。"《赵夫人墓志》："俻之孙。"《薛郎墓志》："无劳備载。"敦煌《双恩记》及《御注金刚般若波罗蜜经宣演卷上》等皆出现俗体"俻"。宋元以来，《古今杂剧》《三国志平话》《太平乐府》《娇红记》以及《白袍记》等多处出现俗体"俻"，亦有《目连记》《金瓶梅》等作"俻"者。可见唐代变体较多，俗体"俻"贯穿历代，《九云梦》俗体"俻"只比常用俗体"俻"多一笔，最晚可见于明朝。

5. 舍—舍：莲花道场即性真之家，～此何之。（p.14）

按：《俗书刊误》卷三去声蔗韵："舍，俗作舍，非。"汉简居图二一一34.9 作"**舍**"，居图 273.21 作"**舍**"。唐碑《韦泚墓志》："傅舍临都。"《田厚墓志》："**舘**舍。""馆"字受下文"舍"字影响类化成"馆"，并由俗体"舍"类推亦作"**舘**"。敦煌文献中可见"**舍舍舍舍**"等俗体。可见，"舍"中构件"干"，俗作"土"或"工"，受个人书写习惯等影响。

6. 兼—兼：～以天花仙果七宝文锦以表区区之诚。（p.4）

按：兼，隶变形体有作"兼"者，见《汉隶字源》平声添韵引《广汉属国侯李翊碑》。上两点作"ソ"为"兼"者历代可见。汉简居图三〇三16.10 作"**兼**"，武威牢 1 作"**兼**"。敦煌出现"**兼兼兼兼**"等俗体。宋元以来，《三国志平话》《娇红记》以及《东窗记》等作品中"兼"字使用很普遍。

7. 算—筭：～寿与天齐。（p.193）

按：算，段注本《说文·竹部》云："数也，从竹具。"筭，见段注本《说文·竹部》云："长六寸，所以计历数者。从竹弄。"与"算"为二字，而《六书正讹》[②]上声旱缓韵云："算，俗作筭，非。"《字汇·竹部》，云："筭同算。"又《俗书刊误》卷三去声翰韵云："算，一作筭。"唐碑《山河求造像记》："筭数较量。"《首律师大德颂碑》："分尘筭劫。"敦煌文献中有作"**筭筭**"者。宋元以来，作"筭"者甚众，亦有《东窗记》和《岭南逸事》等作"筭"者。

8. 貌—皃：春云与女儿才相似而～相若也。（p.88）

貌—皃：有小阁利名性真者，～莹冰雪，神凝秋水。（p.3）

按：《字汇补·八部》："皃，与貌同。《字汇》作皃。"《王昭君变文》：

① 清·铁珊：《增广字学举隅》，清同治甲戌十三年兰州郡署开雕，天一出版社。

② 元·周伯琦：《六书正讹》，元至正十五年平江郡守高德基刊本。

"姜凫如红线。"《汉书·王莽传下》："凫佷自臧。"颜师古注："凫，古貌字也。凫佷，言其佷戾见于容貌也。"唐碑《德妃王氏墓志》："凫掩瑶草"《启颜录》作"凫"，敦煌《大母干连冥间救母变文》《太子称道经》以及《九相观诗一本·婴孩相第一》等作"凫"。宋元后，《取经诗话》《三国志平话》以及《白袍记》等皆收俗体"凫"。"凫"为古字，讹变为"凫"，承用至今。

9. 剑—釖：舞袖转急，釖锋愈急。（p.299）

按：《说文·刃部》："人所带兵也，从刃佥声。𨧜，籀文剑从刀。""釖"字则见《偏类碑别字·刀部》《碑别字新编》引《魏关胜诵德碑》。《六书正讹·去声》云："剑，古或从刀，俗作釖，非。"金文多有从"金"者，如《中国书法大字典·刀部》收有"鐱"字作"𨥟古剑字从金从金，鐱，𨥿叔戈"。汉简居图一四五 304.39 作"𠛬"，二九六 40.1 作"釖"，九五 118.18 作"釖"。敦煌收"剑"字俗体"釼釖釖釼釖釼劍"等。宋元以后作"釖釼"者较多。俗字以"金"代"金"，即改形声为会意，"刂""刀""乂"互通，合乎讹变之常轨。

10. 怪—恠：岂不惊～而责乎。（p.7）

按：《干禄字书·去声》"恠怪，上俗下正"，《玉篇·心部·怪字》："怪，古坏切，异也，非常也，恠俗"，《字汇·心部》："恠，同怪"。《龙龛手鉴·心部》："怪，或作恠，正"。唐碑《王审知碑》："恠石惊涛。"《碑别字新编》引《齐李夫人崔宣华墓志》收"恠"字。敦煌《妙法莲华经·见宝塔品》《普贤菩萨说证明经》等作"恠"，《太子成道经》《二教论》等作"恠"。宋元后，《取经诗话》《通俗小说》《太平乐府》等都有作"恠"者。今"怪"为正，"恠恠恠"皆俗，"恠"由"怪"形近换旁或由"恠恠"讹变而来，皆有可能。

11. 龍—竜：洞庭～女与少游有三生宿缘。（p.181）

按：《说文·龙部》，云："鳞虫之长。从肉，𠃵，肉飞之形，童省声。"而今考《龙龛手鉴·立部》云："竜，古文龍字。"《集韵》《类篇·龙部》等亦以"竜"为"龍"之古文。汉简中有俗体"龍龍龍龍"等。敦煌文献收"龍龍龍龍龍龍龍龍"等俗体。不见"竜"之踪影。而后《宋元以来俗字谱·龙部》引《古今杂剧》《康熙字典·立部》等则作"竜"。《正字通·立部》云："竜，俗作龍字"。李添富按，"龍"字古文篆体作"𪚐"，隶定作"竜"又变作"竜"，抑或讹作"竜"，隶定作"竜"，又变作"竜"；从立作"竜"，"竜"者，又"竜"字之讹变也。

12. 遟—遲：迎则称～，速何论。（p.85）

按：《说文·辵部》云："徐行也，从辵犀声。""遟"字可见于《隶辨》平声脂韵引《韩勅碑》。《龙龛手鉴·辵部》："遲俗，遟正"。《说文》又云：

"籀文遟从屖。"此说法考《金石文字辨异》平声支韵引《汉费凤别碑》"遟"作"遲"可证。唐碑《郑俭墓志》"栖遟养性"。敦煌《愿文》等作"遟",《佛说生经》《诗经》以及《双恩记》作"遟"。《宋元以来俗字谱》收"遟、遟"多例。依《异体字例》,凡从"犀"形多变作"屖"及"屖","遟"可视作由籀文"遟"讹变而来,沿用甚广。

13. 鉛一釺:蟾月方对妆镜调~红矣。(p.133)

按:《干禄字书·平声》:"釺、鉛"二形并列为异体。《龙龛手鉴·金部》:"釺,或作,鉛正。"《中华字海·金部》:"釺,音千。同鉛。"唐碑《古君妻匹娄氏墓志》"釺妆罢御"。敦煌《开蒙要训》:"釺锡鍮镴。"宋元以来《太平乐府》亦作"釺"。声符换用,习用已久。"公"俗"厽"用法还可见于"舥"俗"船",《续一切经音义》卷三:"船,经文作舥,非本字",卷八:"船,律文从公作舥作舡,皆俗字"。

14. 窗一窓:一童子立~外,呼之曰师父。(p.12)

葱一葱:惟曙色苍凉,彩霭~笼而已。(p.37)

聰一聪:皇天默佑英子斯得~达超伦。(p.21)

按:构件"悤"或作"怱",或作"囪",单就构件而言,今三者皆为"囱"之异体。《汉语大字典·勹部》云:"囱,急促。"按囱本作悤,当为古今字,"悤"字见《俗书刊误》卷一平声东韵云:"悤,俗作怱、囱,并非。""怱"字,见《字汇·心部》,云:"怱与悤同。"《正字通·心部》,云:"怱,俗悤字。""囱"字,见《集韵》平声东韵,云:"囱,古作悤。"又《六书正讹》平声东韵云:"悤,俗作怱、怱,并非。"《正字通·心部》:"悤,隶作怱","怱"由"悤"隶变而来,再考"悤"右上部"囪"《说文》也指其为隶定而得,亦作"囱"。

唐碑《赵妻鞠氏墓志》:"窓苍不吊。"敦煌《开蒙要训》:"葱蒜韭薤。"《八相变》:"行步葱葱,极其忙切。"宋元以来《列女传》《古今杂剧》以及《娇红记》等作"窗"为"窓",《太平乐府》作"葱"为"葱"。《干禄字书》"聰聪,上通下正",《正字通·耳部》"聪,俗聰字","聪""聰"皆为隶变字,本无论正俗,且《龙龛手鉴》标明"聰"为正体。看来所谓正俗,是与各人对字形的不同理解相关联的。[①]

15. 侯一俟:~王姬妾富贵虽极,亦非惊鸿之愿也。(p.57)

按:唐碑《安静墓志》"公俟递暎"。敦煌《道行般若经》卷十一:"譬如空𠊱。"《春秋谷梁经传》:"𠊱盟于路姑。"《隶古定尚书》:"邦甸𠊱卫,骏奔走。"想尔注《老子道经》卷上:"今王𠊱承先人之后。"《正名要录》:"𠊱

---

① 张涌泉:《汉语俗字研究(增订本)》,商务印书馆 2010 年版,第 122 页。

奏雄族矣。"《宋元以来俗字谱·人部》引《通俗小说》亦收数例，字形稍有差异，与"侠"近。

16．創一勑：此所以遵国法别公私也，非寡人～开。（p.213）

按：《韩国俗字谱》收录"創"的俗体"勑"。《改并四声篇海·刃部》引《余文》："勑，造法勑业也。"《正字通·刀部》"勑，俗勑字"，《字汇·刀部》《康熙字典·刀部》《中文大辞典·刀部》《汉语大字典·刀部》皆如是认为。《增广字学举隅》"勑，刜勑均非，音窗伤也，又音怆，造法勑业也，通創"。可知，"刜勑"乃由"勑"俗变而来，"并"部当由"井"部书写变异而来。

《集韵》平声阳韵云："刅，初良切。说文伤也。从刃从一。或作創、荆、勑、刔，古作戕。"故而"創""勑"得以互通。

由"刅"作"刃"，作"刀"，作"力"，则皆形近换用，抑或是书写变异讹成。或作"剏勑劊"等者皆同流。唐碑《吴府君墓志》"剏安家业也"，《崔倚墓志》"遂勑业东洛"。宋周密《武林旧事五·湖山胜槩》："南园，中兴后所勑"。

17．尝一甞：只能制人之气，未～荡人之心。（p.7）

按：《广韵》平声阳韵："尝，试也，曾也。《说文》本作甞，口味之也。"《正字通·口部》："甞，从旨尚声。旨，味美也。美故口尝之会意。俗作甞。"唐碑《李明远墓志》："甞旋亭假寐。"敦煌《茶酒论》："窃见神农曾甞百草。"《列女传》《太平乐府》以及《岭南逸事》等多处出现"甞"体。俗体"甞"会味甘而口尝之意，沿用已久。

18．解一觧：君能～此乎。（p.34）

按：《字汇》首卷云："解，俗作觧。"《经典文字辨证书》以"解"为正字，"觧"为俗字。汉简居图一二六 127.24 作"觧"，四〇109.7 作"觧"，三〇三 89.20 作"觧"，一七二 78.11 作"觧"，汉简敦煌屯一七反 9 作"觧"。敦煌文献中可见"觧觧觧觧觧觧"等俗体。各俗体间形体小异，右部构件与"羋"或"羊"相去不远。宋元以来，"解"作"觧"亦被广泛运用。

19．致一致：～敬谢之意。（p.5）

按："致"字可见于《隶辨》去声至韵引《尹宙碑》。汉简敦煌屯四正 4 作"致"。敦煌文献中出现俗体"致致致致"等。盖从"攵"之字于俗书中或讹从"支"。

20．觅一覔：欲～禅庵佛寺而亦不可得。（p.93）

按：《干禄字书·入声》"覔觅，上俗下正。"《玉篇·见部》收"觅"字，注云："莫狄切。索求也。"下又收"覔"字，以为同"觅"，乃"觅"之俗。唐碑《辛隽墓志》："痛彼艺能兮无可覔。"敦煌《贤愚经》《太上灵宝洞玄灭度五练生尸经》《太子成道经》作"觅",《伍子胥变文》作"覔"。《中国书法大字典·见部》"觅"字引苏轼作觅,引赵孟頫作覔,"觅"为"覓"之行草楷化。

21. 怨一惌:～画师之不公。(p.71)

按:"夗"有讹为"死"者,可见于《偏类碑别字·心部》及《碑别字新编》所收之《隋董美人墓志铭》。敦煌《妙法莲华经·观世音显圣图》亦作"惌",《金光明经果报记》作"惌",《隶古定尚书》《双恩记》作"惌"。唐碑《李宾墓志》:"空惌别于千日。"宋元以来多作"惌"。"惌""惌""惌"皆为讹俗字。

22. 能一𦟛:则人不～得其仿佛也。(p.2)

按:《碑别字新编》引《魏嵩岳灵庙碑》收俗体"𦟛"。汉简居图八三179.4作"𦟛",敦煌《道行般若经》卷第九作"𦟛",《妙法莲华经讲经文》《二教论》作"𦟛",宋元以来《目连记》《岭南逸事》等多作"𦭕"。汉简初现端倪,"能""𦟛"形近,"長"简化字为"长",则变"𦟛","𦭕"亦只是稍变形体。

23. 密一宻:招之前～～吩咐。(p.18)

密一宻:情之缜～一倍于前矣。(p.104)

按:《俗书刊误》卷四入声质韵云:"密,俗作宻,非。"唐碑《卢妻冯氏墓志》:"西河宻县。"《杨恭仁墓志》:"性履沉宻。"敦煌《愿文等范本·亡禅师》:"手附于如来宻印。"宋元以来《列女传》《取经诗话》等作"宻"者不在少数。历代变体,尽管形体皆有差异,总体则是构件"必"到"又"的变化,"又"字或有加一撇或一点两点的。

24. 京一京:御史上～师,小姐独在家。(p.26)

按:《隶辨》平声庚韵引《韩勅碑》,云:"鲁相河南京韩君。"又《新加九经字样·口部》:"音惊,人所居高丘也,从高省。就字从之,作京讹。"汉简居图三〇三16.10作"京""就"字从之,武威相见2作"就"。唐碑《裴自强墓志》:"夫人京兆杜氏。"敦煌《御注金刚版若波罗蜜经宣演卷上》:"今京犍居。"添一笔作"京",讹俗得之,该俗体稳定,几乎无再变异。

25. 逆一迸:～而气不平矣。(p.284)

按:《金石文字辨异》入声陌韵引《汉白石神君碑》收"逆"作"迸"。汉简居图二五五312.9作"迸",敦煌小五反作"迸"。[1]唐碑《杨恭仁墓志》:"又平迸贼贺拔威。"敦煌《发愿文范本等》《语对》作"迸",《而教论》作

---

[1] 敦煌汉简,即斯坦因三度所得于西域者。其先由沙畹考释而罗振玉、王国维又加选辑订为流沙坠简正续编;其后又由马伯乐考释,张凤以之编为汉晋西陲木简;日比野丈夫又择优质版刊于墨美。

"遄"。"芦"作"羊"，偶有点笔差异。"遂"另兼正字，表进退貌。

26. 往—徃：～叩重门。（p.50）

往—迬：复～昨日留宿之处。（p.98）

按：《碑别字新编·八画》引《明涿州石经山琬公塔院碑》收"徃"字。汉简居图一九六 67.3 作"徃"，居图二一一 34.8 作"迬"。敦煌《愿文等范本·因产亡事》："去留运徃，其大矣哉。""彳"又变作"氵"为较常见的讹变方式，如"得"作"淂"。

27. 辈—辈：不过预使吾～出头也。（p.258）

按：《碑别字新编》引《魏司马升墓志》作"辈"。唐碑《王获墓志》："光辈绝伦。"敦煌《双恩记》："经中菩萨者，不同此辈。"宋元后，《通俗小说》《古今杂剧》《娇红记》以及《岭南逸事》等均有作"辈"者。因声符替换，"非"作"北"成"辈"，历代习见。

28. 冰—氷：貌莹～雪，神凝秋水。（p.3）

按：《干禄字书·平声》："氷冰，上通下正。"《字汇·水部》："氷，俗冰字。"敦煌想尔注《老子道经》卷上："散若氷将汋。"唐碑《张宾墓志》："洁氷温玉。"《金瓶梅》出现俗体"氷"，可见俗体沿用已久。

29. 参—叅：观其举止容貌小无叅差。（p.81）

按：《龙龛手鉴·厶部》："参、叅。初今反，参差不齐貌也。又仓含反，近也。又所今反，参辰也。"《四声篇海·厶部》："叅，音参，同。"《荀子》："功叅天地。"《杨子》："圣人有以拟天地而叅诸身。"《方言》："叅，分也，齐曰叅"唐碑《李绩墓志》："叅谋国政。"《王君愕墓志》："叅妙穷神。"《王庭芝墓志》："锦州叅军。"《北齐武平三年赵桃枋造像》作"参"为"叅"。宋元以来，《太平乐府》《娇红记》等作"惨"为"憯"者不在少数。历代俗体中，习见以"小"或"尒"代"彡"，为传承已久之用法。

30. 陵—陵：如挂广～陵新磨之镜。（p.6）

按：汉简居图一四五 340.34 作"陵"，汉简敦煌屯六正作"陵"。唐碑《王庭芝墓志》："恐陵谷迁变。"敦煌《兔园策府》作"陵"，《二教论》作"陵"，《愿文等范本·满月事》作"陵"。宋元以来，《古今杂剧》《太平乐府》等均收"陵"字。

31. 娶—娶：年幼未娶矣。（页 29.6）

按：《干禄字书·上声》云："取取，上通下正。"《隶辨》平声虞韵，"取"字《李翊碑》作"耴"。《四声篇海·女部》云："娶，七句切，娶妇也。"《中国书法大字典·女部》"娶"下《祝允明》书作"娶"。汉简居图五七 212.29 作"取"为"耴"，五八 334.2 作"耴"，五六 448.2 作"取"，五六 448.4 作"耴"。唐碑《郑溧妻崔氏墓志》："生子娶妇。"敦煌《大般涅盘经》

作"取取"，《道行般若经》作"取"。宋元后，《古今杂剧》《太平乐府》等均有收"娶"字。

32. 辭—辤：拜辤龙王出水府。（p.7）

按："辤"字可见于《金石文字辨异》引《唐净业法师塔铭》。依《异体字例》，"辛"形又作"辛"，由"辤"添笔成"辤"。汉简居图二三〇1160.7作"辛"为"辛"。唐碑《王庭芝墓志》："甲第长辤。"敦煌文献中出现"辤辤辤辤辤"等俗体。宋元以来作"辤"较多见。

33. 髮—菝：见之而流涕，咏之则～叹。（p.230）

按：《偏类碑别字·艸部》引《隋首山舍利塔记》字作"菝"。《碑别字新编·十二画》引作"菝"，《广碑别字》引作"菝"，部首与"艹"字形略异。汉简中该字多从"亠"，如"菝菝菝"。敦煌俗字多从"业""业"，如"菝菝"。此"艹部或由"亠"而来，或由"业""业"，省去下一横画而成"业""业"，再变成草字字形。

34. 哉—栽：岂与桂娘少间～。（p.52）

按：《广碑别字·九画》引《唐义丰县开国男崔宜之墓志》，"哉"作"栽"。《中华字海·戈部》："栽，哉的讹字。"《正字通·口部》云："哉，本作栽，篆作栽，隶省作哉，俗作栽。"汉简居图一二九35.6作"栽"，一二九551.4作"栽"。敦煌收俗体"栽栽栽栽栽栽"等。

35. 得—淂：皇天默佑英子斯～聪达超伦。（p.21）

按：汉简中"得"字出现"得得得得得得得得得得得"等形体。敦煌文献中收"得得淂得淂淂得得得得"等。已有作"氵"旁或类"氵"旁者。《金石文字辨异》入声缉韵引《唐净域寺法藏禅师塔铭》有作"淂"者。《隶辨·德韵》引《华山庙碑》作"淂"。《宋元以来俗字谱·彳部》引《古今杂剧》等也可见作"淂"者。"淂"本为另一正字，《广韵》入声德韵，作"水貌"解，《玉篇·水部》作水名。"彳"旁与"氵"旁，形体相近，易讹变，类"往"作"洼"者。《碑别字新编·十一画》引《魏元寿安墓志铭》可见"氵"简省成"冫"作"淂"者。

36. 賢—兵：虽有素癖而未遇～师，不得其妙处矣。（p.34）

按：《俗书刊误》卷一先韵："贤，俗作兵。"《字学三正·体制上》："贤，俗作兵。"汉简作"贤贤贤"，敦煌文献作"贤贤贤贤"，倒尚未见"匕"形。而后《宋元以来俗字谱》引《目连记》《金瓶梅》等多处作"兵"。《草书大字典·贝部》"贤"下引李白作"兵"，张旭作"兵"，楷化皆可变易为"兵"。可见"贤"之作"兵"乃经由草书楷化而来。而俗体"兵"显然由"兵"简省而成。另有"坚"作"呈"，上部变化与其同，"呈强不下于金石"。

37. 臺—臺：直坐于莲花～上。（p.11）

臺—坖：如何折作鞭，催向章～路。（p.29）

臺—坖 ：过望乡之～至丰都城外。（p.16）

按：汉简中有作"臺臺"者，形体已与"臺"甚近。敦煌又作"臺臺臺臺臺臺臺臺臺臺臺臺臺"，变形颇多。《金石文字辨异》引《安阳隋人残经刻》收"臺"字，另可见于《宋元以来俗字谱·十五画》引《太平乐府》，《金石文字辨异》引《东魏武平七年造像记》收"坖"字，这是与"臺"形较为相近的，"坖"由"臺"加点而得。《字汇补·土部》云："坖，与臺同。""坖"字已见收于《康熙字典·备考·土部》《中文大辞典·土部》《汉语大字典·土部》《中华字海·土部》等字书。"坖"省笔成"坖"，易推。

38. 兒—児：而乃与～女子争道乎。（p.9）

按：《佛教难字字典·儿部》作"児"。汉简作"兒兒兒"，未呈"児"形。敦煌文献作"兒兒兒児児児児"已有近似"児"者。《列女传》等将"兒"字书作"児"，《中文大辞典·儿部》《汉语大字典·儿部》《中华字海·儿部》等据《宋元以来俗字谱》所引《列女传》等定"児"为"兒"之俗字，《字汇》首卷从古与《正字通》首卷从古皆云："兒，俗作児"，则可将"児"看作是"児"之形讹。"児"形还可见于《中日朝汉字字形对照·二画》，为中日韩三国通用俗体。

39. 凡—九：非～流俗士之比也。（p.22）

按：《校正甲骨文编》[1]卷十三云，"凡"字甲骨文作"乃"。《金文编》[2]卷十三云，金文作"凡"。《隶辨》引《景北海碑阴》隶书作"凡"。汉简居图一六〇203.37作"凡"。唐碑《王庭芝墓志》："凡所综摄，曲尽其能。"《马府君墓志》："故新孰相九。"敦煌《双恩记》："九有所要，不逆其意。"宋元以后，"九"体应用更广。讹俗变异，添笔再省笔。

从上面所举诸多例子可以看出俗字演变的一些基本规律，它们一方面是属于中国文献的用字现象，同时也在韩国历代用字中产生广泛影响。

汉字作为记录汉语的符号系统是具有一定稳定性的。而汉字系统的稳定性在一定程度上也是依赖于其发展的规律性。单个汉字看似零散自由，却彼此联系形成有机的整体。毛远明说："从宏观上就汉字符号系统而论，它是有体系的，有发生、发展、变异、行废的规律。就汉字体系中的个体符号而论，也有创制、演变、行废的历程，在整个汉字体系的制约、影响

---

[1] 孙海波原编，中国社会科学院重编：《校正甲骨文编》(甲骨文编)。

[2] 容庚著，张振林、马国权摹补：《金文编》。

下生成和变化。"①

中国文字是一个系统，今天使用的文字与两千多年前的秦汉竹简和帛书，甚至与三千多年前的甲骨文，都是一脉相承的。韩国俗字对中国的传承正是依托于如此厚重而悠远的文化背景。借助于汉字母体，使得其本民族的独立自足的文字体系最终脱胎而出。

三　朝—韩古文献中的传承俗字

朝—韩的汉籍，仅以 1981 年出版的首尔大学《奎章阁图书韩国本综合目录》就达三万三千八百零八种。②数量之多，品类之丰富，令人不得不为之惊叹。陈寅恪曾将获取新材料与史学研究的更新紧密联系在一起，"一曰取地下之宝物与纸上之遗文互相释证"，"二曰取异族之故书与吾国之旧籍互相补证"，"三曰取外来之观念与固有之材料互相参证"。从这个意义上来讲，域外韩国的汉籍，尤其是韩国人所著汉籍，则为多种方式的结合。韩国人在学习"吾国之旧籍"的基础上，融入"外来之观念"而著"异族之故书"，其参考研究价值不容小觑。

从朝—韩历史汉字角度看，这些异形字表现出一定的传承关系，具有较强的历史承接性。反观朝—韩古文献，传承俗体字俯拾即是，此处选取坊刻本《九云梦》中出现的传承俗字。

如《韩国金石文集成》③所录：

德—徳　第—苐　舍—舎　《蔡仁范墓志铭》

嘗—甞　穎—頴　《王煦墓志铭》

幼—㓜　京—亰　致—致　《朴景仁墓志铭》

奇—奇　《许载墓志铭》

美—羙　莊—庄　《金诚墓志铭》

往—徃　《郑知源墓志铭》

凡—凢　聰—聡　睹—覩　娶—娶　《尹彦颐墓志铭》

宜—冝　《闵瑛墓志铭》

富—冨　《金之佑墓志铭》

拔—㧞　《康教雄墓志铭》

拜—拝　《郑复卿墓志铭》

誼—誼　联—聮　《李轼墓志铭》

① 毛远明：《汉字源流与汉字研究的新视角》，《西南大学学报（社会科学版）》2013 年第 6 期。

② 张伯伟：《作为方法的汉文化圈》，中华书局 2011 年版，第 423 页。

③ 任世权、李宇泰：《韩国金石文集成》，韩国国学振兴院 2003 年版。

兼—萧　《朴景山墓志铭》

又如《古文书集成》以及《新罗上代古文书资料集成》中所辑：

辈：《全韵玉篇·人部》（1796）①、《物名考·卷三》（1802）②、《国书31—3》（1886）③、《奏本 7—1》（1901）、《上疏 3—2》（1922）等；

刃：《绀纸金字佛说杂藏经卷第一写经跋文》（1284）④、《白纸墨字妙法莲华经写经跋文》（1377）、《谥号望 2》（1659）、《教书 1—4》（1727）、《物名考·卷一》（1802）、《上梁文 3—3》（1826）等；

浚：《高丽太师碑》（1607）、《岭营筑城碑》（1737）、《桐华寺仁狱大师碑》（1808）、《手本 1—1》（1851）、《启目 2》（1868）等；

奇：《修禅社伽蓝配置状况记》（1221—1226）、《高丽末和宁府开京户籍文书》（1390—1391）、《高丽太师碑》（1607）、《表单 14—2》（1882）、《三忠祠庙庭碑》（1888）等；

夼：《上言 8》（1721）、《跋 2—2》（1771）、《序 9—1》（1792）、《玉册文 2—2》（1899）等。

无论是正式的墓志铭、官方文书还是民间的佛经写本、序跋文字，都可以看出历代朝—韩俗字和中国传承俗字的渊源。而坊刻本《九云梦》中出现的传承俗字，同样反映了中国俗字和朝—韩俗字之间存在的这种密切联系。

---

① 韩国清州大学博物馆藏《全韵玉篇》，刊行于正祖二十年（1796）。

② 柳僖《物名考》（手写本），成书于 1802 年。

③ 来源于韩国精神文化研究院编《古文书集成》，韩国精神文化研究院 1992 年版，本文出现的《奏本》《上疏》《谥号望》《谥状》《教书》《上梁文》《手本》《启目》《表单》《跋》《序》《玉册文》等均出于此。

④ 本文出现的各类《写经跋文》资料文献均来源于李基白《新罗上代古文书资料集成》，一志社 1987 年版。

第三章　坊刻本《九云梦》与朝—韩变异俗字

俗字在朝—韩的扩散与变异，是从"国际俗字"到"国别俗字"，即从传承俗字到变异俗字的变化发展。此类俗字，源头在中国，发展在域外，是扩散性俗字。[①]变异俗字，相对于传承俗字而言，指主要流行于域外的"国别俗字"。包括相对正字的域外变体局部变异和在汉字传播过程中全新创造的整体变异。[②]坊刻本《九云梦》文本中出现的俗字与儒家、佛家口诀字同属于局部变异范畴，而朝—韩"国字"即朝—韩特制汉字则当归为整体变异。

第一节　儒家、佛家口诀俗字

如前所述，口诀是为了易于理解汉字，在句子中间加进朝—韩语词尾或动词的一种书写体系。这种朝—韩语词尾叫口诀字，分为整字体和略字体。用汉字原来字形写成的是整字体，只取汉字某一个偏旁写成的是略字体。这些略字体，可以看作广义的俗字，也是从汉字而来的局部变异俗字。例如：

表1　　　　　　　　　　　口诀例

整字	隱	涯	也	尼	是	面	臥	那	古	飛	为
略字	阝	厂	乜	匕	人	厂	卜	乤	口	飞	ソ

口诀是朝—韩为诵读汉文而采用的辅助性手段，朝—韩所接触学习的汉文文献中，儒家和佛家文献占很大的比例，如《警民篇》《小学讲谱》《妙法莲华经》《地藏菩萨本愿经》等。表2儒家口诀、表3佛家口诀[③]便是专门为诵读儒家和佛家口诀而生。我们发现，这些口诀字的略字体中，有与表1一般的口诀略字相同的，如"古"作"口"等，又有不同的，如"隐"

① 何华珍：《俗字在日本的传播研究》，宁波大学学报（人文科学版）2011 年第 6 期。

② 何华珍：《俗字在韩国的传播研究》，宁波大学学报（人文科学版）2013 年第 5 期。

③ 取材自柳铎一《韩国文献学研究》，亚细亚文化社 1989 年版。

作"卩"和"阝"，"那"作"刕"和"刉"等。这正体现了口诀字略体的多样性，也是俗字的复杂多样性。

表2　　　　　　　　　　　　儒家口诀

略体	原字	略体	原字	略体	原字
丿	是	牙	牙	一	也
厂	厓	厶	矣	口	古
卩	隱	丆	面	夕	多
巨	飛	仒	羅	大	大
又	奴	刕	那	士	士
乙	乙	儿	兒	之	之
五	五	卜	臥	月	月
匸	尼	果	果	昷	溫
仒	於	ソ	為	底	底
叱	叱	可	可	𠃊	乎
巨	巨	加	加	弋	代
亠	亦	寸	時	日	日
刀	刀	小	小	户	馿
斗	閒	西	西	言	言
木	等	仝	舍	氵	沙
丁	丁	女	女		
勹	馬	尓	旅		

表3　　　　　　　　　　　　佛家口诀

略体	原字	略体	原字	略体	原字
可	可	广	←厷←么	亠	亦
厷	去	万	萬	曳	曳
口	古	卖	賣	五	五
昆	昆	又	覓	午	午
木	果	尓	旅	昷	溫
戈	戈	丆	面	卜，人	臥
只	只	勿	勿	ソ	為
巨	←飞←飛	ソ	米	要	要
刕	那	未	未	冂	←卩←隱

续表

略体	原字	略体	原字	略体	原字
乃	乃	巴	邑	ナ	衣
斤	斤	匕	叱	乙	乙
女	女	士	士	、	是
入	入	シ	沙	伊	伊
匚	尼	人	舍	广	應
丨	夕←多	一	西	庄	底
月	月	立	立	齐	齊
厶	矣	户	所	其	其
弋	代	小	小	田	田
大	大	氏	氏	丁	丁
力	加	二	示	土	地
都	都	寸	時	之	之
刀	刀	哀	哀	知	知
豆	豆	阝	阿	上	旨
斗	鬪	儿	兒	陈	陳
·	←个←罒←羅	良	良	土	土
尸	←户←驴←驢	厂	厓	下	下
…	以	マ	也	丿	←ㄥ←乎
又	奴	令	于,扵	屌	屌
彔	錄	才	扵	兮	兮
刂	利	言	言	火	火
里	裡	如	如	十	田

综观表 2 儒家口诀、表 3 佛家口诀，并参考儒家口诀俗字一览和佛家口诀俗字一览，[①]我们发现其略字体的简省方式与一般意义上的俗字的简省方式相类，主要为省略部分部件、笔画或符号替代。

属于省略部分部件或笔画的有：

厓—厂　　奴—又　　於—令　　亦—亠　　馬—勹　　矣—厶　　面—丆　　那—刋
臥—卜　　時—寸　　旅—余　　古—口　　多—夕　　溫—昷　　代—戈　　驢—户
沙—氵　　果—木　　加—力　　利—刂　　米—丷　　邑—巴　　叱—匕　　舍—人

西—一 立—亠 所—户 示—二 阿—阝 也—勹 應—广 地—圡
田—十

属于符号替代的有：

是—丿 是—丶 飛—三 飛—乙 尼—匸 等—木 羅—仒 羅—·
於—仒 為—ソ 乎—乙 乎—丿 多—丨 以—… 覓—又 拎—才

第二节 《九云梦》中的变异俗字①

（一）形声变异

1. 踏—踢：～两宫之宝以赐郑氏。（p.222）蹴～不移时。（p.181）

按：《韩国俗字谱》②收"踏"作"踢"。（p.209）畓字，韩音 da 与"踏"同，为换旁俗字。《物名考》卷一③亦收"踢"，"五明马，头戴星，足踏雪"。《全韵玉篇·牛部》④，"犁，驳牛，耕具，楼犁，踏犁"。

2. 祸—秋：或言终不免惨～。（p.38）

按：《韩国俗字谱》引《海东野书》收"秋"字，（p.151）"火""祸"音近而成"秋"。

3. 嫗—姁：崔夫人招小姐乳母钱～。（p.65）钱～归告于夫人。（p.66）

按：陆德明《经典释文》，"丘与區，并去求反"。"區"字上古音属侯部，"丘"字属之部，之候通转，两者读音本相近，当属构件近音替换。《韩国俗字谱》引《海东异迹》收"鷗"之俗体字"鸥"。（p.248）

（二）会意变异

1. 儒—仗：洛阳诸～纳卷而来。（p.45）天下有三道，曰～道，曰仙道，曰佛道。（p.332）～道成全明伦纪贵事业（p.332）。

按：《韩国俗字谱》引《海东异迹》收"仗"字。（p.15）据《说文》，儒从人，需声。柔也，术士之称。徐灏注笺补充道："人之柔者曰儒，因以为学人之称。"学人之称，即文人之称，又《后汉书·杜林传》："博洽多闻，时称通儒。""儒"作"仗"，会"文人为儒"之意。

2. 暮—仐：～境伤怀康有极乎。（p.237）

3. 墓—仝：或酹莫坟～。（p.243）

4. 幕—仚：白云之帐～。（p.284）

5. 梦—多：～中说话皆非吉兆。（p.235）孰是～也，孰非～也。（p.336）

---

① 本节内容与前面的"综论"有所关联，在此作为个案材料做专题分析。

② 金荣华：《韩国俗字谱》，亚细亚文化社 1986 年版。

③ 柳僖：《物名考》（手写本），成书于 1802 年。

④ 韩国国立清州大学博物馆藏《全韵玉篇》，刊行于正祖二十年（1796）。

按：《韩国俗字谱》引《罢睡录》收"暮"作"合"，（p.99）引《青丘野谭》《选谚篇》《海东异迹》收"墓"作"全"，（p.62）引《选谚篇》收"幕"作"帘"。（p.62）在韩国文献中，形成大量"入"系列俗字，入日为暮，入土为墓，入巾为幕，入夕为梦。

6. 尘—坔：虚亭独留，香～已闲矣。（p.98）

按：《韩国俗字谱》引《海东野书》收"尘"作"坔"。（p.42）尘为扬起的细小土粒，少土为尘，可通。

（三）简省变异

1. 鬱—峯：自伤婚事之蹉跎，身致幽～之疾病。（p.251）

鬱—峯：苍山～～而四围清溪曲曲。（p.18）

按：《韩国俗字谱》收"峯"（p.244），"峯"可视作"峯"之讹变。

2. 嚴—叩：～亲早背，慈母偏爱，平生无所学之事无可取之才也。（p.199）

3. 儼—仰：～然正坐。（p.12）

按：《说文·叩部》："教命急也，从叩厰声"，"嚴"为形声字，上形下声，声符省去，便作"叩"。

4. 價—価：以钗钏首饰等物优其而～买之。（p.196）

鸿娘名～不必以此而低也。（p.282）

按："價"省略"貝"而作"価"，为简省类俗字。《韩国俗字谱》引《俟西野谭》《海东异迹》《啌蔗》等收录"価"字。（p.14）韩国《古文书集成》之《等状4—3》，"斥卖松価若不足，则以亲用金余额补充"。

5. 藝—芸：与诸兄较～恐未安也。（p.47）愿效贱～以听小姐之下教也。（p.68）

按："藝"在韩、日、越等域外文献中通行，《韩国俗字谱》引《海东野书》收"藝"作"芸"。

6. 邊—过：青衣女童浣衣于溪～。（p.93）

按：《韩国俗字谱》引《东野汇辑》收"邊"作"过"。（p.220）"邊"字我国简作"边"，日本作"辺"，韩国作"过"，中日韩各取一字，相近又不相同。而韩"邊"之"过"易与我国"过"之"过"相混。

（四）符号变异

1. 符号"又"替代"义"

（1）儀—仅：夫人坐于中庭，威～端严。（p.67）

（2）議—訊：言～矛盾皆怀姑息。（p.118）

按：《韩国俗字谱》引《海东野书》《海东异迹》收"儀"作"仅"。（p.15）在《高丽末和宁府开京户籍文书》中亦可见"議"作"訊"者，"都评～使出纳内使所申，已前京外大小两班美”。“又”除替代“義”外，在韩国文献中还有替代“睪”者，“釋”作“釈”，如《长谷寺药师如来坐像腹藏发愿文》，“～奇”，《物名考・卷五》，“如～氏舍利亦其类也”。

2. 符号“双”或“㚇”替代两个相同部件

（1）贊—⿱双貝：南来之人无不称～。（p.54）

（2）簪—⿱⺮⿱双日：头插翡翠之～。（p.94）

（3）替—⿱双日：妾敢～桂娘猥陪相公矣。（p.133）

（4）潛—⿰氵⿱双日：削平～乱，大驾还都。（p.37）

（5）僭—⿰亻⿱双日：盛会之末不亦～乎。（p.43）

（6）讎—⿱双言：反以仇～视之。（p.114）

按：“双”替代“雔”，“㚇”替代“兟”“兓”“㚘”，在韩国文献中甚为多见。《韩国俗字谱》引《选谚篇》收“⿱双日”，（p.101）引《罢睡录》收“⿰亻⿱双日”。（p.14）《古文书集成》之《诗・其他 2—1》收“贊”作“⿱双貝”，“⿱双貝礼赵尚镇”，《物名考》卷一收“替”作“⿱双日”，“鞍屜，亦作鞍⿱双日”，《封书 13》收“潛”作“⿰氵⿱双日”，“⿰氵⿱双日往⿰氵⿱双日来之行”。

3. 符号“ㄨㄑ”

（1）“ㄨㄑ”替代“丝”等对称性相同部件

戀—⿱⿱亠ㄨㄑ心：脸如猩红而有眷～之情。（p.103）

鸞—⿱⿱亠ㄨㄑ鳥：锦～之味。（p.324）

轡—⿱⿻车ㄨㄑ口：轻揽琐珠之～。（p.285）

按：在我国文献中，以两点代“絲”的较为多见，如“戀”简作“恋”，“變”简作“变”，而在韩国历代文献中，则以“ㄨㄑ”代之为众，《韩国俗字谱》引《选谚篇》收“辦”作“⿰辛ㄨㄑ”，（p.214）而我国简省作“办”。河永三的《朝鲜后期民间俗字研究》还集中考察了“辦”作“⿰辛ㄨㄑ”、“衛”作“⿱韦ㄨㄑ”、“術”作“⿰术ㄨㄑ”、“徵”作“⿱山ㄨㄑ”等。①《物名考・卷一》，“紖，牛⿱⿻车ㄨㄑ口”。

（2）“ㄨㄑ”替代品字形下位部件

毳—⿱毛ㄨㄑ：欲营升斗之禄以备甘～之供。（p.266）

驫—⿱馬ㄨㄑ：长在贵主之侧，视彩锦如～织。（p.255）

轟—⿱車ㄨㄑ：或腾踔而～天。（p.1）

迭—⿱田⿱冖ㄨㄑ：设有震～之威。（p.151）

壘—⿱田ㄨㄑ土：敌军虽退，壁～尚存。（p.183）

荔—⿱艹ㄨㄑ：南越～枝，永嘉甘柑，相溢于玉盘。（p.290）

① 河永三：《朝鲜后期民间俗字研究》，《中国语文学》1996 年第 27 辑收录该俗体。

躡—跟：昔访佳期~彩云。（p.109）

森—杰：景物~罗不可应接。（p.186）

攝—摄：~衣而出，立街而见之。（p.32）

懾—慑：先声震~于诸州。（p.123）

按：我国文献中习以"双"代品字形下位结构，此处的"躡、攝、懾"简作"跟、摄、慑"，韩国则更侧重于以"〻"代之。《韩国俗字谱》引《俟西野谭》《纪话》收"躡"作"跟"，（p.211）引《选谚篇》收"攝"作"摄"，（p.92），引《广寒楼记》收"壘"作"垦"。（p.43）《物名考》卷四，"轻重叠起"。

（4）符号"丬"替代"癶"

發—尒：~越之气似青莲。（p.13）

廢—庎：命崎之人~绝人事。（p.199）

按：周志锋在专著《明清小说俗字俗语研究》①中，考察了简化符号"丬"，该符号可以替代很多汉字的偏旁。在韩国文献中，这一符号发生细微变化作"丬"，常代"癶"。《韩国俗字谱》引《野录》收"廢"作"庎"。（p.65）

以上数种符号变异习见于大量朝—韩文献中，这与朝—韩语和汉字形义关系不吻合有很大的关系。由于这种不吻合，历史上朝—韩人在书写汉字时往往只注意字形大致的轮廓而对具体的笔画不加重视，这一点在符号变异以及上文考察的简省变异时表现得格外明显。②

（五）讹俗变异

1. 歸—敀：以待八仙于其~致敬谢之意。（p.5）汝往龙宫饮酒而醉~。（p.13）

按：我国唐代常见"自反为歸"之"皈"字，而在朝—韩文献中常讹变作"敀"。《白纸金字大方广圆觉修多罗了义经写经跋文》收该俗体，"一受净信四敀依"。

2. 燭—炻：洞房花~贺新郎。（p.48）

3. 觸—舶：~处融解。（p.22）

4. 獨—狛：亦不可狛栖孤房。（p.88）

按：《玉篇·犬部》："獨"古文作"犻"。盖"弔"讹作"市"，如同"姊"作"姊"。③《韩国俗字谱》引《选谚篇》收"燭"作"炻"，（p.131）引《海东野书》收"獨"作"狛"。（p.136）

---

① 周志锋：《明清小说俗字俗语研究》，中国社会科学出版社 2006 年版。

② 符号变异也可看作是简省变异的一种方式。

③ 张成、姚永铭：《〈朝鲜刻本樊川文集夹注〉文字研究》，《古汉语研究》2007 年第 1 期。

5. 樂—芽：八仙女油然而感，怡然而～。（p.6）

6. 藥—芽：处士奉～碗而入。（p.20）

按：由"楽"讹变作"芽"，再衍生出"芽"。

第三节　朝—韩"国字"

（一）朝—韩"国字"释义

池锡永《字典释要》、崔南善《新字典》、鲇贝房之进《俗字考》等对朝—韩固有汉字作了初步探讨，金钟埙的《韩国固有汉字研究》（1983）等又作了进一步深入研究。2000 年，由台湾编辑发布的《异体字字典》则在前人研究基础上整理附录了《韩国特用汉字》。河永三认为，所谓韩国固有汉字应包括国字、国音字、国义字三方面，国音字、国义字是指虽存在于汉字使用圈的其他国家，但却有只限使用于韩国的特殊音义的汉字，而国字则是指不存在于中国等其他国家而唯一存在于韩国的汉字。[①]这与日本的"国字"[②]（又称倭字等）相仿，都是异域国在学习中国汉字之后，全新创造的汉字，亦可称作整体变异。

（二）朝—韩国字的类型

鲇贝房之进《俗字考》，[③]"俗字は勿論大体に于いて支那汉字の构成法に仿ひたるものなれば、支那の六义即ち会意、指事、象形、假借、类推、谐声等の法に据りたるものにて、其中最も多きは会意、谐声、假借の三种类なり"。认为韩国特制的俗字国字，大体是仿效中国汉字的构造法，其中以六书中会意、谐声、假借为多数。我们以汉字结构的角度，从象形、会意、形声、合音四个方面来看：

1. 象形

（1）∥：与箸同，筷子。

（2）亇：工具，铁锤也。

2. 会意

（1）夻：鱼名，大口也，大头鱼，鳕鱼。

（2）畓：水田也，稻田。

3. 形声

（1）迲：音 Du，谷不满石也。

① 河永三：《韩国固有汉字国字之结构与文化特点——兼谈〈异体字字典〉之〈韩国特用汉字〉》，《中国文字研究》第 6 辑。

② 何华珍在《日本汉字和汉字词研究》中指出，狭义的"国字"，指日本创造的汉字，即和制汉字。

③ 鲇贝房之进：《俗字考》，国书刊行会，昭和 47 年，第 2 页。

（2）琓：音 Wan，国名也。

（3）旀：音 Myo，连接助词。

4. 合音

（1）乭：音 Hal，地名也。

（2）乧：音 Dol，人名也。

（3）㖙：音 Gat，奴婢名也。

（三）朝—韩国字的特点

在 267 例[①]国字中，有姓氏、人名、国名包括地名 120 例，与制度相关（官职、科举等）5 例，民俗（音乐、宗教等）2 例，生活（衣食住、疾病等）30 例，特产（动植物等）48 例，工具 17 例，宫中语 3 例，称呼 3 例，学习 10 例，言语（语法成分、外来语音译等）31 例，一般词汇 12 例，其他 2 例。通过分析，我们发现：

1. 与人名、地名相关的字特别多，这是因为人名、地名类词汇相对稳固和保守，变化速度缓慢且不能轻易改变。

2. 因为汉语属孤立语，朝—韩语属黏着语，存在不同的语法范畴，为了标记不同语法成分而创造一些国字，如表连接的助词"旀"。

3. 出现了不少数量词，如"迲"表谷不满石。

4. 朝—韩长期受儒家思想影响，形成官本位社会，滋生了不少宫中专用字。

5. 有关特产动植物、特殊工具、音乐等国字也较多，可以看到朝—韩的一些文化特性。

（四）与"国字"相关的坊刻本《九云梦》俗字

据《异体字字典》所附《韩国特用汉字表》（以下简称《字表》）编辑说明，该《字表》在参考金钟埙等前人研究的基础上，共收录了 255 个韩国特用汉字，逐字注上了朝—韩音读和释义。而河永三等人认为，《字表》的归类有可待商榷之处，其中有将异体字[②]当作国字之列，我们在《九云梦》中发现当归入该列的 4 例俗字"伩、歹、帟、坔"，即"儒"作"伩"，"夢"作"歹"，"幕"作"帟"，"塵"作"坔"，其中河永三等研究者漏收 1 例"帟"字。《字表》对其的注音和释义情况为：

1. 伩：Yu，儒也，士也。

2. 歹：Mong，夢之俗字。

---

① 河永三分清国字、国音字、国义字之混淆，整理得 267 例。

② 从广义上来讲，国字也可列入异体字范畴，然此处所说的"异体字"则不包含韩国整体变异类俗字。

3. 𢄳：Mak，幕之略字，帷幕，帐篷，帷幄，帐幕也。

4. 尘：Jin，塵之略体也。

在前一节中我们已详细考察，文人为儒，入夕为夢，入巾为幕，少土为塵，这些均为局部变异之会意变异类俗字。

周有光曾经这样指出，"跟日本一样，中间也缺少一个明显的仿造民族汉字的阶段。朝鲜也仿造了一些简化的朝鲜汉字，字数极少，不能构成一个仿造的演变阶段"。[①]根据本文对韩国坊刻本《九云梦》等俗字的考察，我们更加清楚：尽管朝鲜亦有仿造汉字的经历，但从整个历史文字使用的角度看，其地位与作用，是不能与占据朝鲜正式文字一千七八百年之久的汉字文言相提并论的。

---

① 周有光：《汉字文化圈的文字演变》，《民族语文》1989 年第 1 期。

第四章　余论

历史和地理条件使得汉字文化圈由中国扩展到朝鲜半岛、日本以及越南，汉字在漫长的千年间，成了东亚的国际文字。彼时秦并六国，开始"书同文"历程，不觉扩大到整个东亚，这无疑是人类文化史上耀眼的一章。"汉字作为一个系统，其发展沿革不仅表现为个体汉字的历时时态演进，而且表现为汉字体系的整体性发展变更"。①

在汉字文化圈的视角下，通过对坊刻本《九云梦》典型俗字的源流探析，并结合朝一韩金石文中出现的相关俗字，发现其大量俗字都是对中国俗字的继承。同时，分析坊刻本《九云梦》中主要流行于朝一韩的国别俗字，并参考口诀及朝一韩"国字"等素材，发现俗字在朝一韩既有局部变异，也有整体变异，而其构字理念及方法，始终受教受益于中国俗字。

通过上文的分析，我们以坊刻本《九云梦》为例，并结合朝一韩"国字"、口诀等，归纳朝一韩俗字的几大特征：

（一）简化是朝一韩俗字最明显的特征

从坊刻本《九云梦》俗字来看，简省类俗字可谓连篇累牍，这既与汉字发展简化为总趋势有关，又与韩语本身相关。由于韩语与汉字形义关系的不吻合而弱化了汉字的视觉符号性，韩国人书写汉字往往只注意到字形的轮廓，减笔变笔为常事。"鼠"作"鼡"、"鼎"作"鼻"、"璽"作"堊"等变体习以为常。

从这些简省俗字中，我们可以发现一些不同于中国的汉字简化之规律。譬如，中国惯以两点代"絲"，"戀"简作"恋"，"變"简作"变"，而在朝一韩历代文献中，则以"乂"代之为众，"戀"作"忢"、"臠"作"离"、"蠻"作"峕"等。

在分析朝一韩佛家、儒家口诀时发现，除了保留部分原字外，其余皆

---

① 黄德宽：《对古代汉字发展沿革内在关系的探索与揭示——关于〈古文字谱系疏证〉》，《学术界》2005 年第 1 期。

为简省字，繁化无一例。

（二）汉字构件符号替代后具有类推性

符号替代也是一种有效的汉字简化方式，它改变了汉字原有的构字理据，如"儀"作"仅"，"義"字原貌不复存。"義"作"又"的替代方式又类推至"議"作"议"，再如"堅"作"坚"，又"賢"作"㕛"，"留"作"㽞"，又"榴"作"㮀"。

（三）造字结构趋于会意性

在对坊刻本《九云梦》俗字的调查中，我们发现其造字方式往往从形声变作会意。如"儒"作"仗"，"儒"本是从人需声，变作"仗"，会"文人为儒"之意。再如"墓、幕、暮、夢"作"全、帘、合、多"，甚为典型。再看朝—韩"国字"，其全新创造的整体变异类俗字，会意创造不在少数，"呑"表大头鱼，"畓"表"水田"。

（四）传承为主，变异为辅，传承与变异共存

传承是汉字在域外、在整个汉字文化圈传播时的主流，而变异也是其重要的组成部分。从理论上讲，汉字是表意系统的汉字，只要汉字的这一本质属性没有发生改变，汉字系统传播到任何一个国家，都应该具有一脉相承的特点，这也是直至今日，汉字文化圈的某些群体，还能以汉字作为交流工具的原因。[①]但变异也必定是贯穿始终的，汉字也需入乡随俗。所以朝—韩在直接继承大量俗字的同时，也存在一定程度上的变异，从坊刻本《九云梦》文本中可见的局部变异，到朝—韩全新创制的固有"国字"。

（五）突出反映朝—韩之文化内涵

汉字传播至朝鲜半岛被广泛使用，当地人的精神文化面貌也必将在使用汉字的过程中反映出来。如作"儒"为"仗"反映当时社会尊崇"读书"，认为唯有文人才能成儒。又如为限定使用于宫内的特殊指称而创造固有汉字，将国王上衣称作"襨"，将宫中女人所穿的鞋子称作"韗"，以此来表达对君王的尊敬之情。

综上，基于汉字文化圈的视角，汉字的域外传播研究已经有了一定程度的进展。于域外朝—韩而言，现有金石文、古辞书、古文书、谚文文献、写本文献、坊刻本等文本，利用这些资料可探求汉字形义演变现象和规律。今后需要拓展的领域有：汉字在朝鲜半岛的形义传承，汉字汉文训读，吏读用字与汉译佛经用字，口诀用字与乐谱半字，坊刻本、笔写本之汉字形义变体，等等。

---

① 王平：《韩国写本俗字的类型及其特点——以〈韩国俗字谱〉为例》，《中国文字研究》2011 年第 2 期。

参考文献

一　专著

安炳浩：《朝鲜语发达史》，辽宁人民出版社 1983 年版。

韩国国立国语院：《训民正音》，韩梅译，世界图书出版公司北京公司 2008 年版。

韩国清州大学博物馆藏：《全韵玉篇》，正祖二十年（1796）版。

韩国精神文化研究院：《古文书集成》，韩国精神文化研究院 1992 年版。

朝鲜古迹研究会：《乐浪王光墓》，桑名文星堂 1936 年版。

何华珍：《日本汉字和汉字词研究》，中国社会科学出版社 2004 年版。

洪大容：《干净衕笔谈》，上海古籍出版社 2010 年版。

黄卓明：《朝鲜时代汉字学文献研究》，上海古籍出版社 2013 年版。

金万重：《九云梦》，上海古籍出版社 1990 年版。

吕浩：《韩国汉文古文献异形字研究》，上海世纪出版集团 2013 年版。

吕浩：《韩国汉文古文献异形字研究之异形字典》，上海大学出版社 2013 年版。

刘东芹：《草书字法解析·文字学视角下的草法研究背景》，高等教育出版社 2015 年版。

李昉、李穆、徐铉等：《太平御览》，中华书局 1960 年版。

李洪智：《汉代草书研究》，北京师范大学出版社 2014 年版。

李基白：《新罗上代古文书资料集成》，一志社 1987 年版。

陆锡兴：《汉代简牍草字编》，上海书画出版社 1995 年版。

陆锡兴：《汉字传播史》，语文出版社 2002 年版。

柳铎一：《韩国文献学研究》，亚细亚文化社 1989 年版。

毛远明：《汉魏六朝碑刻异体字研究》，商务印书馆 2012 年版。

鲇贝房之进：《俗字考》，国书刊行会昭和 47 年版。

启功：《古代字体论稿》，文物出版社 1999 年版。

徐秀兵：《近代汉字的形体演化机制及应用研究》，知识产权出版社 2015 年版。

秦晓华：《汉字与书法艺术》，暨南大学出版社 2015 年版。

裘锡圭：《文字学概要（修订本）》，商务印书馆 2013 年版。

任世权、李宇泰：《韩国金石文集成》，韩国国学振兴院 2003 年版。

司马迁：《史记》，中华书局 1959 年版。

唐兰：《中国文字学》，上海古籍出版社 1949 年版。

王宁：《汉字学概要》，北京师范大学出版社 2001 年版。

王宁：《汉字构形学讲座》，上海教育出版社 2002 年版。

王平：《韩国现代汉字研究》，商务印书馆 2013 年版。

韦旭升：《九云梦》，北岳文艺出版社 1986 年版。

许锬辉主编，梁晓虹、陈五云、苗昱等著：《〈新译华严经音义私记〉俗字研究》，台湾花木兰文化出版社 2014 年版。

邢澍：《金石文字辨异》，上海古籍出版社 1995 年版。

严可均：《说文校议》，台北广文书局 1961 年版。

杨昭全：《韩国文化史》，山东大学出版社 2009 年版。

朱天曙：《中国书法史》，文化艺术出版社 2009 年版。

张伯伟：《作为方法的汉文化圈》，中华书局 2011 年版。

张涌泉：《汉语俗字研究（增订本）》，商务印书馆 2010 年版。

张书岩等：《简化字溯源》，语文出版社 1997 年版。

周志锋：《大字典论稿》，浙江教育出版社 1998 年版。

周志锋：《明清小说俗字俗语研究》，中国社会科学出版社 2006 年版。

赵维国：《九云梦》，上海古籍出版社 2014 年版。

章炳麟：《文始》，台湾中华书局 1970 年版。

二　论文

方国平：《〈类聚名义抄〉俗字研究》，硕士学位论文，浙江财经大学，2009 年。

官桂铨：《〈九云梦〉的卷数和刻书年代》，《学术研究》1983 年第 5 期。

郭绍虞：《草体在字体演变上的关系（上）》，《学术月刊》1961 年第 11 期。

龚焰华：《〈省文集〉之同形字辨析》，《中国科教创新导刊》2011 年第 13 期。

何华珍：《俗字在日本的传播研究》，《宁波大学学报（人文科学版）》2011 年第 6 期。

何华珍：《俗字在韩国的传播研究》，《宁波大学学报（人文科学版）》2013 年第 5 期。

河永三：《朝鲜后期民间俗字研究》，《中国语文学》1996 年。

河永三：《韩国固有汉字国字之结构与文化特点——兼谈〈异体字字典〉之〈韩国特用汉字〉》，《中国文字研究》2005 年。

河永三：《韩国朝鲜后期坊刻本俗字研究——〈论语集注〉、〈孟子集注〉为例》，《殷都学刊》2010 年第 2 期。

黄德宽：《对古代汉字发展沿革内在关系的探索与揭示——关于〈古文字谱系疏证)》，《学术界》2005 年第 1 期。

韩江玲:《韩国汉字和汉字词研究》,博士学位论文,吉林大学,2009 年。

井米兰:《韩国汉字及俗字研究综述》,《延边大学学报(社会科学版)》2011 年第 1 期。

金烨:《新井白石〈同文通考〉俗字研究》,硕士学位论文,浙江财经大学,2013 年。

刘正烨:《〈省文纂考〉俗字研究》,硕士学位论文,上海师范大学,2010 年。

李建斌:《日藏古抄〈百二十咏诗注〉俗字研究》,硕士学位论文,浙江财经大学,2011 年。

李镜淑:《〈高丽大藏经异体字典〉所收异体字研究》,博士学位论文,北京师范大学,2003 年。

毛远明:《汉字源流与汉字研究的新视角》,《西南大学学报(社会科学版)》2013 年第 6 期。

宋红芝:《东福寺本〈参天台五台山记〉俗字研究》,硕士学位论文,浙江财经学院,2009 年。

王平:《韩国写本俗字的类型及其特点——以〈韩国俗字谱〉为例》,《中国文字研究》2011 年第 2 期。

韦旭升:《谈朝鲜古典小说〈谢氏南征记〉》,《国外文学》1984 年第 1 期。

韦旭升:《略论朝鲜古典小说〈九云梦〉》,《国外文学》1986 年第 1 期。

王晓平:《从〈镜中释灵实集〉释录看东亚写本俗字研究——兼论东亚写本学研究的意义》,《天津师范大学学报(社会科学版)》2008 年第 5 期。

王晓平:《朝鲜李朝汉文小说写本俗字研究》,《上海师范大学学报(哲学社会科学版)》2013 年第 2 期。

张成:《朝鲜刻本〈樊川文集夹注〉研究》,硕士学位论文,浙江大学,2006 年。

张成、姚永铭:《朝鲜刻本〈樊川文集夹注〉文字研究》,《古汉语研究》2007 年第 1 期。

周有光:《汉字文化圈的文字演变》,《民族语文》1989 年第 1 期。

周志锋:《俗字考释两则》,《汉字文化》2006 年第 4 期。

周玳:《朝鲜时代汉文写本俗字研究》,硕士学位论文,浙江财经大学,2017 年。

三　工具书

池锡永:《字典释要》,永昌书馆 1909 年版。

陈建贡、徐敏:《简牍帛书字典》,上海书画出版社 1997 年版。

崔南善:《新字典》,新文馆 1915 年版。

黄征:《敦煌俗字典》,上海教育出版社 2005 年版。

金荣华：《韩国俗字谱》，亚细亚文化社 1986 年版。

冷玉龙等：《中华字海》，中华书局、中国友谊出版公司 1994 年版。

李圭甲：《高丽大藏经异体字典》，高丽大藏经研究所 2000 年版。

李学勤：《字源》，天津古籍出版社 2013 年版。

李琳华：《佛教难字字典》，常春藤书坊 1991 年版。

刘复、李家瑞：《宋元以来俗字谱》，中央研究院历史语言研究所，1930 年。

陆费逵、欧阳溥存等：《中华大字典》，中华书局 1978 年版。

罗竹风主编：《汉语大词典》，汉语大词典出版社 1986—1993 年版。

秦公：《碑别字新编》，文物出版社 1985 年版。

书学会：《行草大字典》，北京出版社 1992 年版。

王梦鸥：《汉简文字类编》，艺文印书馆 1974 年版。

吴大敏：《唐碑俗字录》，三秦出版社 2004 年版。

许慎撰，徐铉校定：《说文解字》，中华书局 2004 年版。

徐中舒主编：《汉语大字典》，湖北辞书出版社、四川辞书出版社 1986—1989 年版。

《异体字字典》编委会：《异体字字典》，中国台湾省国语推行委员会 2002 年版，http://pds.lib.harvard.edu/pds/view/11254542。

附章　哈佛大学藏本《九云梦》草体俗字研究

哈佛大学藏本《九云梦》文字娟秀，书法精美，除了前面一小部分为笔画规整的楷书外，其他都由笔法成熟的草书构成。其草书字形与中国草书有相似的变异规律，我们从草书形体出发，把握《九云梦》草书字形特点。

第一节　草书概说

草书有狭义和广义之分。启功认为："广义的，不论时代，凡写得潦草的字都可以算"。[①]广义草书是对字体风格的总称，也可以称为草体。草，是相对"正"而言的。广义草书，包括草篆、草隶、章草、今草等。[②]我们平常所说的草书实际上是狭义草书，它是指今文字阶段依附于汉字主流字体（包括八分书和楷书）的一种变异度最大的速写字体。与广义草书不同的是，它已成为一种专门的字体，为文字学家和书法学界所普遍承认，"是一种与篆书、隶书、楷书、行书并列的形体独特的字体"。[③]狭义草书经过古今字体变革之后逐渐发展成熟。裘锡圭认为："作为一种特定字体的草书，则是在汉代才形成的。"[④]要把握草书形体特点须推流溯源，回顾草书产生过程。

草书产生过程决定了它在形体上的特点。孙星衍在《〈急就章〉考异序》中曾说过"草从篆生"的观点。[⑤]笔画繁多的篆书不便于日常书写，认识与书写之间的矛盾由较为简捷的草篆解决。同时，在民间兴起的隶书也因简易而备受推崇。卫恒在《四体书势》中称："隶书者，篆之捷也。"隶书从篆书的草体演变而来。早期的草书是跟隶书的产生时间相平行的一种草写

---

① 启功：《古代字体论稿（第2版）》，文物出版社1999年版，第32页。
② 秦晓华：《汉字与书法艺术》，暨南大学出版社2015年版，第56页。
③ 李洪智：《汉代草书研究》，北京师范大学出版社2014年版，第35页。.
④ 参见裘锡圭《文字学概要（修订本）》第91页所引。
⑤ 刘东芹：《草书字法解析——文字学视角下的草法研究》，高等教育出版社2015年版，第4页。

书体，往往夹杂着一些篆草的形体。[①]草书诞生过程一直伴随着多种字体的交叉变化，是一个渐变的字体简化过程，"草书字形往往出自篆书俗体的古隶草体演变而成，而不是由成熟的隶书草化而成的"。[②]

汉字在隶变之后，逐渐稳定为由线条组成的方块结构，这给草书符号化奠定了基础。草书在汉代脱离了其他字体，独立成章草。"章"即有章程法则之意，区别于笔法流畅、牵连的今草。章草与今草为追求书写速度与审美效果，在实践中创造出相应的草书笔法。从最初产生的时候，草书一直在追求汉字简化，"汉字的草体有两种性质：一是简，一是连"。[③]草书笔法的成熟加速了这个过程。

第二节　哈佛大学藏本《九云梦》草书的草化方式

汉魏之际，草书受到众多书法家追捧。草书线条在象形表意的路上渐行渐远。草书逐渐失去作为文字的作用，成为书法家追求装饰与审美的一种符号。草书的符号化和书法艺术的发展密切相关。书法中任何笔画的变化都影响汉字的形体，这种相互关系在草书中表现得尤为明显。"点画形体的丰富性，把书法的技法引向一个鲜活的世界，使书法中的点画形态具有一种生命的活力和情趣。"[④]然而，以往的草书研究侧重从书写角度阐释其作为一种书体的审美价值，忽略了它作为一种字体的笔画组织构造方式。刘东芹认为："对草书而言，笔法与字法的关系其实是可以各自独立，分开研究的。笔法研究更倾向于书法风格范畴，是草书的艺术属性研究；而草法即字法，属于草书的文字属性研究。也就是说，研究草法必须借助于文字学领域的方法。"[⑤]

我们从文字学角度出发，分析《九云梦》草书的笔画与结构，将其草化方式归纳为以下三种：

一　草书简法

（一）用"、"

任何笔画起于点也终于点。点画在草书中具有极强的灵活性，它能够以简代繁，代替许多笔画、部件。

---

① 秦晓华：《汉字与书法艺术》，暨南大学出版社2015年版，第56页。

② 刘东芹：《草书字法解析——文字学视角下的草法研究》，高等教育出版社2015年版，第4页。

③ 郭绍虞：《草体在字体演变上的关系（上）》，《学术月刊》1961年第11期。

④ 朱天曙：《中国书法史》，文化艺术出版社2009年版，第2页。

⑤ 刘东芹：《草书字法解析——文字学视角下的草法研究》，高等教育出版社2015年版，第4页。

1. 笔画变成"丶"

實—、：李小姐所谓，若系等闲之列，则～难奉副。（p.204）前日之累抗严教，～有所拘于人伦。（p.243）此～凶征也。（p.261）道人～非凡人也。（p.66）哀乐有数，天～为之。（p.232）

按：、皆是"實"草写字形，简写了"實"，把"宀"里面的构件分别简写为三个"丶"和"贝"。在此基础上，把"宀"里面的三"丶"与"贝"字连写，从而简写为现代的"实"。《说文·宀部》："實，富也。"《汉语大字典》："实，實的简体字。"《字源》只收录了"實"，并没有说明其简化过程。《草书大字典》引智勇草书作、王羲之作，敬世江作。《标准草书》引王羲之《草决辨疑》作，可见"實"的简体字形取自草书。类似的草体字形还有：

翼—：言其义则无～于生我育我。（p.15）非具羽～不可越也。（p.58）而小妹处身～于平人。（p.199）

2. 变部件为"丶"

辦—：岂臣能立一策～一谋而致此哉？（p.268）

按：《草书大字典》引米芾作品，写作。《新编中国书法大字典》引明徐浩行《草诗卷》，写作。草书直接把部件"辛"简写为"丶"。

君—：臣亦择～。（p.26）道人指壁上玄琴，而问曰："～能解此乎？"（p.33）妾之一身，自今日已托付于郎～矣。（p.47）

按：《草书大字典》收录智勇、王羲之草书，均写为。草书直接把部件"口"简写为"丶"。

封—：列土～王。（p.230）

按：把部件"寸"直接简写为"丶"，《草书大字典》引怀素《小草千字文》，写作。

（二）用符号

草书常用交叉的笔画来代替原字比较复杂的写法，往往与原字的字形无关系，仅仅是示意而已。①

鄉—：故～无贻北堂之忧。（p.34）

按：《草书大字典》黄象写为。《标准草书》引王羲之《淳化阁》字形。"鄉"字的这个草化字形只是一个草书符号，没有广泛进入文字应用，并不多见。

雙—：乱垂～鬟。（p.24）

按：《说文·雔部》："从雔，又持之。""雙"先省略了上半部分的构件

---

① 陆锡兴：《汉代简牍草字编》，上海书画出版社1995年版，第10页。

"雗"，再增加表示"手抓"义的符号"又"。

（三）直接简写部件

懷—怀：惟君无用伤～。（p.32）置之～中。（p.148）

按：《说文·心部》："懷，念思也，从心裏声。"《新编中国书法大字典》引王羲之《淳化阁贴》作怀，部件裏简写为"衣"。故"懷"写成怀。

偉—伟：岂不诚～哉。（p.124）

按：《汉语大字典》："伟，偉的简化字"。《草书大字典》引文徵明《滕王阁序》作伟。"偉"的简化字"伟"便是从草书楷化而来。1986年发布的《简化字总表》是汉字规范的主要标准之一。《总表》中简化方法之一便是"草书楷化"。[①]

按照此方法类推的还有：

違—违：何敢有～？（p.62）丞相颇以交～未怅缺。（p.273）

圍—围：三匝～坐前者。（p.125）女乐数千，三匝四～。（p.289）

衛—卫：郑氏设有残魂余魄，九重严邃，百神护～。（p.262）

莊—庄：忽见一区幽～。（p.23）寂寞薛涛～。（p.91）幻仙～成就小星缘。（p.73）

按：《新编中国书法大字典》引智勇《真草千字文》，写作庄。《标准草书》引饶介《三希堂帖》作庄。"莊"的"艹"和部件分别简化成点"丶"和"丿"。

二 草书省法

省法是一种重要的草书笔法。对楷书一笔一画的省略时常改变汉字结构。草书省法可以分为省笔画和省部件两种。下面举例为省略部件。

頓—顿、顿、亏：

顿～无行意。（p.17）

顿杨生自洛阳抵长安，定其旅社，～其行装。（p.54）

亏得见道人清像，～觉俗虑之自消。（p.62）

按：顿笔画连写为亏。《新编中国书法大字典》引王羲之《快雪堂贴》作顿，亏则是顿进一步简化，直接省略了"頁"这个部件。

几个不同的楷书构件经过草书笔法的简省，混同为一个部件的情况也时有发生。例如：

講—讲：～论妇德。（p.201）

墓—[草书]：欲寻于南郊～。（p.112）

霜—[草书]：天地摇落，～花酿感，断雁鸣哀。（p.227）

塞—[草书]：两公主秉～渊之德，有琴瑟之和。（p.310）

三　草书连法

（一）笔画相连

忽—[草书]：～见一区幽庄。（p.23）凝睇四顾，～与杨生四目相对。（p.25）

按：《新编中国书法大字典》引王献之《忽动贴》作[草书]。刘东芹认为："'心'的另一种草法作一横画，表示[草书]，此草书偏旁符号应用广泛。"[1]《九云梦》中此类例子还有：

患—[草书]：奇才美品何～不得。（p.52）

廬—[草书]：何足烦相公之～哉。（p.170）

意—[草书]：以此～言于老母。（p.207）

（二）分散的部件相连

動—[草书]：天颜～色。（p.142）时月光窥帘，树影满窗，声～已息。（p.95）

按：《新编中国书法大字典》引明文徵明《西苑诗》作[草书]，已经将左右两个部件连为一个。[草书]不仅连为一个部件，还改原字的左右结构为上下结构。其他连书部件的例子还有：

職—[草书]：我若还其～号。（p.228）自此当永戢狂图，恪修臣～。（p.127）

我们发现，一个字形体上的变异不单是由一种草书笔法导致的，往往是因为同时出现"简法、省法、连法"的交叉现象，如：

頭—[草书]：续题一首于扇～。（p.150）

既简写了部件"豆""頁"，又连写了两个部件。

尋—[草书]：问其来～之意。（p.27）

简写部件"工、口、寸"为点，又用牵丝连写了三个部件。相似的例子还有：

喜—[草书]：李小姐大～。（p.205）而忽有～雀来报吉兆。（p.225）

第三节　哈佛大学藏本《九云梦》草书字形释例

哈佛大学藏本《九云梦》产生于朝—韩李朝时期，书中的草书形态活泼，和当时朝—韩的文化氛围密切相关。整个李朝时代，就书体而言，既

---

① 刘东芹：《草书字法解析》，高等教育出版社2015年版，第42页。

有楷体，又有草书、行书、隶书、篆书。①草书作为常见的手写字体，因其书写便捷而得到广泛使用。写本中的草写字不胜枚举，下面列举几例分析。

1. 爱—：父母钟～甚笃。（p.60）吾～身如玉。（p.71）

按：《说文·攵部》篆体作"", 从攵悉声"。《汉魏六朝碑刻异体字字典》为""。隶书保留了篆书的字头部分。《敦煌俗字典》引《法句经》，写作""，是隶书楷化字形。引《太上洞玄灵宝秒经众序章》为""。《宋元以来俗字谱》引《通俗小说》为"爱"。《韩国俗字谱》也写作，为俗体字形。"爱"的写法逐渐沉淀，近而变成正体字形。那么"愛"的草体字形从何而来？受到哪些因素影响？

《隶辨》引《张迁碑》写为""。《新编中国书法字典》引《王羲之澄清堂帖》写为。我们发现，和隶书写法接近，而隶书字形则直接传承了小篆。字形变化是从到，最后到草书。《草书大字典》引明宋克《急就章》为。朝—韩老尊本《九云梦》中的字引用《急就章》草字写法，可见其深受中国草书的影响。

2. 春—、

弟子服事师父十阅～秋。（p.14）

～云曰。（p.234）

按：是"春"的俗字。《汉语大字典》引《字汇补·日部》："，《六书统》：与春同。" 改变"春"的字头部分，造成这种现象的原因是篆书的部件有弧度，书写不便。为了便捷起见，把它拉直，于是就成了。在的基础上再次变异，经连写与省略后形成。

3. 樂—乐：快～之不可胜喻。（p.41）座上唱～非不足也。（p.46）

按：《汉语大字典》："乐，樂的简化字。"《书法大字典》引唐陆柬之草书作"乐"。"乐"字因此字形简洁而广泛使用。《宋元以来俗字谱》引《岭南逸史》作"乐"。故而"樂"简化为"乐"。

4. 桑—枽：一若～榆，三阅春秋。（p.227）

按：《汉语大字典》："桑，同枽。""枽"把"桑"的"又"简写为"十"，从枽到枽，改变了两个短竖的位置，同时采用草书笔法中的简法，用"丶"代替了竖画。受此影响，"桑"的俗字最终写为"枽"。②

5. 多—号：今朝官人押今罪人等数～。（p.36）

按：号是"多"的俗字。《正字通·夕部》："多，俗做号"，号是隶书经过草写楷化之后的变异字体，《汉魏六朝碑刻异体字字典》作""，

① 杨昭全：《韩国文化史》，山东大学出版社 2009 年版，第 203 页。

② 张涌泉：《汉语俗字研究（增订本）》，商务印书馆 2010 年版，第 113 页。

位于上面的▢简化中间的竖变成▢，下面的▢变成"夕"。写本中类似的例字还有：

移—▢：杨生往住房搬～行李。（p.46）

6. 邊—▢、▢

▢所谓胡人落泪沾～草。（p.65）

▢胡姬之曲，～方之声。（p.66）娇声尚留于耳～。（p.13）

按：《说文·辵部》："▢，行垂崖也。"《说文》段注："▢，垂也……垂，远边也……""邊"的本意即为行至临近悬崖处，和"垂"的意思相反，和"远"的意思相近。《宋元以来俗字谱》引《岭南逸史》作"▢"，故字形▢为▢的省略。《九云梦》草书字形▢与其同。书中出现"邊"的楷书字形值得注意，该字形少见于中国字书，▢字是传统的韩国字形。韩国朝鲜时代写本中常见把"邊"写成"过"，是▢的进一步简化。《汉字略体调查研究》引《诫初心学人文》《景德传灯录》《三国遗事》皆收"过"。

以上草书字形，无论是笔法角度还是字意方面都和中国草书如出一辙。除此之外，写本中朝—韩特征字值得关注。例如：▢是典型的中国草书，而它的楷书▢却具有鲜明的朝—韩特色。与此同时，哈佛大学藏本《九云梦》也存在具有朝—韩地域色彩的草书字形，试举例如下：

1. 殿—▢：越王～下来矣。（p.146）壮士千人列立于～左右。（p.188）尚书即诣佛～。（p.186）今两公主娘娘皆入内～。（p.254）

按：《新编中国书法大字典》与《标准草书》均引王羲之《虞安贴》作▢。《新编》引文徵明《西苑诗》作▢，把部件"殳"放在草体"尸"内部。手写本《九云梦》▢在文徵明草书的基础上进一步简化，把部件"殳"省略为两撇。

2. 发—▢、▢：▢秀美之容似潘岳，～越之气似青莲。（p.22）一夜之间，菊花满～。（p.35）清歌自～。（p.45）▢清歌自～。（p.45）未～织歌口已香。（p.295）故悲怆之心必自～于箫声之中也。（p.337）

按：《汉字略体调查研究》引《法华经》《地藏经》《吏文杂例》收"發"作▢。《宋元以来俗字谱》引《野录》作▢。"發"俗作▢，在朝—韩汉文文献中较常见。[1]▢字形改变▢笔画的方向。类似的字形还有：

廢—▢：下内旨，使之～已行之礼。（p.161）

3. 養—▢：太后取郑氏为～女。（p.272）小生适蒙丞相厚～。（p.291）

按：《草书大字典》引智勇《千字文》作▢，已经简化了字头部分。

---

① 周玳：《朝鲜时代汉文写本俗字研究》，硕士学位论文，浙江财经大学，2017年，第43页。

再次简化部件"食"为两竖。作为简化符号的"**⺮**"可以代替许多汉字偏旁。

4. 福—补：过～之灾。（p.148）丞相钧体万～。（p.278）伏望大师降～消灾。（p.322）

按："福"的小篆字形为福，楷书字形简写了"示"部为福。补字右边的卜与畐读音相近，从而将其替代，故"福"为补，该字形不见于中国字书。

5. 慕—入：闻其诗而～其才华。（p.26）便生爱～之心。（p.128）

6. 幕—入：使两家贵客及女乐归待于～。（p.288）

按：这两个草书字形把部件简化为符号。在朝—韩文献中，以"入"代替"莫"，形成"入土为墓、入日为暮、入巾为幕、入心为慕"一系列会意俗字。

第四节　楷草两种版本《九云梦》俗字比照

草书楷化指依据草书字形进一步楷书定型的汉字。草书不易辨认，由于书写便利的实用性，部分草书对于汉字形体或结构的改变得到社会的认可，甚至影响到个别汉字的发展。从汉字发展史来看，草书楷化是汉语俗字的重要来源之一。基于两种版本《九云梦》的汉语俗字，比较研究刻本汉字和草书写本汉字，可见二者之间的关系，有利于研究俗字在朝—韩传播过程中的传承与变异规律。现辑成两种版本《九云梦》的俗字对照表，择录如下：

	刻本	写本
安	安	安
拔	拔	拔
辈	辈	辈
边	邊过	邊
变	变	变
迟	遅	迟
傄	傄	傄
雏	雏	雏
趁	趁	趂趁
称	称	称

	刻本	写本
嘗	嘗	嘗
處	処	處処
蠹	蠹	蠹
參	参	泰
辭	辤	辭辤辝
纔	纔	纔
麤	麤	麤
毳	毳	毳
竄	竄	竄
聰	聰	聰
得	得	得得
德	德	德
等	等	等
第	苐	苐
殿	殿	殿殿
疊	疊	疊曡
定	定	定
兒	兒	兒
愕	愕愕	愕
發	発	発発
廢	廃	廃
髮	髪	髪
復	復	復復
富	富	富
隔	隔	隔
功	功	功功
鼓	鼓	鼓鼓
蠱	蛊	蛊
怪	恠	恠

续表

	刻本	写本
關	関	関
觀	覌覌	覌
規	規	規
歸	歸	歸
國	囯	旺旺
壑	壑壑	堅
衡	衡	衡
轟	轟	轟
後	浚	浚
畫	畫	畫畫
懷	怀	怀
還	還	还
魂	䰟	䰟
繼	継	継
堅	坚	坚
僭	僣僣	僣
節	節	㔾
解	解	解
徑	逕	徑
舉	舉	杀
覺	覚	覚
開	開	開
款	欵	欵
曠	曠	曠
勞	労	労労
壘	塁	塁
離	雜	雜
籬	籬	籬
歷	歴	歴
臨	临	临
麟	麟	獜

续表

	刻本	写本
齡		
留		
爐		
亂		
貌		
美		
命		
墓		
幕		
惱		
腦		
難		
彎		
奇		
麒		
气		
潛		
琴		
寢		
娶		
関		
勸		
榮		
儒		
率		
桑		
攝		
懾		
深		
聲		
收		

续表

	刻本	写本
鼠	鼡	鼡
雙	双雙雙	双双
睡	眠	眠
算	筭	筭
臺	臺仝臺金	金
撞	撞捴	捴
泰	泰	泰
替	替	替替
挑	挑	拓
圖	圖	圖
土	圡	圡
無	无	无
罔	罔	罔
惘	惘	惘
脅	脅	脅
學	学	学
賢	賢	賢
響	響	響
興	興	興
虛	虛	虛
夐	夐	夐
兜	兜	兜
嚴	叩	叩
儼	儼	儼
焰	焰	焰
養	養	養
儀	仪	仪
亦	亦	亦
議	议	议
嬰	嬰	嬰
櫻	櫻	櫻

续表

	刻本	写本
纓		
營		
幽		
譽		
怨		
贊		
葬		
珍		
職		
指		
置		
燭		
足		
座		

　　对比上表两种版本《九云梦》的俗字,我们可以发现,绝大多数草书字形已经被楷化定型,进入到刻本用字。其中如"邊—邉过—遑东""殿—又—丞圣""燭—炼—炬"等具有朝—韩特色的特征俗字(或称国别俗字)对于近代汉字研究、域外汉籍整理、文献辨伪等方面具有重要的价值。又如草书楷化定型过程中对同一部件符号代替而产生的能够进行类推的特色俗字群,如"墓—全—茇""幕—价—布""暮—合—岑暗"等,体现了汉语俗字在朝—韩传承与变异过程中的双重作用。上表所列俗字用例,绝大多数还是来自中国的传承俗字(或称通用俗字),这从一个侧面反映了东亚汉字文化圈使用汉字的共性。对比两种版本《九云梦》的俗字,我们可以直观感受到刻本俗字吸纳与接受写本俗字主要就是由于草书楷化改造繁多的笔画字形进而达到了简化的目的,方便了社会各界的使用。但是像"邊—过""嚴—皿""等—寸"之类的草书字形在使用时难免会造成错讹,对阅读文献典籍造成了不便。

　　草书楷化是汉字简化的重要途径之一,在遵循汉字构造理据的基础上,对部分字形进行适当调整进而被社会认可成为印刷体汉字,本质上促进了汉字在域外的传播。

叁 俗字汇编:《九云梦》
俗字汇编（两种）

　　坊刻本《九云梦》为三册六卷刻本，第三册第六卷卷末题"崇祯后三度癸亥"，即嘉庆八年（1803）刊刻，简称"癸亥本"。据厦门大学图书馆所藏本介绍，"《九云梦》六卷，佚名撰。1803年朝鲜刻本，三册。每半页十行，行二十字。白口，四周单边。白绵纸，天地宽。地脚书口写'天地人'（三册分）"。该藏本与中国科学院研究所藏本为同一版本。坊刻本《九云梦》字迹清晰，俗字繁多，字形多样且具有代表性，是研究朝—韩刻本俗字的宝贵资料。

　　《九云梦》繁本系统主要有两个版本。六卷十六回抄本，因首回回目为"老尊师南岳讲妙法，少沙弥石桥逢仙女"，韩国学者丁奎福称其为"老尊本"；三卷十六回抄本，表题《玄化录》，天地人三册，扉页有图像一幅，书法精美。哈佛大学图书馆馆藏康熙年间手抄本，分三册（天地人），章节目录、排版等与嘉庆八年（1803）刊刻本（简称"癸亥本"）相异，如卷一第一回目癸亥本作"莲花峰大开法宇，真上人幻生杨家"，老尊本则为"老尊师南岳讲妙法，少沙弥石桥逢仙女"。此本很可能即为"老尊本"，每半页十一行，行二十二字。其文字娟秀，书法精美，是研究域外草书和近代俗字的宝贵材料。

　　需要说明的是：一、凡文本中出现的各类俗字均在辑录之列。为方便起见，俗字均以原版图片方式剪辑，确保俗字的原始性和真实性。并且择用通行的繁体字作为字头，按音序排列，以简体字录入原文例句及页码，以便读者检索。二、凡构件相同，而书写笔画相近者，皆选取字迹清晰且具有代表性的用例辑录，不重复列举。

一　坊刻本《九云梦》俗字汇编

A

哀—㖫　～我佛家之道。（p.11）

埃—㙯　涓～欲报未由自效。（p.89）

蔼—藹　～善端之自发。（p.13）

霭—霭　暝～生林也。（p.6）

安—安　歌舞之场～用妾哉？（p.283）

黯—黯　不胜凄～。（p.96）

B

拔—拔　～所佩宝刀。（p.288）

罢—罷　说～，手持桃花一枝，以掷于仙女之前。（p.9）

柏—栢　卿自有松～之操。（p.327）

蚌—蚌　若出于海～之怀胎。（p.10）

褒—褒　～以重爵。（p.267）

鲍—鮑　自是闺中管～之交也。（p.318）

杯—盃　非但以酒～留连而已。（p.42）

被—被　昔蔡文姬遭乱～拘。（p.70）

辈—輩　以是吾～各以所制之文。（p.45）

本—夲　卿与郑女～无夫妇之义。（p.155）

鼻—鼻　掩～而迦。（p.8）

笔—筆　则持～似难。（p.207）

弊—弊　～情劳神。（p.187）

壁—壁　道人指～上玄琴而问。（p.34）

壁—壁　躬谢于～门之前。（p.183）

边—邊　嫩语娇声，尚留耳～。（p.10）

边—过　十余岁青衣女童浣衣于溪～。（p.93）

变—變　虽与娼物亲近，其心则未尝～矣。（p.15）

镳—鑣　越王与丞相并～而行。（p.286）

鬓—鬢　乱毛双～。（p.25）

C

迟—遟 ~速何论？（p.85）

吒—吃 然则人皆大惊大~。（p.284）

傳—傳 而未闻其曲流~于世人也。（p.300）

娡—婭 欲知小女之妍~也。（p.84）

耻—耻 丝萝虽切愿托之心，今实其自跃之~。（p.29）

插—揮 头~翡翠之簪。（p.94）

插—揷 寺门高开洞庭野，殿脚~入赤沙湖。（p.3）

茶—荼 以~代酒可也。（p.312）

儕—俗 今者吾~以娘娘之命，幸到此地。（p.5）

讎—誓 反以仇~视之。（p.114）

掺—掺 翰林~手拭泪，各称保重而别。（p.97）

蟾—蟾 ~月满酌玉杯，以《金缕衣》一曲侑之。（p.51）

塵—㙷 虚亭独留，香~已阑矣。（p.98）

趁—趂 ~此良辰，陟彼崔嵬。（p.5）

稱—稱 ~为南方之最。（p.3）

稱—捅 小姐大加~赞。（p.76）

嘗—嘗 未~荡人之心。（p.7）

丞—承 他日据~相之府，享万钟之禄。（p.88）

出—㞷 乳娘~门而去。（p.27）

初—祁 店中~约，岂以小星相期。（p.247）

處—処 毕竟自由税驾之~。（p.15）

楚—楚 苟使弟子有罪，则师父挞~徼戒。（p.13）

礎—礎 朱楼粉墙已成灰烬，陈~破瓦积遗墟而已。（p.37）

觸—觗 ~处涮解，如竹迎刃。（p.22）

矗—矗 七十二峰或腾踔而~天。（p.1）

垂—垂 伏乞师父快赦旧愆，特~明教。（p.337）

垂—㞤 遂~幌就枕，反侧不安。（p.253）

創—勁 非寡人~开。（p.213）

窗—窓 立~外呼之。（p.12）

春—春 翌日高~，尚书始起盥洗矣。（p.145）

參—荃 视其举止容貌，小无~差。（p.81）

曾—曾 而~未有毫发不恭不顺之事。（p.12）

辭—辤 拜~龙王，出水府，御冷风，向莲花而来。（p.7）

纔—纔 ～尽缱绻之意。（p.96）

操—操 及曹～赎远。（p.70）

草—草 婚姻大事不可～率。（p.82）

餐—餐 惟愿加～而已。（p.121）

惨—惨 悲～之色溢于满面。（p.156）

粲—粲 ～然一笑。（p.10）

纚—纚 淑人长在贵主之侧，视彩锦如～织。（p.255）

蹉—蹉 自伤婚事之～跎。（p.251）

毳—毳 则甘～之供不可自当。（p.241）

翠—翠 城南四十里有离宫，即～微宫也。（p.328）

窜—窜 欲～伏于岩穴之间矣。（p.32）

葱—葱 惟曙色苍凉，彩霭～茏而已。（p.37）

聪—聪 今皇天默佑英子，斯得～达超伦。（p.21）

丛—丛 万玉～中眼自甚高。（p.281）

骢—骢 八百红妆，皆乘骏～，拥鸿月左右而去。（p.285）

D

答—答 八仙女～拜。（p.8）

獃—獃 此则固不足挂念，而平生有痴～之愿。（p.61）

单—单 力～势蹙，无路返葬。（p.51）

蹈—蹈 虽令升天入地，握火～水，何敢不从乎？（p.63）

得—得 今皇天默佑英子，斯～聪达超伦。（p.21）

德—德 ～宗皇帝起十万众，命将征伐。（p.119）

登—登 生拜敬～程。（p.40）

等—等 使婢仆～求技乐之人。（p.195）

第—第 大师命召之，八仙女次～而入。（p.4）

睇—睇 生又～视，则累幅诗笺，堆积于美人之前。（p.44）

踮—踮 蟾月闻剥啄之声，～履出迎。（p.50）

点—点 我出家十年，曾无半～苟且之心。（p.12）

殿—殿 入于内～。（p.175）

雕—雕 颇有～篆之才。（p.143）

叠—叠 设有震～之威，我当出力救之。（p.151）

鼎—鼎 与春云～足而坐。（p.204）

定—定 且以明春退～矣。（p.37）

洞—洞 心窦～澈。（p.22）

窦—賓　田～所以遭倾覆之灾也。（p.324）

獨—狮　婷婷～立于会素之中矣。（p.43）

睹—覩　未曾～皇华威仪。无不以一～为快。（p.125）

妒—姤　争～垂杨之枝。

段—叚　而曲臻其妙未有如道人之手～者也。（p.70）

對—對　性真颠倒下阶，跪而～曰。（p.12）

盾—楯　大小臣僚言议矛～，皆怀姑息苟且之计。（p.118）

隳（通堕）—隳　人伦废矣，子职～矣。（p.268）

E

兒—児　而乃与～女子争道乎？（p.9）

蛾—蛾　郎君见妾眉如～翠。（p.103）

惡—恶　及归禅房，虽萌～念。（p.13）

愕—愕　性真大～曰。（p.12）

愕—愕　生～然无语。（p.74）

蕚—蕚　四只绛～化为明珠。（p.9）

恩—恩　所谓无子有子，父子之～深矣！（p.14）

爾—尒　鄙吝倏～消烁，悠扬荏弱，不可形喻。（p.8）

爾—甬　出乎～者，反～乎。（p.115）

F

發—介　蔼善端之自～。（p.13）

發—羲　一夜之间菊花满～矣。（p.37）

廢—廃　～绝人事问候之礼。（p.199）

髮—髪　而曾未有毫～不恭不顺之事。（p.12）

翻—飜　崔夫人闻有新～之曲。（p.63）

翻—飜　又奏一～。（p.72）

凡—凢　非～流俗士之比也。（p.22）

繁—蘩　见李小姐寝室所排什物不甚～多。（p.208）

飯—飰　不过一盂～。（p.11）

妃—妃　其服色如后～。（p.234）

粉—紛　朱楼～墙已成灰烬。（p.37）

峰—峯　莲花～大开法宇，真上人幻生杨家。（p.1）

撫—揑　处士见其儿子骨格清秀，～顶而言曰。（p.20）

撫—撫　乃～心自叹曰。（p.235）

負—負　但不忍～殷勤之意。（p.35）

復—復　率书童～往昨日留宿之处。（p.98）

富—富　～人荐其财，贫者出其力。（p.2）

覆—覆　吾与汝头发～额，心肝已通。（p.89）

G

概—槩　仙家自有无穷之胜～。（p.17）

敢—敢　贱僧不～饮也。（p.7）

歌—歌　未知桂卿已～何人之诗乎？（p.46）

隔—鬲　一垂珠箔，如～弱水。（p.25）

隔—隔　幽明虽殊，情义不～。（p.101）

閣—閤　春云已告于内～矣。（p.146）

閣—閤　顾今闺～之中，岂独无其人乎？（p.57）

葛—葛　则处士戴～巾，穿野服，坐于中堂。（p.19）

功—功　而不求世上之～名。（p.22）

穀—穀　近者景星出，甘露降，黄海青，年～登。（p.265）

縠—縠　脱遍身之绮～，取金剪刀，自剔绿云之发。（p.337）

鼓—鼓　俄而斗杓初转，村～催鸣。（p.31）

蠱—蠱　初既～心于美色，旋且留意于富贵。（p.13）

乖—乖　人事～张，佳期婉晚。（p.128）

怪—恠　则岂不惊～而切责乎？（p.7）

關—関　亦且～心。（p.23）

觀—覌　和尚若学道于六～大师，则必有神通之术。（p.9）

觀—覌　修起居于六～大师。（p.17）

廣—広　穷乡女子耳目不～。（p.55）

規—規　有切磋之益，有～警之道。（p.199）

歸—歸　于其～，致敬谢之意而送之。（p.5）

貴—貴　先生以小子期之以人间富～。（p.36）

國—国　汝其感篆～恩，殚竭心诚。（p.153）

裹—裹　出家之人或有不～发不掩身者。（p.64）

H

含—含　八人～羞而对。（p.17）

罕—罕　一世所美，近古所～。（p.331）

號—號　赵魏两国则去王～，服朝命。（p.119）

曷—[曷] 失节之人～足道哉！（p.71）

壑—[壑] 铲叠嶂架绝～。（p.2）

壑—[壑] 所谓千岩竞秀，万～争流者。（p.186）

衡—[衡] 南岳即～山。（p.1）

轰—[轰] 则丝竹～鸣，声在半空。（p.41）

侯—[侯] 而惊鸿方入于山东诸～宫中。（p.57）

厚—[厚] 生百拜床下，称谢～眷。（p.36）

後—[後] 自见仙女之～。（p.10）

候—[候] 杨处士夫人五十后有胎～。（p.18）

畫—[畫] 虽或依样～芦。（p.46）

徊—[徊] 独立溪上徘～吟哦矣。（p.92）

懷—[懷] 惟君毋用伤～。（p.33）

環—[環] 湘江之水～其三面。（p.1）

還—[還] 方～归寺中矣。（p.8）

還—[還] 请老爷～归城里。（p.93）

幻—[幻] 耳听～妙之音。（p.11）

宦—[宦] 御史仕～在京。（p.38）

换—[换] ～着衣服。（p.84）

荒—[荒] 四邻～凉。（p.37）

恍—[恍] 神魂～惚（p.10）

回—[回] 交付于阎王而～。（p.14）

回—[回] 替行～谢之礼乎？（p.4）

毁—[毁] 丞相哀～逾礼，几乎灭性。（p.321）

魂—[魂] 三～九魄一散于烟焰之中。（p.11）

魂—[魂] 神～恍惚，悠悠荡荡，兀然端坐。（p.10）

或—[或] 相公～已娶室。（p.27）

祸—[祸] 或言终不免惨～，或言没入掖庭矣。（p.38）

J

肌—[肌] ～肉自颤。（p.150）

機—[機] 不出于仙女～上。（p.195）

機—[機] 贤而～警。（p.89）

蹐—[蹐] 位可～于三台。（p.106）

急—[急] 汝年尚稚，功名不～。（p.39）

跡—[跡] 而想其踪～，不在于道观，则必在于尼院。（p.128）

既一𣱿	溪水~深，且无他径。(p.9)
寄一寄	此后惟往往自空中~书札而已。(p.21)
繼一繼	~母卖妾于娼家，受百金而去。(p.51)
間一间	去夜似梦非梦~。(p.259)
兼一兼	~以天花鲜果七宝纹锦，以表区区之诚。(p.4)
堅一坚	~强不下于金石。(p.68)
煎一煏	对炉~药，香臭霭霭然袭衣。(p.19)
�‌僭一俗	不亦~乎？(p.43)
僭一僭	敢有~越之计矣。(p.291)
劍一釗	用~之术，神受鬼教，无不精通。(p.22)
將一将	时科日~迫。(p.60)
揭一揭	~榜四门。(p.124)
劫一刦	贼兵四散，~掠人家。(p.32)
節一節	失~之人曷足道哉！(p.71)
解一解	君能~此乎？(p.34)
忞一忞	合~席兰阳相讳名，献寿宴鸿月双擅场。(p.241)
謹一謹	则臣~当弥竭移孝之忠，誓报体下之恩矣。(p.269)
盡一盍	一字一泪，衣裾~湿。(p.37)
京一京	时御史上~师，小姐独在于家。(p.26)
涇一涇	初为~水龙宫之妇。(p.176)
旌一旌	~旗节钺，自太空缤纷而下。(p.183)
景一景	领略风~。(p.288)
徑一逕	溪水既深，且无他~。(p.9)
競一覽	所谓千岩~秀，万岳争流者。(p.186)
迥一迴	天津桥~跨澄波，直通大路。(p.41)
炯一炯	眉宇~然，真天人也。(p.145)
舊一舊	秦川~声价，今日属谁边。(p.100)
舊一田	欲说~事，徒增悲怀。(p.95)
舉一乱	~目而见之。(p.18)
涓一涓	~埃之报末由自效。(p.89)
眷一春	此恩~古亦无，今亦无。(p.214)
眷一睿	思~出于格外。(p.324)
绢一绢	~一千匹。(p.119)
覺一觉	颇~酒晕上面，昏花缬眼。(p.7)

K

渴—渴 ～马之奔川。(p.47)

开—開 非寡人创～。(p.213)

凯—凱 遂振旅奏～。(p.232)

歉—歉 自视～然。(p.200)

瞰—瞰 俯～溪流。(p.6)

肯—肎 少游以亲老为辞,不～就之。(p.22)

肯—肯 惟燕王恃其地远兵强,不～归顺。(p.119)

款—款 龙王待之甚～。(p.10)

旷—曠 怅佳期之已～。(p.37)

旷—曠 此宫窈而深,僻而～。(p.328)

恐—恐 而或～惊动。(p.102)

L

赉—賚 赐～金银彩缎十车,俾为大夫人寿。(p.272)

蓝—藍 望～田山而去。(p.32)

琅—瑯 琳～戞想,芬馥射人。(p.176)

劳—勞 不知鞍马之～、行役之苦。(p.127)

垒—壘 敌军虽退,壁～犹存。(p.183)

累—累 ～日至华州华阴县。(p.23)

釐—釐 已定～降之仪。(p.146)

离—離 翰林却不受,～燕土而西归。(p.126)

离—離 性真十二岁弃父母、～亲戚,依归师父。(p.14)

篱—籬 竹～茅屋,隐映草间。(p.18)

荔—茘 南越～枝,永嘉甘柑,相溢于玉盘。(p.290)

历—歷 ～览选胜。(p.28)

隶—隸 遂击壶榼,屏驱～。(p.91)

丽—麗 七窍百骸皆秀～清爽。(p.1)

廉—廉 飞～为之导先。(p.180)

联—聯 是夜与英阳公主～衾,早起问寝于太后。(p.245)

脸—臉 睡痕犹在于眉端,铅红半消于～上矣。(p.25)

恋—戀 怀恩～德。(p.102)

恋—戀 秦女不必偏自绻～也。(p.36)

凉—涼 惟曙色苍～,彩霭葱茏而已。(p.36)

涼—涼 西～州人也。（p.298）

量—量 思～反复，心切凄怆。（p.19）

遼—遼 而山川～阔。（p.268）

繚—僚 东望则粉墙～绕于青山。（p.331）

獵—獵 杨生乍抬醉眸，～视群娟。（p.43）

鬣—鼠 鬈～之陋。（p.179）

鄰—阾 四～荒凉，亦不闻鸡犬之声。（p.37）

臨—临 ～产已久，尚无儿声，可怪可虑！（p.18）

臨—臨 即～溪而坐脱其上服。（p.7）

鱗—鳞 今若上疏，则岂无批～之惧哉？（p.157）

麟—麟 凤凰麒～，妇孺皆称祥瑞。（p.61）

凌—凌 引沈袅烟、白～波，现于大夫人及两公主。（p.302）

凌—凌 则小女见～之耻，可以除矣。（p.89）

陵—凌 如挂广～新磨之镜。（p.6）

齡—齡 其～于小姐较一月矣。（p.75）

留—畄 汝苟欲～，谁使汝去乎？（p.14）

流—流 苍山盘盘而四围，清溪曲曲而分～。（p.18）

流—沇 踞坐桥上，俯瞰溪～。（p.6）

琉—琉 劈～璃之波，入水晶之宫。（p.6）

隆—隆 爱妾之情，一倍～笃。（p.177）

櫳—櫳 暗从～隙而窥之。（p.254）

壚—坍 可怜玉节归来地，不见当～劝酒人。（p.124）

爐—炉 丝萝虽切，愿托之心～。（p.29）

襴—襴 实不合于锦～之抄拣。（p.161）

襴—襴 杨郎被拣于锦～。（p.193）

鸞—鸾 小生北方之人也，姓狄名百～。（p.127）

亂—乱 屈强造～，殆百年矣。（p.119）

旅—旅 定其～舍，顿其行装。（p.58）

略—畧 周览山川，领～风景。（p.288）

樂—乐 五月寒风冷佛骨，六时天～朝香炉。（p.3）

M

滿—満 一夜之间菊花～发矣。（p.37）

忙—忙 仍与童子～诣方丈。（p.12）

茫—茫 前生之事，已～然不能知矣。（p.20）

冒—冐　以僭越滥～之罪，自谢于天地神明。（p.324）

貌—皃　～莹冰雪，神凝秋水。（p.3）

貌—皃　春云与女儿才相似，而～相若也。（p.88）

瞀—瞀　方昏～不省人事矣。（p.156）

美—美　如奇标俊彩之～丈夫。（p.1）

寐—寢　小女得成癗～之愿。（p.216）

寐—寐　转展不～，坐待晨鸡。（p.31）

萌—萠　虽～恶念，一刹那间，自觉其非。（p.13）

盟—盟　女娘永好之～固矣。（p.107）

甍—甍　朱～隐暎于碧空。（p.331）

梦—梦　～寐之外，忽逢杨生。（p.26）

梦—夛　去夜似～非～间。（p.259）

縻—縻　自～职事，尚未归观。（p.118）

弥—弥　观光之人，～亘百里。（p.236）

觅—覔　欲～禅庵佛寺而亦不可得。（p.93）

密—密　～密吩咐。（p.18）

密—密　情之缜～，一倍于前矣。（p.104）

勉—勉　尊人有命，君须～往。（p.67）

冕—冕　婴情～缓，流涎富贵。（p.15）

邈—邈　而况三山渺～，十洲空阔！（p.33）

庙—庙　广询于～堂，将欲出师致讨。（p.118）

黾—黾　～勉从之，而卒非我意也。（p.240）

悯—悯　惟郎君俯察而怜～焉。（p.51）

命—命　正待小姐之～矣。（p.74）

殁—殁　况小姐临～，眷念少游也如此。（p.244）

畝—畝　花园中有一～芳塘，清若江湖也。（p.316）

墓—墓　且或酹奠坟～，或吊哭灵幄。（p.243）

幕—幕　平铺彩锦之步障，高寨白云之帐～。（p.284）

暮—暮　此宫窈而深，僻而旷，可合～年悠游。（p.328）

穆—穆　昔秦～公女弄玉，善吹玉箫。（p.139）

N

恼—惱　遂使贤郎无端苦～，不亦笑乎？（p.114）

脑—脑　然则或过古墓，感伤于～中。（p.107）

弄—弄　今弟子身无疾病灾殃，以尽衣彩～雀之欢。（p.194）

難—難　是亦不～。（p.80）

嫩—嫩　娇声～语，昵昵相酬。（p.204）

囊—囊　缅怀畴～，如隔两尘。（p.234）

能—能　非天气廓扫日色晴朗，则人不～得其仿佛焉。（p.2）

霓—霓　生乃改坐援琴，先奏《～裳羽衣》之曲。（p.69）

拟—擬　～效一分报酬之诚。（p.325）

拟—擬　以玉人～之于吾。（p.86）

逆—逆　见妾必呕～而气不平矣。（p.284）

孽—孼　操心不正，自作之～。（p.335）

躡—躡　不揣寸分，猥蒙乡贡，方臣之～履赴举。（p.266）

躡—躡　昔访佳期～彩云，更将清酌醉荒坟。（p.109）

輦—輦　归为老母寿，且令～母遄返。（p.269）

P

暴—暴　妾请略～情事，惟郎君俯察而怜悯焉。（p.51）

瀑—瀑　振衣于莲花之峰，濯缨于～布之泉。（p.5）

佩—珮　头插翡翠之簪，腰横白玉之～。（p.94）

彎—彎　横拖珊瑚之鞭，轻揽琐珠之～。（p.285）

疲—疲　虽诸生奴仆，未有如少游之～弊者。（p.293）

否—否　泰极～至，天道之恒。（p.321）

僕—僕　家中婢～传言。（p.111）

僕—僕　使婢～等求技乐之人。（p.195）

Q

奇—奇　如～标俊彩之美丈夫，七窍百骸皆秀丽清爽。（p.1）

崎—崎　因此命途之～岖，幸得一身之清闲。（p.193）

齊—齐　石桥甚狭，菩萨～坐。（p.8）

旗—旗　～帜之色，掩映于道上。（p.208）

骑—騎　偷～燕王千里马。（p.135）

麒—麒　凤凰～麟，妇孺皆称祥瑞。（p.61）

企—企　一日之期已至，郎君将到此而～待耳。（p.95）

绮—綺　罗～纷缤，香闻十里。（p.41）

氣—氣　士～无前，皆愿一战。（p.232）

氣—氣　只能制人之～，未尝荡人之心。（p.7）

憩—憩　少～于石桥之上。（p.6）

惩—惩　惟恐礼貌之有～。(p.210)

铅—铅　则蟾月方对妆镜调～红矣。(p.133)

签—签　伏愿～佛圣之灵烛祈恳之忱,垂悲慈之念。(p.193)

潜—潜　削平～乱,大驾远都。(p.37)

钱—钱　试观诸娘之意,必欲索行人买路之～也。(p.9)

浅—浅　才～而学蔑。(p.161)

歉—歉　此岂非匹妇之失所,王政之有～者乎?(p.155)

强—强　性真感其厚眷,不敢～拒。(p.7)

樵—樵　必有～童牧儿,悲歌暗叹。(p.332)

怯—怯　以是惶～矣。(p.210)

秦—秦　～时仙女卫夫人修炼得道。(p.2)

琴—琴　道人指壁上玄～而问曰。(p.34)

寝—寝　独归～所,置之怀中。(p.147)

琼—琼　名之曰～贝。(p.65)

求—求　出力周旋,为～贤匹。(p.39)

瞿—瞿　燕王～然而惊,惕然而悟。(p.125)

娶—娶　小生杨少游,家本在楚,年幼未～矣。(p.29)

阒—阒　虚亭独留,香尘已～矣。(p.98)

缱—缱　才尽缱～之意。(p.96)

勤—勤　不见当垆～酒人。(p.124)

勤—勤　因主人之强～,而不获已也。(p.13)

阕—阕　杨生又奏一～。(p.70)

群—群　杨生乍抬醉眸,猎视～娟。(p.43)

敧—敧　玉钗～斜。(p.25)

R

让—让　杨生虽外饰虚～,一见桂娘。(p.47)

热—热　遂自～梅檀,趺坐蒲团。(p.12)

刃—习　触处涵解,如竹迎～。(p.22)

荣—荣　钦小妾之～光也哉?(p.130)

肉—肉　庶几断魂再续,朽骨更～。(p.102)

儒—儒　天下有三道:曰～道,曰仙道,曰佛道。(p.332)

若—若　相持痛哭,～遇泉下之人。(p.39)

S

率一率　婚姻大事不可草～。（p.82）

率一率　吾当躬自～来。（p.15）

散一散　以仙花～地，仡跪传夫人之言。（p.4）

桑一桑　昔鲁之秋胡，以黄金戏采～之女。（p.251）

嵩一嵩　惟望郎君保～，妾从此永诀矣。（p.109）

森一森　景物～罗，不可应接。（p.186）

衫一衫　自裂汗～，和题一首而赠之。（p.96）

擅一擅　合耆席兰阳相讳名，献寿宴鸿月双～场。（p.241）

商一商　然从须～量，如有间日更加一来焉。（p.59）

蛇一蛇　前路必过盘～谷。（p.172）

舍一舍　～此何之？（p.14）

捨一捨　性真～其杖锡，上手而礼。（p.8）

射一射　琳琅戞响，芬馥～人。（p.176）

涉一涉　～此小川，何难之有？（p.9）

設一設　乃～斋以待八仙。（p.5）

慴一慴　陆～水摽，人慕荣名。（p.127）

慴一慴　先声震～于诸州。（p.123）

攝一攝　～置于晴沙其上。（p.7）

深一深　诚孝莫展，歉愧～切。（p.60）

聲一聲　嫩语娇～，尚留耳旁。（p.10）

聲一聲　丝竹轰鸣，～在半空。（p.41）

聖一聖　～教又至于此，臣妾恐损福而死也。（p.216）

濕一濕　一字一涕，衣裾尽～。（p.37）

實一實　诚愚且昏，～不知自作之罪。（p.12）

實一實　新榜魁元之吉兆，～在于此矣。（p.46）

示一示　上即命设太平宴，以～礼遇之恩。（p.236）

示一示　遂开小箧，出画扇～丞相。（p.247）

收一收　～拾琴书，行出洞门，不胜依黯。（p.36）

壽一壽　赐赍金银彩缎十车，俾为大夫人～。（p.272）

倏一倏　言讫，大风～起于殿前。（p.18）

鼠一鼠　太子屏息戢身，～窜而走。（p.183）

屬一屬　此～皆没入为英南县奴婢者也。（p.38）

庶一庶　此婚事～可望矣。（p.60）

數—[俗字] ～三卷之经文。（p.11）

數—[俗字] 过～日，胭脂店谢三娘来郑府。（p.198）

樹—[俗字] 数点幽花，隐映于荒阡乱～之间也。（p.99）

樹—[俗字] 吾卿蜀中，虽多珍～，曾未见袅袅千枝。（p.24）

衰—[俗字] 绕溪～柳摇落于风霜之后。（p.37）

雙—[俗字] 青鹤一～，忽自禁中飞来。（p.138）

雙—[俗字] 乳燕～飞，流莺互歌。（p.73）

雙—[俗字] 四～绛萼即化为明珠。（p.10）

睡—[俗字] 乃就枕而～。（p.233）

爍—[俗字] 鄙吝倏尔消～，悠扬荏弱，不可形喻。（p.8）

私—[俗字] 慢君命而循～情。（p.243）

算—[俗字] 俱享遐～，寿与天齐。（p.193）

雖—[俗字] ～与娼物亲近，其心则未尝变矣。（p.15）

T

峒—[俗字] 晨驱壮士出郊～，剑若秋莲矢若星。（p.289）

踏—[俗字] ～两宫之宝，以赐郑氏。（p.222）

臺—[俗字] 传祖师之统，直坐与莲花～上。（p.11）

臺—[俗字] 过望乡之～，至酆都城外。（p.16）

臺—[俗字] 老蜃虽潜于海底，而气成楼～。（p.202）

臺—[俗字] 如何折作鞭，催向章～路。（p.29）

擡—[俗字] 性真伫立桥头，～首远望良久。（p.10）

擡—[俗字] 杨生乍～醉眸，猎视群娼。（p.43）

泰—[俗字] 东曰东岳，即～山。（p.1）

滔—[俗字] 言皆有理，～～如海波之泻。（p.125）

逃—[俗字] 远离父母，抽身遁～。（p.177）

桃—[俗字] 此间必有武陵～源也。（p.91）

體—[俗字] 驱驰原隰，贵～万福。（p.129）

替—[俗字] 以此妾敢～桂娘，猥陪相公矣。（p.133）

挑—[俗字] 越王必欲加罪，～于太后，罚以毒酒。（p.311）

統—[俗字] 传祖师之～，直坐于莲花台上。（p.11）

投—[俗字] 写讫～笔，乘轺取其前路而去。（p.124）

圖—[俗字] 不～今日获拜大人。（p.33）

土—[俗字] 五岳之中，惟衡山距中～最远。（p.1）

W

無—兂　～是事也。（p.107）

無—㐫　不可～一言贺也。（p.265）

無—㐬　军威之盛，近古所～。（p.236）

無—盇　曾～半点苟且之心。（p.12）

我—㦪　南岳女仙听～言也。（p.17）

污—汚　大师以妾等为玷～丛林之静界。（p.17）

污—汚　其行之～近于秋胡。（p.252）

兀—兂　～然端坐，默念于心。（p.10）

誤—譟　则庶不～百年之身矣。（p.57）

臥—卧　有道人凭几而～。（p.32）

微—微　此必上帝俯铿～诚。（p.33）

慰—慉　母心无以～矣。（p.22）

忘—忈　欲忘而难～，不思而自思。（p.10）

往—逞　杨生～访秦御史家。（p.37）

往—徃　吾当～而寻之。（p.8）

罔—罓　贱妾僭越，实多欺～之罪。（p.118）

惘—惆　～然如失。（p.10）

妄—妛　必传之者～也。（p.111）

望—望　～老娘更凛于小姐。（p.30）

望—望　～之如展锦绣之色。（p.6）

聞—闻　及～丞相之言，自有感动之心。（p.333）

X

尋—㝷　～仙访道，炼魂守真。（p.59）

尋—尋　请别～他路而行。（p.9）

唏—晞　仍～嘘曰。（p.57）

稀—稀　容如天仙，手弹～音。（p.76）

稀—俙　依～然一副美人图。（p.6）

攜—携　八仙女同出山门，～手而行。（p.5）

歇—歇　五弦琴里熏风多，出入怀里无时～。（p.149）

脅—脅　自剪头发，称有恶疾，仅免～迫之辱。（p.129）

寫—寫　机下有小纸～数行书，展见则即咏鞋之诗也。（p.86）

漓—漓　吾欲与一游，～此幽悄。（p.91）

蹴—蹀　～蹀飞龙闪电过，御鞍鸣鼓立平坡。（p.289）

學—李　虽古之王右丞、李～士，蔑以加矣。（p.30）

效—效　无以自～。（p.290）

纤—纖　一束～腰，争妒垂杨之枝。（p.290）

嫌—嫌　虽有自媒之～，臣亦择君，古不云乎？（p.26）

贤—兵　小姐奉～郎和诗，十分感激。（p.31）

陷—陷　去年汝往皇都，几～危境。（p.39）

乡—鄉　入阴魂之关，过望～之台。（p.16）

襄—襄　手品绝妙，工如七～。（p.195）

响—響　能做奇绝之～。（p.66）

响—晋　哭声～于霄。（p.32）

向—向　仍驱驴～天津而行。（p.41）

兴—奥　而禄仕太暴，则躁竞之刺～。（p.266）

虚—虚　邂逅相逢，则良辰岂可～度？（p.180）

酗—酗　少游～酒使狂，至今公主不宁。（p.315）

婿—婚　老司徒金榜得快～。（p.58）

穴—穴　直捣巢～。（p.165）

复—夏　山川修～，消息难通。（p.30）

曛—曛　日若～黑，则持笔似难。（p.207）

讯—讬　萧和婚事～无定处。（p.140）

兇—函　～言反吉。（p.231）

兇—凶　人之吉～祸福，无不自己求之。（p.106）

胸—胡　～襟自觉萧爽矣。（p.92）

Y

咽—咽　袅袅如缕，～咽如诉。（p.48）

焉—烏　～得无恻怆之心乎？（p.128）

焉—馬　天下名山曰有五～。（p.1）

焉—焉　于～之间，已至十岁。（p.20）

烟—烟　绿～如织。（p.23）

严—叩　自别～父，只依慈母。（p.33）

盐—盐　以无～、嫫母自处。（p.278）

眼—眸　忽与杨生两～相值。（p.25）

俨—俨　大师集众弟子，～然正坐。（p.12）

俨—儼　若祖宗～然中处。（p.1）

晏—晏　姬妾等安得～然乎？（p.313）

雁—鴈　寒花酿感，断～流哀。（p.232）

焰—燄　三魂九魄一散于烟～之中。（p.11）

验—驗　今逢尚书，师傅之言～矣。（p.170）

养—养　予欲以汝为～女，言之于帝，定汝位号。（p.215）

尧—尭　壮而逢～舜之君。（p.10）

肴—肴　更进酒～，终夕大醉。（p.117）

谒—謁　汝辈以礼～之。（p.297）

猗—掎　必《～兰操》也。（p.73）

漪—漪　色映清～，影抱香街。（p.41）

宜—冝　～先请教于诸兄。（p.47）

仪—仪　夫人坐于中堂，威～端严。（p.67）

矣—矣　方还归寺中～。（p.8）

倚—偟　君既得依～之所。（p.21）

亦—亦　秦小姐～入于其中矣。（p.38）

诣—詣　仍与童子忙～方丈。（p.12）

谊—誼　尊姑一逢小侄，便以兄弟之～待之。（p.203）

艺—芸　二十余人各执其～。（p.43）

议—議　小子于华阴县，与秦家女子方～婚。（p.36）

因—因　～主人之强劝，而不获已也。（p.13）

阴—隂　必将普被～德矣。（p.16）

淫—滛　今英阳反以～行加之。（p.252）

婴—嬰　～情冕缓，流涎富贵。（p.15）

樱—櫻　清音～唇。（p.46）

缨—纓　昔楚庄王，绝～以安其群臣矣。（p.132）

缨—縷　濯～于瀑布之泉。（p.5）

鹦—鸚　菀菀如～鹉，深锁于雕笼。（p.135）

营—營　使发京～军三万讨之。（p.163）

繁—蘩　白骨数片，绿苔相～而已。（p.103）

影—影　漠然无小姐之形～矣。（p.68）

颖—穎　～容拔萃。（p.21）

幽—幽　忽见一区～庄。（p.23）

域—域　西～三十六道君长，各执琛赍之物随其后。（p.236）

妪—姫　钱～领命，乘小轿至道观。（p.65）

慾—慾　～忘而难忘，不思而自思。（p.10）

慾—慾 情～乍动。（p.337）

譽—訊 此女子果如何，而大得声～于两京之间乎？（p.60）

鬱—壷 则苍山～～而四围，清溪曲曲而分流。（p.18）

鬱—菡 紫霞葱～，彤云明灭。（p.183）

圆—圆 耳根白如涂粉，～如垂珠。（p.106）

怨—惑 悲此身之失所～。（p.71）

悦—悦 若兼闻娘子之玉声则尤～矣。（p.294）

殞—殞 贱妾之罪实合万～。（p.132）

Z

哉—哉 可不慎～！（p.243）

簪—簪 头插翡翠之～。（p.94）

赞—赞 南来之人无不称～。（p.54）

葬—葵 力单势蹙，无路返～。（p.51）

躁—躁 而禄仕太暴，则～竞之刺兴。（p.266）

齋—斋 乃设～以待八仙。（p.5）

譫—譫 有若不见人者，且往往作～语。（p.258）

綻—綻 菊花～萼，茱萸垂实。（p.330）

章—章 如何折作鞭，催向～台路。（p.29）

丈—丈 如奇标俊彩之美～夫。（p.1）

障—障 铺锦绣步～于阶砌之下。（p.175）

嶂—嶂 铲叠～，架绝壑。（p.2）

召—召 明日，天子～见杨丞相。（p.241）

珍—珍 ～果仙菜，丰洁可口。（p.7）

厄—厄 乃连倒三～，拜辞龙王。（p.7）

汁—汁 吸而尝之，乃砂糖～也。（p.312）

枝—枝 南越荔～，永嘉甘柑。（p.290）

至—至 俄顷～水中宫阙，宏丽如王者之居。（p.175）

職—職 而～业有守，不敢擅离。（p.183）

旨—旨 承六观大师法～，领罪人而来矣。（p.16）

指—指 咋～追悔，方寸复正。（p.13）

致—致 于其归，～敬谢之意而送之。（p.5）

置—置 摄～于晴沙其上。（p.7）

質—質 二则幻形变～而后方可以待贵人也。（p.179）

竺—竺 唐时有高僧自西域天～入中国。（p.2）

烛—炜　祥光满地，瑞彩～天。（p.10）

嚼—嚼　恳～仙官退却。（p.95）

伫—㣙　丘山之恩，将何以～报乎？（p.228）

伫—㣔　性真～立桥头。（p.10）

专—尃　河北三镇，～据一隅。（p.119）

妆—粧　翠娥红～，照耀水底。（p.6）

妆—粧　吾一身所佩之香～。（p.255）

趄—趄　未知汝意，以是～趄耳。（p.190）

总—㧾　我昔发未～时。（p.302）

奏—奏　性真俯伏，～大师遥谢之言。（p.7）

足—足　此则固不～挂念。（p.61）

俎—俎　自动于樽～之间。（p.299）

坐—坐　距～桥上，俯瞰溪流。（p.6）

座—座　一升莲～，则天下众生，必将普被阴德矣。（p.16）

二　哈佛大学藏本《九云梦》俗字汇集

A

爱—㤅　父母锺～其笃。（p.60）

安—安　虽闻父亲～宁之报。（p.32）

B

拔—拔　仙风道骨，～出于世久矣。（p.77）

拜—拜　或因先生可得一～于加严耶？（p.32）

拜—拜　即进秩～御史大夫兼兵部尚书、征西大元帅。（p.165）

办—办　是岂臣能立一策～一谋而致此哉？（p.268）

宝—宝　此曲宛然天～太平之气象。（p.64）

宝—宝　复开元天～间乐事。（p.278）

悲—悲　此曲如～如喜。（p.65）

备—俻　～列佳肴。（p.144）

备—俻　俱～端庄尊贵之气象。（p.70）

辈—辈　汝～众人中谁能为我入水府。（p.6）

婢—婢　兹遣洒水扫之～，敬修起居之礼。（p.8）

避—避　杨生～席对曰。（p.62）

边—遑　娇声尚留于耳～。（p.13）

邊—　莫不～走而从观焉。（p.75）

邊—　所谓胡人落泪沾～草。（p.65）

變—　不幸遭～，避地西边。（p.299）

冰—　貌莹～雪，神凝秋水。（p.7）

C

才—　而慕其～华。（p.26）

纔—　貌莹冰雪，神凝秋水，年～二十岁。（p.7）

纔—　年～及笄。（p.25）

参—　来～法席，味听经文。（p.7）

殘—　与一枝～烛为伴。（p.82）

曹—　起居相近，饮食相接，而贱～多事。（p.8）

側—　小姐来坐于夫人左～。（p.63）

策—　神～将军仇士良自称皇帝。（p.31）

叉—　～手而行。（p.8）

察—　～小子委屈之情。（p.57）

差—　今日则已～。（p.69）

儕—　犹不入于吾～之耳。（p.43）

摻—　翰林～手拭泪，各称保重而别。（p.90）

長—　美人～吁短叹。（p.88）

場—　山势之杰，道～之雄。（p.6）

嘗—　～闻君子之风矣。（p.254）

嘗—　未～见上国之文章。（p.41）

償—　是～小妾之至愿矣。（p.198）

車—　～马之声，昼夜不绝。（p.48）

辰—　趁此良～，陟彼崔嵬。（p.8）

趁—　～此良辰，陟彼崔嵬。（p.8）

趁—　～黄昏寻往蟾月之家。（p.47）

稱—　～谢厚眷。（p.34）

城—　～南不远之地，有一世界，山川绝胜。（p.84）

乘—　秦妪领命～小轿至道观。（p.60）

乘—　汝今日有～龙之。（p.77）

乘—　欲～今夜之月色。（p.29）

懲—　其骄佚自恣之罪，不可不～。（p.309）

遲—　～明往郑十三家。（p.112）

寵—宠　何人敢犹一毫专～之心？（p.49）

讎—雙　反以仇～视之。（p.116）

出—㇄　回身潜～。（p.80）

處—處　～仁之智蔑矣，交邻之道缺矣。（p.4）

處—处　上人～山之西。（p.8）

矗—矗　幽涧泠泠，群峰～～。（p.86）

傳—傳　且备～郎君之德也。（p.30）

傳—傳　入以此言～于杨生。（p.61）

窗—囱　纱～已紧闭而不开矣。（p.25）

春—春　～云曰：向日弹琴女冠，自称楚人。（p.74）

春—春　今～科第当如探囊中物也。（p.56）

春—春　且～色政妍，山日未暮。（p.8）

辭—辭　而少游以亲老为～。（p.22）

辭—辭　倏起告～。（p.45）

辭—辞　远～父母，抽身遁逃。（p.176）

此—比　～时杨生出立于店门之外。（p.27）

聰—聪　～明智慧，卓出诸髡。（p.7）

從—従　女子～人。（p.26）

麤—麤　而臣母则不厌～粮。（p.269）

竄—竄　太子屏息戢身，鼠～而逃。（p.181）

毳—毳　堂上有大夫人，则甘～之供不可自当。（p.243）

重—重　扣～门。（p.47）

D

達—達　或随溪流而～于江湖。（p.322）

殫—殫　不可～记。（p.6）

當—當　未见其胜，既今行，～不落寞矣。（p.38）

當—當　杨生收泪称谢，～隔而坐。（p.33）

蕩—蕩　能使人魂佚而心～。（p.68）

道—道　～人指壁上玄琴。（p.33）

得—得　不～自保矣。（p.36）

得—得　莲花胜景在于咫尺，而未～探讨矣。（p.8）

德—德　立石记功～。（p.6）

等—等　非～闲侍儿之比。（p.81）

抵—抵　杨生自洛阳～长安。（p.54）

弟一崇 ～子六百人中,修戒得神通者,三十余人。(p.7)

弟一㻑 以备～子之列。(p.33)

弟一苐 以千古不得之四曲次～教之。(p.33)

弟一杝 早丧慈母,且无兄～。(p.25)

第一崇 八仙女次～而入。(p.7)

殿一㲉 此越王～下也,汝辈以礼谒之。(p.298)

殿一㲉 越王～下来矣。(p.146)

叠一疊 贫者出其力,铲～嶂,架绝壑。(p.6)

叠一晨 设有震～之威。(p.151)

定一㝎 相公或已娶室或既～婚则何以为之耶?(p.27)

動一䡄 声～已息。(p.95)

都一㐬 兹事胜负,～在于两教师掌握中矣。(p.279)

段一叚 使以衣～茶果致吾恋恋不忘之意。(p.60)

頓一㪍 得见道人清像,～觉俗虑之自消。(p.62)

頓一頊 定其旅社,～其行装。(p.54)

多一㡆 方欲更邀,而家间～事。(p.77)

多一㝵 数～家属过此店之前。(p.36)

掇(缀)一㑊 拾～荒芜之语,构成一诗。(p.294)

E

兒一児 ～子欲暂离母亲膝下。(p.23)

愕一愕 性真大～。(p.14)

F

法一法 笔～之妙。(p.70)

發一䇂 将以明日～行。(p.203)

發一䇂 清歌自～。(p.45)

發一䇂 少游酒后,因醉妄～。(p.251)

發一䇂 此水即紫阁峰～源而来。(p.85)

髮一髪 云～乱垂。(p.25)

非一㫣 得～嵇叔夜广陵散乎?(p.66)

飛一飛 待得梁尘～尽后。(p.45)

飛一㔺 乳燕双～,流莺互歌。(p.68)

廢一廃 下内旨,使之～已行之礼。(p.161)

復—⿰ 不～致疑。（p.27）

復—⿰ 方寸～正。（p.15）

分—⿱ 而自和尚开道之后，便作鸿沟之～。（p.8）

封—⿰ 列土～王。（p.230）

風—⿵ 杨状元真～流才子也。（p.78）

奉—⿰ ～天子之明命，掌百万之雄兵。（p.178）

服—⿰ 换着女～。（p.59）

福—⿰ 过～之灾。（p.148）

福—⿰ 享万锺之～，尽三牲之养。（p.323）

撫—⿰ 贱妾偏爱娘子～爱之恩。（p.83）

富—⿱ ～者荐其财。（p.6）

賦—⿰ ～杨柳词者即小生也。（p.27）

覆—⿱ 若在天地反～之中者然。（p.20）

G

敢—⿰ 贱妾何～违乎？（p.84）

高—⿱ 戎行甚～。（p.54）

隔—⿵ 与卓文君之～帘窥见，不可同日而语。（p.78）

更—⿰ 汝须～往，闻其为何语而来。（p.75）

公—⿱ 诸～子想不无决决之心。（p.54）

功—⿰ 待吾竣事成～。（p.123）

功—⿰ 立石记～德。（p.6）

躬—⿰ 欲～谢厚眷。（p.96）

宮—⿱ 狄女曾入于燕王之～。（p.293）

溝—⿰ 便作鸿～之分。（p.8）

狗—⿰ 儿子若甘为守家之～。（p.23）

古—⿱ 以千～不得之四曲次第教之。（p.33）

骨—⿱ 五月寒风冷佛～。（p.6）

鼓—⿰ 纪律不明，旗～不整。（p.280）

鼓—⿰ 唯寄兴园林钟～。（p.59）

蠱—⿱ 既～心于美色。（p.15）

故—⿰ ～父王不敢峻斥。（p.176）

顧—⿰ 而～念门户之不适。（p.76）

怪—⿰ ～哉。（p.71）

關—阙 何～也？（p.78）

關—闲 且不～心而已。（p.23）

觀—𮗚 既不焚香于道～。（p.58）

觀—覌 若学道于六～大师。（p.12）

貫—贯 青色～于天庭。（p.108）

慣—惯 面目虽～，而未能记得矣。（p.229）

規—规 纨扇团团月一～，佳人玉手正相随。（p.149）

歸—㱕 须早～故乡。（p.34）

歸—敀 于其～，致敬谢之意而送之。（p.8）

鬼—𩲡 以教众生，以制～神。（p.6）

國—囯 ～家召诸道兵马。（p.35）

國—旺 闻～家方设科选，抄选天下群才。（p.23）

國—囶 有高僧自西域天竺国入中～。（p.6）

國—旺 赵魏两～且已束手。（p.122）

H

含—𠱧 八人～羞。（p.18）

韓—𮧯 采～吏部诗。（p.70）

漢—浐 ～使断肠对归客。（p.65）

何—何 紫清观有～许女观，能奏已绝之响。（p.61）

河—河 ～北十二州文人才士，会于邺都。（p.52）

賀—架 洞房花烛～新郎。（p.45）

壑—壑 贫者出其力，铲叠嶂架绝～。（p.6）

橫—横 生抽其一副，纵～走笔。（p.44）

衡—衡 丞相蹑沙堤而执匀～者，已累十年。（p.323）

衡—衡 南曰南岳即～山。（p.5）

轟—轰 则丝竹～鸣。（p.39）

後—浅 而自和尚开道之～，便作鸿沟之分。（p.8）

忽—𢖉 ～见一区幽庄。（p.23）

壺—壶 遂挈～榼，屏驺隶，行十余里。（p.85）

花—花 杨状元戴桂～。（p.75）

華—華 繁～壮丽甲于天下。（p.38）

華—華 西曰西岳即～山。（p.5）

畫—画 长条拂～楼。（p.24）

寂—[俗字]　岑～之怀，恐无不可。（p.82）

寂—[俗字]　客途殊不～寞。（p.23）

跡—[俗字]　不见人～。（p.36）

繼—[俗字]　则家声无以～矣。（p.23）

嘉—[俗字]　今妈妈有此～奖。（p.61）

價—[俗字]　生乃时书童算给酒～。（p.38）

堅—[俗字]　此皆性质之～脆不同也。（p.330）

間—[俗字]　此～必有武陵桃源也。（p.85）

簡—[俗字]　行色何其太～耶？（p.298）

僭—[俗字]　故方欲冒～进谒之迹。（p.304）

僭—[俗字]　以～越滥冒之罪，自谢于天地神明。（p.327）

賤—[俗字]　起居相近，饮食相接，而～曹多事。（p.8）

薦—[俗字]　富人～其财，贫者出其力。（p.6）

講—[俗字]　～大乘之法以教终生。（p.6）

講—[俗字]　～论妇德。（p.201）

降—[俗字]　天神下～。（p.68）

傑—[俗字]　山势之～，道场之雄。（p.6）

節—[俗字]　欲以～度使之副室乎？（p.51）

節—[俗字]　则可以为～度使之妾。（p.51）

解—[俗字]　必送～事婢子，贡来香烛。（p.59）

解—[俗字]　能～此乎？（p.33）

解—[俗字]　三藏经文，无不通～（p.7）

戒—[俗字]　弟子六百人中，修～得神通者，三十余人。（p.7）

錦—[俗字]　春云方刺绣于～鞋。（p.79）

謹—[俗字]　～奉尊教。（p.60）

近—[俗字]　欲让蝉月于杨生，则～于无杨生。（p.45）

進—[俗字]　而惭愧自趄不敢～。（p.76）

盡—[俗字]　而～得其妙。（p.33）

盡—[俗字]　未几，旧岁已～。（p.36）

盡—[俗字]　小姐辄正襟危坐，曰："至矣，～矣。"（p.67）

盡—[俗字]　言未～，蟾月开户而入。（p.135）

經—[俗字]　其和尚惟手持金刚～一卷。（p.6）

惊—[俗字]　恐～春娘。（p.80）

警—[俗字]　贤而机～。（p.82）

徑一徑　洞庭之湖～其北。（p.5）

敬一赤　翰林以子婿之礼～事司徒夫妻。（p.79）

静一𥫍　城南不远之地，有一～界。（p.84）

静一𥐨　生～思曰："洛阳自古帝王之都。"（p.38）

酒一洏　仍命进～。（p.139）

舅一舅　与妇翁已定～甥之分。（p.161）

舊一旧　殊非～日，景色朱楼粉墙已成灰烬。（p.35）

居一厒　今若不闻其姓名，不知其～住。（p.26）

舉一𫝐　赴～之士，纷纷下来。（p.35）

覺一觉　忽～其身是莲花道场性真小和尚也。（p.340）

君一君　且备传郎～之德也。（p.30）

K

開一闱　～金炉，焚名香。（p.64）

開一開　寺门高～洞庭野，殿脚插入赤沙湖。（p.6）

開一闱　邀相公～大宴也。（p.136）

閫一闉　悠扬～悦。（p.68）

可一可　虽今升天入地，握火蹈水，何～不从乎？（p.58）

空一空　况今皇太后龙驭上宾，长楸已～。（p.331）

恐一𢙐　纳卷时刻，～不及也。（p.44）

誇一誇　～张于宫中诸姊妹，不亦快乎！（p.9）

寬一寛　丞相酒户虽～，连饮数斗，安能不醉乎？（p.312）

款一欵　生乃～答。（p.48）

曠一晀　怅佳期之易～。（p.35）

饋一餽　老僧有何功德，荷此上仙之盛～？（p.8）

L

來一耒　从～三四年间，眼阅千万人也。（p.48）

勞一𠡠　多有功～于郑司徒家矣。（p.70）

勞一劳　无～遮却如花面，春色人间总不知。（pp.149—150）

老一老　小侄亲～家贫。（p.55）

壘一垒　壁～尚存。（p.182）

淚一泪　师问其安否，垂～而言。（p.55）

離一離　春云之意，不欲与小女分～矣。（p.81）

離—雄 弃父母,~亲戚。(p.15)

籬—籬 竹~茅屋隐草间者,才十余家矣。(p.19)

禮—禮 替行回谢之~乎?(p.7)

禮—禮 向翰林施~。(p.87)

歷—歷 ~千万而尚存。(p.6)

連—達 以两兄之言观之,则今日之会非但以杯酒流~而已。(p.40)

憐—怜 所谓"谁~一曲传乐府"。(p.66)

帘—簾 与卓文君之隔~窥见,不可同日而语。(p.78)

臉—臉 铅红半消于~上。(p.25)

兩—两 ~足已在地上矣。(p.19)

兩—两 彼~人征伐西藩时所得也。(p.299)

鄰—隣 处仁之智蔑矣,交~之道缺矣。(p.8)

臨—臨 ~产已久,尚无儿声,可怪可虑。(p.20)

臨—臨 小女冠虽不欲辱~,道人须为之劝之。(p.62)

麟—獜 凤凰麒~。(p.57)

齡—齢 况臣母年~已高。(p.270)

靈—靈 ~异之迹,环奇之事,不可殚记。(p.6)

靈—灵 南朝之陶渊明、谢~运二人。(p.143)

靈—靈 欲访于紫阁之亭,则精~已归。(p.112)

嶺—嶺 东~初月,已在山腰矣。(p.87)

令—令 诸人傲视杨生,许~作诗。(p.45)

留—畱 郎君将到此而方~待矣。(p.89)

留—畱 暂~山中。(p.91)

留—畱 汝苟欲~,谁使汝去?(p.15)

流—流 此固游闲公子风~事。(p.279)

劉—劉 ~、关、张三人,君臣也。(p.320)

龍—龍 洞庭~王知杨元帅破南海太子,救贵主之急极。(p.182)

龍—龍 如彩虹之饮水,若苍~之展腰。(p.39)

籠—籠 ~山络野。(p.31)

爐—炉 对~煎药。(p.20)

爐—鑪 五月寒风冷佛骨,六时天乐朝香~。(p.6)

亂—亂 仍论历代帝王治~兴亡。(p.142)

亂—乱 则执兵之~卒,避乱之众人。(p.31)

落—落 忽有~英泛溪而来。(p.85)

履一履　鸿月一时齐起，曳珠～。（p.274）

履一履　家严今在何处，而体～亦如何？（p.32）

慮一慮　得见道人清像，顿觉俗～之自消。（p.62）

慮一慮　何足烦相公之～哉。（p.170）

樂一乐　苦～皆系于丈夫。（p.26）

樂一乐　座上唱～非不足也。（p.46）

M

賣一賣　所～之酒名曰洛阳春。（p.38）

貌一皃　杨生见其～。（p.25）

每一毎　大师～与众弟子讲论大法。（p.7）

每一毎　相公～欲为春云而求良匹。（p.81）

美一美　风采之～，礼貌之恭。（p.75）

寐一寐　小姐独在于家，梦～之外，忽逢杨生。（p.25）

面一面　颇觉酒晕上～。（p.10）

蔑一蔑　处仁之智～矣，交邻之道缺矣。（p.8）

民一民　博施雨泽，有功德于万～。（p.181）

明一明　杨郎风采～秀。（p.55）

命一命　奉师傅之～，下山而去。（p.11）

墨一墨　评文人～客之诗篇。（p.142）

眸一眸　乃开～再望。（p.68）

謀一謀　则横琴之诈～。（p.83）

某一某　小女欲因～条亲见郑女。（p.190）

畝一畝　花园中有一～芳沼。（p.318）

墓一墓　欲寻于南郊之～。（p.112）

幕一幕　使两家贵客及女乐归待于～。（p.288）

慕一慕　闻其诗而～其才华。（p.26）

暮一暮　浪迹如云，朝～东西。（p.63）

暮一暮　以此为～景之乐。（p.59）

N

難一難　欲背座中之约则～于失信。（p.45）

惱一恼　使我苦～尚未得一造法座。（p.8）

腦一脑　～海恢廓。（p.22）

泥—泥 立如~塑。(p.68)

年—年 既~纪相近。(p.74)

辇—辇 虽令臣久留~毂之下,冒居庙堂之上。(p.328)

蹑—蹑 丞相~沙堤而执匀衡者,已累十年。(p.323)

凝—凝 貌莹冰雪,神~秋水。(p.7)

O

偶—偶 郑小姐~过春云寝房。(p.79)

P

蹙—蹙 轻揽琐珠之~,随丞相之后。(p.286)

便—便 即终南山最~处也。(p.83)

翩—翩 生闻之已觉醉兴~翩。(p.39)

平—平 弹琵琶于太~公主之第。(p.78)

Q

戚—戚 语不交于亲~。(p.71)

期—期 必不恨钟子~之死也。(p.67)

期—期 必不恨钟子~之死也。(p.67)

其—其 乃还~诗笺。(p.41)

奇—奇 如~标俊彩之美丈夫。(p.5)

奇—奇 诗才之~。(p.70)

麒—麒 凤凰~麟。(p.57)

起—起 修~居于六观大师。(p.18)

岂—岂 ~不有防于我之前程乎?(p.14)

岂—岂 ~不知寡人之酒与人间狂药大异。(p.10)

氣—氣 皆秀丽清爽,无非元~所锺矣。(p.5)

氣—氣 秀美之容似潘岳,发越之~似青莲。(p.22)

棄—弃 少游岂肯~之?(p.187)

器—器 将成大~。(p.73)

前—前 行礼之~。(p.81)

潛—潛 ~念曰,此女子果如何也?(p.56)

錢—錢 今乃毁之,若不值一~者。

谴—谴 此将则具被~罚。(p.89)

譴—［俗字］　一皆斥～。（p.51）

琴—［俗字］　道人使童子授～。（p.33）

琴—［俗字］　蓝田山道人传～。（p.22）

琴—［俗字］　向日弹～女冠。（p.74）

勤—［俗字］　而老母～劳。（p.23）

勤—［俗字］　上人独不念寡人殷～之意耶？（p.10）

寝—［俗字］　春娘欲上于吾所～象床之上。（p.80）

寝—［俗字］　英阳不得已与兰阳诣丞相～所。（p.260）

卿—［俗字］　故～无贻北堂之忧。（p.34）

卿—［俗字］　今～既非礼经所谓致仕之年。（p.330）

情—［俗字］　我之深～，岂与桂娘小间乎？（p.48）

親—［俗字］　必是家～之指导。（p.33）

親—［俗字］　大师～受之，以授侍者。（p.8）

窮—［俗字］　山回路～。（p.87）

求—［俗字］　以～婚于郑家之意。（p.74）

區—［俗字］　忽见一～幽庄。（p.23）

區—［俗字］　以表～区之诚。（p.8）

驅—［俗字］　性真随使者为风力所～。（p.19）

取—［俗字］　欲～尚书首级。（p.166）

娶—［俗字］　让位于先～之正室。（p.218）

去—［俗字］　～年我曾过华州。（p.49）

去—［俗字］　何其速～耶？（p.70）

関—［俗字］　大开法宇，幽寂复～。（p.6）

勸—［俗字］　别～桂娘，以酬荐进之恩。（p.275）

勸—［俗字］　然自破酒戒，因主人之强～，而不获已也。（p.15）

闕—［俗字］　处仁之智蔑矣，交邻之道～矣。（p.8）

群—［俗字］　抄选天下之～才。（p.23）

纖—［俗字］　未吐～歌口已香。（p.45）

R

若—［俗字］　～祖宗俨然中处，尔子孙罗立拱揖焉。（p.5）

若—［俗字］　此人～其女冠，则必来谒于父亲。（p.74）

然—［俗字］　～宫门九重。（p.136）

然—［俗字］　礼则～矣。（p.79）

然—狀 依稀～一副美人图。（p.9）

然—竝 飘然有谢自～直仙风矣。（p.62）

然—竝 飘飘～向洞庭而去。（p.3）

忍—卫 ～受难洗之羞。（p.71）

儒—佟 洛阳诸～，纳卷而来。（p.42）

容—宓 弹琴之女冠，～如天仙。（p.70）

榮—崇 将睹～华而享富贵也。（p.22）

S

寒—寒 ～花酿感。（p.227）

率—率 婚姻大事不可草～。（p.76）

灑—洒 萧～辽琼。（p.24）

塞—塞 两公主秉～渊之德，有琴瑟之和。（p.310）

桑—桑 一若～榆，三阅春秋。（p.227）

喪—丧 他所谓不如意者，十～八九者也。（p.227）

掃—搧 ～中堂。（p.47）

澀—倢 颇有羞～之态。（p.133）

傷—傷 带月徘徊，感古悲～。（p.52）

賞—賞 乃称～曰："真个妙材也。"（p.63）

攝—撰 杨生大惊，～衣而出。（p.30）

懾—慑 光彩照耀于一路，先生震～于诸州。（p.124）

身—身 小侄愿终～出入于门下。（p.201）

深—深 诚孝莫展，歉愧～切。（p.55）

深—深 听曲之～羞。（p.84）

深—果 与兰场及秦氏情若同气，敬若～至。（p.245）

甚—甚 资质～鲁。（p.31）

聲—声 风～始息。（p.19）

聲—聲 娇～尚留于耳边。（p.13）

勝—勝 莲花～景在于咫尺，而未得探讨矣。（p.8）

勝—脪 小店之酒，无～于此者。（p.38）

失—失 今若不定，几何不～其时乎？（p.37）

師—師 或从京～而来者。（p.131）

師—師 练～曰："万无此理也。"（p.57）

詩—䛐　使书童拾取而见之，有一句～。（p.86）

時—旹　纳卷～刻恐不及也。（p.44）

時—旹　烛灭罗帷解带～。（p.79）

實—寔　～多才之人一时游戏事也。（p.78）

實—実　～人间之所未闻也。（p.33）

實—宲　虽有奴主之分，～同朋友之谊。（p.70）

識—識　日后必有用处，君其～之。（p.33）

示—眎　以相公馆壁一首诗～贱妾。（p.131）

世—丗　自古绝色本不～出。（p.50）

事—叓　小婿曾有得罪于小姐之～矣。（p.117）

是—昰　～夜，杨生曾宿于店中。（p.30）

試—�詴　将又作赴～之行。（p.37）

試—䛊　杨少游连魁于会试即殿～。（p.74）

適—迏　今日之午，～过一处。（p.27）

收—収　小姐娥眉暂低，眼波不～。（p.68）

受—㝊　～上帝之职，率仙童玉女来镇此山。（p.6）

受—受　生复起拜而～之。（p.34）

授—㨨　道人使童子～琴。（p.33）

書—圡　持此封～往彼客店。（p.26）

書—圡　收拾琴～。（p.35）

淑—淋　～美之容，冶艳之态。（p.40）

淑—㵨　杨郎为求～女。（p.78）

疏—疎　其～曰。（p.267）

贖—贕　及曹操～还文姬。（p.65）

暑—昗　昔玄宗避～之殿也。（p.331）

鼠—鼡　太子屏息戢身，～窜而逃。（p.181）

術—术　学～足以赞治，威望足以镇国。（p.329）

數—毇　～三卷之经。（p.13）

數—𢿘　写～句之诗。（p.26）

樹—树　万～相应。（p.85）

雙—䨇　马前～厂翻海东青。（p.290）

雙—双　云发乱垂～鬟。（p.25）

爽—爽　其声清亮豪～。（p.24）

睡—睡　午～方浓。（p.24）

司—司 有~马相如之情。(p.49)

思—思 忽~蝉月之言也。(p.56)

死—死 不幸病~于他乡。(p.47)

嵩—嵩 中央之山曰中岳,~山。(p.5)

送—送 即~其诗笺于蝉月。(p.44)

俗—俗 学生乃尘间~子。(p.88)

素—素 虽有~僻,而未遇矣。(p.33)

素—素 吾洛阳~称人才府库。(p.42)

算—算 生乃使书童~给酒价。(p.38)

雖—雖 此酒~美,亦非上品也。(p.38)

歲—歲 道人乃千百~知音也。(p.67)

孙—孙 公子王~亦皆开门而逢迎。(p.52)

所—所 ~谓,槐花黄,举子忙者也。(p.40)

所—所 此~谓五岳也。(p.5)

所—所 而杨兄~谓较文章,盖仿佛矣。(p.40)

所—所 郎君既到京师,留意访问,是~望也。(p.54)

T

條—條 小女欲因某~亲见郑女。(p.190)

臺—臺 过望乡之~。(p.17)

擡—擡 ~首远望良久。(p.12)

泰—泰 东曰东岳即~山。(p.5)

挑—挑 如~卓文君之凤求凰也。(p.71)

桃—桃 碧~花正发于栏外。(p.214)

桃—桃 此间必有武陵~源也。(p.85)

桃—桃 樱~花盛开。(p.46)

頭—頭 敢受给人之缠~乎?(p.69)

欹—欹 犹有不遇时之~也。(p.67)

堂—堂 无贻北~之忧。(p.34)

題—題 径品其~,取其入眼者。(p.42)

替—替 ~行回谢之礼乎?(p.3)

天—天 闻玉燕娘子之盛名,如~上人。(p.293)

聽—聽 来参法席,味~经文。(p.7)

庭—庭　寺门高开洞～野，殿脚插入赤沙湖。（p.6）

徒—㳙　司～女子，窈窕之色，幽闲之德。（p.53）

圖—圕　不～今日获拜大人。（p.31）

圖—圶　虽欲为君～之。（p.32）

土—圡　五岳之中，惟衡山距中～最远。（p.5）

團—圓　老僧跌坐蒲～。（p.186）

W

外—夘　寻仙访道，练魂守真，栖心物～矣。（p.55）

萬—蓐　丞相钧体～福。（p.278）

萬—苓　只有一事，或～幸。（p.58）

罔—闵　实多欺～之罪。（p.119）

往—㳲　汝须更～。（p.75）

惘—惘　～然如失。（p.12）

忘—㤀　使以衣段茶果致吾恋恋不～之意。（p.60）

望—朢　妄出非份之～矣。（p.75）

微—㣲　春云～微而笑曰。（p.84）

為—为　甘～守家之狗。（p.23）

為—為　与一枝残烛～伴。（p.81）

唯—唯　其和尚～手持金刚经一卷。（p.6）

圍—围　三匝～坐前者。（p.125）

違—违　大师之教，何敢有～？（p.62）

偽—偽　御史为受逆贼～爵。（p.36）

偉—伟　岂不诚～哉。（p.124）

衛—衛　郑氏设有残魂余魄，九重严邃，百神护～。（p.262）

慰—慰　道人～之曰："合而难，难而合，此理也。"（p.32）

魏—魏　即所谓南岳～夫人也。（p.6）

聞—竹　柳氏～京都祸乱之报。（p.36）

聞—闻　若不～其姓名。（p.26）

問—问　更无诘～之处。（p.36）

我—亥　～在郑家之时，郑小姐婢子春云使唤于我矣。（p.263）

吾—否　～亦有主意。（p.37）

無—无　虽～风情，亦不可独栖孤房。（p.82）

無—无　何为～益之悲耶？（p.32）

無—![字]　既～天缘。（p.37）

無—![字]　临产已久，尚～儿声。（p.20）

X

係—![字]　杨生～驴于樱桃花树。（p.47）

惜—![字]　惟望春娘无～一时之劳。（p.84）

習—![字]　杨郎苟解弹琴，预～一曲。（p.59）

喜—![字]　此曲如悲如～。（p.65）

喜—![字]　李小姐大～。（p.205）

暇—![字]　学问之～。（p.58）

下—![字]　生百拜床～。（p.34）

鲜—![字]　衣冠～明。（p.39）

閑—![字]　闻今小姐窈窕幽～。（p.75）

閑—![字]　小妹寓舍只隔一路，当偷～更进，以请余教矣。（p.199）

閑—![字]　职务之～。（p.287）

嫌—![字]　则我不～为副。（p.27）

賢—![字]　及稍长，南海龙王之子敖～闻妾略有姿色，求婚于父王。
（p.175）

縣—![字]　此属皆没为英南～奴婢者。（p.36）

相—![字]　三代～国。（p.56）

鄉—![字]　须早归故～。（p.34）

鄉—![字]　瞻望故～。（p.65）

翔—![字]　翩如惊鸿，娇如～凤。（p.52）

想—![字]　伏～夫人必欲亲自诊视。（p.69）

響—![字]　余～飘散于楼上。（p.24）

笑—![字]　惊鸿替～。（p.51）

脅—![字]　无免迫～之辱。（p.130）

謝—![字]　诗才鲍～如也。（p.22）

謝—![字]　十分感～。（p.30）

謝—![字]　仙娘何以厌瑶池之乐，～玉京之侣而辱居于此乎？（p.88）

謝—![字]　杨生收泪而～。（p.32）

瀉—![字]　～此幽情。（p.84）

心—![字]　～肝已通。（p.83）

欣—![字]　闻之～喜。（p.85）

新—![字]　盖应月中之桂，～榜魁元之吉兆也。（p.42）

信—伩　无可凭～处也。（p.29）

行—彳　乃催～至其楼前。（p.39）

幸—幸　此实前生之宿缘，人生之～会。（p.322）

興—舆　翰林不堪豪～，独上高楼，凭栏而坐。（p.138）

兇—凶　人之吉～祸福。（p.108）

雄—雄　山势之杰，道场之～。（p.6）

复—复　大开法宇，幽寂～阒。（p.6）

繡—绣　俄而～幕乍卷。（p.63）

虚—虗　可知其绝非～名。（p.50）

玄—玄　天书～篆，历千万而尚存。（p.6）

懸—挂　如青云浊水之相～。（p.76）

選—选　抄～天下之群才。（p.23）

學—学　～问之暇。（p.58）

雪—雪　若三月飞～，乱洒于桃花丛上。（p.300）

雪—雪　以～国家之耻。（p.121）

雪—雪　欲借春云之身，以～小女之耻。（p.82）

勳—勋　整军歼贼，得遂大～，奏凯还京。

尋—寻　～得俄者，身骑小驴到此楼下咏杨柳词之相公。（p.26）

尋—寻　问其来～之意。（p.27）

遜—逊　诸人见杨生语～而年幼。（p.40）

Y

丫—丫　李小姐乘垂帐小屋轿，率～鬟数人至郑府。（p.197）

焉—焉　天下名山有五～。（p.5）

煙—烟　绿～如织。（p.24）

言—言　～毕。（p.37）

嚴—严　自别～父。（p.31）

儼—俨　～上高楼，与丞相对坐。（p.338）

焰—焰　一散于烟～之中。（p.13）

養—养　供～于佛前。（p.8）

養—养　小生适蒙丞相厚～。（p.291）

癢—痒　丞相心不胜～，乃发笑曰。（无页码）

樣—样　未知欲托于何～人也。（p.83）

樣—样　有何～奇花？（p.11）

邀—邀　方欲更～，而家间多事。（p.77）

摇—摇　飘飘～摇无所终。（p.19）

鬱—菡　苍山～杳而四围。（P.19）

窈—窕　闻今小姐～窕幽闲。（p.75）

藥—崇　处士捧～碗而入。（p.21）

曳—曳　～六环之神筇。（p.7）

葉—菜　丹桂一～，漂水而来。（p.86）

移—移　杨生往住房搬～行李。（p.46）

遺—遗　堆积于～墟而已。（p.35）

儀—仅　威～肃肃。（p.14）

儀—傢　杨状元容～一如倾日。（p.76）

以—以　～两兄之言观之。（p.40）

矣—美　四旬已尽之～。（p.6）

亦—点　可爱～可赏也。（p.24）

易—方　诸人见杨生语逊而年幼，颇轻～之。（p.40）

異—矣　而小妹处身～于平人。（p.199）

異—異　灵～之迹，环奇之事，不可殚记。（p.6）

異—异　其容貌举止与女子大～。（p.71）

異—昊　言其义则无～于生我育我。（p.15）

意—音　汝须留～。（p.37）

意—之　以此～言于老母。（p.207）

翼—翼　非具羽～不可越也。（p.58）

翼—茸　有小亭～然临溪。（p.87）

議—汉　我与春娘欲～一事。（p.83）

吟—佥　时沉～乃言曰。（p.27）

隱—隐　～隐有妇人呻吟之声矣。（p.20）

嬰—嬰　～情冕绂，流涎富贵。（p.16）

櫻—樱　～唇久锁。（p.43）

纓—纓　振衣于莲花之峰，濯～于瀑布之泉。（p.9）

迎—迓　亲～则稍待秋间。（p.79）

營—宗　将～升斗之禄，以备甘毳之供。（p.267）

營—嘗　尚书方在营中思退敌之策，而终无～策。（p.173）

幽—幽　殿阁～邃，法侣坌集。（p.186）

幽—幺　虽～郁之疾。（p.252）

悠—悠　闪手而弹，其声～扬。（p.68）

憂—憂　更无可～者矣。（p.76）

優—㑦 小姐曰，～优哉，讽讽哉。（p.66）

猶—猜 ～不入于吾侪之耳。（p.43）

游—㳺 惊鸿与妾同～于上国寺。（p.53）

有—㞋 虽～许多才女。（p.53）

有—㞋 于古亦～。（p.79）

於—扵 必招致其人，使奏～座前。（p.59）

於—扵 岂可有害～伦纪之道乎？（p.154）

於—扵 侍婢一人～观中。（p.62）

於—扵 虽梨园弟子，犹不及～两部矣。（p.277）

愚—愚 贤～易辨。（p.52）

餘—餘 三十～人。（p.7）

餘—馀 则大都十～张诗。（p.41）

與—㠯 大师每～众弟子讲论大法。（p.7）

慾—㣉 相公每～为春云而求良匹。（p.81）

遇—㴢 虽有素僻而未～矣。（p.33）

愈—㦕 已快～矣。（p.69）

譽—誉 而大得声～于两京之间乎？（p.56）

園—园 花～深深。（p.58）

園—园 驺徒齐拥上马，归到花～。（p.145）

遠—远 长安已不～矣。（p.23）

遠—逺 小生以～方之人。（p.27）

遠—远 智虑深～。（p.20）

怨—惡 小姐必不忘睚眦之～也。（p.117）

願—願 ～元帅暂行焉。（p.182）

Z

朝—朝 浪迹如云，～暮东西。（p.63）

朝—㓮 一～为人所诈。（p.71）

在—㞦 方～晚生袖中。（p.76）

在—㞦 情理所～。（p.12）

贊—賛 学术足以～治，威望足以镇国。（p.329）

贊—賛 以～唐虞之至治。（p.330）

葬—葬 力单势蹙，无路返～。（p.48）

遭—遭 不幸～变，避地西边。（p.299）

遭—遭 使小子一～望见，则当节草而图报矣。（p.57）

噪—� 声名大～。(p.52)

则—㐄 ～彼此将具被遣罚。(p.89)

择—㧬 故欲～佳郎与新榜之中矣。(p.73)

择—㧬 未能～配。(p.55)

斋—㡼 ～供钱妪。(pp.60—61)

掌—㝵 上命为女中书，使～宫中文书。(p.148)

招—㧬 ～婚之诺稍弛。(p.56)

照—㷇 丹碧～耀。(p.24)

者—㐅 自古文章之盛，无如国朝～。(p.143)

珍—珎 吾乡蜀中虽多～树。(p.24)

真—眞 ～仙居也。(p.87)

真—� 其才与貌则～杨郎之配。(p.56)

振—振 ～衣于莲花之峰，濯缨于瀑布之泉。(p.8)

争—㐪 共～花枝。(p.83)

症—㿉 此实凶～也。(p.261)

知—㐐 不～其居往也。(p.26)

侄—㐄 小～不敢为跨大之言也。(p.56)

职—㜤 朕近当面谕，使之就～矣。(p.267)

指—指 必是家亲之～导。(p.33)

至—㐅 司徒知杨状元之～。(p.74)

致—致 必招～其人。(p.59)

置—㿷 脱其上服，摄～于晴沙之上。(p.11)

众—众 满座诸妓迭奏～乐。(p.40)

昼—㬺 ～则与郑十三大醉于酒楼。(p.255)

竺—笁 唐时，有高僧自西域天～国入中国。(p.6)

烛—烛 华～之礼当告于两家父母。(p.28)

着—著 性真～七斤之袈裟。(p.7)

专—㐎 受恩于丞相，如是之～。(p.316)

转—㧬 杨生又奏一～。(p.66)

庄—庄 忽见一区幽～。(p.23)

庄—庄 具备端～尊贵之气象。(p.70)

状—壮 司徒知杨～元之至。(p.74)

缀—�綴 ～花裁叶，各率部妓结束随行。(p.286)

酌—酌 或歌或舞，献～于丞相，如何？(p.292)

纵—㐎 生抽其一副，～横走笔。(p.44)

走—走 惕狂心之～作。（p.15）

足—呈 未～以喻其乐也。（p.47）

卒—卒 病水之～。（p.177）

卒—卒 则执兵之乱～，避乱之众人。（p.30）

最—宷 此树～风流。（p.24）

最—家 南朝之陶渊明、谢灵运二人，～其表著者也。（p.143）

最—宷 吾家山庄即终南山～偏处也。（p.83）

尊—㝯 谨奉～教。（p.60）

作—任 而自和尚开道之后，便～鸿沟之分。（p.8）

坐—坐 后上～有庐生者。（p.39）

座—座 满～皆洒然易容。（p.45）

越南篇

壹　综论：越南汉字资源整理研究的现状与突破[①]

关于越南的汉字研究，学界相对关注得比较少。因此有必要对越南汉字资源及其相关研究进行总体介绍，不局限于俗字领域。

21 世纪以来，郑克孟《越南的汉喃遗产研究》（2003）、阮俊强《越南汉喃研究院所藏汉喃数据的历史、特征与前瞻》（2017）对越南汉字资源的存储情况进行了翔实介绍。目前，越南汉籍主要收藏在越南汉喃研究院和越南国家图书馆，部分文献分散于法国、日本、中国等。越南汉喃研究院是越南专门负责收集、保存和研究汉喃文献的重要机构。据统计，汉喃研究院至今收藏纸本古籍 6000 多种，计 33000 余册，收藏碑刻拓本约 68000 份。其中，用汉字书写的纸本文献有 5200 多种，占全部文献的 80%以上。碑铭文献正文主要由汉字写成，喃字只用于记录人名或地名。面对如此巨大的汉字文献宝库，中外文字学界尚未引起足够重视，亟须整理研究。

一　越南汉字资源整理研究的现状

（一）越南汉字文献整理研究

1. 越南汉字碑铭文献整理研究

（1）汉字碑铭文献汇编

越南汉字碑铭是深受中国铭文影响同时依据本国自然环境和具体生活需求而形成的一种文化现象，具有民间普遍性。越南终年雨量大、湿度高、战乱多，纸质文献难以保存，碑铭是当地普通百姓记载日常活动的主要方式之一，真实地反映了越南过去乡村中政治、经济、文化、社会等多方面情况，是越南汉字文献资源的重要组成部分。越南曾经进行两次大规模铭文拓片搜集工作。第一次是法国远东学院从 1910 年到 1945 年收集到 11651 个铭文单位的 20980 份拓片。自 1990 年以来，汉喃研究院进行第二次拓片搜集，已收集约 30000 份拓片。此外，还接受了来自法国远东学

---

① 本部分内容，承友生刘正印协助撰写。

院的 21000 份拓片。至今，总共已收集拓片约 68000 份，数量是纸本文献的两倍还多。目前，中外学界整理出版的具有代表性的越南汉字铭文汇编资料如下：

①《越南汉喃铭文汇编》，由法国巴黎远东学院和越南河内汉喃研究院合作完成，已出版第一集（北属至时期李朝）和第二集（陈朝）。《越南汉喃铭文汇编（第一集）》（1998），潘文阁、苏尔梦主编，所采集的铭文是从北属时期至李朝（1010—1224），按年代先后汇集了 27 篇铭文。《越南汉喃铭文汇编（第二集）》（2002），毛汉光、郑阿财、潘文阁主编，分为上下两册，所采集的铭文时间为陈朝（1226—1400），按年代先后排列了 44 篇铭文。两集《汇编》对所收铭文从历史学和文化学角度进行了考校注释，在汉喃铭文研究史上颇具代表性，诸多学者对其展开了深入的研究，台湾学者耿慧玲是其代表。遗憾的是，两集所收铭文篇数较少，其中有多篇或无拓本，以抄本补录，如《皇越太傅刘君墓志》；或为后世重刻，如《奉圣夫人黎氏墓志》。部分碑铭刻录时间不明或有误，如"大阿㝶三宝田碑"不属陈朝而属莫朝。

②《越南汉喃铭文拓片总集》，越南汉喃研究院与法国远东学院合作整理，所收集的多是散落在庙宇、村社、神祠等附近的碑铭，由越南文化通讯出版社出版，先拓印后影印，大致以时间顺序进行编排。现已出正卷 22 册，收录铭文约 22000 份。《总集》所收铭文多以石碑为载体，主要用汉字系统地记载了越南北部民族的生活文化状况，时间跨度主要是 16 世纪至 20 世纪初，内容包括规约类、寄忌类、事功颂德类、诗歌类及其他类等。《总集》拓本较为清晰，数量甚多，时间跨度大，记载内容丰富，但除了对早期部分拓片进行编录外（见《越南汉喃铭文汇编》《陈朝碑文》），并没有进行任何整理或注释，无法直接应用于汉字研究。

此外，越南学界还出版了一些碑铭单行本，如《李陈诗文》《陈朝碑文》《河内碑文》《谅山碑文》《河西碑文》等。这些著作大都将碑文直接翻译成越南语，缺少对原本的校释，因受语言限制，影响不广。

（2）汉字碑铭文献的编目与研究

《越南汉喃铭文拓片总集》出版后，另有 8 册《越南汉喃铭文拓片书目》（2007—2012）是按照《总集》编号顺序撰写的越南语目录提要，目前只收录了《总集》前 16 册约 16000 份铭文，包括题目、碑铭年代、主要内容等。

关于碑铭研究，早在 14 世纪上半期，黎崱《安南志略》中就录有数篇李朝碑铭。19 世纪前，后黎朝晚期的黎贵惇、黎末阮初的裴辉碧等就利用碑文作史学研究。近代以来，高朗《黎朝进士题名碑记》，黄春瀚利用李朝碑文材料编成《李常杰与李朝外交和宗教史》，何文晋《铜铭文石刻文——

铭文与历史》对北属时期的铭文进行收集、考察和研究，吴德寿、丁克顺、阮金悭等多利用碑铭材料进行避讳及相关历史文化研究。阮翠娥《越南碑铭的整理与研究工作》（2003）介绍了越南汉喃研究院所藏的汉喃古籍和碑铭的整理与研究工作，并对铭文文字的特点、内容、版本的情况进行了介绍。阮氏金英《在越南的后碑》（2007）、阮文元《越南铭文及乡村碑文简介》（2007）探讨了越南民间特别盛行而许多纸本文献资料常未注重涉及的"后碑"问题，并对其成因进行分析。

中国学者耿慧玲《越南史论——金石数据之历史文化比较》（2004），对越南碑铭进行了历史、民俗、语言、文字、文化等方面进行研究。陈日红、刘国祥《〈越南汉喃铭文拓片总集〉述要》（2013）从道德、制度、风俗、宗教等方面对该材料的汉文化影响进行了例释，揭示了越南河内以北的民族文化与汉族文化的历史渊源。

2. 越南汉字纸本文献整理研究

纸本文献指书写或刊印在纸张上的古籍或文字资料，主要包括写本和刻本。越南拥有丰富的纸本文献资源。越南独立不久，就有大兴库（1023）所藏的三藏经，重兴库（1036）的大藏经，以及仙游书院（1038）、天长库（1295）的佛经。此外，陈朝时的宝和殿亦有藏书。黎朝则有蓬莱书院。西山朝有崇正书院（1791）。阮朝书库逐渐变多，重要的有：（1）明命时期的聚奎书院，收藏约 4000 部越、中、欧等书籍近 9000 本。（2）建于1825 年的藏书楼，收藏古籍、六部文书和嘉隆时代文献近 12000 本。（3）史馆书院，建于 1841 年，收藏 169 部书。（4）内阁书院，成立于 1862 年，收藏 2500 部书，近 7000 本单册。（5）新书院，建于 1909 年，藏 2640 部书，分经、史、子、集，单册接近 51371 本，另外还有 7000 单本。（6）古学院书院，建于 1922 年，藏书 3000 部。至今，越南纸本文献现存 7000多种，汉字文献有 5700 种左右，占全部文献的 80%以上。汉字文献中，写本有 4000 多种，其余为刻本（含汉喃研究院藏）。

（1）汉字刻本文献整理

在越南，纸本文献的保存与整理工作在整个汉字文化圈地区相对滞后。虽然在摆脱法国殖民统治建国以后，越南也影印整理了部分汉喃古籍，其中相当一部分具有较高水平，如 1997 年由河内世界出版社出版的《越南汉文小说总集》四册，对数十种小说书籍作了详细的文献考订。但总体而言，相当多的越南古籍整理着眼于文化普及，多将汉文翻译成现代越南文，作简单的越文介绍和粗糙的翻印，缺乏细致的校勘和辑注，尚未建立相应的学术规范。

在日本，明治十七年（1884）引田利章校订了吴士连等编修的《大越史记全书》由埴山堂出版。越南史研究专家松元信广编校《大南一统志》，由日本印度支那研究会于昭和十六年（1941）发行。日本庆应义塾大学言语文化研究所于昭和三十六年（1961）至昭和五十六年（1981）陆续影印出版了《大南实录》，共二十册。1987 年，日本创价大学出版了陈荆和编校的《校合本大越史略》。上述整理本文献均成为学术界开展越南研究最基本的史籍，成为学界广为流传的通行本。

中国大陆，商务印书馆 1936 年出版了《越史略》，上海古籍书店 1979 年出版武尚清校注本《安南志略》。北京大学出版社 2013 年整理出版《儒藏·精华编·越南之部》。2015 年，西南师范大学出版社据内阁官版等出版了标点校勘本《大越史记全书》等。港台地区，先后整理出版了《钦定越史通鉴纲目》《艮斋诗集》等。

（2）汉字写本文献整理

越南的写本虽远多于刻本，但学界对其影印整理亦不甚多。越南近年陆续影印出版了《阮朝硃本目录》《云仙古迹传》等，并将原文献翻译为现代越南语。在中国，陈荆和编校《国史遗编》所用底稿为法国远东博古图书馆的写本。继之，1980 年出版了阮述《往津日记》，其底本为法国戴密微 1939 年在河内所获得的孤本，此前未曾刊行过，是一份非常珍贵的历史资料。中州古籍出版社 1991 年出版了戴可来等编的《岭南摭怪等史料三种》。2010 年，孙逊、郑克孟、陈益源主编的《越南汉文小说集成》由上海古籍出版社出版，所据文本大多是写本。2010 年，大型文献丛书《越南汉文燕行文献集成》（25 册）由复旦大学文史研究院和越南汉喃研究院合作出版。此书收录的主要是越南陈朝、后黎朝、西山朝和阮朝出使中国的燕行使者的著述，原本大多来自越南汉喃研究院所藏写本，印刷清楚，成像清晰，而且在每一分卷前均有题解，交代了作者生平及所取用的版本。西南师范大学出版社影印出版了法藏写本文献《大南一统志》和《皇越一统舆地志》。此外，台湾学者分别于 1987 年、1992 年整理出版了《越南汉文小说丛刊》第一、二辑，由法国远东学院出版，台湾学生书局印行。

（3）纸本文献的编目与研究

早在 1904 年，法国传教士就为越南汉籍编纂了相关目录。如加第尔、伯希和《安南史上史料之初步研究》。1935 年又有加柏顿编成《安南书志》。布德与布治雅合编的《法领印度支那书志》于 1928 年至 1939 年陆续刊行。后来，中国学者冯承钧在此基础上编成《安南书录》。以上这些著作主要反映了越南历史上所记存的书籍情况。

在日本，诸多学者编制了关于越南古籍的现代目录，如松元信广《河内法国远东学院所藏安南本书目》《越南王室所藏安南本书目》；山本达郎《河内法国远东学院所藏字喃本及安南版汉籍书目》《河内法国远东学院所藏安南本追加目录》《巴黎国民图书馆所藏安南本目录》《巴黎亚细亚协会所藏安南本书目》；川本邦卫《越南社会科学书院所藏汉喃本目录》；藤原利一郎《巴黎国立图书馆新收安南本目录》；岩井大慧《永田安吉氏搜集安南本目录》《东洋文库朝鲜本分类目录附安南本目录》。

在越南，张文平《荷兰莱顿大学所藏汉喃古籍》，陈义《英国图书馆所藏的汉喃书籍》，陈义、阮氏莺《日本四大书馆所藏的越南本总目录》等相关著作反映了汉喃古籍的现代遗存及其在越南以外的传播和收藏状况。杨泰明等《汉喃书目》，越南汉喃研究院与法国远东学院合编的《越南汉喃遗产目录》《越南汉喃遗产目录补遗》则是对越南所藏汉籍书目的介绍。

目录编纂的集大成者当属中国台湾"中央研究院"文哲研究所编写的《越南汉喃文献目录提要》（以下简称《提要》）。该目录是在《越南汉喃遗产目录》的基础上编纂而成，运用中国古典文献学的方法进行梳理，包括经、史、子、集四部，共五十类、六十目，并对每部书籍、每宗文献的名称、作者、编印者、撰写年代、编写年代、版本、序跋、基本内容、抄写或编写方式作了逐一介绍。《提要》共收 5023 种古籍，经部 147 种，史部 1665 种，子部 1527 种，集部 1684 种；汉字文献有 4229 种，喃字文献有 794 种；中国书重印重抄本 500 种左右。2004 年，中越学者刘春银、林庆彰、陈义在《提要》的基础上进行增补，撰成《越南汉喃文献目录提要补遗》（以下简称《补遗》），由中国台湾"中央研究院"亚太区域专题研究中心编印出版。《补遗》体例与《提要》一致，分上下两册，上册为目录正文，下册为索引，共增补 2280 种文献，其中汉文文献多达 2035 种。两本书出版的同时，也完成了"越南汉喃文献目录资料库系统"，为广大读者提供了便捷的网络检索服务。目前来看，《提要》和《补遗》以及在此基础上建成的资料库，已然成为学界广为利用的重要工具。但由于受时间和经费等相关条件的限制，尚有许多错误和不完善之处。

越南纸本文献研究方面，中华书局出版了张伯伟主编的"域外汉籍研究丛书"，其中陈益源《越南汉籍文献述论》、刘玉珺《越南汉喃古籍的文献学研究》均是经典之作。特别是《越南汉喃古籍的文献学研究》是第一本关于越南文献的通论性著作，对于越南纸本文献的整理研究具有导夫先路之功。

（二）越南汉喃小学类文献整理研究

1. 越南汉喃小学类文献整理

按照传统的文献分类，语言文字之学谓之"小学"，包括文字、音韵、训诂、音义等。《越南汉喃文献目录提要》收录此类文献 25 种，包括《三千字历代文注》《今文字略》《字典节录》《字学训蒙》《字学四言诗》《字学求精歌》《村居便览》《钦定辑韵摘要》《安南国语新式》《检字》《难字解音》《三千字解音》《大南国语》《千字文解音》《三千字解译国语》《日用常谈》《五千字译国语》《字类演义》《指南玉音解义》《南方名物备考》《指南备类》《国音新字》《嗣德圣制字学解义歌》《汉字自学》《翻切字韵法》等。目前学界对该类文献的整理尚处于空白阶段。

2. 越南汉喃小学类文献研究

近年，越南学界开始关注汉喃古辞书研究，如吕明姮《考究汉越双语辞典：大南国语》（2013）、黄氏午《指南玉音解义》（2016），附录影印原始文本，并用现代越南语进行翻译注释。2017 年 5 月，浙江财经大学与越南汉喃研究院联合主持召开"东亚汉籍与越南汉喃古辞书国际学术研讨会"，越南学者提交了多篇论文。如陈仲洋《中世纪越南汉字词典的类型与特点》（2017）对中世纪越南汉字字典的类型、汉越双语词典的特点进行分析，认为汉越—汉喃对照词典是越南中世纪汉字教学的教科书，是学校汉字教学实践过程中所形成的结果，其主要功能是给学生们学习基本汉字提供教材。丁克顺《〈嗣德圣制字学解义歌〉版本及文字等问题研究》（2017）对《嗣德圣制字学解义歌》的作者、版本、内容、用字和词汇进行了简要介绍。吕明姮《从词典论看越南中代辞书：以〈大南国语〉、〈日用常谈〉、〈南方名物备考〉为中心》从中国词典论角度，对越南古辞书的内部结构进行剖析，并与中国辞书对比，凸显其特征。杜氏碧选《以字典为编写方式的越南中代汉字教科书研究——以〈三千字解音〉和〈嗣德圣制字学解义歌〉为例》（2017）分别对两本越南古辞书的编纂方式、押韵方式和教学功能进行介绍。陈氏降花《十九世纪末二十世纪初汉喃双语辞典：〈南方名物备考〉案例研究》（2017）考察了《备考》的成书背景、行文结构，探究其在越南社会文化中的影响。阮氏黎蓉《越南〈千字文〉字书两种汉字字形考》介绍了《千字文》的成书背景及相关材料，并对部分汉字异体字从形体和结构进行考察。

在中国，陈荆和《嗣德圣制字学解义歌译注》（1971）在香港出版，这是我国对越南古辞书整理的唯一著作。近年，梁茂华博士学位论文《越南文字发展史研究》（郑州大学，2014 年）对越南文字发展史进行了梳理，其中部分章节对《指南玉音解义》《三千字解音》《嗣德圣制字学解义歌》《大南国语》等几部重要的越南汉喃辞书的成书背景、体例、内容进行探究，认为以字喃解汉字音义是古代越南双语辞书的特点，而且不少辞书是以越南传统的腰脚韵进行编排。郑阿财《从敦煌文献看日用字书在东亚汉字文化圈的容受——以越南〈指南玉音解义〉为中心 》(《中国俗文化研究》2015年第 1 期)，这是专论中越辞书关系的第一篇重要论文。李无未《近代越南汉喃"小学""蒙学"课本及其东亚汉语教育史价值》(《东疆学刊》2017 年7 月第 3 期)，对近代越南汉喃"小学""蒙学"课本的学术价值进行探讨，与朝鲜朝、日本江户明治汉语官话课本进行比较，进一步凸显越南汉喃"小学""蒙学"课本文献在东亚地域汉语史视野内所具有的独特价值。温敏《越南汉喃双语辞书研究价值初探——以〈指南玉音解义〉为中心》(2017) 以《指南》为中心，以《大南国语》为参照进行初步考察，认为这类辞书类目丰富，因日常实用的特点直接反映社会生活，汉喃两相对照的体例有利于考察汉越词汇特点和汉字的字形、结构和功用属性，是研究汉越语、汉字喃字差异、汉越文化交融的优质语料。李宇《越南汉字辞书〈字典节录〉研究》(2017) 对《字典节录》成书背景、编纂体例和价值进行了初步研究。陈楠楠《〈三千字历代文注〉初探》(2017) 从版本、成书背景、编纂体例、价值等方面对《三千字历代文注》进行了简要介绍。

（三）越南汉字文献字形整理研究

1. 越南汉字文献字形整理

关于越南文献字形整理，早见于王力《汉越语研究》(1948)，其文附录 100 个越南省笔字，为早期关注越南汉籍俗字之作。陈荆和《校和本大越史记全书》(1984—1986) 附录《越南俗字、简体字与惯用汉字对照表》，为越南刻本文献字形整理提供字样。刘玉珺《越南汉喃古籍的文献学研究》(2007) 列举了越南刻本中的自创俗字。另外亦有数篇学位论文涉及越南汉籍俗字字形整理，详见下文。

2. 越南汉字文献字形研究

关于越南文献字形研究，成果多集中于中国。除上述所列外，郑阿财《越南汉文小说中的俗字》(1993) 对《岭南摭怪列传》《天南云篆》《听闻异篆》等文献俗字进行了分类探究。张涌泉《汉语俗字研究》(1995/2010) 对越南钟铭中出现的俗字进行探源或国别判定。陆锡兴《汉字传播史》(2002) 认为越南简俗字的构形方式与汉语俗字大致相同。王锋《从汉字到汉字系文字》(2003) 从汉字符号的类型和表音化趋势对汉字在越南的使用情况作了简要介绍。范宏贵、刘志强《越南语言文化探索》(2008) 分析了在越南使用的中国俗字、方言字等。何华珍《俗字在越南的传播研究》(2013) 探究越南俗字与汉语俗字的传承和变异关系，指出辞书及学界有关疏误；《域外汉籍与近代汉字研究》(2015) 揭示了域外汉籍对于近代汉字研究的价值和意义，指出域外汉字研究的内容、范围、路径。刘正印、何华珍《越南汉喃铭文酒器量词字用初探》(2016) 对汉喃铭文中记录酒器量词与中国的酒器量词用字进行比较分析。何华珍、刘正印《越南汉文俗字的整理与研究——兼论〈越南俗字大字典〉的编撰》(2017)分别从碑刻、刻本、写本等不同载体展示越南汉语俗字资源的状况,从传承和变异角度进行分类研究,凸显《越南俗字大字典》编撰的必要性。刘正印、何华珍《越南汉喃碑铭用字研究导论》(2017)以《越南汉喃铭文拓片总集》为语料,对其中的用字现象从传承和变异两方面进行调查研究。何婧《越南瑶族民间古籍中的汉语俗字研究》(2017)从汉字传播角度出发,对其中的传承俗字进行了调查和例释,揭示了汉语俗字在越南瑶族民间古籍中的传承性。

近年,越南汉字文献与异体俗字的学位论文逐年增多。如刘康平《越南汉文写卷俗字研究》(西南交通大学,2011 年)用汉字构形理论阐释了这些写本文献中一些重要俗字的演变规律和结构特征,并同《宋元以来俗字谱》的俗字进行了比较。贾盖东《越南汉籍〈大越史记全书〉俗字研究》(浙江财经大学,2014 年)以正和本、国子监覆刻本、戴密微藏本三个不同版本的《大越史记全书》为字料,对其中的异写俗字和异构俗字进行分类研究。甄周亚《冯克宽使华汉诗写本俗字研究》(浙江财经大学,2015 年)以《越南汉文燕行文献集成》中的冯克宽使华汉诗写本为语料,对其中的俗字进行了穷尽式的调查和整理,展示俗字在越南的传播轨迹。刘正印《越南汉喃铭文用字研究》(浙江财经大学,2016 年)运用"汉字职用学"和"传承俗字和变异俗字(国际俗字和国别俗字)"等相关理论,对越南碑铭用字情况进行了较为全面而系统的研究。何婧《越南瑶族民间古籍俗字比较研究》(浙江财经大学,2016 年)调查了具有代表性的越南瑶族民间古籍中的俗字字形,通过比较研究等方法揭示其传承变异现象与规律。

越南研究汉字的学者不多。关于汉字理论,华人施达志在 1960 年出版了《汉字研究》一书,但全书不足 50 页,属于入门书籍。2008 年,阮光红在喃字研究著作《喃字文字学概论》的开始部分讨论了东亚学者关于文字学中各类型方块字的相关概念。2015 年,阮庭复等《汉字文字学》是第一部在越南出版的汉字文字学研究专著,可惜内容有限,不足 100 页。关于古文字,由于材料匮乏,仍处于起步阶段。叶少飞和丁克顺 2016 年 4 月在韩国发表的《越南新发现东山铜鼓自铭"金瓯"释》,与阮越、郑生、安之等学者对越南早期出土文献进行讨论,但多是从考古学或历史学角度进行考释,专题研究古文字的十分少见。关于近代汉字,阮玉协《越南陈朝禅宗三书研究——以文献、文字、词汇为中心》(浙江大学,2013 年)以《禅苑集英》《圣灯语录》《慧忠上士语录》三本越南汉籍刻本为主要材料,选取其中的代表性俗字,从形体结构方面进行剖析和解读。郭氏娥《越南北属时期汉字文献用字研究》(华东师范大学,2013 年)探讨了越南北属时期汉字文献的用字状况，并探讨了所用汉字的构造特点。阮氏莺《错误的汉字——在香港出版〈国史遗编〉案例》（2016）对《国史遗编》域外的抄本、印本及越南语文本进行了介绍比较，从用字的角度纠正了香港排印本中的一些错误。范氏草《〈阮朝硃本〉对联的异体字考》（2017）首先对《阮朝硃本》中的对联简介，然后对其中的异体字进行分类并总结其形体特点。吴德寿《越南历代避讳字研究》（1997）和阮金怏《越南宁平省陈朝碑刻避讳字研究》（2016）对越南历史中的避讳字进行了专题研究。

（四）汉字在越南的传播与发展研究

关于汉字传播问题，涉及面广，内容丰富，诸如汉字音义、民族新字、词汇演变、文化传承等方面，均可从不同角度进行探讨。简要分述如下：

1. 汉越音与汉越词研究

王力《汉越语研究》（1948）对越南语的词汇系统和语音系统进行探究。词汇系统分为越南词和汉越语词两层。汉越语词的字音系统分为汉越语、古汉越语和越化汉语三层。欧阳觉亚等《京语简志》（1984）在语音和词汇章节分别对汉越音和汉越词展开讨论，其中对汉语借音和借词进行了详细阐述。张卫东《〈明心宝鉴〉及其所记汉越音》（2003）对所用材料的域外版本进行了梳理，分析了《明心宝鉴》的汉越音音系。范宏贵、刘志强《越南语言文化探究》（2008）将越南语词汇分为固有词和汉语借词，从文化语言学的角度论述了汉越语词产生的历史背景及其含义的多种演变，探求了汉语与越南语中汉语与汉越语的声母、韵母、声调上的对应规律。罗文青《越南语双音节汉越词特点研究与汉语比较》（2011）通过研究双音节汉越词特点，为汉越语接触及汉越词研究的深入提供了参考。罗启华《语言的亲情——越南语汉源成分探析》（2013）从汉越读音、汉越词语、俗成汉越词等方面对越语和汉语语料源流关联进行探析。咸蔓雪《汉语越南语关系语素历史层次分析》（2016）提出"汉语越南语关系语素"的概念，从关系语素的声韵调对应入手，以中古汉语音系为出发点，并参照上古音，对照汉语和越南语的历史音变，全面展开严格的语音对应研究，确定了不同声韵调对应组的历史层次。

日本三根谷彻是研究越南汉字音的著名学者，《中古汉语と越南汉字音》（1993）则是研究中越音韵关系的代表作。越南的阮才谨（1979）、阮大瞿越的博士学位论文（北京大学，2011年）对越南汉越音均有深入研究。阮庭贤《汉越语音系与喃字研究》（复旦大学，2012年）将汉越语音系和《广韵》音系进行比较，找出它们之间的对应关系，讨论汉越语的一些音变现象，并在此基础上，找出汉越语的例外读音，对例外读音进行分类，最后讨论了汉越语对古汉语声韵调研究的价值。陈仲洋《15世纪越南语中的越语汉来词——以阮廌的〈国音诗集〉为例》（2016）从历史语言学和词源学角度对阮廌的《国音诗集》中的词汇进行穷尽性考察，总结出词源考证的依据，并对词汇结构进行分类。

2. 喃字和古壮字研究

汉字向南传播，对民族文字的产生起着重要作用。喃字和古壮字是类汉字的代表。研究汉字向南传播过程中，主要涉及喃字、古壮字中的俗字因素、结构类型等。

闻宥是喃字研究的开创者，其《论字喃之组织及其与汉字之关涉》（1933）是关于越南京族所用喃字与汉字关系研究的拓荒之作。王力《汉越语研究》（1948）第八章对喃字进行了分类，认为其是一种类汉字。张元生《壮族人民的文化遗产——方块壮字》（1984）对壮字进行了分类，并对其中的两种情况进行了深入分析，揭示了方块壮字对研究古汉字和古汉越音的价值。李乐毅《方块壮字与喃字的比较研究》（1987）从产生背景和构字法方面对方块壮字和喃字作了比较，并评价了它们在文字发展史上的贡献。1989 年，广西壮族自治区少数民族古籍整理出版规划领导小组编纂了《古壮字字典》。何九盈等《中国汉字文化大观》（1996）提到了喃字及其字形结构和发展演变。王锋《从汉字到汉字系文字——汉字文化圈文字研究》（2003）介绍了喃字构字法，并对其结构进一步分类。谭志词《中越语言文化关系》（2003）上编第五节介绍了汉字对喃字的影响。赵丽明《从越南版〈三字经〉初探喃字体系用字》（2003）对研究材料中的喃字用字作了相关考察，揭示了汉字在越南传播中的普遍规律。王元鹿等《中国文字家族》（2007）第三章谈到喃字的构成以及喃字的性质。陈增瑜《京族喃字史歌集》（2007）包括"京族史歌""京族哈节唱词"京族传统叙事歌"等三部分，均是用京族"喃字"记载，对京族历史文化的研究极具价值。覃晓航《方块壮字研究》（2010）详细论述了方块壮字的研究史、方块壮字产生的条件及其发展和演变、方块壮字方言差异的原因、方块壮字的教育等，同时对汉文古籍中的方块壮字和前人留下来的不明文字进行考释和破解。刘兴均《〈京族喃字史歌集〉中的音义型喃字》（2014）、《〈金云翘传〉中的音义型喃字》（2015）认为音义型喃字是一种构字部件借自汉字却又是自创组合、自主表词的一种文字。韦树关《京语研究》《中国京语词典》（2014），何思源《中国京族喃字汉字对照手册》（2016），是跨境喃字研究的重要参考文献。

越南学者研究喃字的学术队伍强大，成果丰富。喃字研究的主要方面包括喃字的起源、出现时间、历史演变、文字结构、音意类型、造字法、喃字与越南语的历史关系、汉字对喃字的影响、喃字与越南的民族性，等等。其中具有代表性有宝琴《喃字研究入门》（1975）简单介绍了喃字的来源、结构以及优缺点。陶维英《喃字：起源、构造、演变》（1975）对碑铭文献和纸本材料考证，认为是由于早期资料的缺乏而无法确定喃字产生的年代，但早期喃字系统主要是假借汉字形成。黎文冠《喃字研究》（1981）以越南语语音为基础，对喃字进行了研究分析。阮才谨《关于喃字的一些问题》（1985）亦是从音韵出发分析喃字的起源、结构和演变。黎智远《汉喃语文教程》（1984）从喃字的结构及读音入手进行探究。阮圭《喃字的一些基本问题》（1987—1988）对前人的研究成果作了评述，并针对喃字的起源、构造、演变发表了新的看法。阮光红的《喃字文字学概论》（2008）内容丰富，规模宏大，对喃字的相关问题都有广泛而深入的研究；后又在《越南"字喃"研究几个大题的概述》（2016）中对"字喃的起源及其成为文字系统的历史时期""字喃的内部结构及其演变"和"越南语文之分期以及字喃之社会功能"进行了翔实阐述。阮进立《汉字与喃字形体结构比较之研究》（2009）以汉字"六书"造字法为依据，对汉字与喃字的结构进行比较分析，对它们的形体演变进行探讨。吕明姮《造字法之异同——日本和字与越南喃字比较研究》（2016）将喃字与和字从造字角度进行比对分析，认为日语和越语间互相影响，但这种影响多是建立在汉文化的基础上。此外，有关喃字研究的学者还有阮玉珊、阮佐珥、黄氏午、陈文琲、阮氏林、张德果、黄红锦、花玉山、陈仲洋、阮俊强、阮氏秀梅、杜氏碧选，等等。

1970年至今，越南学界已编撰多部喃字字典，如阮光士、武文敬（1971），语言研究所（1976），武文敬（1992、1994、2002），陈文俭（2004），张庭信等（2007），阮光红（2006，2014）等。2014年，阮光红《喃字字典引解》代表了喃字字典编撰的最高成就。喃字字典的编撰方法主要分为两种：一是根据编撰者的知识记忆进行编撰，没有指出某一个喃字的详细文本来源，没有可考的证据；二是根据喃字文本引证，如阮光红（2006、2014）。

日本学者在喃字研究方面也多有建树，如富田健次《越南字喃研究》（1979）、竹内与之助《字喃字典》（1988）、清水政明《字喃の創出からローマ字の選択へ》（2007）、川本邦卫《〈伝奇漫録増補解音集〉にみえる〔ジ〕喃について-1-》（1974）、《〈伝奇漫録〉研究ノート-2-》（1984）、《〈伝奇漫録〉研究ノート-3-》（1985）、《〈伝奇漫録〉研究ノート-4-》（1987）、《〈伝奇漫録〉研究ノート-5-》（1987）、《〈伝奇漫録〉研究ノート-6-》（1991）、《覆刻本〈新編伝奇漫録〉俗語訳の性格》（1994）等。

美国越南研究院（2009）以及法国学者 Paul Schneider 春福（1993）对喃字亦有研究。

3. 汉字史与文化传播研究

何九盈等《中国汉字文化大观》(1995)、周有光《世界文字发展史》(1997)、陆锡兴《汉字传播史》(2002)、董明《古代汉语汉字传播史》(2002)、王锋《从汉字到汉字系文字》(2003),对于汉字域外传播均有系统梳理与阐述。此外,专题论著亦有不少。于在照《汉字与越南的汉语文学》(2003)探寻了汉字在越南的传播和越南汉文学的发展轨迹。赵丽明《汉字传播与中越文化交流》(2004)是关于汉字传播与中越文化交流国际学术研讨会论文集。该论文集中分为汉字本体研究、汉字传播与比较研究、汉喃文献研究、中越古代文化交流和信息化网络时代的汉字等板块。马达《论汉字在越南的传播及其影响》(2008)认为汉字以及它们所承载的汉文化是越南语言、文学和文化发展的重要组成部分。祁广谋《越南语文化语言学》(2011)客观分析了中国语言文化对越南语言文化的影响途径、方式、程度以及越南民族吸收外来语言文化的民族价值观和处理方式。梁茂华《越南文字发展史研究》(郑州大学,2014 年)从民族思想文化、民族意识、民族认同、跨民族文化交流等角度对越南文字发展史进行了梳理。左荣全《汉字在越南文字史上的地位演变研究》(解放军外国语学院,2015 年)运用广义文字学、文化语言学、历史学等相关领域的理论,首次对汉字在越南文字史上的地位演变情况进行了系统研究。王志松《汉字与东亚近代的启蒙思潮——梁启超与潘佩珠〈越南亡国史〉》(2016)对《越南亡国史》的发表形态、政治主张、后世反响及改编作品对该著作的作者进行考辨,并从传播学角度对相关文化现象进行探究。黄兴球、韦顺莉《越南国家文字变迁的历史启示》(2017)探讨了越南国家文字的产生时间、变迁动力和历史启示。俞忠鑫《汉字在域外的功能拓展》(2017)从域外汉字使用的广阔视角,探讨汉字在日本、韩国、越南的功能拓展,其中对越南喃字的功能类型进行比较研究。黄德宽在东亚汉籍与越南古辞书国际学术研讨会上的讲话(见《东亚汉籍与越南古辞书研究》序,2017),对于汉字域外传播研究的价值和意义进行了宏观论述和当代阐释,言简意深,内涵丰厚,推动域外汉字学科的构建和发展。

越南学者陈义《北属时期汉字传入越南始末及其对本地文化学术形成发展所起的作用》(2003)解释了汉字是如何传播到越南以及对越南产生了何种影响等问题。武世魁《古代越南有华人血统的家族在推进汉字传播和中越文化交流方面的作用》(2003)结合历史文献详细探究了越籍华人在推进汉字传播和中越文化交流方面的作用。阮俊强、阮氏秀梅《〈三字经〉对古代汉文教材的影响》(2016)分别从文体和内容两方面阐明了《三字经》影响越南古代书籍的发展。在形式上影响了文体的变化,产生了三字诗句;

在内容上，越南学者接受了《三字经》的劝学内容和中国传统文化，并以此为准著述。范文兴《越南古代文字狱比较研究》（2016）分别介绍了中越文字狱的情况，在此基础上开展比较研究。郭氏娥《汉字传入越南与北属时期在越南的传播》（2016）对汉字在越南北属时期的传播过程进行详细阐述。

日本学者藤堂明保《漢字とその文化圏》（1974），是研究汉字文化圈汉字传播的重要著作。在越南训读方面，岩月纯一《越南の「训读」と日本の「训读」》，小助川贞次《关于越南图书馆所藏书经大全与五经节要的加点》（2017），颇有开拓性意义。

（五）越南汉字资源数据库建设

为便于汉文学界利用藏于越南和法国两地的越南汉喃古籍与地方文献，推进东亚汉籍文献的资源共享，中国台湾"中央研究院"中国哲学所自1989年开始，联合越南、法国、中国大陆专家，致力于越南汉喃文献目录的汉译整理工作。在此背景下"越南汉喃文献目录资料库系统"（http://140.109.24.171/hannan/）以《越南汉喃文献目录提要》和《越南汉喃文献目录提要补遗》作为数据支持，开发了越南汉字文献资源储备数据库。该数据库是一个面向文本处理的多功能检索资料库，内容丰富，数据庞大，界面简洁，使用方便，并附有"系统简介""操作说明""造字档下载""造字库安装说明"等信息。王平、刘元春《越南汉喃文献E资源评介》（2017）对该系统进行了详细介绍，认为其是一个集资料贮存、多路径检索为一体的资源数据库，具有较高学术价值。

关于汉喃文字的信息化，越南汉喃研究界和通信工业界合作实现汉喃数字化，建设喃字字库和根据越南语检索的汉喃文字输入法。现已有将近10000个越族喃字收入Unicode数据库。这些工作由美国喃字遗产保存会（The Vietnamese Nôm Preservation Foundation，VNPF）、日本的文字镜会、中国台湾的Dynalab公司、Đạo Uyển道菀组、越南通信工业研究院和汉喃研究院等多部门通力合作完成。目前已经有两种汉喃文字输入法在越南得到普遍使用，即宋福启等人编制的Hanokey和潘英勇编制的VietHanNom。此外，美国喃字遗产保存会与越南国家图书馆合作，实现了几百种馆藏汉喃书籍的数字化。

三 几点思考

综上，越南汉字资源是一座亟待挖掘的宝库，学界目前对其整理研究仍处于初始阶段。通过梳理越南汉字资源整理研究的国内外现状，亦揭示了越南汉字资源整理研究的重点和难点。具体而言，我们应在以下诸方面进行认真整理和深入拓展：

（一）对越南汉字文献进行整理，编撰《越南汉字文献目录提要》。越南汉字碑铭文献是一批宝贵而又亟待认识的新资源，中外学界关于该类汉字文献的整理、编目与研究，尚存诸多空缺，诸如后续碑铭的影印出版、碑铭目录的编辑整理，碑铭汉字资源的利用与研究等。越南纸本汉字文献呈现的汉字资源，理应成为汉字研究的重要材料，但从中外学界整理研究现状来看，《越南汉喃文献目录提要》汉喃混合，错讹甚多，亟须增补校订。

（二）对越南汉喃小学类文献进行搜集、整理和研究，特别是汉字辞书及汉字学资料，进而与东亚各国汉字辞书进行比较研究，这是越南汉字资源整理研究的重要内容。由于小学类汉喃文献不易收集，双语辞书涉及喃字解读问题，此领域的国内成果并不多见。鉴此，编著《越南汉喃小学类文献集成》，并组织力量进行专题专书的整理研究，撰成《越南汉喃小学类文献专题研究》迫在眉睫。

（三）对于越南汉字文献字形整理研究，学界目前还局限于单个材料。我们应基于越南汉字碑铭和汉字刻本、写本文献，汇纂《越南汉字文献字形表》，撰著《越南汉字异体字大字典》和《越南汉字异体字研究》，这是越南汉字资源整理研究的基础工程，也是研究越南汉字传播史的重要材料。

（四）拓展汉字域外传播史研究，特别是越南汉字传播史研究。挖掘、梳理越南郡县时代和独立时代的历史文献，通过汉字汇集与考证，再现越南汉字传播历史面貌。从传播学、生态学、职用学等角度，揭示汉字在越南传播的时限、媒介、机制和影响，进而在国家、民族、文化等大背景下，全方位呈现域外汉字景观，撰写《汉字在越南的传播与发展研究》。

（五）数据库建设是当代学术研究的重要手段，也是资料整理的必然要求。目前，建设一个越南汉字资源数据库乃重中之重，其主要包括越南汉字文献目录检索系统、越南汉字异体字数据库、越南汉字文献数据库、越南汉字文献检索数据库、越南汉字研究论著索引检索系统等。

总之，在充分吸收中外学界既有成果的基础上，发掘越南汉字资源，创建数字化检索平台，助推越南汉字整理研究工程乃当务之急。

参考文献

陈荆和：《校合本大越史记全书》，东京大学东洋文化研究所 1984 年版。

陈重金：《越南通史》，戴可来译，商务印书馆 1992 年版。

复旦大学文史研究院、越南汉喃研究院：《越南汉文燕行文献集成》，复旦大学出版社 2010 年版。

耿慧玲：《越南史论》，新文丰出版股份有限公司 2004 年版。

何华珍：《国际俗字与国别俗字——基于汉字文化圈的视角》，《译学与译学书》2014 年第 3 期。

何华珍、阮俊强主编：《东亚汉籍与越南汉喃古辞书研究》，中国社会科学出版社 2017 年版。

黄文楼、耿慧玲：《越南汉喃铭文汇编第二集（陈朝）》，新文丰出版公司 1998 年版。

刘正印、何华珍：《越南汉喃铭文酒器量词用字初探》，《汉字研究》2016 年第 14 辑。

刘玉珺：《越南汉喃古籍的文献学研究》，中华书局 2007 年版。

潘文阁、苏尔梦：《越南汉喃铭文汇编第一集（北属时期至李朝）》，越南汉喃研究院、法国远东学院 1998 年版。

清水政明：《字喃の创出からローマ字の选择》，《言语》2007 年版。

三根谷彻：《越南汉字音の研究》，东洋文库 1972 年版。

孙逊、郑克孟、陈益源：《越南汉文小说集成》，上海古籍出版社 2011 年版。

咸蔓雪：《汉语越南语关系语素历史层次分析》，中西书局 2016 年版。

王力：《龙虫并雕斋文集·汉越语研究》，中华书局 1980 年版。

韦树关：《京语研究》，广西民族出版社 2009 年版。

闻宥：《论字喃之组织及其与汉字之关涉》，《燕京学报》1933 年第 14 期。

域外汉籍珍本文库编委：《域外汉籍珍本文库（1—5 辑）》，人民出版社、西南师范大学出版社 2011—2016 年版。

越南汉喃研究院、法国远东学院：《越南汉喃铭文拓片总集》，越南文化通讯出版社 2005—2009 年版。

竹内与之助：《喃字字典》，大学书林株式会社 1998 年版。

赵丽明：《汉字传播与中越文化交流》，国际文化出版公司 2004 年版。

［越］Nguyễn Quang Hồng.Khái luận văn tự học chữ Nôm（喃字文字学概论），Nxb Giao dục，Hà Nội，2008 年。

贰　个案研究：冯克宽使华汉诗写本的俗字研究

第一章　越南燕行文献与写本文献

第一节　关于越南汉文燕行文献

元明清时期，越南频频向中国派遣使者。作为越南国内官僚的杰出代表，这些使者通常具备较高的汉文学素养，并在行役过程中创作了大量的文学作品，这是越南汉文燕行文献的主要来源。所谓"燕行"是指历史上越南官方使节北使中国或民间人士来华旅行过程中所创造的相关汉文记录，即为"燕行文献"。

学界对"燕行文献"并不陌生，许多学者很早就对朝鲜（韩国）的燕行文献做过研究并取得了丰厚的成果。例如《朝鲜"燕行录"文献与中国东北史研究》①《韩国汉文燕行文献〈随槎录〉的史料价值——兼谈朝鲜王朝的"小中华意识"》②《想象异域——读李朝朝鲜燕行文献札记》③等，都是以朝鲜燕行文献为材料所展开的研究。学者对于异域朝贡文献的研究取得了丰富成果，证明了其具有巨大的探究空间。

复旦大学文史研究院、越南汉喃研究院合编的《越南汉文燕行文献集成（越南所藏编）》（下文简称为《燕行文献》）于 2010 年 5 月出版，共 25 册，收录了自 1314 年至 1884 年出使元、明、清三朝的 53 位越南使臣的 79 部作品。编排上以时间为序，以作者为类，并在每一分卷前均作题解以帮

---

① 王广义、许娜：《朝鲜"燕行录"与中国东北史研究》，《学术研究》2011 年第 5 期。

② 王鑫磊：《韩国汉文燕行文献〈随槎录〉的史料价值——兼谈朝鲜王朝的"小中华意识"》，《复旦学报》2013 年第 5 期。

③ 葛兆光：《想象异域——读李朝朝鲜燕行文献札记》，中华书局 2014 年版，第 216—314 页。

助读者理解。其主要形式为燕行记、北使诗文集和北使程图等。燕行记是使者们在行进过程中对于风土人情的感知和记录，以反映日常生活为主，也可理解为日记；北使诗文集则是诗歌作品，其中以七言诗为主；北使程图则是地图，记录了行进路线。其所记载的事实不仅可与中国正史相互印证、互相补充，而且内容十分广泛。《燕行文献》有以下两个特点：

首先，《燕行文献》时间跨度较长，最早的为 14 世纪初陈朝名士阮忠彦所撰《介轩诗集》，随后为冯克宽于 1597 年出使中国所写的《使华手泽诗集》等作品，其余作品均来自清代，清代作品亦是其中占据比例最大的部分。最晚的可追溯到越南被法国侵占前的 1884 年，属于清光绪年间，而这也和越南和中国在清晚期来往日渐减少的史实相符合。

其次，《燕行文献》以原版影印的形式展现，最大限度地保留了原始文献的风貌。

《燕行文献》材料本身有三个特点：

一、文献来源清楚可靠；《燕行文献》所收录的文献均来自越南汉喃研究院藏抄本，且在每一分卷前皆有题解，交代了作者生平及所取用的版本，因此较之于私家文献而言更为真实可靠；

二、除个别卷册外，《燕行文献》印刷清楚，成像清晰，有利于俗字的辑录和分析。

三、《燕行文献》收录作品的作者生活年代虽横跨元、明、清三代（其中以清代作品为主），但由于其影印版本并非原本，而是经人传抄过的抄本，所以在时间上实际上是非常集中的。我们发现，其抄本年代多集中在清朝时期，以冯克宽使华汉诗写本为例[①]，冯克宽乃明朝万历年间使者，归国后将在华期间所作诗歌辑录在册，但其抄本却为阮朝抄本，因此《燕行文献》中的抄本实际上大多集中在清代，实属清代抄本。

第二节　冯克宽使华汉诗写本版本概说

冯克宽（1528—1613），字弘夫，号毅齐，后黎朝山西石室县冯舍乡人，为黎世宗光兴三年（1850）进士。少时以文采知名，"年九岁，作《戒色挽词》，十六岁，已擅诗名。有《言志诗集》，深识时机"[②]。冯克宽于光兴二十年即明万历二十五年（1597）出于希冀新政权得到明朝政府认同的目的，以工部左侍郎身份出使明朝，冯克宽汉诗写本即为冯克宽在出使中国过程

---

① 以下除章节标题称"冯克宽使华汉诗写本"外，其余简称"冯克宽汉诗写本"。

② ［越］无名氏：《人物志》，陈庆浩等主编《越南汉文小说丛刊》第一辑第六册，学生书局 1982 年版，第 98 页。

中所撰写的诗作。

冯克宽汉诗大概经过三次刊定发行，一次为冯克宽在明朝时。当时正逢万历皇帝寿辰，冯于是奉上《天朝皇帝万寿圣节诗》，这组诗使得万历皇帝龙颜大悦便下旨"初命下刻板，颁行天下"，[①]并索序于朝鲜使臣李睟光，李在序言中称："其所著《万寿圣节庆贺诗》若干篇，楡扬铺叙，词意浑深，足以唾珠玩而声金玉，岂亦听谓异人者哉！"[②]对冯克宽的汉文学修养毫不吝啬地予以褒扬。

第二次应是冯克宽归国后，曾手订自北京至镇南关回程凡十七城之诗作，因此其回程之作较为完整，但未见有单行本。

第三次则是冯克宽对其在华诗作做了一次完整的整理和发行，并求序于时任安南兵部尚书的汪钝夫，汪序今在《越南汉文燕行文献集成》的《使华手泽诗集》和《梅岭使华手泽诗集》中皆可见到，但略有不同。

冯克宽使华汉诗写本其实包含两部分，一为《使华手泽诗集》，二为《梅岭使华手泽诗集》，两者所收诗歌数量及内容皆不同，且大都不重复。卷首前序方面也略有差异，《梅岭使华手泽诗集》卷首前列序两篇，第一篇即《使华手泽诗集》卷首亦列出的光兴二十二年（1599）兵部尚书汪钝夫所撰序，题为《梅岭尚书毅齐冯克宽使华手泽诗集序》，不仅标题微异于《使华手泽诗集》的《梅岭使华诗集序》，内容上也略有差别。第二篇为《万历龙集丁酉下瀚朝鲜副使刑曹参判李睟光芝峰道人序》，此序为《梅岭使华手泽诗集》所独有。此外，因冯克宽于丁酉年万历皇帝生日所献三十余首拜寿诗仅《梅岭使华手泽诗集》收录，汪钝夫所撰序又以"万历庆贺诗若干篇"而作，因而疑汪序本乃此《梅岭使华手泽诗集》之序，后被传抄于彼《使华手泽诗集》卷首。

其次，这两部诗集虽为一人所作，但两抄本无论在字体还是内容上都存在着较大差别，当为异时异人所抄。《使华手泽诗集》中以"即景诗"占较大比重且不仅包含有去程的沿途诗歌，更有归程即景（去归行程并不统一）；而《梅岭使华手泽诗集》除三十余首拜寿诗外，又有与京官、使臣的唱和诗及一些杂抄，未包含有中国名胜感怀诗，应为冯克宽在明朝京都时所作，时间上早于《使华手泽诗集》，数量上也少于前者，应为不同时期的两部诗集。

据张恩练在其硕士学位论文中《越南仕宦冯克宽及其〈梅岭使华诗集〉

---

①[越]汪钝夫：《梅岭使华手泽诗集·序》，复旦大学文史研究院编《越南汉文燕行文献集成》第二册，复旦大学出版社2010年版，第59页。

②[朝]李睟光：《梅岭使华手泽诗集·序》，复旦大学文史研究院编《越南汉文燕行文献集成》第二册，复旦大学出版社2010年版，第82页。

研究》①所作考证，《燕行文献》所收冯克宽的两种诗集皆不全面，而《旅行吟集》甚至可能并非由冯克宽所作（或仅部分由冯克宽所作）。通过与陈文源在越南所寻另一版本《梅岭使华诗集》相比较，发现《梅岭使华手泽诗集》和《使华手泽诗集》所收诗文在数量上远远不及《梅岭使华诗集》。若将《梅岭使华手泽诗集》与《使华手泽诗集》合而为一，在数量上大概等于《梅岭使华诗集》的三分之二，涵盖了冯克宽的大部分诗作，仍然不失为一份宝贵的材料。

第三节 冯克宽使华汉诗写本年代略考

诗集的写成时间比较确定，为明万历二十五年，然抄本时间却较难确估，这给研究带来了一定的阻碍。《燕行文献》虽将这两部诗集收录在册，但并没有具体指出这两部抄本的时间，这是我们在研究前首先需要解决的问题。

作为域外汉籍的研究材料，将其与同时期的中国文献相比较，通过异域之眼看中国是研究的应有之义。若无法推算年代就会使研究流于表面失去意义，因此，我们必须对抄本年代有一个大致的了解。

如前所述，《使华手泽诗集》与《梅岭使华手泽诗集》为两种抄本，即成书时间或有不同，需分而析之。

以"使华手泽"或"使华"为名的冯克宽诗集，汉喃研究院藏有多种，而被《燕行文献》所采取的此种版本，是被抄录在《周原杂咏草》中的《使华手泽诗集》，该版本细字密书，各诗题右侧加朱笔标示。卷首有汪钝夫所撰《梅岭使华诗集序》（虽疑为误抄），序末"汪钝夫撰"四字下紧接题"使华手泽诗集"，而另行所录冯诗第一首《奉往北使登程自述》的题下又署撰者名"状元冯克宽"。但关于此抄本的成书年代，编者并未指出，仅言此抄本是被收录在汉喃研究院藏《周原杂咏草》中。《周原杂咏草》系阮朝使者李文馥之诗集，是李在 1841 年时出使中国时所作，因此《使华》之抄本必晚于 1841 年，大致相当于中国的清道光时期。关于《周原杂咏草》的版本，刘玉珺在她的《越南使臣与中越文学交流》②一文中曾提及目前有 9 种抄本，但并未言明具体是哪几种以及各自的成书年代。

为了进一步判断它的准确时间，我们以"使华诗集"为关键词在"越南汉喃文献目录资料库系统"中搜索，的确找到了将冯克宽诗集收录在内

---

① 张恩练：《越南仕宦冯克宽及其〈梅岭使华诗集〉研究》，硕士学位论文，暨南大学，2011 年，第 19—37 页。

② 刘玉珺：《越南使臣与中越文学交流》，《学术研究》2007 年第 1 期。

的《周原杂咏草》版本，提要中将其名为"138 页抄本"，但其附录的冯克宽诗集名称为《梅岭使华诗集》，与《燕行文献》中的《使华手泽诗集》并不相同。鉴于其他版本的《周原杂咏草》并未将冯克宽诗集收录在内，所以尽管它们名称各异，我们仍然将《梅岭使华诗集》与《使华手泽诗集》认为是同一版本。可惜的是《提要》中并未提及这一抄本的《周原杂咏草》的具体时间。

　　而《梅岭使华手泽诗集》编者则在正文前序言提及附录于汉喃研究院藏阮朝抄本《白云庵程国公诗集》后，而阮朝从 1802 年开始至 1945 年结束，作为越南的最后一个皇朝，跨度有一个半世纪之多，因此也无益于判定它的准确时间。另一方面，由于《梅岭使华手泽诗集》以为万历皇帝歌功颂德之祝寿诗为主体，书后附记中言万历帝对其"颇加奖掖"，"即命刻板，颁行天下"，因此《梅岭使华手泽诗集》极有可能在写成后便立即刊行，并在此基础上选择重要的诗作先行编撰而成。既此，此抄本的成书时间也有可能早于《使华手泽诗集》。在《越南汉喃文献目录》中，我们同样找到了《白云庵程国公诗集》，其共有抄本 9 种，这 9 种各有何不同我们难以知晓，只知其中一抄本抄于嗣德二十一年，也就是公元 1868 年，此时正处于越南阮朝时期。这一抄本，或许正是《燕行文献》所收录的版本（若《白云庵诗集》只存一种阮朝抄本的话）。当然，目前材料不能够充分证明这一结论的正确性。

　　不管怎样，我们能确定的是抄本的产生时间是阮朝，属于阮朝抄本。

第二章　冯克宽使华汉诗写本的俗字分类

从书体来说，《燕行文献》中的俗字，总体而言可以被分为楷书俗字和草书俗字。楷书部分的俗字大多都可以在中国字书或典籍中找到例证，是相对较为常规的俗字。而草书部分的俗字则呈现出截然不同的情况，一是出现了大量的符号代替类俗字，有些甚至难以在典籍中找到例证；二是数量大大增多。冯克宽汉诗写本，仅《使华手泽诗集》部分就出现了近 600 例俗字，可以说是一个非常丰富的鲜活字料库。这些数量庞大的俗字，虽然看上去杂乱无章，仔细推敲，仍然不难发现其理据，是"自亦有它的渊源，有它的条理"。①通过穷尽式整理冯克宽汉诗写本俗字，依照汉字发展过程中较为稳定的规律，对冯克宽汉诗写本中的俗字进行基本归纳，对写本所展现出来的俗字概貌有大致了解。

关于分类，客观上而言，写本俗字虽然是人们在长期实践抄录过程中约定俗成所形成的文字，但写本俗字同时也是个人创造的结果，具有一定的主观性和灵活性，如果要概括出一个完整而互不交叉的理论体系囊括所有的俗字类型，是非常困难且具有争议性的。因此，各家说法不一。蒋礼鸿首先在他的《中国俗文字学研究导论》中将俗字分为"形误、别体、简化、同音通用、古字、草化、累增"7 类，开俗字分类的先河，但文中亦提及"这是一个粗略的分析，如果我们占有的材料更多一些，那就有可能做得更全面和精细一些"。②张涌泉在他的《汉语俗字研究》中将俗字分为"增加意符、省略意符、改换意符、改换声符、类化、简省、增繁、音近更代、变换结构、异形借用、书写变异、全体创造、合文"13 类，而在《敦煌俗字研究》中又将俗字分为"偏旁减省、偏旁改换、偏旁移位、书写变异、整体创造、正字借用"等 11 类，黄征则在《敦煌俗字典》中将俗字分为 10 类，即"类化俗字、简化俗字、繁化俗字、位移俗字、避讳俗字、隶变俗字、楷化俗字、新造六书俗字、混用俗字、准俗字"。曾良则在《俗字及古籍文字通例研究》中将俗字分为 12 类。

---

① 张涌泉：《汉语俗字研究（增订本）》，商务印书馆 2010 年版，第 44 页。

② 蒋礼鸿：《中国俗文字学研究导言》，《杭州大学学报》1959 年第 3 期，第 136 页。

　　俗字的分类角度虽然各有不同，但实际上这些分类基本都已经将俗字的基本类型概括其中，结合冯克宽汉诗写本俗字所展现出来的实际情况，我们将俗字分为笔画层面的俗字、部件层面的俗字及整字层面的俗字三部分，并在三大类下进一步分成几个小类，结合具体的字例分而述之。需要说明的是，许多俗字的变化情况可能较为复杂，存在兼而有之的情况。

一　部件层面

　　汉字的构形单位是部件（也称构件）。当一个形体被用来构造其他的字，成为所构字的一部分时，我们称之为构字的部件。[①]部件是"具有音义信息和区别功能的汉字基本构形单位，是组成汉字的最小的单位，也是汉字信息量的主要体现"。[②]部件是由笔画组成的，若把汉字视为一级单位，那么笔画则是三级单位，部件就是二级单位，它也可被视作汉字中独立的构成成分。

　　（一）部件减省

　　所谓部件减省，就是指在原有字形的基础上，减少一个或一个以上的部件而形成的俗字。如前所述，冯克宽汉诗写本多是由行草写就，所以存在大量的部件减省类俗字。这类俗字可以被分成减省表音部件、减省表意部件和减省不重要的部件三部分。

　　1. 减省表音部件

　　（1）际—![字形]

　　驾熊乘鹤归来～，赋凤歌鸾啸咏余。（《使华》p.67.5）

　　天行东北未霜寒，和气氤氲满～蟠。（《梅岭》p.90.1）

　　按：际，《说文·𨸏部》："壁会也。从𨸏祭声。"因此"祭"是声符。祭，《说文·示部》："祭祀也。从示，以手持肉。"《史喜鼎》作"![字形]"，小篆作"![字形]"，段玉裁注："此合三字会意也。"写本中"际"作"![字形]"是将声符"祭"上部的从手意符和从肉意符全部省略，只留下意符"示"，成"际"字，此写法可见于颜真卿楷书书法作品中，作"![际]"。后省略"示"之"一"与两点得到"丁"而成俗。"示"俗写作"丁"，盖"示"之甲骨文作"![字形]"（前二·三八·二），金文作"![字形]"（后上一·二），因而"际"可作"![字形]"。演变轨迹应为"际"（楷体）—"际"（减省部分声符）—"![字形]"（金文）。

　　此外，在越南汉喃铭文中，亦有将"停"作"仃"的写法，与"际"类似，均是减省部分声符。停，从人亭声。又"亭"从高省，丁声，保留

---

① 王宁：《汉字构形学讲座》，上海教育出版社 2002 年版，第 32 页。

② 毛远明：《汉魏六朝碑刻异体字研究》，商务印书馆 2012 年版，第 236 页。

了声符的表音构件。

2. 减省表意部件

（1）仁—

如今又得扶天手，～德文同五岭崇。（《梅岭》p.102.7）

按：此字应为"仁"字。《说文·人部》："亲也。从人从二。"因此"仁"为会意字。《汉语大字典》收录"彳"字，但并非"仁"之俗字，作"小步"义解。《说文·彳部》："彳，小步也。象人胫三属相连也。凡彳之属皆从彳。"其小篆字形作"彳"，"仁"之小篆字形作"仁"，且"小步"义与此处诗文不符，因此两字为同形字。"仁"有异体字作"仁"，应是此俗字字形"彳"的来源。《偏类碑别字·人部》引《魏恒州大中正于景墓志》作"仁"。《碑别字新编·四画》同，并引《隋卜仁墓志》作"仁"，字形与小篆字形相似，应是来源于小篆之俗字。《佛教难字字典·人部》亦收有"仁"字，（p.8）"仁"之作"仁"，仅见于南北朝之碑别字，前无所出，但佛典中常可见此讹变字形，北魏笃信佛教，故其碑文书作"仁"，因此"仁"字应是一个流行于南北朝时期的俗字。而"彳"字则是在"仁"字的基础上进一步脱落其意符"二"而成。

"仁"作"仁"，应是受其偏旁形近常可换用影响，如"仰"可俗写作"柳"，"仿"可俗写作"彷"，后在"仁"的基础上演变为"彳"，即仁（正字）—仁（形旁形近俗写中常可换用）—彳（减省部分意符）。字书典籍中未见此俗写字形，应为越南之特有俗字。

（2）遊—

～春出去花黏履，钓罢归来月满里。（《梅岭》p.136.2）

心上忘机利欲休，任狂任醉任遨～。（《梅岭》p.139.1）

按：《说文》只收"游"而未收录"遊"字。《说文·放部》："游，旌旗之游也。从放汓声。逰，古文游。"清王筠释例："窃意当依《玉篇》分训，游为旗游……逰为遨游，俗作游。"《玉篇·辵部》："遊，遨游也，与游同。"《集韵·尤韵》："逰，行也，或从斿。通作游。"又《汉语大字典·水部》："游，同遊。"因此"游"应从古文"逰"俗变而来，"游"为小篆之隶变正体，两者来源不同。但是，"游""遊"可以通用。俗字"辶"则是从"遊"俗变而来，"遊"字从辵从放子声，俗体"辶"便是保留了意符"辵"、声符"子"，且减省意符"放"为"人"而来。因此其字形演变轨迹应为"逰"（古文）—"游"（俗写）—"辶"（减省表意构件）。

"辶"字亦被收录在字书中，如《四声篇海·辵部》："音放，行也。"（p.194）《重订直音篇·辵部》："，同上，行也。"（p.224）（字头为"遊"）

（3）舊—![旧字俗体]

欲访姚君踪迹～，不知何处是仙都。（《使华》p.61.9）

冀北山河尧～迹，万年增壮帝王居。（《梅岭》p.86.7）

按：舊，《说文·萑部》："雠舊，舊留也。从萑，臼声。鵂，舊或从鸟，休声。""舊"之甲骨文作"![甲骨文]"（甲 1577），小篆作"![小篆]"，可见"萑"为意符，"臼"为声符。俗体"![俗体]"保留了意符"萑"之草头，并俗写成"⺍"，又将声符"臼"俗写成"旧"（臼—旧为俗字中的常见写法，如滔—滔），而省去了意符之"佳"。

"舊"之俗字中，有作"舊"者，如《玉篇·萑部》作"![舊]"（p.255），有作"舊"者，如《宋元以来俗字谱·臼部》引《东牕记》作"![舊]"（p.68）。碑刻中有作"![旧]"者，如《魏李挺墓志》，但未见有作"![俗体]"者，且俗字多保持"舊"之大体轮廓，具体俗写笔画有略微差异，因此"![俗体]"应是越南所特有俗字。但也不难猜想"舊"的演变途径应为"舊"（正体）—"舊"（俗写草头）—"舊"（俗写"臼"符）—"![俗体]"（省略"佳"符）—"旧"（省略草头）。另外，"與"—"与"亦属减省表意部件类俗字。

（4）醫—![医字俗体]

于岁寒之候，皮溜雨而色参天，然后知柏之有心，所以天～邦苏民之效。（《梅岭》p.79.1）

按：《说文·酉部》："治病工也。殹，恶姿也；醫之性然。得酒而使，从酉。王育说。一曰殹，病声。酒所以治病也。《周礼》有醫酒。古者巫彭初作醫。于其切。"因此"醫"是个形声字。又"殹"："击中声也。从殳医声。"因此"殹"是"醫"的声符，"医"又是"殹"的声符，"醫"字减省了表意部件"酉"同时减省了表音部件"殹"之意符，得到"医"字，后又将"医"之"矢"改写为"关"而得到"![俗体]"字。"矢"作"关"，盖形近而误。

"醫"字可见于《宋元以来俗字谱·酉部》引《通俗小说》作"医"（p.112），但未见作"![俗体]"者，然"醫"之声符"矢"有多种变体，如《干禄字书·酉部》作"![醫]"，或作"![醫]"，可见"矢"有多种变体，"矢"作"关"应是讹变而来。

（5）哉—![俗体]

圣继光明照四方，喜～有此肱股良。（《梅岭》p.98.1）

万寿庆贺诗若干篇，杨铺叙词意浑，原是以唾珠玑而声金玉，岂非谓与人者～。（《梅岭》p.82.1）

按：《说文·口部》："言之间也，从口𢦏声。祖才切。"因此"𢦏"是声符。又𢦏，从戈，才声。才，古文多省作十，故"![戋字]"作"哉"，"哉"

又可省作"⚔"。从形体上不难看出"⚔"是声符"戋"的减省，"⚔"又是"⚔"的减省。"⚔"之形体出现的时间很早。

草体"哉"字，有作"⚔"者（赵孟頫草书书帖），将"口"简化为一笔；有作"⚔"者（徐伯清草书书帖），变换其结构及笔画的，但未见有作"⚔"者。而此"⚔"字，应是经过了如下演变过程：⚔（西周鼎文）—⚔（说文小篆）—哉（"才"省作"十"）—⚔（省略意符）—⚔（省略减省声符"十"）—⚔（减省意符"戈"，《唐寿昌墓志铭》）。

（6）蠹—⚔

汪洋量本无涯涘，～测何人慢浅看。（《使华》p.62.11）

按：《说文·蚰部》："虫啮木中也。从蚰，象声。蠹，古文。""蚰"为意符。"蠹"之作"⚔"为减省其意符之重复部件"蚰"而只保留其一而成。《六书通》有一类似字形作"⚔"，其他字形作"⚔"或"⚔"，此字形只保留了一个"虫"之形符，可能是此俗体"⚔"的形体来源。《字汇·虫部》："蜜，同蠹。"（p.70）说明"⚔"即"蠹"之减省重复部件俗字。

写本中减省重复部件的俗字有很多，如"質"—"⚔"、"繼"—"⚔"、"幽"—"⚔"、"齒"—"⚔"等。

（二）部件位移

从结构上看，汉字属于组装类型。每个形体都是由构件按层级组装起来的。构件组合的空间位置是区别不同汉字的重要特征之一。汉字虽然在甲骨文、金文时期其组合位置并不稳定，但在隶变之后，汉字的象形性减弱，符号性增强，部件组合的固定性同时也大大增强。但是在俗字领域，内部结构的变化是产生俗字的常见方式之一，它们的部件位置虽然发生了变化，但音义并没有发生任何改变，所以仍视为异体字。谈及部件位移的原因，毛远明在《汉魏六朝碑刻异体字研究》曾说："因为隶书的发展，正书的形成，文字形体变化剧烈，带来结构内部构件的重新调整；书写者求新存异，有意改变文字的通行结构，也是结构变化的重要原因。"

部件位移俗字可以被分成以下几类：

1. 左右交换

鄰—⚔

皇帝奇其才，同相公爱其能，而余辉剩馥，亦起敬于～邦之使，其斗南第一人物乎。（《使华》p.59.11）

贫居喜得有芳～，早晚盘桓道味亲。（《梅岭》p.146.3）

按：鄰，《说文·邑部》："五家为鄰。从邑粦声。"右耳旁是"邑"的省写，"粦"是声旁。俗字将声旁与意符进行了左右位移。"鄰"的左右部件位移现象早在汉朝便初露端倪。例如《汉印文字征》中，"莊鄰里"作"⚔"

（p..4386），"公孫鄰"作"▨"（p.4386），汉碑《郙阁颂》作"▨"，《谯敏碑》作"▨"，可见在汉代碑刻中，"鄰"部件作左右位移是常态。而这一字形亦被字书所收录。《广韵·真韵》："鄰，俗作隣。"（p.103）《新加九经字样·阝部》："鄰，作'▨'者讹。"（p.24）此以"▨"为"鄰"之俗讹字。然《隶辨·真韵》："按九经字样：'鄰作隣者讹'。"（p.123）《四声篇海·阜部》《字汇·阜部》《正字通·阜部》均以"▨"同"鄰"字，因此"▨"为"鄰"之左右位移俗字。

2. 左右变上下结构

稽—▨

会～古郡江山秀，隽李金城人物嘉。（《使华》p.70.7）

按：稽，《说文·稽部》："留止也。从禾从尤，旨声。""禾"是意符。俗字将意符上移使其成为上下结构。而且仔细观察我们发现"▨"下半部"旨"发生了讹变，由原来的"旨"变为"自"。毛远明曾论证过这个字，并指出了其在《高崧妻谢氏墓志》和《崔芬墓志》等碑刻上的用例，只是笔画略有不同，但皆为位移俗字。[①]盖是由于形体相近而讹，"稽"之俗体有作"稽"者，见《汉隶字源·齐韵》引《李翕析里桥郙阁颂》作"稽"，又可见于《中华字海·禾部》，所以俗体之"▨"应是从俗体"稽"变化而来。其演变路径为稽—"稽"（省略次要部件）—"▨"（结构变换）。

将意符上移形成俗字的还有"桃"字，《说文·木部》："果也。从木兆声。"俗字"▨"将部件"木"移至声符"兆"的上方形成俗字。

此外，左右变上下结构的字还有峰—▨、樵—▨、略—▨、棋—▨、郭—▨、勘—▨等字。

3. 上下结构变左右结构

（1）碧—▨

西母雯将仙物献，堆盘～耦间冰桃。（《梅岭》p.92.1）

按：碧，《说文·玉部》："碧，石之青美者，从玉、石，白声。"正字为上下结构，俗字"▨"将意符"玉"向下移动变为左右结构。此字形最早可见于《汉印文字征》，如"王碧私印"作"碧"，"碧"字为上下结构，"程碧印"作"▨"、"陈碧"作"▨"，"碧"已变为左右结构。碑刻、书法中亦有用例，如《晋祠铭》中作"▨"，吴让之篆书书帖中作"▨"。

（2）冠—▨

休道衣～殊利交，却将文字共诗书。（《使华》p.65.10）

大典星明冈礼乐，盈庭云集汉衣～。（《梅岭》p.90.2）

---

① 毛远明：《汉魏六朝碑刻异体字研究》，商务印书馆 2012 年版，第 199 页。

按：冠，《说文·冂部》："絭也。所以絭发，弁冕之總名也。从冂从元，元亦声。冠有法制，从寸。"原字"寸"是被置于"冖"下的，现将部件"冖"和"元"移至左边，而"寸"则脱离出来独立成为一个构字部件，字也从原来的上下结构变为左右结构。"冠"字有一写法作"冠"，见于《汉简文字类编·宀部》，（p.10）《武乙服》中亦有相同写法。"冠"的写法则出现在清赵之谦的隶书作品《大夏龙雀铭轴》中作"冠"，（p.170）可见此字出现较晚。此字的演变路径应是"冠"—"冠"（意符"元"偏放至左边）—"冠"（意符"冖"偏放至左边）。

（三）部件改换

汉字是由不同层级的部件组合而成的，具有一定的灵活性，这使得几乎每一个汉字都存在部件改换的现象。发生改换的原因是多方面的，或是因为客观事物发生了变化，其字形亦随之改变，或是由于汉字所记录对象的语音发生了变化，那么声符也会随之改变。部件改换可以被分为以下几类：

1. 改换意符

（1）解—解

昔坡公饯子由之使，有云：不辞驲驿凌霜雪，～使天骄识凤麟。（《使华》p.63.11）

狂吟不观诗生涩，纵饮何妨酒～醒。（《梅岭》p.138.3）

按："解"在写本中共有下述三种写法，分别是正体"解"、俗体"解"和"解"。它们同时出现在同一个文本中，显示出了文字的丰富性特征。但对于这三种变体间是如何演变与沟通的，难以直接从字形上得到答案，而这才是我们需要解决的问题。

《说文·角部》："解，判也。从刀判牛角。一曰解廌，兽也。""解"的本义为用刀解剖牛角，且牛与羊皆是古代社会中较为重要的家畜，所以在功能和作用上是相通的，意符相通可互换。"角"之小篆作"𧢲"，《说文·角部》："兽角也。象形，角与刀、鱼相似。"可知"角"之部件"𠂊"小篆字形与"刀"形似，如"解"小篆作"解"，因此部件"刀"亦可省略，由"角"之"𠂊"符承担"刀"义，由此"解"可作"解"。

辞书典籍中亦不乏省"刀"符之俗字，如"解"①"解"②等字。

《宋元以来俗字谱·十三画》引《古今杂剧》等皆作"解"。（p.128）《字汇·角部》："解，俗作解。"（p.6）《经典文字辨证书·𧢲部》则以"解"为

---

① 秦公：《碑别字新编》，文物出版社 1985 年版，第 265 页。

② 同上。

正字，"觧"为俗字。（p.28）因此，"觧"确为"解"之意符换用俗字。

2. 改换声符

改换声符是冯克宽汉诗写本中相对较多的俗字类型。

（1）映—

九苞鳯彩飞云紫，五色龙光～日红。（《使华》p.61.7）

按：映，《说文》不录，《说文新附・日部》："明也。隐也。从日央声。于敬切。"（p.2）"央"，《说文・冂部》作"于良切"，不难发现"央"并不能准确地揭示字音，遂俗字添加"艹"将声符改作"英"。"英"，《说文・艸部》释为"于京切"，与"映"的读音相近，遂"映"作""。

《广韵・映韵》收"暎"同"映"。《集韵・映韵》《类篇・日部》以"映"或从英作"暎"。《字汇・日部》"暎"与"映"同。《正字通・日部》："暎，俗映字。从映为正。"又《重订直音篇・日部》："暎，同映。"《宋元以来俗字谱・日部》引《通俗小说》"映"亦作"暎"。

（2）蹤—

欲访姚君～迹旧，不知何处是仙都。（《使华》p.61.9）

蹤向月中真有路，生从足下便无～。（《使华》p.67.4）

按：蹤，《说文》未收录，应是后起字。《释名・释言语》："蹤，从也，人形从之也。"《玉篇・足部》："蹤，蹤迹也。"（p.119）《汉书・杨雄传上》："五帝之遐迹兮，蹑三皇之高蹤。"蹤，《广韵》即容切，精母锺韵；从，《广韵》疾容切，从母锺韵；宗，《广韵》作东切，精母冬韵。可见"宗"之音与"蹤"更为接近，因此以声符"宗"代替"从"。

《俗书刊误・东韵》："蹤，俗作踪。"（p.541）《增广字学举隅》卷二正讹："蹤；踪，非，字书无此字。"（p.183）《字辨・体辨三》："蹤、踪；古无蹤字，以縦为蹤。今又俗踪，字书无。"（p.123）《汇音宝鉴》亦收录"蹤"作""（p.124），可见"蹤"是"縦"的后起字，"踪"又是"蹤"的后起字，后"蹤"与"踪"变成正俗关系，"縦"字则不再承担"蹤"的功能。

汉魏碑刻中多作"蹤"字，如《魏梁州刺史元演墓志铭》作""（此字乃"蹤"之讹变，碑刻中多从此法），但也偶有"踪"字出现，如《曹全碑》作""，蔡邕《王子乔碑》亦有一例："是臣赖乡仰伯阳之踪，关民慕尹喜之风。"但整体而言频率不高，以"蹤"为主，后来才慢慢增多。

（3）靴—

偏多逢□①蕨脚头，还少代～鞋去年。（《梅岭》p.134.1）

按：靴，《说文》无此字，盖彼时尚无"靴"而以"履"代之，但《说

---

① 此处□表示原文缺字，下同。

文·革部》有另一字作"鞮"，意为"革履也。胡人履连胫，谓之络鞮。"《玉篇·革部》："靴，亦履也。"（p.378）靴，本作"鞾"。《隋书·礼仪志》："惟褶服以靴。靴，履也。取便于事，施于戎服。"又因"花"与"化"古音相同，谐音声符可替换，因此"靴"可作""。

《四声篇海·革部》引《玉篇》："，同'靴'。"（p.68）《龙龛手镜·革部》："靴，通；鞾，正；音，有鞘履也。"注文："''即'靴'之异体。"（p.34）因此此字的演变路径应为"鞾"（本字）—"靴"（改换部件）—""（同音声符替换）。

（4）燈—

雨细池塘春草绿，更深茅屋夜～红。（《梅岭》p.141.6）

按：燈，《说文》未载。《广韵·登韵》："燈，燈火，都縢切。"（p.201）《集韵·青韵》（p.243）、《类篇·火部》（p.368）训"燈"均为"当经切"，《玉篇》《集韵》《类篇》"灯"与"燈"分载，音切各异，唯其义相近，均为"火也"，因此初时应为两字。又"燈""灯"同为端母，二者为谐声字，又"灯"之声符"丁"较"燈"之声符"登"更书写简便，因此以"灯"为"燈"之俗字，《字汇·火部》："灯，俗燈字。"（p.49）《正字通·火部》（p.3）同。《宋元以来俗字谱》所列"燈"之诸体，"燈"字皆作"灯"，盖以形体简单之声符替代形体复杂之声符。

（四）部件黏连

所谓部件粘连，是指两个相邻而分离的部件快写时发生并联的一种现象，后因黏连而产生的文字便成为俗字而固定下来。

麻—

天台何必饭胡～，争似钟鸣鼎食家。（《使华》p.68.2）

学种桑～活我穷，自家锄艾省人工。（《梅岭》p.135.5）

按：当两个"木"部件相邻时，常会发生黏连。如麻—，"麻"小篆作""。《说文·麻部》："麻，与枲同。人所治，在屋下。从广从林。"此类连写现象常出现在草书中，如区大均《罗浮杂咏诗册》作""，陈献章《草书种蓖麻诗卷》作""。①除"麻"字外，写本中连写部件"木"的还有楚—、禁—等。除部件"木"可连写，"口"等部件亦可，如操—、区—、删—等。这些部件连写的现象在典籍中多见，相关俗字文章亦多有论述，在此不再赘述。

---

① 以上三例草书字例均来自李志贤等《中国草书大字典》，上海书画出版社 1994 年版，下文同。

二　整字层面

（一）草书

（1）寒—![寒字草书]

岭峤无～难见雪，人民耐暑不穿裳。（《梅岭》p.100.5）

舟人不识～儒味，日日登门问买鱼。（《梅岭》p.110.2）

按：寒，《说文·宀部》："冻也。从人在宀下，以茻荐覆之，下有仌。"因此是个会意字。"寒"作"![寒]"，受草书影响而成俗字。如元张雨《题画诗》作"![寒]"，清归庄《千字文》作"![寒]"，明沈杰《千字文》作"![寒]"。亦有直接省作两点的，如唐《月仪帖》作"![寒]"，可见俗体"![寒]"受草书影响较大。而将"宀"写作"山"形则是俗书中的常见写法。《宋元以来俗字谱·宀部》引《目连记》作"![寒]"。（p.21）

（2）官—![官字草书]

分节镇～参礼谒，竖旗骚帅为诗降。（《使华》p.61.2）

喜得好～民有福，吟成佳句笔生春。（《使华》p.69.7）

按：官，《说文·𠂤部》："史，事君也。从宀从𠂤。𠂤，犹众也。此与师同义。""官"之甲骨文作"![官]"，大梁鼎作"![官]"，说文小篆作"![官]"，这是"官"之正体的来源。而"官"作"![官]"应是草写的结果。如汉刘炟《千字文残卷》作![官]，三国皇象《急就章》"官"作"![官]"，唐孙过庭《书谱》作"![官]"，元赵孟頫《六体千字文》作"![官]"，宋薛绍彭《杂书卷》作"![官]"，可知"𠂤"之草写可写作"![部件]"，即"官"可作"![官]"。

且此部件具有一定的类推性，以"官"为部件的汉字亦可作此类草写。如"馆"字，可作"![馆]"、"遗"作"![遗]"等。

（3）故—![故字]

～能驻海涛于砚滴，挽文星于笔芒茫，收天地之春，拾江山之胜。（《使华》p.60.1）

按：故，《说文·攴部》："故，使为之也。从攴古声。"（p.124）攴，小击也。《说文·攴部》："小击也。从又卜声。凡攴之属皆从攴。普木切。"《广韵·屋韵》："攴，凡从攴者作攵。"因此，"攵"是"攴"的隶省，而"攵"与"又"在俗书中不别，如"收"作"収"（见于《元昭墓志》）。因此俗体"故"可将"攵"改为"又"。"![故]"又将声符"古"换成"土"，考虑同音声符可互换的可能性。"故"之声符为"古"，又"古"音为见母模韵，"土"音为透母模韵，两者读音不同，不能改换。

考虑字形，"![故]"之所以作此种写法，应来自草书楷化。如晋王羲之《九月十七日帖》"故"作"![故]"，晋王珉《十八日帖》作"![故]"，唐怀素《小草千字文》作"去"，部件"古"无一例外皆可以写作"十"，甚至连"攵"都可以一笔带过，楷化后便作"扱"。赵孟頫《仇锷墓志铭》便作"扱"。

此外，在《梅岭》中，"故"亦可写作"扱"，与"扱"类似，亦可认为来源于草书。

因此"故"作"扱"的演变路径是"故"（小篆）—"故"（隶定）—"叙"（俗书"攵""又"不别）—"扱"（草书）。

（4）詩—诗

胜概许多供客兴，～囊收拾日南还。（《使华》p.63.1）

惟君子识真君子，幸得～中一表扬。（《梅岭》p.99.7）

按：《说文·言部》："志也。从言寺声。""诗"是"诗"的草体写法，如文天祥《木鸡集序》作"诗"，怀素《小草千字文》作"诗"，归庄《曹植诗四首》作"诗"。"诗"之声符"寺"草写写法可作类推，凡有"寺"部件之字均可写作"寺"，如待—待、持—持等。

还有一个可类推的草写部件是"隹"，如"進"作"进"、"维"作"维"、"雖"作"虽"、"瑝"作"瑝"、"推"作"推"等。

除了上述字外，冯本中的草书字还有坛—坛、擅—擅、有—有、等—等、封—封等，冯克宽汉诗写本中存在大量的草写俗字，它们几乎都能够在中国的草字字典中找到例证，而草书字的大量存在也是冯氏写本中的最大特色。

（二）类化俗字

1. 上下文类化

上下文类化是指汉字受其语境中的邻近文字所影响而产生字形变化的一组俗字。一般而言，两者在词义上具有较强关联，密不可分，才会最终导致在字形上同化的结果。

矍铄—矍铄

～～羞言鞍上老，美雄喜道女中男。（《梅岭》p.105.2）

按：根据上下文可知，"矍铄"应为"矍铄"，"铄"同"烁"。唐玄应《一切音经义》卷七："铄如，书研反，闪铄也，言忽霍暂明也。"《六书故·地理一》："铄，火洞明因谓之铄。别作烁。"《周礼·考工记序》："铄金以为刃。"陆德明释文："烁，义当作铄。"可见"铄""烁"常通用。又"烁"可简化作"烁"，如写本中"樂"可作"半"，"丝"可简化为两点，同时"矍"受"烁"影响也添加了"火"字旁作"矍"。

2. 字内类化

字内类化是指部件与部件之间由于相隔较近而产生影响导致其中一个部件被同化而形成两个相同部件形态的俗字现象。中土写本中多有所见，

《字汇补・骨部》："骵，古文，音体"。（p.27）《字鉴・先韵》："顛，俗作顚，非是。"（p.26）"骵"和"顚"即"體"和"顛"的偏旁类化字。冯克宽汉诗写本中亦出现了此类俗字。

歡—⿰欠欠

渡关越岭达河江，贺福～逢□福降。（《梅岭》p.85.3）

按：《汉语大字典・欠部》收录"⿰欠欠"字，且有两个义项，一为咳嗽，《类篇・欠部》："欥，欬也"（p.309）；二为打喷嚏，《玉篇・欠部》："欥，嚏也"。（p.152）而这两个义项皆不符合文意，应恰巧为同形字。结合文义，此字应为"歡"字，作为"歡"之异体字时不被字书所收。

歡，《说文・欠部》："喜乐也。从欠雚声。"因此"雚"为声符。"雚"符因受意符"欠"影响而被类化作"⿰欠欠"。之所以是部件"雚"被类化成"欠"而非反之，其原因大致有二：一是"欠"乃强势部件，字典中随处可见从"欠"之字，如"玖""欣""欴""钦""饮"等，而"雚"字就显得弱势许多，强势部件更易影响弱势部件，同时也更易被大众接受，因而从"欠"；二是"欠"的形体较"雚"更为简单，笔画较少易于书写，更符合使用者追求简便迅速书写的心理。因此"歡"俗作"⿰欠欠"是有其依据和理由的。

3. 符号替代

隨—随、⿰阝过

随年随月从容过，一任旁人笑懒痴。（《梅岭》p.111.1）

蓑笠便⿰阝过行处乐，风花依旧兴怀吟。（《梅岭》p.112.2）

⿰阝过分山林老布袍，情怀颇自涉风骚。（《梅岭》p.113.3）

按："隨"在写本中一共出现了三个俗字变体，分别是正体"隨"、俗体"随"和"⿰阝过"。

隨，《说文・辵部》："从也。从辵，墯省声。"俗书中常省写"墯"作"随"。《隶辨・支韵》引《陈球后碑》作"隨"（p.33），《偏类碑别字・阜部》引《唐阿史那忠碑》作"随"，因此"随"即是"隨"之俗字。这并不是符号代替，而是部件简省。

"隨"作"⿰阝过"，字书碑刻中未见其用例，疑因声旁过于复杂而以简单的部件"寸"代替。如"過"字，俗体作"过"，颜真卿楷书作"过"，即以"寸"代"咼"之实例。"過"从辵咼声，"寸"清母魂韵，读音迥异，字形不同。"過"之俗体写作"过"，应是以简省部件代替复杂部件之故。"隨"作"⿰阝过"亦同理。

4. 全体创造

所谓全体创造，指的是"完全抛开正字，另起炉灶，用全新的构件创制新字"①。写本中仅发现一例。

稣—

春风送暖入书窗，病骨方～喜向阳。（《梅岭》p.113.6）

按：此为"稣"之全体创造俗字。《说文·禾部》："把取禾若也，从禾鱼声。"本义为草名，形声字。《集韵·模韵》："稣，死而更生曰稣。通作蘇，俗作甦，非是。"《正字通·禾部》："稣与蘇通，《广韵》：'息也，舒悦也，又死而更生也。……俗作甦。'"（p.60）"稣"作""，取其更生意也。"甦"字在南北朝时代已经流行，《太平广记》卷二百三十一引《甄异录》："见义乘马入门，引弓射之，正中其喉，喉便痛呕，姿态失常。奄忽便绝，十余日乃甦。"改"稣"为""，乃改形声为会意之全体创造俗字。

---

① 张涌泉：《汉语俗字研究（增订本）》，商务印书馆 2010 年版，第 113 页。

第三章　冯克宽使华汉诗写本中的
传承俗字和变异俗字

　　语言文字的变化发展是置于历史长河中的，不存在完全割裂的情况。冯克宽汉诗写本中的俗字也是一样，从地域上而言，它虽然属于域外俗字，但实际上仍然逃脱不开汉字演变发展的普遍规律。但是具有汉字发展共性的同时，又不可避免地会体现出本民族的特性。它们零散地分布于写本中，有必要将这些俗字从传承与变异的研究角度探究它们的历史源流和演变轨迹，以及汉字在越南传播的过程中所发生的变异趋向。

　　通俗地说，传承俗字是指那些能够在中国历代的典籍、字书中找到用例的俗字；变异俗字是相对于传承俗字而言，指主要流行于域外的"国别俗字"，包括局部变异和整体变异。局部变异是相对于正字的域外变体，整体变异则是汉字在传播过程中的全新创造。①纵观域外汉籍之金石、写本、刻本，其异体俗字之多且与汉语俗字之近似乃为不容置疑之客观事实。日本现行俗字在汉唐典籍中大都能找到原型，尽管与首见字源未必有直接关联。②可见传承俗字多见于日韩汉籍。实际上，越南亦不例外。越南大部分俗字都是能够在中国传统典籍中找到用例的，视为传承俗字；自然也有一部分俗字，难以寻找其源流。它们或是受本民族文字——如字喃影响而产生，或是受邻近民族文字——如壮族文字影响而产生，我们将其视为变异俗字。

第一节　传承俗字

　　传承俗字主要分为两部分，一为与其他写本一样，可见于中国历代典籍中来源于甲骨文、小篆、隶书等历代字体或在典籍中有据可查的俗字；另一部分则是冯克宽汉诗写本中所特有的在写本中占据了较大比例的，来

---

　　① 何华珍：《俗字在韩国的传播研究》，《宁波大学学报（人文科学版）》2013 年第 5 期。

　　② 何华珍：《俗字在日本的传播研究》，《宁波大学学报（人文科学版）》2011 年第 6 期。

源于汉简帛草体①的俗字。

（一）见于历代典籍的一般传承俗字

（1）巖—［图］、［图］

圣主贤臣一德咸，政为平易近民［图］。（《梅岭》p.96.7）

桂树［图］瓢明月浸，燕煮山灶白云封。（《梅岭》p.124.4）

按：此二字形来自甲骨文，《甲骨文编·前七》作"［图］"，《甲骨文小字典》收录"［图］""［图］""［图］""［图］"（p.35）四种字形。《说文·山部》："巖，岸也，从山，嚴声。""巖"之异体"嵒"需注意与正字"嵒"区分，《说文·品部》："嵒，多言也。从品相连。"《春秋传》："次于嵒北'读与聶同。"徐灏注笺："嵒从三口，而山以连之，即絮聒之意。"（p.85）《说文·品部》小篆作"［图］"，《说文·山部》作"［图］"，因而"嵒"与"嵒"实为两字，但因两字形体相近，"嵒"亦为"嵒"异体。此处取从山之"嵒"。《龙龛手镜·山部》："巖，古；嵒，《玉篇》同；巖，五衔反。峰也、险也、峻也、崿也。三。"因此"［图］"应为"巖"之异体，承自甲骨文。"嵒"部件上下位移可作"［图］"，见《正字通·山部》："［图］与嵒同。"（p.21）曹丕《浮淮赋》："仰嵒冈高之崇阻兮，径东山之曲阿。"（p.813）此外，"嵒"另兼正字，同"巖"。《说文·山部》："山巖也，从山品，读若吟。"

（2）鼎—［图］

如金如玉昭王度，于～于瓯奠邦磐。（《梅岭》p.90.2）

日上丹墀鸣玉佩，烟飞宝～惹金袍。（《梅岭》p.91.7）

按：鼎，《说文·鼎部》："三足两耳，和五味之宝器也。昔禹收九牧之金，铸鼎荆山之下，入山林川泽，螭魅蝄蜽，莫能逢之，以协承天休。《易》卦：'巽木于下者为鼎，象析木以炊也。籀文以鼎为贞字。凡鼎之属皆从鼎'。""鼎"之甲骨文作"［图］"，金文作"［图］"，说文小篆作"［图］"，"鼎"实为象形字。

"［图］"乃"鼎"之俗字，字书中亦早有例证。《碑别字新编·十三画》引《隋暴永墓志》作"［图］"（p.275）。

（3）暖—［图］

及早早归春正～，扇回上面太平风。（《使华》p.60.12）

按：《说文》无"暖"字而仅有"煖"字，说明"暖"实际上是个后起字。"煖"，《说文·火部》："温也，从火爰声。"煖"为形声字。"火"为意符。"［图］"字可作"暖"因两字意符意义相近，如"晅"亦作"烜"。"暖"字何时出现已不可考，我们只能从字书中推断一二。《说文》以"煖"为字

---

① 为避免重复，"见于历代典籍中的俗字"中"历代典籍"不包括《汉代简牍草字编》。

头且无"暖"字,表明彼时"煖"为正字且"暖"字尚未出现。《敦煌俗字谱》中则以"煖"为字头作"煖"(p.189)且所收俗字中未见"暖"字,后"煖"字多出现在汉印中,如《汉印文字汇编》中作"煖"(p.189),《汉印文字徵》中作"煖"(p.10),《汉印文字徵补遗》中作"煖"(p.11),后"煖"字出现频率降低,《新加九经字样》录有"煗"(p.28)和"煖"(p.28)字且无"暖"字,表明彼时"煖"字尚为正字。随后辞书中出现"暖""煖"并俗的现象,如《龙龛手镜·日部》:"晅晅,二俗,暖,正。"又《龙龛手镜·火部》:"煖,正,奴管反。"不过后来"暖"开始完全替代"煖"的正字地位,"煖"退出正字舞台沦为俗字。如《集韵·缓韵》:"煗,或作煖、暖、暅。"《字汇·日部》:"暖,与煖同。"《正字通·日部》:"暖,暅烜煖并同。"

因此"煖"与"暖"曾有过正俗地位互换的历史,"煖"字俗作"暖"是一个返古现象的俗字,来源于《说文》小篆。

(4)能—能

潜龙肯许鱼虾亵,矞凤宁~燕雀谙。(《梅岭》p.105.3)

谁信有方~却病?自怜无计可除贫。(《梅岭》p.130.2)

按:"能"为"能"之部件减省俗字。《说文·能部》:"能,熊属。足似鹿。从肉,㠯声。能兽坚中,故称贤能;而彊壮,称能杰也。"徐铉等注:"㠯非声,疑皆象形。"徐灏注笺:"能,古熊字……假借为贤能之能,后为借义所专,遂以火光之熊为兽名之能,久而昧其本义矣。"

"能"之金文作"能",小篆作"能","能"之俗字多部件完整作"舱"或"舫"。"能"字最早可见《宋元以来俗字谱·肉部》引《通俗小说》作"能"(p.65),其余字书中不见记载,所以应是一个明清时期产生并流行的俗字,此外方块壮字中的"能"字亦作此法。

(二)见于汉代简牍的草体俗字

冯克宽汉诗写本中的草书俗字数量较多,能够最大限度反映其书写风格。冯克宽汉诗写本中字形与相关字典中一致的字例体现出俗字的传承性,试以《汉代简牍草字编》为参照,展现草体俗字的源流与发端。

(1)爲—为—为①

民歌乐在农桑业,士习熏~道义风。(《使华》p.69.5)

虽云不是高贤地,亦是乐~隐者居。(《梅岭》p.110.1)

(2)虎—虎—虎

天陛云红罗~拜,台炉烟碧袅龙涎。(《梅岭》p.90.7)

---

① 此处格式为"正字字形—写本俗字字形—《汉代简牍草字编》字形",下同。

相有乐夒擎宇宙，帅如召～镇山河。(《梅岭》p.92.6)

（3）年——手

丹台玉室名长在，彭祖乔松不纪～。(《使华》p.64.3)

～过～来不记～，天寒天暖总由天。(《梅岭》p.111.2)

（4）從——從

躐向月中真有路，生～足下便无踪。(《使华》p.70.8)

若教富贵～人愿，金玉还谁不满堂。(《梅岭》p.118.3)

（5）倚——倚

卷雨朱楼蟠地起，插云宝塔～天孤。(《使华》p.61.8)

（6）持——持

采药归来力已疲，自家贫病自撑～。(《梅岭》p.138.5)

（7）武——武

～略文才奕世荣，将星光底寿星明。(《使华》p.63.9)

趋朝～接殷冠哻，观国光依舜冕裳。(《梅岭》p.99.5)

（8）封——封

提～后代新铜柱，贡献周家旧越裳。(《梅岭》p.98.5)

经旬懒出苦～面，几日无炊甑上尘。(《梅岭》p.129.5)

（9）官——官

分节镇～参礼谒，竖旗骚帅为诗降。(《使华》p.61.2)

喜得好～民有福，吟成佳句笔生春。(《使华》p.69.7)

除字形一致的外，还有字形类似的，即写本俗字字形虽与《汉代简牍草字编》中的字形不同但已粗具雏形的俗字。如待——待、赋——赋等。比较有趣的是"待、持、诗"这一组字，在写本中呈现出类推性的俗字面貌，俗字分别作"、、"，部件"寺"无一例外改作同一字形。但是在《汉代简牍草字编》中却呈现出不同的面貌，三字中仅"持"一字可作此类草写变形。其余二字，如"待"字虽已呈现出此种趋势，但并未完全改变。而"诗"字，则完整保留了"寺"部件而未作任何变形，作""，仅对部件"言"作了草写。这说明了，俗化部件的类推性并不是一蹴而就的，它具有逐步推广和阶段性的特点，是一步一步在汉字内部进行普及的。这也更符合我们对汉字发展的认知和对俗化构件类推性过程的理解。

第二节　变异俗字

受汉字影响而产生的变异俗字，具体可以分成两类，一类是运用汉字或汉字的部件、构字方式而产生的变异俗字；另一类则是受喃字影响而产生的变异俗字。之所以将后者亦归入此类，是因为从严格的意义上来说，喃字也是在汉字的影响下产生的，其造字方式、造字理念同样借鉴了汉字传统的六书理论，而且写本中直接受喃字影响而产生的变异俗字并不多。

（一）"乀"系列变异俗字

"乀"符号是越南写本中较为常见的符号，它在写本中可以代替多种符号，主要为以下几种：

（1）代"雨"部件

① 雲—（图）

宫廨清凉红树影，郡侯满洒白～心。（《使华》p.70.12）

② 霧—（图）

拂～飞云生皎月，扫炎除暑起凉飚。（《使华》p.62.2）

③ 儒—（图）

皇华之选，～墨所荣。（《梅岭》p.59.2）

穷经空自老～林，抚节长歌足赏音。（《梅岭》p.112.7）

（2）代"尚"部件

① 常—（图）

归乡关回首望，箫韶帝所梦～缠。（《使华》p.68.8）

② 裳—（图）

提封汉代新铜柱，贡献周家旧越～。（《使华》p.65.9）

地有山川偏世界，天无雨雪侠衣～。（《使华》p.66.1）

（3）代"罒"部件

① 驛—（图）

乐君家在九真居，水～山程万里余。（《使华》p.65.10）

水楼月照至千顷，使～梅传春一枝。（《使华》p.68.7）

② 澤—（图）

晏享在廷沾帝～，归来满袖惹天香。（《使华》p.66.1）

对酒一斤诗八斗，醉歌圣～乐升平。（《使华》p.63.8）

（4）代"田"部件

① 翼—（图）

于～彼黄金世界，如翚斯碧玉楼台。（《使华》p.62.4）

② 異—（图）

～邦同归礼义乡，喜逢今日共来王。（《使华》p.65.12）

骨相槐琦珠出匣，精神俊～玉生蓝。（《梅岭》p.107.5）

（5）代"奉"字头

① 捧—（图）

等闲沽得寔春涌，左手～壶右把杯。(《梅岭》p.132.7)

中国文献中，"乁"可替代"罒"部件，如《宋元以来俗字谱·辵部》引《古今杂剧》"還"作"逺"(p.96)，《宋元以来俗字谱·九画》"要"作"𡚁"(p.121)。日韩文献中亦有出现，如《日藏古抄李峤咏物诗注》"還"作"逺"；《伊势守日记天正二年六月条》作"还"；《尚书合编·上图本（八行本)》"還"作"逺"、"懌"作"怿"等。[1]韩国坊刻本《九云梦》亦有一例"置"作"𥎇"。

由此可见，以"乁"替代"罒"应是一个在汉字文化圈广泛流行的现象。写法来自草书，查《中国草书大字典》，唐李怀林《绝交书》"置"作"𦊆"(p.105)，宋黄庭坚《廉颇蔺相如列传》"罪"作"𦋐"(p.1106)，明宋克《李贺诗》"羅"作"𦋐"(p.1106)，几乎"罒"部件皆可以写作"⼂"形，又"⼂"部件与"乁"部件形似，只是笔势方向略有不同，易混。

其他部件，除"雨"部件和"田"部件的字因具"口"部件（或框式部件）而可作类似写法外，如"雲"作"云"，"異"作"异"[2]，其余部件均不作此写法，仍保留框式部件中其余笔画的书写痕迹，并未完全符号化，所以并不能把它视作对部件的符号代替而只能理解为草写。可见"乁"部件在越南产生了扩散和延展。其可替代的部件数量增多，应用的范围也随之扩大，不再局限于框形对称性部件。和中国文献不同的是，"乁"部件还可有不同的变形，作"乙"，例如喃字中"霜"写作"𫝜"，"雪"写作"𫝜"，"雷"写作"𫝜"。汉喃文献中，此符号多以"乁"的形式展现。

1845 年越南汉文写本《史南志异》亦可印证，此写本中"異"作"异"、"儒"作"𠸦"、"常"作"𡘬"。《史南志异》与冯克宽汉诗写本属于共时同地文献，表明"乁"部件在写本中代替"雨"部件、"尚"部件、"田"部件等应已得到认可与应用，而并非偶然现象。

方块壮字中亦存在与"乁"相关的用例。替代"雨"的有"雯"—"𫝜"、"霖"—"𫝜"、"𪽎"—"𫝜"、"霉"—"𪳕"[3]。这些字皆为形声字，"雨"部件为形符，表示其字义与"雨"相关，下面的"文""木""米""枚"为声符，表示该字读音与其相近，俗字中以"乁"替代"雨"部件。

还存在以"乁"部件替代其他部件的用例。如"价"—"𪽎"、"窒"—"-𪳕"、"搒"—"𪳕"等。他们无法直接从字形上看出其符号代替的情况，需要略加分析。例如"搒"字，"搒"有掀开义，"旁"为声符，"才"为形符，另

---

[1] 以上四个字例取自金烨《新井白石同文通考俗字研究》，硕士学位论文，浙江财经大学，2013 年，第 70 页。

[2] 此二例皆出自孙过庭草书书帖。

[3] 以上四个例字均取自《古壮字字典》，左边是古壮字正字，左边是异体字，下同。

有异体字作"飘","乩"字应是从"飘"字减省声符"旁"而来。又如"䇂"字,"兰"另有一异体作"㐓",此字形与"并"字十分接近,"并"应从此字形讹变而来,后以"乁"代替"宀"而成"𠁥"字。

上述字例,首先从比例上而言,"乁"部件在总体的方块壮字中所占的比例并不高,表明此部件在方块壮字中的应用并不广泛;其次,从结构上而言,除了以"乁"代替"雨"带有规律性,其余几例均不具备规律性,而具有一定的偶然性。而且方块壮字中的更多其他带"雨"部件的壮字也并没有作此类符号代替,如"霙"字仍作"霙"或"霙"。所以,从这个角度上来说,"乁"部件在越南得到发散和广泛应用是受到方块壮字影响的可能性不大,因为"乁"部件在古壮字中也并非常用构字部件,不太可能通过古壮字进行传播。且朝—韩域外汉籍中亦存在此类符号代替现象,所以其部件的发源地应在中国。壮族、越南和日韩因身处汉字文化圈都吸收了这一符号,只不过在本国的接受度和应用各不相同。

因此,从中国文献中仅能代替"罒"到越南文献中可代替多种部件,应是最初受汉字影响进而扩散和广泛应用的结果,属于运用汉字部件(虽为俗字部件)而形成的变异俗字。

(二)"丶"系列变异俗字

1. 代"門"部件

(1)开—📷

粉壁楼台～秀丽,黄巢兵马认分明。(《使华》p.60.9)

方便取些扶病药,得排～个卖贫墟。(《梅岭》p.120.2)

(2)问—📷

跋涉长途余四万,～公年纪正鹰扬。(《使华》p.66.5)

舟人不识寒儒味,日日登门～买鱼。(《梅岭》p.110.2)

此外还有關—📷、閑—📷、間—📷、聞—📷、闔—📷、闐—📷、閱—📷、閣—📷[①]等字。

2. 代"舁"部件

(1)輿—📷

彭城睢水依然在,汉楚～亡一局棋。(《使华》p.63.11)

来因献雉通蛮缴,贡为苞茅括地～。(《梅岭》p.99.2)

(2)興—📷

交邻便是信为本,逸德深愧敬作～。(《使华》p.66.4)

---

① 此部分所举字例,只有字例未见用例的俗字可参见附录,写本用例在附录中收录,正文中不列出,下同。

斯民何多幸～，太平风颂太平。 （《梅岭》p.99.2）

3. 代"几"部件

（1）鳳—![字形]

绣衣炯耀九苞～，玉佩铿锵累世貂。（《使华》p.67.5）

潜龙肯许鱼虾亵，翥～宁止燕雀谙。（《梅岭》p.105.3）

（2）凰—![字形]

冈藻肆开鱼鹿宴，羲桐迭奏凤～池。（《梅岭》p.85.7）

4. 代"彳攵"字框

（1）徽—![字形]

尧眉舜目天资异，汤敬文～圣德同。（《梅岭》p.84.2）

（2）微—![字形]

一朵祥云映紫～，欢声喜气溢尧畿。（《梅岭》p.86.2）

碧天南极是君居，长短～茫四万余。（《梅岭》p.101.1）

此外还有徹—![字形]、徵—![字形]、薇—![字形]等。

5. 代"丝"部件

（1）蠻—![字形]

东因献雉通～徼，直为包茅觐地舆。（《使华》p.65.11）

地连华夏近～卿，终古封疆屋壹王。（《梅岭》p.100.5）

（2）幾—![字形]

事不挠人人自挠，百年身世～浮沉。（《梅岭》p.113）

此外还有藥—![字形]、變—![字形]、轡—![字形]等。

6. 代"口"部件

（1）圍—![字形]

深深雨暗山～幕，猎猎风高湖打波。（《使华》p.69.10）

黄道光明中正月，彤～香袅太平风。（《梅岭》p.84.5）

（2）囿—![字形]

以雅以南沾缡宴，若民若物～春台。（《梅岭》p.88.4）

雨润泽膏和有夏，乐皆胞与～同春。（《梅岭》p.88.7）

此外还有箇—![字形]、圆—![字形]、園—![字形]、圍—![字形]、猶—![字形]等。

7. 代字的一半或部分部件

（1）臺—![字形]

其上阁老张国公相及谒道爷杨宪～诸作，烨然台光，漫然春思，溢于言辞之表。（《梅岭》p.78.6）

圣台中区泽普潭，腾腾瑞气满～堪。（《梅岭》p.96.1）

（2）隆—![字形]

岁岁从容逢好景，年年侥幸度～冬。(《梅岭》p.114.6)

(3) 籬—

为陈王事久～居，黄发飘然七十余。(《使华》p.66.6)

～菊开残还欠酒，菜根生老尚无油。(《梅岭》p.112.5)

(4) 寂—

贫居终日独萧萧，明月清风伴～寥。(《梅岭》p.145.7)

此外还有降—、顾—、離—、雛—、藤—、耕—等。

以"、"代替汉字中的一些复杂部件是草书中的常见方式，最早可追溯到汉代简牍草字①中，如"彳"在草书中就经常以"、"的形式出现。如"得"作""，"行"作""。实际上，最为常见的应属以"、"代"口"的现象，如"单"作""，重复的"口"部件简化为"、"。与此类似的还有"器"作""或""，这是以单点代"口"部件的现象。还有以双点或三点代"口"部件的情况，如"右"作""，"告"作""，"君"作""或""，"言"作""，既可写作两点也可写作三点。与"口"形似的"日"部件也可作此类变形，如"诸"作""，"者"作""，"书"作""，"道"作""，这一点也在写本中得到继承，如香—。可见以"、"代替"口"部件早在汉代简帛草书中就已出现，且具有较强的类推性。虽然我们并没有找到如冯克宽汉诗写本那样能够代替"围"字外框的写法，不管是在《汉代简牍草字编》还是《中国草书大字典》中，"围"字都保留了完整的"口"字框，如明王宠《自书诗》"围"作""，②不见有以"、"代替的俗字写法。但是不能否认以"、"代"口"来源于汉简牍草体的事实。

除"口"部件外，还有"門"部件，"門"亦可草写作""，例如"問"可草写作""，"門"字被分割成了一个个点，可被视作此类符号代替写法的最初来源。因此，冯克宽汉诗写本中出现的以"、"代替"門"部件的写法，最早可追溯至汉代草书。

此类写法亦不限于中国文献，日藏古抄李峤咏物诗注中也出现以"、"代"口"部件的俗字，如"圓"作""，而"圓"的这一写法亦可见于《古壮字字典》中作""。当同一用字现象不约而同地在越南、壮文和日本的写本中出现时，我们有理由推断这应该是一个来源于中国的符号代替现象。事实上，中国传统典籍中还可见以"、"代"虫""人"部件的写法，如"蜀"作""，"杂"作"雜"、"坐"作""等。所以以左右对称的两点代替对称性的复杂部件如"門""几""口"等是易于理解的。令人费

① 陆锡兴：《汉代简牍草字编》，上海书画出版社 1989 年版。

② 李志贤等编：《中国草书大字典》，上海书画出版社 1994 年版。

解的是以对称性的两点代替非对称性的汉字部件，而且其中的数量并不少，如降—![图]、顾—![图]、离—![图]等字。这类字的共同点是本字是左右结构，且都保留了完整的半边部件，然后以"、"代替另半边部件。之所以在另一边加上"、"，大概是为了保持字结构上的整体平衡，使之看上去匀称美观，具有协调美。

事实上，这一"、"符号在喃字中也应用得较为广泛，一般有两个功能，一为减省笔画，如"衒"作"![图]"，此用法与冯克宽汉诗写本中的符号代替类似；一为提示字音，如在"固"字外加两点作"![图]"表示该喃字读音与"固"相近。所以该符号能在冯克宽汉诗写本中得到如此广泛的应用，可能也与喃字有关。

实际上，冯克宽汉诗写本往往倾向于以"、"来表示各种各样不同的构件，如"竹"改作三点，"簇"作"![图]"，"符"作"![图]"，"笑"作"![图]"，"笼"作"![图]"等字；"廾"改作两点或三点，如"茱萸"作"![图]"，"蔷薇"作"![图]"，"茄"作"![图]"；"心"部件改作三点，如"噫"作"![图]"，"亿"作"![图]"等。亦有将其他部件改作三点或两点的，如"富"作"![图]"，"极"作"![图]"，"深"作"![图]"，"船"作"![图]"，"香"作"![图]"，"载"作"![图]"，"色"作"![图]"。所以，以"、"代替汉字中的一些构件是冯克宽写本中较明显的特点，并在此基础上发展出了众多规律性的符号代替。

除了上述在中国写本中较少见的符号，还有一些本土文献中常见的符号代替，如符号"刂"（觀—![图]、鐘—![图]、錢—![图]、鏡—![图]、銅—![图]、褔—![图]、養—![图]、餘—![图]、輝—![图]、行—![图]、錢—![图]等）；符号"文"（學—![图]、舉—![图]、對—![图]、覺—![图]、濟—![图]、齊—![图]、難—![图]、攤—![图]等）；符号"又"（擊—![图]、義—![图]、儀—![图]、後—![图]等）；符号"卜"（張—![图]、漲—![图]、蘇—![图]、慈—![图]、巍—![图]、驗—![图]、疆—![图]等）；符号"乂"（岡—![图]、綱—![图]、惆—![图]、陶—![图]、南—![图]、獻—![图]等）；符号"爻"（齡—![图]、數—![图]、巍—![图]、蘇—![图]、懺—![图]等）；符号"匕"和"支"（澄—![图]、遲—![图]、慶—![图]、遠—![图]）；以及重文符号"、"和"、""〻"（蕭—![图]、書—![图]、筆—![图]、於—![图]、淡—![图]、纜—![图]、出—![图]、盡—![图]、气—![图]、躍—![图]、攝—![图]、蟲—![图]、澀—![图]、幾—![图]、機—![图]、饑—![图]、簪—![图]等）。

（三）"![图]"类变异俗字

这类变异俗字在写本中的数量并不多，仅有三例，具体如下：

1. 凝—![图]

明良喜起效皋歌，乐治心同～泰和。（《使华》p.67.12）

云殿月阶～瑞气，冰天桂海沐深恩。（《梅岭》p.89.6）

2. 擬—

我自昆蓬南过北，冲霄～歌振双翰。(《使华》p.62.7)

3. 癡—

无欲无忧且自然，草堂～梦破青毡。(《梅岭》p.149.6)

仔细观察这三个字的字形不难发现，它们实际上都是将"疑"写作""。喃字中"疑"就是写作""。"疑"笔画过多，略显繁杂，所以便将"疑"部件换为字形简单的""。这也证明了字喃与汉字并不是完全独立的，写手在抄写时有时会受到本民族文字的影响而产生具有杂糅性质的俗字。

（四）"廾"系列变异俗字（书写作""）

""这个符号在写本中可代替众多复杂结构，是越南汉喃文献中特有的代替符号。

1. 代"维"部件

（1）羅—

裙拖二水青～带，鬓拂群峰碧玉簪。(《使华》p.70.12)

天陛云红～虎拜，台炉烟碧袅龙涎。(《梅岭》p.90.7)

（2）纙—

朝神班里羲貂豸，昼锦堂前簇绮～。(《使华》p.68.1)

二十四桥风月景，几千万户绮～家。(《使华》p.70.3)

此外还有蘿—等。

2. 代"舛"部件

（1）麟—

不辞驵驿凌霜雪，解使天骄识凤～。(《使华》p.59.3)

累世貂蝉天下有，一门～凤世间无。(《使华》p.63.10)

（2）鄰—

独步才超古，余波德照～。　　　(《梅岭》p.59.11)

贫居喜得有芳～，早晚盘桓道味亲。(《梅岭》p.146.3)

3. 代"佳"部件

（1）耀—

亲辞殿陛面乡园，全命萦回～绣衣。(《使华》p.65.2)

藜藿不充心见乐，缊袍无～意悠然。(《梅岭》p.122.4)

（2）躍—

粤从迹晚降池鱼，头角崭然奋～初。(《使华》p.67.4)

4. 代"襄"部件

（1）讓—

盛意尚余裔苗庆，声如～绣汉臣宗。(《使华》p.67.3)

眼中怪怪奇奇事，都～他人做出来。（《梅岭》p.120.4）

（2）釀—

店里赊来花～酒，厨中擂烂米糊汤。（《梅岭》p.113.6）

酒怀洞衮桃花～，米付滩头水硙舂。（《梅岭》p.141.6）

此外还有襄—等。

5. 代"子丸"部件

熟—

金经百炼方纯～，人涉多年便老成。（《梅岭》p.59.3）

此外还有孰—等。

6. 代"豆"部件

豈—

见时不若去时思，～不人思室远而。（《使华》p.68.6）

济～其祥诗有删，喜今圣上挺龙颜。（《梅岭》p.90.4）

此外还有愷—、磴—等。

7. 代"**殳**"部件

發—

一统山河一统同，望江晓～望江中。（《使华》p.63.2）

先百花而～于洌之中，扬残雪而回春信。（《梅岭》p.77.4）

此外还有撥—等。

8. 代其他复杂构件

（1）傑—

今于冯史公见之，公以豪～之才，挺然将相之科，诵诗三百，专对四方，乃其平生宿志。（《梅岭》p.59.5）

（2）濃—

淡～香为风来往，鸾下诗因酒有无。（《使华》p.61.9）

此回忠孝兼全两，紫酒香～满寿卮。（《使华》p.64.10）

（3）舜—

思情洒落皆周孔，气象雍容尽～尧。（《使华》p.62.3）

尧眉～目天资异，汤敬文征圣德同。（《梅岭》p.84.1）

（4）翁—

欲向青帘沽美酒，文君不伐索～钱。（《使华》p.61.1）

都人未识南来使，笑指那～老更强。（《梅岭》p.104.4）

此外还有赢—、欝—、爵—、龕—、義—等。

按：符号代替一般是为了提升书写速度，因此在草写时发生符号代替的可能性较高。但我们暂时并未发现上述文字在中国传统草体中有作"水"

者，仅在"無"之草书中找到一个类似符号作"老"，见米芾《闻张都大宣德尺牍》。这两个符号之间还是有差异的，与"艹"非常相似，而且这一符号在冯克宽汉诗写本中的应用性很高。

中国俗字以符号代替复杂部件展现出截然不同的风貌。例如"羅"字，草写作"罗"，下半部分改作"夕"部件。"鄰"敬世江行书帖中作"邻"，左半部分改作"令"。而不是像越南俗字以"艹"代替。且因其本身已经较为简化，所以当用它代替一部分部件时，文字的另一部分通常保持原样以保留原字的"风味"。

古壮字文献存在大量带有"艹"符号的方块壮字。据不完全统计，《古壮字字典》中共有9例，分别是"蓝"—"枞"（p.275）、"蛑"—"炒"（p.277）、"烂"—"炒"（p.278）、"艹"（p.280）、"爺"（p.476）、"堯"（p.472）、"奔"（p.308）、"鸭"（p.444）、"蘿"（p.290）。前三例带有明显的符号代替的成分，如"蛑"作"炒"，是因为"蛑"有异体字作"烂"，后以"艹"代替"兰"而成"炒"字。后几例则仅仅是抽象性符号作成字构件，不表示任何意义。例如"艹"字表"就是"义，"爺"前加"何"字表"祖父"义，"堯"字表"寿"义。这些字中，"艹"只承担符号性的作用，而不承担音义功能。除"艹"外，古壮字中还有大量的符号"彡"，如"无"—"琴"（p.261）、器—"罷"（p.261）、床—"厭"（p.261）、"枞"（p.261）、"槲"（p.72）等，除"琴"字与中国草书中的"老"字相似带有以"彡"代替"灬"的意味外，其余皆是单纯的符号性构件，是构成壮字的组成部分之一。

喃字中也存在类似的符号，与壮字中的此类符号相近，亦起到提示字音或字义的作用，如"默"字表示其字音与"默"相近；如"吐"字表示其字义为"吐"；又如"笔"字表示其字音为"笔"，字义亦为"笔"。据统计，"艹"符号在冯克宽汉诗写本中，一共能够代替15个完全不同的复杂部件，且这些部件之间并无明显的关联，只是相对比较复杂，其应用性之强可见一斑。

第四章　冯克宽使华汉诗写本疑难俗字考释

一　"𠃊"字考

按：此字不易识别，需结合诗句释读，该字形共出现 6 次。

（1）但把行𠃊安义命，莫将得失论男儿。（《梅岭》p.108）

（2）粟米充饥无地种，药苗扶病欠箱𠃊。（《梅岭》pp.119—120）

（3）名利𠃊坚能打破，鱼樵路熟岂行嗟。（《梅岭》p.128）

（4）天定行𠃊农用劳，耕云钓月且嗷嗷。（《梅岭》p.134）

（5）只怀贫索三千客，待到行𠃊十二秋。（《梅岭》p.151）

（6）行𠃊若使都由我，穷达何劳更问天。（《梅岭》pp.151—152）

在这 6 句诗中，有 4 句是与"行"搭配成词的，可知此字与"行"应是常见固定搭配。且从诗歌对仗的角度出发，"行𠃊"可与"得失""雪钓""贫索""穷达"形成对仗。因此，"行𠃊"与所对仗的词语词性相同、义项相近或相反。"得失"在此处作名词，得与失，"犹成败"。"雪钓"应为"在雪天钓鱼"之意，疑为"独钓寒江雪"之化用，在此作动词。"贫索"即贫穷义，"贫索"在此处为名词。"穷达"意为"困顿与显达"，在此作名词。由此可知"行𠃊"应是个兼具动词词性与名词词性的词。

第二联中，"无地种"与"欠箱𠃊"对仗，可知"𠃊"是动词，又可与"箱"搭配，且前一句诗句为"颜渊乐地还谁乐，曾点狂歌到我狂"，押"ang"韵，易想到"藏"字，因只有"藏"字可与"箱"搭配且将"病苗""藏"在其中。因此，考虑"行𠃊"为"行藏"。"行藏"语出《论语·述而》："用之则行，舍之则藏。"可作"出处或行止""行迹、来历""攻守或出没"等义解，上文中的"行藏"，皆作"出处或行止"解，与唐·岑参《武威送刘单判官赴安西行营便呈高开府》[①]诗中的"功业须及时，立身有行藏"同义。如第一句中，义命作天命、正道解，如宋·曾巩《答王深甫论扬雄书》："又谓雄非有求于莽，特于义命有所未尽。""但把行藏安义命"句其义为"是建功立业，还是隐退朝堂，这要看天命，男子汉的成功与否不是通过他的

---

① 本文中的诗词皆来自"诗词索引电子数据库"，https://sou-yun.com/PoemIndex.aspx，下文同。

得失来判断的。"第四句中的"行藏"则作隐瞒踪迹、隐退解，即"隐居后在农田里劳作耕地，在哀鸣声中和月光下在雪天钓鱼"。

上述诗句有几联诗句直接化用自明代诗人李孔修的诗文，如"但把行藏安义命，莫将得失论男儿"取自《贫居自述·其一》第三联原句："但把行藏安义命，莫将得失论男儿。""行藏若使都由我，穷达何劳更问天"取自《贫居自述·其九十八》第二联原句："行藏若使都由我，穷达何劳更问天。""只怀贫索三千客，待到行藏十二秋"取自《贫居自述·其一○一》第四联原句："只怀贫索三千客，待到行藏十二秋。"多例可证，"𧆈"确为"藏"字。且我们以"行藏"为关键词进行搜索时可在电子诗词数据库中得到与"行藏"（藏念平声）相关的用例多达524例，最早的是南北朝郑道昭的"栖盘时自我，岂云蹈行藏。"[①]可见"行藏"确为常用固定搭配。

那么"藏"字何来此种写法呢？藏，《说文》新附："藏，匿也。"徐铉等注："《汉书》通用臧字。从艹，后人所加。"又钮树玉新附考："汉碑已有藏字，知俗字多起于分隶。""藏"字金文作"𤉡"，小篆作"藏"，《六书通》中有从"艹"之"藏"形作"藏"，亦有去"艹"之"藏"形作"臧"或"匨"，《古文四声韵》中又有作"𢼋"或"𢽀"，可知"藏"字可从"艹"亦可不从。"藏"之部件"臧"字，《说文·臣部》："善也，从臣戕声。"可知"臣"为意符，"戕"为声符，俗写之"𠃊"形，保留其草字头俗写成"艹"，并将"戕"符简化为"一"加左右两点保留其大致轮廓，又将"臣"符草写为"𠃌"形，得到"𧆈"字。

"臣"有多种俗字字形，如作"目"，见于《字鉴·真韵》："偏旁俗作目，误。"[②]又如《草字汇》作"阝"，亦可作"𦣻"，见于《孔庙百石卒史碑》。《说文·𠂤部》释"官"："史，事君也。从宀从𠂤，犹众也。此与师同意。"因而"𠂤"为意符。"臣"之俗体"目"，与"官"之意符"𠂤"形体相近，因此"𠂤"常讹变作"目"，如柳公权行书书法中作"官"，王铎行书书法中作"官"。而"官"之"𠂤"部件，又可草写为"𠃌"，如官—𠃌、遣—遣、管—管、馆—馆等字，冯克宽汉诗写本中所有含"官"部件的字，"𠂤"部分皆可作此类草写。"官"的此类写法亦可见于米芾《伯充帖》和《向乱帖》中，作"官"，所以确是草写无误。大概是受形似构件"𠂤"的影响，"臣"亦可改写为"𠃌"形。

因此，无论是从文献的角度，还是字形的角度，"𧆈"为"藏"之俗体

---

① 南北朝·郑道昭：《于莱城东十里与诸门徒登青阳岭太基山上四面及中巅扫石置仙坛诗》，搜索自诗词索引数据库。

② 李文仲：《字鉴》，商务印书馆1936年版，第21页。

当为确证。

二　"㒲""㧓""㸿"字考

"㒲"字系列是所有右边写作"㒲"而左旁有所变化的俗字，具体指"㒲""㧓""㸿"三字。其中"㸿"字略有不同，中间无短横，而另两字中有短横。初看这三字都很像"無"字加一个偏旁，尤其"㧓"可理解成"撫"字，且诗句通畅晓达。但若把这三个字的右旁皆统一看待，又仿佛不能成字，例如"徸"字，字书中并未收录，也未找到相关用例，所以仍然需要回到材料中去。具体如下：

（1）皇朝㒲邦之初，天庭贡款之日。　　（《梅岭》p.76）
（2）㧓华便是深恩布，致远尤弘令德昭。（《梅岭》p.91）
（3）穷经空自老儒林，㧓节长歌是赏音。（《梅岭》p.112）
（4）不愁仓㸿两空虚，半事锄头半读书。（《梅岭》p.137）
（5）敝庐不改旧家风，山色朝昏淡㒲浓。（《梅岭》p.141）

按：首先，因为"㒲"与"無"字形相近，考虑"㒲"与"無"的关系。"㒲"当是"無"的草写俗字，"㒲"中的"丷"是一个代替性符号，以代替"無"的"灬"，是冯克宽汉诗写本中较为常见的符号之一。同时中国传统草书作品中也有印证，如王铎的行书中"無"作"無"，就能够非常明显地看到这个类似于折的符号。米芾的《闻张都大宣德尺牍》则对"無"进行了再一步的简省作"無"，董其昌的《白羽扇赋》与之类似作"無"，但两者皆保留了这个符号，由此可证"㒲"是"無"的俗字。

"㒲"为"無"之俗，那么"㧓"就是"撫"字。带入诗歌可得：

撫华便是深恩布，致远尤弘令德昭。

穷经空自老儒林，撫节长歌足赏音。

"撫节"一词为"击节"之意，《列子·汤问》："饯于郊衢，撫节悲歌，声振林木，响遏行云。"且该句又直接化用自李孔修的《贫居自述·其一十一》第一联原句："穷经空自老儒林，撫节长歌足赏音。"

"撫华"一词，词典中未收，一时也难以明确其意义，需要在诗句原文中进行推敲，其诗句原文如下：

圣节欣逢赋蓼萧，泽加四海仰天朝。

撫华便是深恩布，致远尤弘令德昭。

合九州岛岛归同一轨，卓千古冠百王超。

远臣喜近陷三尺，愿效封人祝寿尧。

（《梅岭》p.91）

"撫华"一词所在的诗句是第二联，综合全诗来看，此诗的创作主题是万国齐祝万历帝大寿，这可以从"圣节""四海""天朝""九州岛岛""寿尧"等关键词中知晓，且因为是贺寿之诗，所以诗文中特意描写了彼时明朝在领国中的超然地位和绝对权威，想是用来博得万历帝之欢心。明确诗歌主题后，再分析具体诗文，"深恩"一词我们并不陌生，意为"深厚的恩惠"，冯克宽汉诗写本中另有一处也使用了"深恩"一词，诗句为"云殿月阶凝瑞气，冰天桂海沐深恩"，与此处"深恩"的含义一致。所以"深恩布"即为"布深恩"，即为"广施恩德"之义。"抚"一词，最常见的为安抚、抚摸之意，此处自然不能作安抚义解，与文义不符。结合上下文来看，此处的"抚"应作"治理"义解，《汉语大字典》收录此义项，并举《书·洛诰》例："厥若彝，及抚事如予，惟以在周工。"孔传："其顺常道及抚国事如我所为，惟用在周之百官。"又宋王安石《寄吴冲卿》："读书谓已多，抚事知不足。"因此，"抚华"应为"治理中华"之意，诗意为"治理中国即是广施恩德，即便路途遥远恩惠依然宏大而令道德彰显"。《汉语大词典》收录了"抚世"一词，意为"治理天下"，如《庄子·天道》："以此退居而闲游，江海山林之士服；以此进为而抚世，则功大名显而天下一也。"又明王世贞《净乐宫》诗："神农昔抚世，净乐已名都。""抚世"与"抚华"意思相近，只因为冯克宽是外邦人士因此使用"抚华"一词。

　　因此，"抚"当为"抚"无误。

　　其次，"無"与"彳""月"皆无法构成汉字，所以需另行讨论。第五联诗句："不愁仓舫两空虚，半事锄头半读书。"由诗意可知，由于诗人"半作农户半读书"，因而不愁"仓库"和"舫"两处是否空虚，即丰沛无忧之义。又"腹"与"舫"皆为"月"旁，考虑"舫"为"腹"字。若"舫"为"腹"字，那么诗文为"不愁仓腹两空虚，半事锄头半读书。"分别与"仓"和"腹"相对应的，是"锄头"和"读书"。因为从事农作，仓库不会空虚很好理解，那么为什么"读书""腹"也不会空虚呢？查阅相关资料，此处"腹"不作常规的"腹部"解，应作"内心"解，取"读书会使内心充实"之意。"腹"作"内心"解，典籍中不乏用例。如《汉书·食货志下》："汤奏当异九卿见令不便，不如言而腹非，论死。"明刘基《赠周宗道六十四韵》："披衣款军门，披腹陈否臧。"由此，"舫"当为"腹"。

　　若"舫"为"腹"字，则"彶"为"復"。第三联诗句为："敝庐不改旧家风，山色朝昏淡復浓。"同样化用自李孔修《贫居自述·其七十八》第一联原句："敝庐不改旧家风，山色朝昏淡復浓。"且《全唐诗·卷五百四十三》中亦有"戍路少人踪，边烟淡復浓。诗宁写别恨，酒不上离容"的诗句（喻凫《送武毅之邠宁》），因此"淡復浓"是诗句中的常见表达。第四联"皇朝彶邦之初，天庭贡款之日"，"彶邦"即为"恢復邦交"之意，与冯克宽来华向万历皇帝求取明朝政府对越南新政府认同的使命不谋而合，所以"復"当为"復"字。确认"復"为"復"字，写本中还有一例旁证，即"履"字。写本中"履"字即俗写成"履"字，可见"复"确可作此类俗写，应为无误。

"腹""復"之所以能够俗写为"腹""復"大概和语音相关。復，《说文·彳部》："往来也，从彳复声。房六切。"腹，《说文·肉部》："厚也，从肉复声。方六切。"两字均以"复"为声符。其俗写部件"无"字上古音音韵地位是微母虞韵，合口三等字，而"复"字音"無"韵地位同样是微母虞韵，合口三等字，所以两者为谐声声符（另有一音亦同为明母模韵）。俗字谐声声符可相互替换，所以以声符"无"替换"复"作"撫"和"復"。

据此，"撫"为"撫"，因草书而成俗；"腹"为"腹"，"復"为"復"，因谐声声符替换而成俗，确证。

三　"留"字考

"留"字结构较为复杂，不易辨识，需置于原文中加以分析，出现"留"字的诗句仅有一处，如下：

佳宾厚惠方留榻，穷鬼无情恋我家。（《梅岭》pp.127—128）

按：留，《说文·田部》："止也。从田丣声。"因此"丣"为声符，"丣"字讹变作"吅口"作"留"，《干禄字书·平声》："留留，上通下正。"[1]《宋元以来俗字谱·田部》"留"（p.55），《太平乐府》《古今杂剧》有作"留"者，《岭南逸事》则全作"留"。《中国书法大字典·田部》"留"下，褚遂良作"留"。可知"留"之作"留"。

"留"还有一俗字变体作"畄"，此变体亦为俗体"留"的最初形体来源。《宋元以来俗字谱·田部》"留"字条下，《通俗小说》作"畄"。（p.55）《中国书法大字典·田部》"留"字，王羲之书帖作"畄"。碑刻中也有不少例证，如《兴福寺断碑》作"畄"，《王忠嗣神道碑》作"畄"，可证"畄"为"留"之俗字。即"留"之构件变体"丣"可作"⺍"。

冯克宽汉诗写本中带有"田"部件的字常可将"田"讹写作"屮"。如"当"—"当"等。因此，"留"的下半部分应为"田"的草写。

至于在"留"之俗字旁加上两点，应是属于增加饰笔。汉语俗字常会在原有笔画外增加装饰性的成分，所以在成俗时加上了正体"留"本身并不具备的两点，来表示其字体结构。

但在这里需要说明的是，并不是所有的"田"部件都可作此类变形，

---

① 施安昌编：《颜真卿书〈干禄字书〉》，紫禁城出版社1990年版，第32页。

例如写本中的另一"留"字和"溜"字，皆完整保留了"田"部件，分别作"![留]"和"![溜]"，也可作另一形态，如"福"—"![福]"、"富"—"![富]"、"逼"—"![逼]"、"副"—"![副]"、"富"—"![富]"等；又如"異"中的"田"字头，可变为记号性符号，作"![異]"；或简省部件作"![異]"；或保留原形作"![異]"。因此，部件"田"有多种部件变体，在不同的汉字中担任不同的角色，其演变方式也是不同的，不可过度类推，造成讹误。

最后我们将"留"带入诗歌中进行验证，诗歌为"佳宾厚惠方留榻，穷鬼无情恋我家"，取自明李孔修的《贫居自述·其四十六》第二联原句："佳宾厚惠方留榻，穷鬼无情恋我家"，所以为"留"字无误。

此字的演变方式为"![罶]"（小篆）—"![畄]"（俗写亚符）—"![畄]"—"![畄]"（受声符影响加两点）。

四　"![思]"字考

写本中有"![思]"字，它与"![留]"字形十分接近，导致我们在一开始时将两者视为一字，但在考证"![留]"字为"留"字后将它带入"![思]"字所在的诗句发现极不通顺，甚至难以理解，遂重新观察两字的字形，发现两者形态的确存在一处微小的差别，即"![思]"字在字体下方比"![留]"多一短横，所以应为另一字，需另行考释。

"![思]"字共出现 4 次，具体如下：

（1）五楼钟鼓仙班杖，万国衣冠王会![思]。（《梅岭》p.87）
（2）天高地厚![思]慧报，□君圣贤福享兼。（《梅岭》p.96）
（3）做到尚书![思]阁老，得为皇帝望升仙。（《梅岭》p.127）
（4）古希谁道为高寿，纔向![思]南一觉眠。（《梅岭》p.150）

按：第三联诗句"做到尚书![思]阁老，得为皇帝望升仙"，"![思]"与"望"相对，且表达的是人心欲望难以满足之意，所以此字应是动词，且含有"渴望"之意。"思"字常在古诗中与"望"相对，考虑此字为"思"字，最典型的莫过于李白的千古名句"举头望明月，低头思故乡"。随后将"思"字带入诗句中可得："王思会""思慧报""思阁老"和"思南"。"思慧报"与"思阁老"结合诗文较好理解，"思南"与"王思会"则不易理解。

"王思会"，即为"思王会"的倒装。王会，《汉语大词典》：旧时诸侯、四夷或藩属朝贡天子的聚会。语本《逸周书·王会》："成周之会，墠上张赤帟阴羽。"孔晁注："王城既成，大会诸侯四夷也。"唐魏徵《奉和正日临朝应诏》："庭实超王会，广乐盛钧天。"宋黄庭坚《和答钱穆父咏猩猩毛笔》："物色看王会，勋劳在石渠。"明徐孚远《在交日久传语日变》诗："虽然周室非全盛，王会开时南海清。"清王韬《变法中》："虽疆域渐广，而登王会、列屏藩者，不过东南洋诸岛国而已。"因此，所谓"王会"，即为诸侯番邦来向天子朝贡的聚会。古诗中有许多"思王会"的用例，如清陈允颐的《东游》："秋津浩荡疑无地，富岳恢奇别有天。南望中山北平壤，我思王会一怦然。"清舒位《禹陵》："先甲痛心占干蛊，后期挥手戮防风。万重玉帛思王会，一卷金书凿鬼工。"又如吴寿彭的《自于潜到景宁》："残山禹穴思王会，阴雨秦关逻辎耕。欲致时情非造次，当同戮力洗膻腥。"因此"五楼钟鼓仙班杖，万国衣冠王会思"描绘的正是一幅锣鼓喧天、各国来使着华衣而聚的非凡景象，诗意顺当，可释为"思"。

"王会"与"思"连用时多作"思王会"而不作"王会思"，且作"王会思"时亦不押韵，因此显然不是出于音韵上的考虑。我们认为，可能是出于表达感情上的需要而特意作此倒装，强调动词"思"以表达对举办"王会"的欣喜和无限期盼之情。古诗中常有此类倒装，北宋叶梦得《水调歌头·秋色渐将晚》中"秋色渐将晚，霜信报黄花"两句，后一句应为"黄花报霜信"。此处将"霜信"提前，表面上是写景物的凄凉，实际上是为了强调自己晚年生活的"凄楚"情怀。又如王昌龄的《从军行》中"青海长云暗雪山，孤城遥望玉门关"两句，后句应为"遥望孤城玉门关"。"遥望"为"远远地望"，此处突出强调了在外守卫边疆城池的士兵遥望着内地，想念家乡亲人的情怀。因此此处的"王会思"作倒装与"黄花报霜信"作倒装的原因类似，皆是为了突出表达诗人的情感。

"思南"，取自"古希谁道为高寿，才向思南一觉眠"，我们发现实际上这首诗仍然化用自明李孔修的《贫居自述·其九十七》第四联："古稀谁道为高寿，才向羲皇一觉眠。"但与之前的直接化用原句一字不改有所不同的是，这一次冯克宽作了微小的改动，替换了其中一个意象。诗歌原文为"古稀谁道为高寿，才向羲皇一觉眠。"而冯克宽则将"羲皇"改成了"思南"，"思南"，《汉语大词典》及其他辞书皆未收，但我们可从"羲皇"一词得到些许启发。羲皇，即伏羲氏。《文选》："厥有云者，上罔显于羲皇。"李善注："伏羲为三皇，故曰羲皇。"因此可知与"羲皇"相对的"思南"亦为名词，且意义与"羲皇"相近。作为使臣的冯克宽"向羲皇而眠"的确不合常理，又加之彼时他身在异乡，必思念故土家邦，考明朝万历年间越南之称谓，为"安南"。"安南"与"思南"仅差一字，因此疑"思南"为"安南"。

以"思南"为关键词，我们在数据库中找到了与"思南"相关的诗句（思南作名词），共两首，分别为明金大车的《送汪汝玉守思南》和明顾璘的《送祝时泰守思南》。从这两首诗的标题中，我们不难发现，"思南"应该是个地名，作动词"守"的宾语，这一点与我们的猜测不谋而合。进一步查阅其诗文,《送汪汝玉守思南》中有"中原万余里,后会是何年"的诗句,表明作者送的对象要去的目的地离中原很远,到了不知何日再相会的程度,且与其相比照的地域为"中原",则表示彼处应是番邦国家,否则不称其为"中原"。在另一首《送祝时泰守思南》中,则提到"朱轓南去领提封,清代蛮荒圣泽浓","朱轓"即"车乘两旁之红色障泥",后常以"朱轓"代指"贵显者之车乘",表明"祝时泰"所去之地虽是"蛮荒之地"但却因身在"清代"(意为"清明的朝代")而"圣泽浓",暗示此蛮荒之地与明朝政府的关系应是朝贡与被朝贡的依附关系,且此去方位是"南去"。另有一句"云转舟车通万里,烟含城郭拥千峰"表明此行舟车劳顿,路途遥远。且金大车、顾璘为同时代诗人,两人还有师承关系。以上种种均表明所去之地是地处南方的蛮荒番邦之国,且与明朝是朝贡关系,皆可表明"思南"即为"安南"。

如此,"▨"可确定为"思"字。而"▨"之为"思",当与草书有关。思,《说文·思部》:"容也。从心囟声。凡思之属皆从思。"字书未载此种写法,但查阅相关资料,"思"有一草体作"▨",文天祥亦有一"思"之草体作"▨",可见"思"之"心"底可草写成"一",且"思"之意符"田"的草写与"留"之部件"田"的写法类似,大大加快了书写速度的同时也大幅度地改变了"思"的字形面貌。而"▨"亦在"▨"的上方及两旁加点,是因为"思"有一异体作"▨",上部分的两点应是部件"▨"的简化,而旁边的两点则是饰笔。

五　"▨"字考

"▨"字出现的诗句共 3 处,如下:

(1)▨从何处舒高眼,笑把浮名挂挂丁。(《梅岭》p.133)
(2)汲汲要偿诗社债,区区▨办酒车钱。(《梅岭》p.140)
(3)欲钓无钱买钓舟,▨耕无剑买耕牛。(《梅岭》p.151)

按:第三句诗文对仗相对工整,"▨"或为"欲"字。"▨"字带入其他诗句发现不仅语义通顺,而且词性一致,"欲"与"笑"相对,"要"与"欲"相对。

其次,此句诗化用自明李孔修的《贫居自述·其一〇一》第一联原句:"欲钓无钱买钓舟,欲耕无钱买耕牛。"由此几乎可确定"▨"之正字为"欲"。

欲,《说文·欠部》:"欲,食欲也。从欠,谷声。"段玉裁注:"从欠者,取慕液之意;从古者,取虚受之意。"徐灏注笺:"从欠,非'慕液'也。人心所欲,皆感于物而动,故从欠。欠者,气也。欠之义引申为欠少,欲之所由生也。"邵瑛群经正字:"此字经典本多不误;然往往有作'欲'者……

说文无'欲'字，统当作'欲'字为正。"因此，"欲"为形声字，写作中"欲"之作""者，盖保留意符"欠"而以两点代"谷"也。

"变异俗字"有两点符号，冯克宽汉诗写本中不仅能够代替对称性的部件，如"門""几""口"部件等，也能够代替单边构件，如"離"之"隹"部件等。因此，以两点代替"谷"这一单边部件亦是完全可能的。加之有李孔修的诗句作为旁证，冯克宽又多直接化用李孔修诗文原句（仅一例略作修改，其余诗句均未作丝毫修改而直接使用），因此""之为"欲"字，当为无误。

"欲"之《诅楚文》作""，《说文》小篆作""，《睡虎地简一二·四八》作""，"欲"之字形并无太大改变。"欲"之草书有作""者（王羲之），有作""者（张瑞图），亦有作""者（王献之），暂未看到写本中作""的写法，可见这应该是一个富有越南特色的俗字。

（一）征引文献

1. 工具书

刘复、李家瑞：《宋元以来俗字谱》，中央研究院历史语言研究所 1930年版。

罗竹风主编：《汉语大词典》，汉语大词典出版社 1986—1993 年版。

中国社会科学院语言研究所：《现代汉语词典》，商务印书馆 2012 年版。

徐中舒主编：《汉语大字典》，湖北辞书出版社、四川辞书出版社1986—1989 年版。

段玉裁：《说文解字注》，上海古籍出版社 1988 年版。

秦公：《碑别字新编》，文物出版社 1985 年版。

顾蔼吉：《隶辨》，中华书局 1986 年版。

顾野王：《大广益会玉篇》，中华书局 1987 年版。

丁度：《集韵》，中国书店出版社 1983 年版。

张自烈：《正字通》，国际文化出版公司 1996 年版。

施安昌编：《颜真卿书〈干禄字书〉》，紫禁城出版社 1990 年版。

张玉书、陈廷敬等：《康熙字典》，中华书局 2004 年版。

黄征：《敦煌俗字典》，上海教育出版社 2005 年版。

李圃：《古文字诂林》，上海教育出版社 1999 年版。

范韧庵：《中国隶书大字典》，上海书画出版社 1991 年版。

司马光：《类篇》，中华书局 1984 年版。

行均：《龙龛手镜》，中华书局 1985 年版。

吴任臣：《字汇补》，汇贤斋清康熙五年版。

王本兴：《甲骨文小字典》，文物出版社 2006 年版。

李琳华：《佛教难字字典》，常春藤书坊 1991 年版。

许慎：《说文解字》，中华书局 2004 年版。

潘重规：《敦煌俗字谱》，石门图书公司 1978 年版。

罗福颐：《汉印文字征》，文物出版社 1979 年版。

罗福颐：《汉印文字征补遗》，文物出版社 1982 年版。

陆锡兴：《汉代简牍草字编》，上海书画出版社 1989 年版。

李志贤等编：《中国草书大字典》，上海书画出版社 1994 年版。

广西壮族自治区少数民族古籍整理出版规划：《古壮字字典（初稿）》，广西民族出版社 1989 年版。

李文仲：《字鉴》，商务印书馆 1936 年版。

2. 专著

陈庆浩等编：《越南汉文小说丛刊（第一辑第六册）》，学生书局 1982 年版。

复旦大学文史研究院编：《越南汉文燕行文献集成（卷二）》，复旦大学出版社 2010 年版。

张涌泉：《汉语俗字研究（增订本）》，商务印书馆 2010 年版。

陆锡兴：《汉字传播史》，语文出版社 2002 年版。

江蓝生：《汉语词汇语法论考》，中国社会科学出版社 2013 年版。

冯春田、梁苑等：《王力语言学词典》，山东教育出版社 1995 年版。

张涌泉：《敦煌俗字研究导论》，新文丰出版公司 1987 年版。

蔡忠霖：《敦煌汉文写卷俗字及其现象》，文津出版社 2002 年版。

黄征：《敦煌俗字典》，上海教育出版社 2005 年版。

刘玉珺：《越南汉喃古籍的文献学研究》，中华书局 2007 年版。

毛远明：《汉魏六朝碑刻异体字研究》，商务印书馆 2012 年版。

王宁：《汉字构形学讲座》，上海教育出版社 2002 年版。

3. 论文

王广义、许娜：《朝鲜"燕行录"与中国东北史研究》，《学术研究》2011 年第 5 期。

王鑫磊：《韩国汉文燕行文献〈随槎录〉的史料价值——兼谈朝鲜王朝的"小中华意识"》，《复旦学报》2013 年第 5 期。

蒋礼鸿：《中国俗文字学研究导言》，《杭州大学学报》1959 年第 3 期。

陈宝勤：《汉语俗字的生成、应用与传播》，《语言文字应用》2005 年第 2 期。

何华珍：《俗字在韩国的传播研究》，《宁波大学学报（人文科学版）》2013 年第 5 期。

李建斌：《日藏古抄李峤咏物诗注符号代替类俗字研究》，《汉字文化》2011 年第 5 期。

刘康平：《越南汉文写卷俗字研究——以〈安南一统志〉、〈山圣古迹〉、〈黎朝史记〉、〈史南志异〉为中心》，硕士学位论文，西南交通大学，2011 年。

阮玉协：《越南陈朝禅宗三书研究——以文献、文字、词汇为中心》，博士学位论文，浙江大学，2013 年。

张恩练：《越南仕宦冯克宽及其〈梅岭使华诗集〉研究》，硕士学位论文，暨南大学，2011 年。

周梅：《〈东北边疆档案选辑〉俗字研究》，硕士学位论文，浙江师范大学，2014 年。

石晓华：《石仓契约俗字研究》，硕士学位论文，湘潭大学，2013 年。

金烨：《新井白石同文通考俗字研究》，硕士学位论文，浙江财经大学，2013 年。

（二）参考文献

1. 专著

范宏贵、刘志强：《越南语言文化探究》，民族出版社 2008 年版。

复旦大学文史研究院编：《越南汉文燕行文献集成》，复旦大学出版社 2010 年版。

古小松：《越南国情与中越关系》，世界知识出版社 2007 年版。

葛兆光：《想象异域——读李朝朝鲜燕行文献札记》，中华书局 2014 年版。

何华珍：《日本汉字和汉字词研究》，中国社会科学出版社 2004 年版。

洪钧陶：《草字编》，文物出版社 1986 年版。

金荣华：《韩国俗字谱》，亚细亚文化社 1986 年版。

吕浩：《韩国汉文古文献异形字研究》，上海人民出版社 2013 年版。

刘玉珺：《越南汉喃古籍的文献学研究》，中华书局 2007 年版。

李奎甲：《高丽大藏经异体字典》，高丽大藏经研究所出版社 2010 年版。

李荣：《文字问题》，商务印书馆 1987 年版。

李乐毅：《简化字源》，华语教学出版社 1996 年版。

陆锡兴：《汉字传播史》，语文出版社 2002 年版。

梁晓虹、陈五云等：《〈新译华严经音义私记〉俗字研究》，花木兰文化出版社 2014 年版。

毛远明：《汉魏六朝碑刻异体字研究》，商务印书馆 2012 年版。

全国高等学校古籍整理研究工作委员会：《古本小说丛刊》，上海古籍出版社 1991 年版。

杉本つとむ：《异体字研究资料集成》，雄山阁出版 1965 年版。

施安昌：《颜真卿书〈干禄字书〉》，紫禁城出版社 1990 年版。

谭志词：《中越语言文化关系》，军事谊文出版社 2003 年版。

王宁：《汉字构形学讲座》，上海教育出版社 2002 年版。

张书岩等：《简化字溯源》，语文出版社 1997 年版。

张涌泉：《敦煌俗字研究》，上海教育出版社 1996 年版。

张涌泉：《汉语俗字研究（增订本）》，商务印书馆 2010 年版。

周志锋：《明清俗字俗语研究》，中国社会科学出版社 2006 年版。

曾良：《俗字及古籍文字通例研究》，百花洲文艺出版社 2006 年版。

2. 论文

陈益源、凌欣欣：《清同治年间越南使节的黄鹤楼诗文》，《长江学术》2011 年第 4 期。

陈瑞峰：《甘肃藏敦煌文献俗字研究》，硕士学位论文，浙江师范大学，2012 年。

范丽君：《古壮字、喃字和汉字的字形构造对比研究》，《汉字文化》2009 年第 5 期。

何华珍：《俗字在日本的传播研究》，《宁波大学学报（人文科学版）》2011 年第 6 期。

何华珍：《俗字在韩国的传播研究》，《宁波大学学报（人文科学版）》2013 年第 5 期。

何华珍：《国际俗字与国别俗字——基于汉字文化圈的视角》，《译学与译学书》2014 年第 3 期。

何华珍、金烨：《〈同文通考〉与中日汉字关系研究》，《汉字研究》2014 年第 6 期。

河永三：《韩国朝鲜后期坊刻本俗字研究——以〈论语集注〉、〈孟子集注〉为例》，《殷都学刊》2010 年第 2 期。

井米兰：《敦煌俗字和宋本〈玉篇〉文字比较研究》，硕士学位论文，华东师范大学，2009 年。

金烨：《新井白石〈同文通考〉俗字研究》，硕士学位论文，浙江财经大学，2014 年。

贾盖东：《越南汉籍〈大越史记全书〉俗字研究》，硕士学位论文，浙江财经大学，2015 年。

简锦松：《越南莫朝诗人阮秉谦〈白云庵诗集〉现地研究》》，《中国文哲研究集刊》2013 年第 43 期。

孔青青：《韩国坊刊本〈九云梦〉俗字研究》，硕士学位论文，浙江财经大学，2015 年。

刘玉珺：《越南使臣与中越文学交流》，《学术研究》2007 年第 1 期。

刘晓聪：《清代越南使臣之"燕行"及其"诗文外交"研究——以〈越南汉文燕行文献〉为中心》，硕士学位论文，广西民族大学，2013 年。

刘康平：《越南汉文写卷俗字研究——以〈安南一统志〉、〈山圣古迹〉、〈黎朝史记〉、〈史南志异〉为中心》，硕士学位论文，西南交通大学，2009 年。

李义敏：《明朝档案俗字研究》，硕士学位论文，浙江师范大学，2012 年。

李荣华：《魏晋南北朝时期张骞形象考述》，《中华文化论坛》2014 年第 2 期。

李乐毅：《方块壮字与喃字的比较研究》，《民族语文》1987 年第 4 期。

李建斌：《〈日藏古抄李峤咏物诗注〉符号代替类俗字研究》，《汉字文化》2011 年第 5 期。

李建斌：《日藏古抄〈百二十咏诗注〉俗字研究》，硕士学位论文，浙江财经大学，2012 年。

李晓华：《石仓契约俗字研究》，硕士学位论文，湘潭大学，2013 年。

梁春胜：《楷书部件演变研究》，博士学位论文，上海复旦大学，2009 年。

林明华：《汉语与越南语言文化（下）》，《现代外语》1997 年第 2 期。

罗长山：《古壮字与字喃的比较研究》，《东南亚纵横》1992 年第 3 期。

马达：《论汉字在越南的传播及其影响》，《河南社会科学》2008 年第 5 期。

彭茜：《朝贡关系与文学交流：清代越南来华使臣与广西研究》，硕士学位论文，广西民族大学，2014 年。

潘辉黎、曾广森：《〈大越史记全书〉的编纂过程和作者〈续完〉》，《东南亚纵横》1985 年第 1 期。

阮玉协：《越南陈朝禅宗三书研究——以文献、文字、词汇为中心》，博士学位论文，浙江大学，2013 年。

任韧：《〈英藏黑水域文献〉汉文文献俗字研究》，硕士学位论文，宁夏大学，2014 年。

史蓬勃：《清代越南使臣在华交游述论——以〈越南汉文燕行文献〉为中心》，硕士学位论文，山东师范大学，2014 年。

宋红芝：《东福寺本〈参天台五台山记〉俗字研究》，硕士学位论文，浙江财经大学，2009 年。

滕兰花：《清代越南使臣眼中的伏波将军马援形象分析——以〈越南汉文燕行文献集成〉为视角》，《广西民族大学学报》2013 年第 3 期。

王力：《汉越语研究》，《岭南学院》1948 年第 1 期。

王晓平：《从〈镜中释林实集〉释录看东亚写本俗字研究——兼论东亚写本学研究的意义》，《天津师范大学学报（社会科学版）》2008 年第 5 期。

王晓平：《日本汉籍写本俗字与敦煌俗字研究的一致性》，《艺术百家》2010 年第 1 期。

王晓平：《俗字通例在日本写本考释中的作用——以〈万叶集〉汉诗文为例》，《天津师范大学学报》2010 年第 6 期。

王晓平：《朝鲜李朝汉文小说写本俗字研究》，《上海师范大学学报（哲学社会科学版）》2013 年第 2 期。

韦树关：《喃字对古壮字的影响》，《民族语文》2011 年第 1 期。

汪泉：《清朝与越南使节往来研究》，硕士学位论文，暨南大学，2008 年。

肖冰萌：《法藏归义军时期敦煌汉文写卷俗字研究及应用》，硕士学位论文，广西大学，2014 年。

徐芳亚：《越南史籍〈大越史记全书〉评介》，《兰台世界》2011 年第 5 期。

叶少飞、田志勇、吴士连：《〈大越史记全书〉十五卷略论》，《东南亚研究》2011 年第 4 期。

杨大卫：《越南使臣李文馥与 19 世纪初清越关系研究》，硕士学位论文，暨南大学，2014 年。

朱秩：《〈宋元以来俗字谱〉俗字研究》，硕士学位论文，福建师范大学，2007 年。

张京华：《从越南看湖南——〈越南汉文燕行文献集成〉湖南诗提要》，《湖南科技学院学报》2011 年第 3 期。

张京华：《三"夷"相会——以越南汉文燕行文献为中心角》，《外国文学评论》2012 年第 1 期。

张茜：《清代越南燕行使者眼中的中国地理景观——以〈越南汉文燕行文献集成〉为中心》，硕士学位论文，复旦大学，2012 年。

张恩练：《越南仕宦冯克宽及其〈梅岭使华诗集〉研究》，硕士学位论文，暨南大学，2011 年。

张涌泉：《韩、日汉字探源二题》，《中国语文》2003 年第 4 期。

张箭：《试析南方为什么不灭佛》，《佛教研究》2004 年第 3 期。

郑阿财：《从越南北宁"祭井"论民俗中的水资源文化》，《西北大学学报》2004 年第 7 期。

周亮：《清代越南燕行文献研究》，硕士学位论文，暨南大学，2012 年。

周梅：《〈东北边疆档案选辑〉俗字研究》，硕士学位论文，浙江师范大学，2014 年。

周志锋：《说简化符号" 刂"》，《汉语史学报》2003 年第 7 期。

赵曜曜：《公元 618 至 755 年法藏敦煌汉文纪年写卷楷书俗字研究》，硕士学位论文，广西大学，2013 年。

3. 电子文献

京都大学人文科学研究所，石刻拓本数据库，http://kanji.zinbun.kyoto-u.ac.jp/db-machine/imgsrv/takuhon/。

中国台湾省国语推行委员会，异体字字典，http://dict2.variants.moe.edu.tw/ variants/。

越南汉喃文献目录数据库系统，http://sou-yun.com/PoemIndex.aspx。

诗词索引，http://sou-yun.com/PoemIndex.aspx。

叁 俗字汇编：冯克宽
使华汉诗写本俗字汇编

冯克宽使华汉诗写本包含两部分，一为《使华手泽诗集》，二为《梅岭使华手泽诗集》，两者区别在于所收诗歌数量及内容皆不同，且大都不重复。

《使华手泽诗集》卷首有光兴二十二年（1599）兵部尚书汪钝夫所撰序《梅岭使华诗集序》。诗集所收均为冯克宽万历二十五年（1597）出使中国期间撰写的诗作。

《梅岭使华手泽诗集》卷首有序两篇，一为汪钝夫所撰序，题为《梅岭尚书毅斋冯克宽使华手泽诗集序》，内容与《梅岭使华诗集序》稍异。另有"万历龙集丁酉下瀚朝鲜副使刑曹参判李睟光芝峰道人序"，此序为诗集所独有。此本诗集所收作品数量较少，且大部分都不重复。其中冯克宽于万历皇帝生日所献三十余首拜寿诗，仅见于本诗集。

这两部诗集虽为一人所作，但两抄本无论在字体还是内容上都存在较大差别，应为异时异人所抄，俗字百出，不失为越南俗字研究的宝贵材料。

需要说明的是：一、凡文本中出现的各类俗字均在辑录之列。为方便起见，俗字均以原版图片方式剪辑，确保俗字的原始性和真实性。并且择用通行的繁体字作为字头，按音序排列，以简体字录入原文例句及页码，以便读者检索。二、凡构件相同，而书写笔画相近者，皆选取字迹清晰且具有代表性的用例辑录，不重复列举。

A

爱— 言之讽谕，惓之忠～。（p.76）

案— 吟哦不断供诗～，醉卧偏多恋楼酒。（p.129）

B

白— 茅屋三间长薛萝，红尘虽少～云多。（p.124）

拜— ～教拜嘉谁曰谨，咨谋咨度敢云谙。（p.106）

拜—［图］ 公献～寿之诗，凡三十余首。(p.76)

辦—［图］ 汲汲要偿诗社债，区区亦～酒车钱。(p.140)

辦—［图］ 有地便宜栽药品，无田何用～钱粮。(p.124)

邦—［图］ 趁朝武接殷冠冔，观～光依舜冕裳。(p.66)

邦—［图］ 而仁民生寿～然脉久留。(p.79)

邦—［图］ 归～僚朋如见问，道天下统已同车。(p.102)

薄—［图］ 北南但愿弘兼爱，～海苍生共帝臣。(p.89)

薄—［图］ 壹场春梦到邯郸，～利轻名了性贪。(p.121)

飽—［图］ 挑起藜羹满箸头，但教空腹～还休。(p.129)

寶—［图］ 金钟雅奏韶英乐，～鼎香凝补衮衣。(p.86)

輩—［图］ 眼底虽非杨子～，何曾轻拔壹条毛。(p.123)

筆—［图］ 故能驻海涛于砚滴，挽文星于～茫。(p.60)

邊—［图］ 所以成～美鼎之功。(p.79)

變—［图］ 照自知年老迈，不愁头发～霜蓬。(p.124)

變—［图］ 世间人物古来钦，不变形容却～心。(p.131)

冰—［图］ 云殿月阶凝瑞气，～天桂海沐深恩。(p.89)

撥—［图］ 一间茅屋白云堆，贫盈滤营心且～开。(p.120)

礴—［图］ 故气之所锺扶舆磅～。(p.81)

C

纔—［图］ 正遇有花犹欠酒，方～得米又无柴。(p.114)

藏—［图］ 行～农用劳～，云钓月且嗷嗷。(p.134)

藏—［图］ 粟米充饥无地种，药苗扶病欠箱～。(p.119)

藏—［图］ 只怀贫索三千客，待到行～十二球。(p.151)

插—［图］ 几度寒花沉醉没，一枝斜～白云巾。(p.133)

詔—［图］ 从来草号乐无～，自小花名唤不～。(p.142)

懺—［图］ 小臣～千秋鉴，祝圣年年万万秋。(p.95)

閶—［图］ 九重～阖晓开鱼，鸡障龙楼燕贺初。(p.86)

常—［图］ 归到乡关回首望，箫韶帝所梦～缠。(p.68)

澈—［图］ 澄～光明莹一真，出乎天德极乎纯。(p.88)

塵—［图］ 成败在人人造化，方圆由己己同～。(p.116)

塵—［图］ 经旬懒出苦春面，几日无炊甑上～。(p.129)

塵—［图］ 洗净九尾沽鲁酒，扫开～壁写长歌。(p.111)

趁—［图］ 一旬删～三朝东，个月馋梳两白头。(p.112)

稱—［图］ 汉重陆生知不辱，宋～富相见曾谙。(p.107)

澄一（图） ～澈光明莹一真，出乎天德极乎纯。（p.88）

癡一（图） 无欲无忧且自然，草堂～梦破青毡。（p.149）

持一（图） 朔风漂漂卷茆茨，冷灶寒烟不自～。（p.138）

遲一（图） 细将命请星人算，九十年来得运～。（p.125）

遲一（图） 心无事握～～起，身怯衣单早早眠。（p.111）

齒一（图） 道德致君身稷契，衣冠奕世～金张。（p.98）

蟲一（图） 党赤鸟天运正中，远来飞站献花～。（p.61）

出一（图） 诗诵经三与师三，四方～使此才堪。（p.105）

處一（图） 飞来何～寺飞来，水绕山青迹生苔。（p.62）

處一（图） 皇极建时三权立，帝星照～众星环。（p.90）

處一（图） 衣冠文物风犹夏，城市楼台～有春。（p.103）

處一（图） 欲访姚君踪迹旧，不知何～是仙都。（p.61）

傳一（图） 南都中正见吾乡，历历相～有世王。（p.101）

傳一（图） 正正绳木师殷后，和济盐梅对～岩。（p.97）

窗一（图） 红日满～梳白发，清风一枕伴书坛。（p.117）

窗一（图） 见馆张筵明盛集，诗篇～旧蔼春烟。（p.67）

窗一（图） 谁鼓有无风上下，逢～明暗月西东。（p.69）

慈一（图） 授政则能为恺悌～祥之教。（p.79）

辭一（图） 诗吟不用加三削，涵酌何～数满斟。（p.131）

辭一（图） 溢于言～之表。（p.76）

聰一（图） 几年波帖渤溟东，上邦欣观有圣～。（p.84）

從一（图） 万里来～瘴疫乡，还凭重驿谒君王。（p.98）

從一（图） 烟水云山～我乐，渔歌唱罢唱樵歌。（p.144）

D

帶一（图） 满满壹盘开口砚，弯弯几只～须虾。（p.146）

淡一（图） 交情似水何妨～，世味如盐不厌咸。（p.122）

當一（图） 居颐自观千年老，杖节还～壮岁男。（p.60）

蹈一（图） 负薪～破云霄岸，把钓忘机鸥鹭亲。（p.140）

得一（图） 公何以～此。（p.59）

德一（图） 独步才超古，余波～照邻。（p.59）

德一（图） 颂周～而叶雅南之韵。（p.76）

燈一（图） 挑～细读行神论，清白何曾愧老褒。（p.113）

鄧一（图） 芝望岂无延年药，～通女少御寒钱。（p.152）

點一（图） 颜渊乐地还谁乐，曾～狂歌到我狂。（p.119）

鼎—鼎 所以成边美～之功。(p.79)

東—东 又不观～阁之梅乎。(p.79)

獨—独 ～不观台史之柏乎。(p.78)

獨—独 近来红紫人争种，难卖肩头～市花。(p.128)

獨—独 笑揭糟酒瓮开，连连～酌两三杯。(p.128)

妒—妒 客嫌巷僻悭来驾，燕～门低懒结窝。(p.125)

妒—妒 奚奴每～诗囊重，鼠窃常憎米塔空。(p.114)

對—对 诵诗三百，专～四方，乃其平生宿志。(p.59)

多—多 ～时放歇催诗句，经月空闲洒酒巾。(p.121)

多—多 吟哦不断供诗案，醉卧偏～恋楼酒。(p.129)

E

恩—恩 云殿月阶凝瑞气，冰天桂海沐深～。(p.89)

邇—迩 趋陪幸接云梯～，飨宴欣沾雨泽膏。(p.91)

F

發—发 先百花而～于洌之中，梅残雪而回春信。(p.79)

發—发 先百花而～于洌之中。(序 p.79)

發—发 一统山河一统同，望江晓～望江中。(p.63)

飛—飞 拂雾～云生皎月，扫炎除暑起凉飚。(p.62)

飛—飞 九苞凤彩～云紫，五色龙光映日红。(p.61)

風—风 果无～海。(p.82)

峰—峰 李晔光芝～道人序。(p.83)

鳳—凤 潜龙肯许鱼虾亵，矗～宁能燕雀谙。(p.105)

鳳—凤 绣衣炳耀九苞～，玉佩铿锵累世貂。(p.67)

佛—佛 地留胜概～留迹，石倚长空人倚栏。(p.62)

福—福 明良喜起载广歌，共庆皇朝～集多。(p.92)

福—福 仰惟帝量同天地，天地长存帝～存。(p.89)

復—复 敞庐不改旧家风，山色朝昏淡～浓。(p.141)

腹—腹 不愁仓～两空虚，半事锄头半读书。(p.137)

賦—赋 长门有～无人买，生榻寒毡向昼眠。(p.137)

賦—赋 鼓和长物天心妙，鲜愠～歌帝德公。(p.61)

G

岡—冈 ～藻肆开鱼鹿宴，羲桐迭奏凤凰池。(p.85)

冈—[图] 敬祝万年天子寿，绵绵国祈过～洪。（p.84）

刚—[图] 人间影向～参破，眼孔年未渐渐空。（p.115）

刚—[图] 一旬～趁三朝东，个月馋梳两白头。（p.112）

綱—[图] 能归肩上～常担，方是人中俊伟男。（p.106）

歌—[图] 庆卢旦而赓喜起之～。（p.76）

歌—[图] 谣以弦歌，～又安知。（p.82）

阁—[图] 做到尚书思～老，得为皇帝望升仙。（p.127）

箇—[图] 天生这～老狂身，随遇那知当与贫。（p.133）

箇—[图] 一旬刚趁三朝东，～月馋梳两白头。（p.112）

耕—[图] 行～农用劳～，云钓月且嗷嗷。（p.134）

耕—[图] 好怀儒术修仙道，卖却～牛买钓槎。（p.150）

耕—[图] 欢钓无钱买钓舟。～书无饮买～牛。（p.151）

顧—[图] 四～湖光风荡漾，一团天色月分明。（p.70）

怪—[图] 眼中～～奇奇事，都让他人做出来。（p.120）

關—[图] ～上书频往复三，朝廷遗使选才堪。（p.106）

關—[图] 北南今庆一家同，万里～河使道通。（p.60）

關—[图] 归乡～回首望，萧韶帝所梦常缠。（p.68）

觀—[图] 华堂凡坐日从容，不～于时夏已中。（p.61）

觀—[图] 居颐自～千年老，杖节还当壮岁男。（p.60）

觀—[图] 望外庐山山又山，鄱阳湖口快～澜。（p.62）

觀—[图] 寓物静～皆自得，随时佳兴与人同　使华手泽（p.64）

管—[图] 翼轸封疆归～辖，日星名夯炳冠裳。（p.101）

冠—[图] 合九州岛归同一轨，卓千古～百王超。（p.91）

廣—[图] 到～西答清江王仲夏诗题。（p.61）

龜—[图] 鹤发～髯天赐寿，鸟巾鸠杖地行仙。（p.63）

龜—[图] 皤皤鬓发松梢鹤，髯髯须髯莲叶～。（p.63）

歸—[图] 花子泛来凫两棹，吕翁飞道鹤～翰。（p.62）

歸—[图] 一天望眼光如洗，万里～心迅若飞。（p.65）

歸—[图] 渔夫扁舟樵半担，黄昏戴月戴星～。（p.63）

過—[图] 敬祝万年天子寿，绵绵国祈～冈洪。（p.84）

過—[图] 远～汉而唐土宇，挽回尧与舜君民。（p.103）

H

含—[图] 小臣忝预～香使，幸接清光觌舜阶。（p.88）

寒—[图] 天行东北未霜～，和气氤氲满际蟠。（p.90）

漢—📷　银～槎棋牛斗次，玉街楼柳管弦声。(p.63)

闔—📷　九重闉～晓开鱼，鸡障龙楼燕贺初。(p.86)

壑—📷　千山月色辉旗盖，万～风声闹鼓箶。(p.68)

後—📷　仰龙祖训前无间，贻燕孙谋～有凭。(p.94)

虎—📷　天陛云红罗～拜，台炉烟碧袋龙涎。(p.90)

滬—📷　龙楼凤阁倚重侵，宝～初开台驾临。(p.95)

護—📷　河润海涵天地方，水环山～帝王家。(p.93)

花—📷　题竹有诗情自适，对～无酒兴难消。(p.144)

華—📷　皇～之选，儒墨所荣。(p.75)

華—📷　皇～之选，儒墨所荣。(p.59)

華—📷　梅岭尚书毅斋冯克宽使～手泽诗集叙。(p.75)

懷—📷　被泽生民胥鼓舞，闻风侯国举柔～。(p.88)

懷—📷　此外关～无此物，泽民全是腹诗书。(p.67)

懷—📷　公馆重九书～。(p.64)

歡—📷　渡关越岭达河江，贺福～逢福降。(p.85)

環—📷　皇极建时三权立，帝星照处众星～。(p.90)

環—📷　阴阳消长非无日，穷富循～也有时。(p.108)

還—📷　张公喜新罗～使有云。(p.75)

荒—📷　市远家贫岁又～，无鱼无肉只家常。(p.147)

凰—📷　冈藻肆开鱼鹿宴，羲桐迭奏凤～池。(p.85)

黃—📷　粉壁楼台开秀丽，～巢兵马认分明。(p.60)

黃—📷　日食～菊羹三碗，岁织青麻布一批。(p.130)

輝—📷　太极殿前长日暖，逢莱宫里寿星～。(p.86)

徽—📷　尧眉舜目天姿异，汤敬文～圣德同。(p.84)

J

展—📷　双～云霞寻鹿洞。一竿风月钓鱼台。(p.131)

機—📷　负薪蹈破云霞雷岸，把钓忘～鸥鹭。(p.140)

機—📷　心上忘～利欲休，任狂任醉任遨游。(p.139)

擊—📷　～筑狂歌先乐句，衔杯遣兴肯干休。(p.125)

饑—📷　粟米充～无地种，药苗扶病欠箱藏。(p.119)

躋—📷　圣贤大道正修齐，学造高明敬日～。(p.87)

極—📷　皇～建时三权立，帝星照处众星环。(p.90)

幾—📷　～尘等闲无个，谩敲石火煮新茶。(p.136)

幾—📷　～度醉回随处舞，儿童笑我老狂颠。(p.126)

幾—[字形] ～年波帖渤溟东，上邦欣观有圣聪。（p.84）

幾—[字形] 编桥截竹通幽处，补屋添峁到～重。（p.115）

幾—[字形] 风流～段都收了，富贵香名满袖中。（p.64）

幾—[字形] 余才颇钝，于诗尤拙，～曾还使华。（p.80）

既—[字形] 道既同符心～合，民常信向命常留。（p.95）

寂—[字形] 贫居终日独萧萧，明月清风伴～寥。（p.145）

際—[字形] 驾熊乘鹤归来～，赋凤歌鸾啸咏余。（p.67）

際—[字形] 天行东北未霜寒，和气氤氲满～蟠。（p.90）

濟—[字形] 功成事～凭忠义，亿万维生活北南。（p.60）

繼—[字形] 圣～光明照四方，喜哉有此肱股良。（p.98）

堅—[字形] ～贞点检圣贤心。（p.113）

堅—[字形] 菜根～韧芽根健，水味清甘道味长。（p.124）

堅—[字形] 人业晚而弥～，老而益壮。（p.79）

間—[字形] 大孤山对小孤山，山外湖中飘渺～。（p.62）

間—[字形] 而使程之作，亦～有之。（p.75）

將—[字形] 环屋星霜睥睨，破窗明月敢～相。（p.148）

將—[字形] 酒～洞衰桃酿，米付滩头水碓春。（p.141）

將—[字形] 细～命请星人算，九十年来得运迟。（p.125）

疆—[字形] 地连华夏近蛮卿，终古封～屋壹王。（p.100）

降—[字形] 渡关越岭达河江，贺福欢逢福～。（p.85）

降—[字形] 分节镇官参礼谒，竖旗骚帅为诗～。（p.61）

降—[字形] 天庭一自～黄麻，万姓欣沾庆泽多。（p.93）

降—[字形] 粤从迹晚～池鱼，头角崭然奋跃初。（p.67）

傑—[字形] 公以豪～之才。（p.59）

解—[字形] 不辞驲驿凌霜雪，～使天骄识凤麟。（p.59）

借—[字形] 每～鸢鱼看道眼，惯吞风月饱诗肠。（p.148）

緊—[字形] 采担干柴归要～，壹头换米壹头烧。（p.144）

盡—[字形] 囊常羞涩无由计，诗思豪吟～可观。（p.110）

盡—[字形] 孤鹤野云皆伴侣，寒梅竦竹～相知。（p.110）

盡—[字形] 思情洒落皆周孔，气象雍容～舜尧。（p.62）

盡—[字形] 无穷活思无穷水，不尽新诗不～山。（p.69）

鏡—[字形] 接天水照芙蓉～，逐浪花开芍乐盘。（p.62）

酒—[字形] 等闲沽得寔春～，左手捧壶右把杯。（p.132）

酒—[字形] 多时放歇催诗句，经月空闲洒～巾。（p.121）

酒—[字形] 狂吟不观诗生～，纵饮何妨经解醒。（p.138）

酒—[字] 人情世味三杯浅，～量诗怀十倍加。（p.136）

酒—[字] 相逢燕市胡姬～，便是狂夫得意时。（p.149）

酒—[字] 笑酌茅柴～数杯，穷愁而字且风开。（p.131）

舊—[字] 蜚英腾茂，会贞抱素，～矣。（p.79）

舊—[字] 喜马台高～迹遗，道傍客舍柳垂垂。（p.63）

舊—[字] 一自军们来谒时，见公如素～相知。（p.64）

舊—[字] 欲访姚君踪迹～，不知何处是仙都。（p.61）

舉—[字] 此事将前代～，德羲轩寿亦羲轩。（p.91）

舉—[字] 题～人扇。（p.62）

爵—[字] ～书曾兆应天文，今秋庆喜圣明君。（p.89）

爵—[字] 余知公之～如乐，其实公之世德。（p.80）

覺—[字] 华堂凡坐日从容，不～于时夏已中。（p.61）

K

开—[字] 而心胸～豁，气度恢弘。（p.78）

开—[字] 粉墙朱户～花屋，玉马舍鞍跨石杠。（p.61）

开—[字] 润泽生民，而心腹～阔。（p.60）

恺—[字] 授政则能为～悌慈祥之教。（p.79）

龕—[字] 近悦饱仁陶九有，远来钦化～群方。（p.93）

空—[字] 深感邻翁君紫蟹，黄鸡尚记怀天～。（p.134）

磴—[字] 酒将洞衰桃酿，米付滩头水～春。（p.141）

L

劳—[字] 遗珠不必怜光彩，失马何～问吉凶。（p.119）

劳—[字] 白云留住狂游迹，何处～～更问津。（p.121）

樂—[字] ～君家在九真居，水驿山程万里余。（p.65）

樂—[字] ～守清贫年过年，何须计较苦求行。（p.109）

樂—[字] 余知公之爵如～，其实公之世德。（p.80）

籬—[字] ～菊开残还欠酒，菜根生老尚无油。（p.112）

籬—[字] 勾引白衣来助兴，多于～外种黄花。（p.119）

籬—[字] 竹～茅屋倚松阴，居处林泉岁月深。（p.127）

裏—[字] 酒将洞～桃酿，米付滩头水碨春。（p.141）

禮—[字] 山川封域虽云异，～乐衣冠是则同。（p.103）

歷—[字] 天纯佑圣底慈民，受命增光～数膺。（p.94）

聯—[字] 浮生经营惟我拙，满怀诗～向谁听。（p.134）

聯—[俗字] 一郡光～两福星，射天芒彩满堂庭。（p.61）

戀—[俗字] 吟哦不断供诗案，醉卧偏多～楼酒。（p.129）

糧—[俗字] 有地便宜栽药品，无田何用办钱～。（p.124）

兩—[俗字] 笑揭糟酒瓮开，连连独酌～三杯。（p.128）

鄰—[俗字] 独步才超古，余波德照～。（p.59）

鄰—[俗字] 而余辉剩馥，亦起敬于～邦之使。（p.59）

麟—[俗字] 解使天骄识风～。（p.59）

麟—[俗字] 累世貂蝉天下有，一门～凤世间无。（p.63）

齡—[俗字] 过张丞相九～祠堂使华手泽（p.62）

靈—[俗字] 山出异形饶象骨，地钟～气产龙香。（p.98）

溜—[俗字] 于岁寒之候，皮～雨而色参天。（p.78）

留—[俗字] 地～胜概佛～迹，石倚长空人倚栏。（p.62）

留—[俗字] 骑鲸诗客仙～迹，虏却书生将有威。（p.63）

留—[俗字] 生芳独胜花屏馥，先见长～熠烛明。（p.62）

柳—[俗字] 一塌清风垂～绿，半帘疏雨湿花红。（p.118）

柳—[俗字] 挹泉静水龙会出，～顶慈云鹤带回。（p.62）

柳—[俗字] 银汉槎棋牛斗次，玉街楼～管弦声。（p.63）

隆—[俗字] 岁岁从容逢好景，年年侥幸度～冬。（p.114）

龍—[俗字] 万历～集丁酉下瀚。（p.83）

龍—[俗字] 萧韶九奏来仪凤，圭冕千行拜衮～。（p.84）

籠—[俗字] 见闻争似蜗居井，出处浑如鸟脱～。（p.124）

籠—[俗字] 台座冕旒～瑞日，贡庭玉帛引香风。（p.84）

樓—[俗字] 九重阊阖晓开鱼，鸡障龙～燕贺初。（p.86）

盧—[俗字] 朝会曾闻古有～，以今祝古两相符。（p.87）

盧—[俗字] 庆～旦而赓喜起之歌。（p.76）

蘆—[俗字] 厚盖～花屋数椽，幽栖应不近人烟。（p.142）

廬—[俗字] 望外～山山又山，鄱阳湖口快观澜。（p.62）

爐—[俗字] 天陛云红罗虎拜，台～烟碧袭龙涎。（p.90）

亂—[俗字] 难黄菊～开因欠，轻香花吹面且开颜。（p.137）

羅—[俗字] 张公喜新～还使有云。（p.59）

蘿—[俗字] 茅屋三间长薜～，红尘虽少白云多。（p.124）

纙—[俗字] 朝神班里我貂夛，昼锦堂前簇绮～。（p.68）

纙—[俗字] 二十四桥风月景，几千万户绮～家。（p.70）

屢—[俗字] 故旧不知粮～绝，书来只管劝加餐。（p.145）

履—[俗字] 春到出门穿单～，雪深连夜梦绵袍。（p.134）

慮—憲　一间茅屋白云堆，贪盈～营心且拨开。（p.120）

M

脈—脈　而仁民生寿副然～久贤。（p.79）

蠻—蠻　东因献雉通～徼，直为包茅觐地舆。（p.65）

門—門　卿相～中卿权踵，秦和城里秦和风。（p.102）

彌—彌　人业晚而～坚，老而益壮。（p.79）

N

奈—奈　难禁枕背严霜重，无～床头破被单。（p.145）

耐—耐　读书学浅须勤习，待客醪悭不～斟。（p.127）

南—南　～酒携诗谁厚意，吟且弄月我闲谈。（p.121）

南—南　北～今庆一家同，万里关河使道通。（p.60）

南—南　功成事济凭忠义，亿万维生活北～。　使华手泽（p.60）

南—南　我自昆蓬～过北，冲霄拟歌振双翰。（p.62）

南—南　吾闻交川～极也。（p.81）

難—難　冠裳未易轻蓑笠，狐貉应～胜褊饱。（p.118）

難—難　寒灰冷灶～留火，有米无柴惯断烟。（p.109）

難—難　酷怜坚吝酒～赊，安得青蚨挂杖。（p.119）

能—能　潜龙肯许鱼虾袭，鸑凤宁～燕雀谐。（p.105）

擬—擬　我自昆蓬南过北，冲霄～歌振双翰。（p.62）

釀—釀　店里赊来花～酒，厨中擂烂米糊汤。（p.113）

躡—躡　～向月中真有路，生从足下便无踪。（p.70）

凝—凝　金钟雅奏韶英乐，宝鼎香～补衮衣。（p.86）

凝—凝　明良喜起效皋歌，乐治心同～泰和。（p.67）

濃—濃　淡～香为风来往，鸾下诗因酒有无。（p.61）

P

盤—盤　笋蕨杯～供野饷，溪山花鸟壮狂游。（p.147）

龐—龐　润苏谷仰息洋洽，稀薇　德骏～。（p.85）

轡—轡　花烟玉～骎骎并，白发青春步步随。（p.64）

捧—捧　等闲沽得寔春酒，左手～壶右把杯。（p.132）

憑—憑　功成事济～忠义，亿万维生活北南。（p.60）

Q

期—朝　交南一款此～先，天外谁知更有天。(p.67)

其—亘　乃～平生宿志。(序 p.59)

齊—肴　会见陛朝～祝圣，万年天保祝甲重。(p.64)

齊—肴　踪～郊聘公西马，济洏津叶子产舆。(p.102)

豈—岂　～独奇货乎哉。(p.81)

豈—岂　济～其祥诗有删，喜今圣上挺龙颜。(p.90)

豈—岂　见时不若去时思，～不人思室远而。(p.68)

氣—气　山出异形饶象骨，地蒸灵～产龙香。(p.65)

氣—气　思情洒落皆周孔，～象雍容尽舜尧。(p.62)

氣—气　壹事凄沧真受～，朔风吹我布袍单。(p.110)

遷—迁　产业贫来欲变～，安排出账卖书田。(p.139)

錢—钱　单管收留香翰墨，何曾落剩臭铜～。(p.126)

錢—钱　汲汲要偿诗社债，区区亦办酒车～。(p.140)

錢—钱　酒可消愁多饮酒，～能招祸莫求行。(p.111)

竊—窃　奚奴每妒诗囊重，鼠～常憎米塔空。(p.114)

琴—琹　那堪故旧长年别，喜得～书逐日亲。(p.133)

輕—轻　冠裳未易～蓑笠，狐貂应难胜福袍。(p.118)

輕—轻　炎凉世态漫～贫，只重黄金不重人。(p.117)

輕—轻　壹场春梦到邯郸，薄利～名了性贪。(p.121)

慶—庆　臣民欣～同欢祝，圣寿增辉对泰山。(p.90)

趨—趋　～朝望接殷冠哻，观国光依舜冕裳。(p.99)

趨—趋　欣逢诞日兆开先，百辞齐～圣节筵。(p.90)

R

然—然　漫～春思。(p.76)

然—然　夙兴夜寐浑无补，高枕安～且晏然。(p.152)

然—然　夙兴夜寐浑无补，高枕安然且晏～。(p.152)

讓—让　盛意尚余裔苗庆，声如肯～汉臣宗。(p.67)

遶—遶　草遮幽径长连翠，花～疏篱不断香。(p.148)

榮—荣　皇华之选，儒墨所～。(p.75)

儒—儒　皇华之选，～墨所荣。(p.59)

潤—润　～泽生民。(p.78)

S

灑—　多时放歇催诗句，经月空闲～酒巾。(p.121)

澀—　不愁囊罄常羞～，只怕壶空没处求。(p.126)

澀—　囊常羞～无由计，诗思豪吟尽可观。(p.110)

森—　气见黄旗～帝座，云开花盖耸天杠。(p.85)

擅—　月照柴门惹兴豪，乾坤撩我～风骚。(p.118)

裳—　趁朝武接殷冠哻，观邦光依舜冕～。(序 p.66)

裳—　提封汉代新铜柱，贡献周家旧越～。(序 p.65)

裳—　享用九三恭有命，顺从六五叶坤～。(序 p.66)

攝—　赵孟与他无统～，申韩于我不相干。(p.128)

甚—　纵横识得仪秦乐，骚散～传李杜神。(p.130)

繩—　万众一心齐圣祝，世千世亿永～～。(p.95)

勝—　算来饱暖人赢我，论到清闲我～人。(p.146)

聖—　惟～即天天即圣，愿天永畀圣康宁。(p.94)

識—　不辞驲驿凌霜雪，解使天骄～凤麟。(p.59)

識—　纷纷意气轻肥马，双眼何曾幸～荆。(p.123)

事—　～不挠人人自挠，百年身世几浮沉。(p.113)

事—　功成～济凭忠义，亿万维生活北南。(p.60)

壽—　而仁民生～副然脉久贤。(p.79)

壽—　仅万～圣节，公献拜寿之诗。(p.76)

壽—　仅万寿圣节，公献拜～之诗。(p.76)

書—　赐进士及第兵部尚～东阁学士。(p.59)

書—　第曾还使华，亦佳朋茂悦底意，于是乎～。(p.60)

書—　诗～译及知予幸，忠孝名成望汝堪。(p.107)

疏—　～狂日省三般事，冷淡生涯壹界宽。(p.128)

孰—　任道三都高赋手，向非玄晏～游扬。(p.66)

熟—　久则征先正有曰：诗经百炼方成～。(p.80)

鼠—　饥～觊觎囊里粟，蠹鱼钻破案头篇。(p.143)

鼠—　奚奴每妒诗囊重，～窃常憎米塔空。(p.114)

庶—　位俨九重容穆穆，日临～政念兢兢。(p.94)

數—　使臣衔命人无～，光彩如公定是希。(p.75)

數—　诗吟不用加三削，涵酌何辞～满斟。(p.131)

數—　天纯佑圣底慈民，受命增光丕～膺。(p.94)

雙—　纷纷意气轻肥马，～眼何曾幸识荆。(p.123)

雙一〔〕　受赐小臣齐敬祝，万年书上寿眉～。（p.85）

舜一〔〕　尧眉～目天姿异，汤敬文征圣德同。（p.84）

斯一〔〕　未有鼓吹骚坛脍炙人口如～集也。（p.59）

斯一〔〕　于翼彼黄金世界，如翠～碧玉楼台。（p.62）

簪一〔〕　气见黄旗森帝座，云开花盖～天杠。（p.85）

蘇一〔〕　春风送暖入书窗，病骨方～喜向阳。（p.113）

蘇一〔〕　润～谷仰息洋洽，穑薇德骏麗。（p.85）

蘇一〔〕　所以天医征～民之效。（p.79）

雖一〔〕　案头书卷～无用，却是农家养口田。（p.135）

雖一〔〕　茅屋三间长薛萝，红尘～少白云多。（p.124）

隨一〔〕　少壮每～前面去，老狂都在后头来。（p.120）

歲一〔〕　千～云梢千岁鹤，双双白发对苍髯。（p.96）

歲一〔〕　千岁云梢千～鹤，双双白发对苍髯。（p.96）

歲一〔〕　庭入九州岛归辙一，殿呼万～祝嵩三。（p.96）

歲一〔〕　于～寒之候。（p.78）

所一〔〕　故气之～锺扶舆磅礴。（p.81）

T

臺一〔〕　其上阁老张国公相及谒道爷杨宪～诸作。（p.76）

臺一〔〕　衣冠文物风犹夏，城市楼～处有春。（p.103）

態一〔〕　炎凉世～漫轻贫，只重黄金不重人。（p.117）

攤一〔〕　酒旋教怀大放，～书转观兴悠然。（p.109）

壇一〔〕　讲～洒袭朝衣满，禁苑云低台座开。（p.88）

嘆一〔〕　子美囊空知是乏，渊明瓶罄～无聊。（p.146）

嘆一〔〕　自～近来吟骨瘦，烟花那得尽肩担。（p.122）

陶一〔〕　近悦饱仁～九有，远来钦化龛群方。（p.93）

藤一〔〕　青～绿菜羹犹滑，赤米花粘饭颇香。（p.147）

藤一〔〕　煮升白米粗粘饭，摘碗青～嫩水瓜。（p.146）

鐵一〔〕　于人懒写通名刺，安分何求点～丹。（p.142）

聽一〔〕　近来～寓俱无货，收得烟花满草堂。（p.148）

庭一〔〕　纲纪一家衽席，范围六合会～除。（p.86）

銅一〔〕　单管收留香翰墨，何曾落剩臭～钱。（p.126）

W

萬一〔〕　功成事济凭忠义，亿～维生活北南。（p.60）

萬—[俗字]　驾～里之轺。（p.76）

往—[俗字]　也曾日诵白圭三，～事追寻意未堪。（p.105）

往—[俗字]　追随鸥鹭皆朋友，来～渔樵总弟兄。（p.123）

惘—[俗字]　～怅知音无处觅，行行空自抱丝桐。（p.119）

望—[俗字]　趋朝～接殷冠呷，观国光依舜冕裳。（p.99）

微—[俗字]　一朵祥云映紫～，欢声喜气溢尧畿。（p.86）

薇—[俗字]　何幸紫～陪藻宴，顾赓既醉咏凫鸥。（p.87）

巍—[俗字]　坦九裔～～荡荡。（p.82）

為—[俗字]　英清淑之气，结而～山岳，融而～川泽。（p.81）

圍—[俗字]　黄道光明中正月，彤～香袅太平风。（p.84）

圍—[俗字]　深深雨暗山～幕，猎猎风高湖打波。（p.69）

圍—[俗字]　纲纪一家衽席，范～六合会庭除。（p.86）

違—[俗字]　相逢今日交情切，但愿无～鸡黍盟。（p.62）

聞—[俗字]　～君家在九真居，水驿山程万里余。（p.99）

聞—[俗字]　吾～交川南极也。（p.81）

問—[俗字]　归正僚朋如见～，道天下统已同车。（p.102）

問—[俗字]　遗珠不必怜光彩，失马何劳～吉凶。（p.119）

問—[俗字]　舟人不识寒儒味，日日登门～买鱼。（p.110）

翁—[俗字]　都人未识南来使，笑指那～老更强。（p.104）

翁—[俗字]　欲向青帘沽美酒，文君不识索～钱。（p.61）

窩—[俗字]　结～须要求安乐，履道还应问坦平。（p.150）

無—[俗字]　使臣衔命人～数，光彩如公定是希。（p.75）

無—[俗字]　与众木～异，于岁寒之候，皮溜雨而色参天。（p.78）

舞—[俗字]　～青杨柳风生袖，影白梧桐月满台。（p.128）

霧—[俗字]　拂～飞云生皎月，扫炎除暑起凉飚。（p.62）

X

行—[俗字]　具见冯克宽忠悃殊可深嘉，冯炎即命下刻板颁～天下。（p.97）

行—[俗字]　士夫皆壮其～，而知其成功之必到京日。（p.76）

羲—[俗字]　冈藻肆开鱼鹿宴，～桐迭奏凤凰池。（p.85）

閒—[俗字]　许大乾坤相对立，等～草木敢缘攀。（p.67）

閒—[俗字]　几尘等～无个，谩敲石火煮新茶。（p.136）

賢—[俗字]　圣～大道正修齐，学造高明敬日跻。（p.87）

賢—[俗字]　天皇帝御批云～才何地无之，阅挽诗集。（p.97）

顯—[俗字]　非贫那～安贫节，得意方形失意时。（p.125）

養—养 钦存恭见尧修己，简台宽临舜～民。（p.88）

養—养 苴蓿饱飧忘世味，草堂兀坐～天和。（p.136）

韜—韬 驾万里之～。（p.76）

藥—药 金浆玉醴飞腾～，愿上丹霞五色杯。（p.88）

藥—药 君臣～剂甘和菊，忠义诗囊健胜蒐。（p.64）

藥—药 仙～风吹松壑籁，卢韶水奏百泉琴。（p.68）

藥—药 茱萸色紫蔷薇色，菡萏花红芍～花。（p.70）

耀—耀 藜藿不充心见乐，缊袍无～意悠然。（p.122）

耀—耀 亲辞殿陛面乡园，全命萦回～秀衣。（p.65）

耀—耀 绣衣炯～九苞凤，玉佩铿锵累世貂。（p.67）

曄—晔 李～光首峰道人序。（p.76）

燁—烨 ～然台光，温然春思，溢于言辞之表。（p.59）

醫—医 所以天～征苏民之效。（p.79）

儀—仪 萧韶九奏来～凤，圭冕千行拜衮龙。（p.85）

異—异 ～邦同归礼义乡，喜逢今日共来王。（p.65）

異—异 骨相槐琦珠出匣，精神俊～玉生蓝。（p.107）

意—意 亦皆朋寿茂悦底～。（p.80）

義—义 ～安何地不安居，礼接诚交乐有余。（p.100）

義—义 其道德丰腴，仁～膏泽。（p.59）

翼—翼 于～彼黄金世界，如翚斯碧玉楼台。（p.62）

驛—驿 水楼月照至千顷，使～梅传春一枝。（p.68）

驛—驿 乐君家在九真居，水～山程万里余。（p.65）

盈—盈 一间茅屋白云堆，贪～滤营心且拨开。（p.120）

營—营 舒卷尚能消日月。经～早慕积黄金。（p.131）

贏—赢 剩得黄薔满瓮储，养生虽不要～余。（p.140）

贏—赢 未知消长还观易，不较～输懒下棋。（p.109）

應—应 金马玉堂～没分，清泉白石亦前缘。（p.149）

幽—幽 ～居颇有陶潜兴，竹满池边菊满篱。（p.130）

幽—幽 编桥截竹通～处，补屋添茆到统重。（p.115）

幽—幽 从来隐地多～僻，花锁闲关柳锁梅。（p.118）

憂—忧 从来草号乐谱，自小花名唤不～。（p.142）

憂—忧 有味箪瓢无点～，此心乐道足优游。（p.126）

優—优 有味箪瓢无点忧，此心乐道足～游。（p.126）

猶—犹 ～喜多情深应月，清光长照烂书斋。（p.114）

猶—犹 岑带秋霜山渐瘦，波添春树水～肥。（p.63）

猶—〔图〕皇明鸿祚今～古，一统车书大混同。（p.61）

猶—〔图〕衣冠文物风～夏，城市楼台处有春。（p.103）

遊—〔图〕白云留住狂～迹，何处劳劳更问津。（p.121）

遊—〔图〕车电驭神～。（p.83）

遊—〔图〕心上忘机利欲休，任狂任醉任遨～。（p.139）

有—〔图〕未～鼓吹骚坛脍炙人口如斯集也。（序 p.59）

有—〔图〕昔坡公馈子由之使～云。（p.75）

囿—〔图〕以雅以南沾缟宴，若民若物～春台。（p.88）

於—〔图〕人出～其间。（p.81）

於—〔图〕详～献雉远矢。（p.82）

餘—〔图〕到京日，值万寿盛节，公献拜祝之诗，凡二十～首。（p.59）

餘—〔图〕独步才超古，～波德照邻。（p.59）

餘—〔图〕为陈王事久离居，黄发飘然七十～。（p.66）

輿—〔图〕东因献雉通蛮徼，直为包茅觐地～。（p.65）

輿—〔图〕故气之所钟扶～磅礴，必生瑰奇秀异。（p.81）

輿—〔图〕来因献雉通蛮缴，贡为苞茅括地～。（p.99）

與—〔图〕～众木无异。（p.78）

與—〔图〕裁成天地人之道，所望皇王心～参。（p.96）

與—〔图〕天生这个老狂身，随遇那知当～贫。（p.133）

欲—〔图〕欢钓无钱买钓舟。～书无饮买耕牛。（p.151）

欲—〔图〕汲汲要偿诗社债，区区～办酒车钱。（p.140）

欝—〔图〕贡译欣逢圣节佳，～葱瑞气满衢街。（p.87）

淵—〔图〕彼此虽殊山海域，～源同一圣贤书。（p.100）

淵—〔图〕颜～乐地还谁乐，曾点狂歌到我狂。（p.119）

園—〔图〕曾在一～随意饮，何愁万贯少腰缠。（p.149）

園—〔图〕黄莺树底声相应，绿竹～中笋结胎。（p.120）

圓—〔图〕成败在人人造化，方～由己己同尘。（p.116）

遠—〔图〕抚华便是深恩布，致～尤弘令德昭。（p.91）

遠—〔图〕回首炎州归路～，又谁重作旧南车。（p.99）

怨—〔图〕知命由来敢～天，布衣随分度流年。（p.137）

怨—〔图〕自持清介过残年，半句何曾敢～天。（p.122）

閱—〔图〕敬天法祖学开讲，～武崇文贤广求。（p.95）

躍—〔图〕粤从迹晚降池鱼，头角崭然奋～初。（p.67）

雲—〔图〕宫廯清凉红树影，郡侯满洒白～心。（序 p.70）

褊—〔图〕冠裳未易轻蓑笠，狐貉应难胜～袍。（p.118）

Z

哉—　其间，岂独奇货乎～。（p.81）

哉—　圣继光明照四方，喜～有此肱股良。（p.98）

载—　明良喜起～广歌，共庆皇朝福集多。（p.92）

澤—　被～生民胥鼓舞，闻风侯国举柔怀。（p.88）

澤—　撰使华手～诗集。（p.60）

張—　～公喜新罗还使有云。（p.59）

漲—　潮～光摇天上月，云开影弄水边花。（p.70）

賬—　产业贫来欲变迁，安排出～卖书田。（p.139）

遮—　～路万千条径竹，忘形三五个沙鸥。（p.139）

遮—　翠柳拂门连细细，红尧～屋影重重。（p.135）

真—　喜得诗为千古重，一腔～乐少人知。（p.138）

真—　颜面不有千金富，～乐何惭万户侯。（p.126）

斟—　读书学浅须勤习，待客醪悭不耐～。（p.127）

知—　～心切切谐心友，握手谆谆阅手书。（序 p.66）

知—　欲访姚君踪迹旧，不～何处是仙都。（序 p.61）

直—　钓船刚～风波急，撑入芦花稳处眠。（p.140）

職—　九重天子爱民深，理郡多公奉～钦。（p.65）

職—　南方茅贡供常～，西母桃盘献寿龄。（p.94）

徵—　节次求贤丹诏下，何曾～召老村翁。（p.141）

徵—　尧眉舜目天姿异，汤敬文～圣德同。（p.84）

鍾—　或～于物，或重于人。（p.81）

鍾—　金～雅奏韶英乐，宝鼎香凝补衮衣。（p.86）

畫—　雅爱一身间白～，不教两脚走红尘。（p.117）

築—　击～狂歌先乐句，衔杯遣兴肯干休。（p.125）

撰—　保通郡公上柱国林　钝夫～。（p.80）

轉—　行李共淹孤馆里，空惊岁月～云车。（p.101）

轉—　酒旋教怀大放，摊书～观兴悠然。（p.109）

轉—　又足以旋～天地乾坤，掀揭宇宙。（《梅岭尚书毅斋冯克宽使华手泽诗叙》p.78）

宗—　百世～亲百世友，双仁一脉福生基。（p.85）

總—　年过年来不记年，天寒天暖～由天。（p.111）

總—　五十与齐皆令老，许多似续～英旧。（p.64）

结语：域外汉籍与近代汉字研究

以上研究，主要关注域外汉籍中的俗字现象及其规律，只涉及海量文献中的冰山一角。本课题与其说是俗字域外传播研究，不如说是域外汉籍俗字整理研究。

何谓域外汉籍？张伯伟认为，域外汉籍即存在于中国之外或域外人士用汉文（主要是古汉文）撰写的各类典籍。具体可包括三个方面的内容：一是历史上域外人士用汉文书写的典籍，这些人包括朝鲜半岛、日本、琉球、越南、马来半岛等地的知识人，以及 17 世纪以来欧美的传教士；二是中国汉文典籍的域外刊本或抄本，比如大量现存的中国古籍的和刻本、朝鲜本、越南本等，以及许多域外人士对中国古籍的选本、注本和评本；三是流失在域外的中国汉文古籍。

关于域外汉籍的整理与研究，国内学界越来越重视。北京、上海、南京等许多高校，先后成立域外汉籍研究机构，取得丰硕成果。《域外汉籍研究集刊》为域外汉籍研究构筑学术平台，有力推动该学科的成立和发展。近年，国内相继出版《域外汉籍珍本文库》《燕行录全编》《越南汉文燕行文献集成》《韩国汉文燕行文献集成》《越南汉文小说集成》《梵蒂冈图书馆藏明清中西文化交流史文献丛刊》等为域外汉籍的利用与研究提供了极大便利。近期，山东大学正在推进"全球汉籍合璧与传播工程"重大文化工程，力图通过国际合作等方式整合全球汉籍资源实现分批出版，完成数字化建设，展开国际汉学研究。因此，基于域外汉籍的汉字本体研究、汉字传播研究理应成为中国文字学研究的重要内容。

众所周知，汉语文字学大体可以分为两个大的方面：一是古文字研究，研究小篆及其以前的古文字；二是近代汉字研究，研究隶书以下的近代文字。张涌泉认为，近代汉字研究和古文字研究是车之两轮、鸟之两翼，缺一不可。[①]

以域外汉籍为语料的汉字研究，大体属于近代汉字研究范围。通过本课题研究，我们取得以下认识，希望在今后的学习和研究中，不断拓展

---

① 张涌泉：《大力加强近代汉字研究》，《浙江教育学院学报》2003 年第 6 期。

创新。

一　域外俗字变迁研究

朝—韩、日、越与汉字接触背景不一样，其俗字变迁亦有差异。越南曾为"交州"，与中国文化渊源最为密切。吴权称王以后，越南与中国封建王朝长期保持宗藩关系。汉越俗字一脉相承，而使用喃字后，汉喃文献中的俗字变异更加显著。朝鲜半岛与中国接壤，金石文献、写本文书、刻本典籍，特别是高丽本大藏经亦多承六朝以来汉语俗字。吏读确立之后，佛家略体口诀、俗体半字等特色俗字盛行，颇显朝鲜半岛特色，并有自创新字。日本接受汉字文化，早期经由朝鲜，金石文字多承六朝之风。正仓院文书、写经文字则多显唐代风范。镰仓至室町之后，日本俗字渐显个性，和制异体层出，研究俗字之风盛行。基于汉字文献的俗字采样乃梳理域外俗字变迁之基础。只有廓清域外俗字变迁史方能厘定汉语俗字对外传播轨迹。

二　汉语俗字在域外的传承研究

从某种意义上说，域外汉籍发展史乃是汉字发展史、俗字变迁史。纵观域外汉籍之金石、写本、刻本，其异体俗字之多且与汉语俗字之近似乃为不容置疑的客观事实。研究表明，日本现行俗字在汉唐典籍中 90%都能找到原型，尽管与首见字源未必有直接关联。朝—韩、越俗字亦不例外，大多不出汉唐俗字范围。将域外俗字与汉唐俗字比较、域外不同地区俗字相互对照则可发现共时传播与历时变迁的诸多关系，昭示历史上汉字圈之"国际俗字"景观，汉字成员国均为汉字发展做出过或此或彼的贡献。

三　汉语俗字在域外的变体研究

俗字传入域外之后，经历过移植、吸纳、消化、变异、创新的过程。前期研究表明，域外有些俗字，在中国原典古籍中可以找到用例，然而却没有被汉语辞书收录，更无缘作为标准用字，甚至是昙花一现。此为"佚存俗字"或"扩散性俗字"。而有些域外俗字，在中土文献中难以发现用例，此为"外制异体字"。日、朝—韩、越之"佚存俗字""地域俗字"，他们为俗字家族的繁荣各司其职，共同构成争奇斗艳的俗字大观园。

四　域外新字研究

在我国汉字发展史中，曾经出现过佛译新字、六朝新字、武周新字、太平天国新字等，在朝—韩、日、越等域外地区，除了据汉字局部改造而形成独特的地域性俗字外，还创造了大量的域外新字。在日本和朝鲜半岛，曾统称为俗字，在越南则谓之土字，即现在所说的日本国字、朝鲜半岛固有汉字、喃字之类。此类新字，均从汉语俗字发展而来。关于域外新字的结构特点、形义关系、历史演变，特别是字源国籍的判定、中外偶合字形的关联等，需要下力气研究。

五　汉字圈现行俗字的历时研究

除中国之外，当代使用汉字的国家还有日本、韩国等，而在现行汉字中，存有大量的历代俗字。比较中、日、韩三国用字，追溯部分俗字的变迁历史，考察三国之间传承变异轨迹，此为中外俗字比较研究的题中之义。特别是日本 JIS 用字，出现数以千计的未见于《康熙字典》的俗字，包括日本创制的国字；研究除"国字"之外的异体俗字，探究源流本末，足以显示中外俗字融合发展之源远流长。

六　域外疑难俗字研究

在中、朝—韩、日、越等，关于传承俗字、自制俗字、新创汉字均有或多或少研究。由于受条件限制，对部分俗字的解读或考证存有疑义，此不足为奇。综合利用汉字文化圈的研究成果，重新厘定源流变迁，审定俗字身份，探究汉字文化圈俗字的流转路径，证明"一个俗字往往就是一部汉字文化交流史"的论断，体现俗字在国际文化交流中的"化石"功用。

七　中、朝—韩、日、越俗字综合研究

对域外俗字的研究，多呈不平衡状态。日本汉字研究，历史悠久，成果丰富。但是，联系汉语文献揭示中日俗字关系的论著并不多见。朝鲜半岛古籍俗字研究已有相关辞书问世，但从传承与变异角度系统研究亦刚起步。越南俗字研究特别是简俗字研究则属空白或半空白状态。总之，现在我们应立足汉字文化圈，从东亚或东南亚俗字学视角，充分利用域内域外汉字文献，全面吸收中外俗字研究成果，综合探索俗字之传承现象与变异规律，进而拓展域外俗字学或俗字传播学研究。

八　俗字与汉籍整理研究

规模巨大的域外汉籍，需要中外学人合力整理。回归汉土的佚存书，历代外国人士的汉文典籍，写本、刻本，洋洋大观。而在由原始典籍转换为当代文本时，在校勘、注释过程中，由于书写俗字等原因，张冠李戴、以讹传讹现象不在少数。利用中外俗字理论还原写本汉籍本来面貌，表现

出俗字在文献整理中的重要性。

　　总之，域外汉字研究包括字体、字构、字用，域内与域外、传承与变异、影响与接受、字形演变史、疑难字考释、文献整理、音读、训读、借字，等等。毋庸置疑，从字形入手的汉语俗字传播与域外俗字研究，当是本领域研究的首要任务。

后　记

自 1994 年考入杭州大学（今浙江大学）攻读硕士学位以来，本人即尝试进行中日汉字和汉字词比较研究。之后，在浙江大学攻读博士学位，在早稻田大学访学交流，在浙江财经大学培养硕士研究生，在郑州大学招收博士研究生，日换星移，转眼二十多年过去了。其间，让人感到累且快乐的是，与所带研究生同学，苦乐与共，疑义相析，不断探索和拓展域外汉籍与汉字传播研究。

本书作为教育部人文社科规划基金项目资助成果，也是国家社科基金项目"汉字文化圈俗字比较研究""越南汉字资源整理及相关专题研究""汉字发展通史"的相关成果，其中凝聚着我们师生团队的辛勤汗水，承载着我们师生友情的奋斗足迹。在课题研究中，本人主要负责域外俗字综合研究，提出国际俗字（传承俗字）与国别俗字（变异俗字）的框架理论，从域外汉籍与近代汉字研究视野，选定个案材料，圈定域外字样，把握总体原则，最后审读定稿。具体言之，本人主要撰写绪论、综论、结语等，金烨协助撰写日本现行俗字考释，李建斌负责李峤诗注的俗字研究，孔青青和熊英姿分别负责《九云梦》刻本和写本俗字研究，甄周亚负责冯克宽汉诗写本俗字研究，俗字汇编部分由刘正印、孔青青、熊英姿、甄周亚、李宇、逯林威等协助整理。在朝—韩、日本、越南等个案研究中，黄莹、王泉、刘正印、李宇、逯林威、苏梦雪、周亚军、方文华等参与了校订工作（黄莹出力尤勤），统一了格式，修正了疏误。

需要说明的是，书稿中的有关内容，在《宁波大学学报（人文科学版）》、《译学与译学书》（韩）、《语言研究》等中外学术刊物发表过，有的文章在人大复印资料《语言文字学》转载。有的虽然没有正式发表，但在有关学术会议上交流过，如"俗字在越南的传播研究"（中国文字学会年会，吉林大学，2013 年）；"汉字域外传播研究的历史与现状"（中国文字学会理事会，大连大学，2014 年），"域外汉籍与近代汉字研究"（中国文字学会年会，中国人民大学，2015 年），"越南汉字资源整理研究的现状与突破"（中国文字学会年会，贵州师范大学，2017 年）。以上大会报告，涉及朝—韩、日本、越南等域外俗字研究的原则、思路及俗字域外变异等内容。本课题的个案研究及字样采集，基本上是在以上思考及框架下的尝试与实践。又，书稿是在课题组集体研究的基础上统合而成，在字形、引用、注释等方面，存在不完全一致的地方，这需要特别向读者交代。

在此，感谢教育部和国家社科规划办对本课题研究的支持；感谢中国文字学会特别是黄德宽会长的提携和鼓励；感谢业师张涌泉先生、俞忠鑫先生的栽培和指导；感谢早稻田大学笹原宏之教授的关照和帮助。感谢李运富先生、任明先生。承蒙李运富先生惠允，本书列入郑州大学汉字文明研究书系，全额承担出版费用。任明先生，为本书的顺利出版，付出了许多辛劳。最后要感谢我的同学们，那些在课堂上切磋交流的各位同学。

域外汉籍，包括碑铭、刻本、写本等不同载体的汉文文献，浩如烟海，我们只能以点带面，取一瓢饮而已。域外汉籍与汉字传播研究，是一项浩大工程，任重道远，在此抛砖引玉，期待各位同人不吝赐教。

何华珍

2018 年 5 月